MILTON WILLIAM COOPER

"HE AQUÍ
UN
CABALLO PÁLIDO"

OMNIA VERITAS

MILTON WILLIAM COOPER

"HE AQUÍ

UN

CABALLO PÁLIDO"

Primera edición: "*Behold a pale horse*", Flagstaff, AZ – EUA - 1991

Publicado por

OMNIA VERITAS LTD

OMNIA VERITAS

www.omnia-veritas.com

© Omnia Veritas Ltd – 2017

"Y vi

que había un caballo pálido.

Su jinete se llamaba Muerte,

e iba acompañado de su reino.

Le dieron potestad

sobre la cuarta parte de la tierra,

para matar con la espada,

el hambre, la peste

y las bestias feroces."

Sagrada Biblia
Apocalipsis
Capítulo 6
Versículo 8

Las ideas y conclusiones expresadas en este trabajo son sólo mías. Es posible que una o más conclusiones puedan ser erróneas. El propósito de este libro es el de convenceros (lectores) de que algo va terriblemente mal. Tengo la esperanza de que este trabajo os inspire para comenzar una búsqueda sincera de la verdad. Vuestras conclusiones pueden ser diferentes pero juntos quizás podamos construir un mundo mejor.

Una
verdad
básica se
puede utilizar
como base para una
montaña de mentiras,
y si profundizamos lo suficiente
dentro de la montaña de mentiras,
y hacemos salir esta verdad, para ponerla
en la cima de la montaña de mentiras; la montaña
de mentiras entera se derrumbará bajo el peso de
esta verdad, y no hay nada más devastador para una
estructura de mentiras que la revelación de la verdad
sobre la que se ha construido la estructura de
mentiras, ya que las ondas de choque de la
revelación de la verdad reverberan,
y continúan reverberante
por toda la Tierra durante
generaciones, despertando
incluso a la gente
que no tenían
ningún deseo
de despertar
a la verdad.

Delamer Duverus

INTRODUCCIÓN

Hace algún tiempo tuve la oportunidad de conocer a William Cooper y a su esposa Annie. Formaba parte de mi trabajo el verificar si este hombre, efectivamente, decía la verdad o sólo era otra persona en busca de fama y fortuna. Lo que encontré fue un robusto bulldog, detrás de un individuo, que era amable, atento y tierno. Estaba realmente preocupado por vosotros y vuestro bienestar.

Bill sabía que la gente estaba mal informada por una sociedad que alimenta el engaño a cucharadas hasta que no hay distinción entre ficción y realidad. Él ve qué pasa como lo ven muchos otros, y no tiene miedo de hacer algo.

Hay muchos que no quieren que sepáis lo que Bill os tiene que decir. Muchas veces han tratado de impedir que lo diga. Las cicatrices en la cara y la pérdida de una pierna son las insignias de su sinceridad que lo protegen.

Nadie se hace popular diciéndole a la gente la verdad. La historia registra lo que les sucede a los verdaderos profetas del pasado. Sin embargo, algunos han escuchado sus advertencias y no los han pillado desprevenidos. Otros han metido la cabeza en la arena y se han negado a escuchar.

Bill lo ha recopilado, y lo ha juntado para vosotros ya que también podéis ser algunos de los informados del mundo. Alguien bien informado puede tomar la decisión correcta. William Cooper tiene mi voto de aprobación, porque me importaba bastante saber qué clase de hombre es. Ahora tenéis vuestra oportunidad.

(Barbara Ann)

Ha habido muchas coincidencias secuenciales relacionadas, sobre todo a lo largo de mi vida, incidentes que por sí solos no habrían conducido a ninguna parte. Estadísticamente, las probabilidades en contra de que lo mismo o una secuencia relacionada de eventos le sucedan a un individuo son astronómicamente altas. Son esta serie de incidentes los que me han convencido de que Dios ha puesto una mano en mi vida. No creo en el destino. No creo en los accidentes.

Ni puedo ni quiero aceptar la teoría de que largas secuencias de accidentes no relacionados determinan los acontecimientos mundiales. Es inconcebible que los que tienen el poder y la riqueza no puedan unirse con un lazo común, un interés común y un plan a largo plazo para decidir y dirigir el futuro del mundo. Para aquellos con recursos, hacer lo contrario sería totalmente irresponsable. Sé que yo sería el primero en organizar una conspiración para controlar el resultado del futuro, si fuera una persona y una conspiración que aún no existiera. Lo haría intentando asegurar la supervivencia de los principios en los que creo, la supervivencia de mi familia, mi propia supervivencia, y la supervivencia de la raza humana, y no por ninguna otra razón.

Creo, pues, que se está jugando una gran partida de ajedrez a unos niveles que apenas podemos imaginar, y nosotros somos los peones. Los peones sólo son valiosos en determinadas circunstancias y a menudo se sacrifican para obtener una ventaja. Cualquiera que haya estudiado estrategia militar está familiarizado con el concepto del sacrificio. Los que hayan estudiado seriamente la historia probablemente habrán descubierto la verdadera razón por la que hacemos la guerra de forma regular.

Antes de leer este libro, os aconsejo que juguéis al menos dos partidas enteras de ajedrez. Debéis aprender las normas con las que ELLOS juegan. Debéis daros cuenta de manera objetiva que algunas piezas son más valiosas que otras, y que el rey es la más valiosa de todas. No podréis captar la realidad si os pillan con la fantasía de que "esto no es justo." Debéis llegar a saber que lo único que cuenta es el resultado final del juego. Os mintieron cuando os dijeron que "no importa si ganáis o perdéis, sino como jugáis." En el mundo de la élite ganar lo es todo. De hecho, no hay nada más. La élite en el poder intenta ganar.

Mi investigación ha demostrado, en este punto, que el futuro que nos han dibujado casi puede ser imposible cambiarlo. No estoy de acuerdo con los medios que unos cuantos poderosos han elegido para acabar con nosotros. No estoy en absoluto de acuerdo en que el exterminio sea nuestro final. Pero si no podemos hacer despertar a la gente de su sueño, sólo una guerra civil detendrá el resultado previsto. No baso esta afirmación en el derrotismo, sino en la apatía de la mayoría del pueblo estadounidense. Hace veinticinco años hubiera creído lo contrario - pero veinticinco años atrás yo también estaba profundamente dormido.

Se nos han enseñado mentiras. La realidad no es en absoluto lo que percibimos.

No podemos sobrevivir más tiempo aferrándonos a las falsedades del pasado. La realidad debe ser discernida a cualquier precio si queremos formar parte del futuro. La verdad debe prevalecer en todos los casos, sin importar a quien le duela o a quien ayude, si queremos seguir viviendo en esta tierra. En este punto, lo que queremos puede ya no importar. Es lo que debemos hacer para garantizar nuestra supervivencia lo que cuenta. Las antiguas formas están ciertamente en proceso de destrucción y un Nuevo Orden Mundial está llamando a la puerta.

Aferrarse al pasado es garantía de suicidio. Permanecer apáticos es asegurar la esclavitud. Conocer la verdad y actuar después en consecuencia es el único medio de supervivencia en este momento. Hacer caso omiso de la información contenida en este libro y hacer caso omiso de su advertencia conllevará la completa destrucción de la República de los Estados Unidos de América. No tendréis nunca una segunda advertencia ni una segunda oportunidad. Nos guste o no, es como es, la cruda realidad. Ya no podéis mirar a otro lado, ignorar, fingir si es o no cierto, decir "a mí no me pasará," ni correr ni esconderos. El lobo está en la puerta.

Temo por los más pequeños, los inocentes, que ya están pagando por nuestros errores. Hay un gran ejército de niños que han quedado laboralmente huérfanos. Van a guarderías controladas por el gobierno. Y niños abandonados que corren salvajes por las calles. Y los hijos de acomodadas madres solteras, desequilibrados, emocionalmente heridos, nacidos sólo por el beneficio de tener más dinero en el cheque mensual. Abrid los ojos y mirad, porque ellos son el futuro. En ellos veo la segura y cierta destrucción de esta nación en otros tiempos orgullosa. En sus ojos vacíos veo la muerte de la libertad. Llevan con ellos un gran vacío y alguien seguramente pagará un precio muy alto por su sufrimiento.

Si no actuamos de común acuerdo con los demás y nos aseguramos de que el futuro sea tal como nosotros necesitamos que sea, entonces seguramente mereceremos lo que el destino nos depare.

Creo de todo corazón que Dios me ha hecho estar en los lugares y las posiciones durante mi vida para que yo sea capaz de entregar esta advertencia a Su pueblo. Ruego a Dios haber sido digno y haber hecho mi trabajo.

ESTE ES MI CREDO

Primero de todo creo en Dios, el mismo Dios en el que creían mis antepasados. Creo en Jesucristo, y que él es mi salvador. En segundo lugar, creo en la Constitución de la República de los Estados Unidos de América, sin ninguna interpretación, tal como fue escrita y puede funcionar. He hecho el juramento sagrado "de proteger y defender la Constitución de los Estados Unidos de América contra todos los enemigos extranjeros y nacionales." Tengo la intención de cumplir este juramento. En tercer lugar, creo en la unidad familiar y en particular, en mi unidad familiar. He jurado que daré la vida, si es necesario, en defensa de Dios, la Constitución, o mi familia. En cuarto lugar, creo que cualquier hombre sin principios que esté a punto y dispuesto a morir en un momento dado ya está muerto y no tiene ninguna utilidad ni consecuencia.

William Cooper
3 de Agosto de 1990
Camp Verde, Arizona

PRÓLOGO

William Cooper y su hija Dorothy

Lo único que se me hace bastante difícil es escribir sobre mí mismo. Es difícil entender por qué algunas personas quieren saber de mí. Nunca ha sido mi intención ser el héroe de nadie. Ciertamente no soy ningún gran ejemplo en el que alguien base su vida. Me considero un tipo normal, una persona muy normal. Tengo algunos puntos bastante buenos; Tengo algunos fallos humanos. Estoy orgulloso de algunos de mis éxitos, y hay cosas que me gustaría no haber hecho. No soy perfecto, y no estoy seguro de haberlo querido ser nunca. Pero la verdad es que no pertenezco al pedestal de nadie. Soy un hombre con un mensaje. Y el mensaje será aceptado sólo por unos pocos. Para los pocos que me entiendan, soy hermano vuestro. Quizás... podamos cambiar el futuro para mejor.

William Moore, en su desinformación publicada con el título "Focus", decía que soy un predicador fundamentalista. Hace veinte años esto hubiera sido un cumplido, pero hoy en día implica mezquindad. Por eso lo dijo. Ni soy, ni nunca he sido ningún tipo de predicador. No estoy empezando ninguna iglesia. No estoy desarrollando ninguna religión. No pertenezco a ninguna organización. No tengo cortejo alguno. No hay ningún culto y no soy ningún líder de culto. No hay ninguna acampada rodeando mi casa.

Hay gente que llama a programas de radio diciendo que saben de primera mano que soy un conocido radical de extrema derecha. Otros dicen que tienen pruebas de que pertenezco a una organización racista blanca. Alguien ha dicho que había encontrado mi nombre en una lista de miembros del partido comunista. Un hombre de Los Ángeles, siempre la misma voz, llama cuando estoy en la radio diciendo que soy alcohólico. La verdad es que la mayoría de mis amigos más cercanos y conocidos se consideran a sí mismos demócratas liberales. Mi única postura política es Constitucional. Mi mujer es china. Esto elimina la propaganda racista. Luché contra los comunistas en Vietnam. Lucharé de nuevo, si es necesario, pero sólo en territorio estadounidense. Solía beber mucho alcohol mis días de juventud. Tal como he ido envejeciendo la bebida se ha reducido a un goteo. Ahora no bebo mucho. La mayoría de mis amigos no me han visto nunca tomar una copa. A Annie y a mí nos gusta usar el vino en la cocina. Las mentiras, sin duda, continuarán.

Para mantener todo en perspectiva, debemos entender que los intentos de asesinar a mi personaje continuarán y con toda probabilidad acabará siendo algo peor. En vez de dejar que se interpongan en el camino, me gustaría que creyerais todo lo malo que habéis oído de mí. Veamos si esto cambia algo de lo que he estado tratando de deciros. Veamos si hace desaparecer alguna de las pruebas. Creo que es la manera más fácil de responder a estos ataques. Los que estéis interesados sinceramente en el conocimiento me buscareis o a los que están íntimamente cerca de mí. Aquellos que lo hagan serán los únicos que siempre sabrán realmente quién y qué soy.

Mis antepasados venían de Inglaterra, Escocia e Irlanda. Parientes míos lucharon en ambos bandos en la Guerra Civil. Y algunos de ellos lucharon en las guerras indias. Uno de mis antepasados fue un ladrón de caballos en Texas. No estoy totalmente seguro, pero creo que acabó colgado. Cuando era pequeño oí rumores de que había un poco de sangre Cherokee en la familia. Cada vez que preguntaba me decían que me callara. Nunca pude entender por qué todo el mundo tenía miedo de hablar de la sangre india. Pensaba, y lo sigo pensando, que es algo de lo cual estar orgulloso. Desde entonces he descubierto que la gente mayor de mi familia, al igual que los viejos de casi todas las familias, creen que hay algún estigma asociado a tener una parte India. Antiguamente en la frontera americana, la gente vivía con normas rígidas. Si no eras aceptado por tus vecinos lo más que probable era que acabaras muerto.

La familia de mi abuela paterna, llamados Vance, fueron a Texas en carreta con techo de lona y fueron unos de los primeros pobladores de la zona de Odessa. Mi bisabuelo Vance era un vaquero de los de verdad que con el tiempo se convirtió en uno de los primeros trabajadores de los campos petroleros. Mi bisabuela Vance me dijo que una de sus primeras casas había sido una caseta en la pradera. La hermana de mi tía abuela tenía una foto de su padre, mi bisabuelo Vance, de pie ante un "saloon" junto a un amigo. Los dos hombres llevaban revólveres colgando del cinturón.

Cuando ya tendría unos 84 años me dijo que mi bisabuelo Vance fue a hacer un trabajo para un ranchero. Coincidió con un levantamiento indígena muy peligroso. Mi bisabuela en aquellos momentos era joven y acababa de casarse. Una mañana se levantó temprano y vio que salía humo en la dirección donde vivía uno de sus vecinos. Al cabo de un momento, cinco valientes jóvenes guerreros cabalgaban hasta su caseta. Me dijo que estaba muerta de miedo, pero sabía que si lo demostraba, era seguro que la matarían. Los indios estaban hambrientos. La bisabuela Vance los hizo bajar de los caballos, los arrastró dentro y les dio de comer. No le hicieron ningún daño. Después de llenarse los estómagos se alejaron en la dirección donde aún veía salir humo esa misma tarde. Me dijo que más tarde se enteró de que había sido la única en la zona que no había sido quemada o muerta. Era una mujer muy valiente.

La bisabuela Vance murió en un accidente de tráfico poco tiempo después de contarme esta historia. Pensé que, para ella, había sido una forma muy extraña de morir. Había pasado de los carros con techos de lona a los Ford y a los Boeing 707. La abuela Vance, durante su vida, vio casi todo lo que ha pasado en este mundo que haya sido importante en algún momento.

La familia de mi abuelo paterno también recorrió todo el país montado en un carro con techo de lona. Pero se desviaron un poco hacia el norte y terminaron en territorio Indio conocido ahora como Oklahoma. Estaban en primera línea durante la fiebre de la tierra de Oklahoma y tuvieron éxito señalizando con estacas 320 acres en Big Bear Creek, cerca de lo que ahora sería Enid. No muy lejos se levantó un pequeño pueblo, llamado Garber. Criaron un montón de niños. Recuerdo que mi bisabuela hacía el desayuno más grande que jamás haya visto. Dormíamos en auténticos colchones de plumas que nos acabábamos tragando. Corríamos hasta la letrina en medio de la noche porque nos avergonzaba utilizar el orinal que la bisabuela dejaba debajo de cada cama para que los tuviéramos a mano. Por la mañana, todo el mundo se acurrucaba alrededor de la estufa de leña de la cocina o en la estufa de carbón de la sala intentando entrar en calor.

Mi padre, por Navidad, me había regalado un rifle del calibre 22 y la granja de la bisabuela fue el primer lugar donde fui a cazar. Una mañana me levanté antes de que saliera el sol, bajé las escaleras de puntillas, y salí fuera dirigiéndome hacia el arroyo. Unas dos horas más tarde tuve mi oportunidad y disparé a una codorniz que estaba en un árbol. Me exhibía orgulloso yendo hacia la granja llevando la codorniz bien alto para que todos la vieran. Por suerte, el peón de la granja fue el primero en verme. Se rió y me preguntó dónde iba con aquel gorrión. Salí corriendo y enterré ese pájaro y nunca dije ni una palabra a nadie. Más tarde supe que las codornices no subían a los árboles. Para los que puedan pensar que esto fue algo terrible, tengo que decirles que entonces a todos los niños se les daba un fusil y se les enseñaba a cazar. Durante la temporada de caza más de una familia conseguía ahorrar algo de dinero extra, porque los chicos llevaban la carne a casa después de ir de caza. Este dinero ahorrado era muy necesario. Se consideraba un deber ciudadano el poseer un arma de fuego para llevar a cabo el propósito de la segunda enmienda de la Constitución. Mientras los ciudadanos poseyeran armas, el gobierno nunca podría llegar a ser opresor.

La familia de mi madre provenía de Escocia y se instaló en Carolina del Norte. Eran gente trabajadora y ahorradora. La mayoría eran pobres. Nunca supe mucho más sobre la familia de mi madre. Ni siquiera recuerdo que nadie hablara mucho sobre ellos. Sé que la abuela Nellie Woodside, se vio obligada a renunciar a algunos de sus hijos al morir su marido. No había suficiente dinero para alimentarlos a todos. Mi madre fue una de las elegidas para ir a vivir en una guardería hasta que las cosas mejoraran. Nadie hablaba del padre de mi madre. Cuando le pregunté sobre el abuelo me dijo, "Red no era bueno, y tú estate por tus cosas." Me dio la sensación de que no le gustaba a nadie. Murió antes de que yo llegara a este mundo.

Nací el 6 de mayo de 1943. Me crié en una familia de militares. Mi padre es el Teniente Coronel de la USAF (Ret.) Milton V. Cooper. Él prefiere que le llamen Jack, el apodo que le puso la familia cuando era pequeño. Mi padre comenzó la carrera en la Fuerza Aérea como un joven cadete haciendo volar biplanos y se retiró siendo piloto comandante con miles de horas en su haber. Tengo una foto donde sale él de pie delante de un viejo biplano con su chaqueta de cuero y la gorra con orejeras vestido como Snoopy.

Mi madre y mi padre

Recuerdo a los pilotos reunidos alrededor de la mesa de la cocina hablando de aviones y contando historias. A veces discutían de cosas extrañas llamadas foo fighters o OVNIS. Cuando estábamos de suerte bajaban el proyector y pasaban diapositivas Kodachrome. Esto era un regalo especial. Yo tendría unos ocho años, creo que ya había visto y había estado en el interior de todos los aviones que había tenido la Fuerza Aérea (que solía ser la fuerza aérea del ejército). Había volado en unos cuantos. Había visto estrellarse muchos de ellos y tenía amigos que habían perdido a sus padres.

Recuerdo una noche en las Azores en la Lajes Field. Estábamos en el cine de la base viendo una película, cuando se detuvo el proyector, se encendieron las luces e hicieron un llamamiento para donar sangre. Sabíamos que había habido un desastre. Todo el mundo salió a la calle y miró colina abajo hacia la pista de aterrizaje. Literalmente se estaba consumiendo en llamas. Pudimos ver hombres en llamas corriendo en medio de la noche. Se había estrellado un B-29. He olvidado si estaba despegando o si aterrizaba; pero nunca olvidaré la escena que tenía frente a mí aquella noche. Nadie volvió a ver terminar la película aunque sólo habíamos visto la mitad. Yo tenía nueve años, pero me sentí mucho mayor. Ya había visto muchos accidentes, y aun tendría que ver muchos más en los próximos años. Pero nunca vi nada que pudiera compararse con los restos del avión, el fuego, la devastación, o la pérdida de vidas causada por el accidente de ese B-29. Un año después nos íbamos de las Azores. A medida que despegábamos cielo arriba miré por la ventanilla del avión. Aun pude ver piezas de los restos del avión que habían arrastrado fuera de las pistas. Fue este incidente el que me dio una apreciación de los peligros a los que mi padre se enfrentaba diariamente. Entonces supe la suerte que teníamos viéndole entrar por la puerta. La aviación no era segura entonces, especialmente para los pilotos militares. Todos conocíamos familias que habían perdido a alguien en un accidente.

Mi padre no siempre me gustaba. Era partidario de una disciplina estricta. Mi padre no creía en "no usar el bastón" y el cinturón se utilizaba con frecuencia en nuestra familia. Yo era un niño muy sensible, pero voluntarioso. Las reglas no significaban mucho para mí hasta que me vi envuelto en romperlas. Muchas veces yo era el foco de su ira. Como la mayoría de los niños, yo no lo entendía. Pensaba que era un tirano. Ahora aprecio su crianza. Sé, sin lugar a dudas, que sin su estricta disciplina, muy probablemente, habríamos acabado mal.

Ahora amo a mi padre. Es mi amigo. Es independiente, gregario, un luchador tenaz, confiado, aventurero, arrogante a veces, apuesto, un gran guardián. Mi madre me dijo que se enamoró de él, porque se parecía a John Wayne, y así es. He visto el progreso de alguien que despreciaba toda demostración pública de afecto hacia un hombre a que sea igual de probable que te abrace como que te dé la mano. Por otra parte, a veces me ha hecho enfadar tanto que podría haberle dado un puñetazo en la boca, pero nunca lo he hecho. Puede ser muy duro con cualquier persona que no le guste. Siempre está metido en alguna travesura, y puedo garantizaros que nadie que esté cerca de mi padre se aburre.

Mi madre es una verdadera dama del Sur. Ellos la llamaban una especie de belleza del Sur. Es una de las últimas de una raza en extinción. Dovie Nell (Woodside) Cooper es del tipo de mujer con la que a los hombres les gusta soñar cuando están solos. Es la mujer más amable, más gentil, que he conocido. No hago esta afirmación sólo porque sea mi madre. Es cierto. Era bella cuando era una mujer joven y es hermosa ahora. Mi madre es una de esas personas que, una vez le gustas, no te puede echar. Es leal en exceso. La he visto en los buenos y los malos tiempos. Ni se inmuta, no importa qué pase. Siempre me ha sorprendido que pueda ser tan dura y tan amable, gentil y amorosa, todo al mismo tiempo. Ay de aquel que ose hacer daño a mi padre o a uno de sus hijos en su presencia. Es la mejor cocinera que nunca ha puesto un pie en ninguna cocina que jamás se haya construido. Amo a mi madre, probablemente más que a nadie en este mundo.

Tengo un hermano, Ronnie y una hermana, Connie. Son gemelos dos años menores que yo. Estábamos más cerca que la mayoría de los hermanos cuando éramos niños porque pasamos gran parte de nuestra vida en el extranjero, donde muchas veces éramos incapaces de comunicarnos excepto entre nosotros mismos. Teníamos amigos en la escuela, pero la escuela a menudo estaba a muchos kilómetros de donde vivíamos. Teníamos algunos juguetes. La mayoría eran cosas que nuestra madre nos daba como bobinas, cajas de puros, cadenas o cualquier otra cosa que pudiera encontrar para mantenernos ocupados. Cada Navidad era una delicia porque siempre nos daban algunos juguetes REALES. Ronnie y yo éramos propensos a saber cómo funcionaban las cosas, así que, por lo general nunca duraban demasiado. Todo lo que llevábamos, incluyendo los zapatos, se encargaba a partir del catálogo de Sears. Era el libro de los deseos, y nunca nos cansábamos de hojearlo. Alternativamente, nos queríamos, nos odiábamos, nos enfrentábamos entre nosotros, y nos defendíamos mutuamente, como supongo que hacen todos los niños.

Ronnie, su esposa Suzie y su hija Jennifer viven en Garber, Oklahoma, donde Ron vende maquinaria agrícola de la marca John Deere. Ron y Suzie construyeron su casa con sus propias manos. Por lo que sé, tienen la intención de vivir en esta casa hasta que mueran. Ronnie sirvió como oficial en el Ejército. En Vietnam se ganó la Estrella de Plata. No nos hemos visto desde 1976 cuando vino a visitarme al hospital cuando perdí la pierna. Sin embargo, yo la amo y la extraño mucho. Ninguno de nosotros puede darse el lujo de viajar mucho si no es por negocios, pero pronto uno de estos días iré a darle una sorpresa aunque sólo sea una visita. Connie me ha enseñado fotos y Ron se parece al bisabuelo. En casi todas las fotos que he visto Ron lleva sombrero, un Stetson, botas, y o bien está cerca o encima de un caballo. Supongo que es como debe ser, ya que Ronnie, de pequeño, siempre había querido ser un vaquero. Connie, en realidad, ha acabado siendo una buena mujer. Cuando era pequeña a veces me gustaba y a veces no. Los niños pequeños no suelen necesitar mucho a las niñas. De hecho sólo nos teníamos los unos a los otros para jugar, sin embargo, Ronnie y yo la queríamos mucho; pero los niños pequeños no admiten algo así. Recuerdo que Connie siempre me seguía a todas partes que iba. No podía deshacerme de ella, sin importar cómo lo intentara. Su devoción y lealtad me hicieron quererla aún más. Por supuesto, yo fingía que ella era como tener un grano en el culo. A medida que íbamos creciendo, y empezábamos a darnos cuenta de que había una gran diferencia entre los niños y las niñas, Connie empezó a adquirir un aire de misterio. A partir de este momento y hasta que tuve 18 años me desconcertó completamente. Recuerdo que cuando tenía unos 13 años o así le cogían rabietas cuando se enfadaba. Pataleaba, gritaba, salía corriendo hacia su habitación y cerraba la puerta. Ronnie y yo pensábamos que era un gran espectáculo, pero no podíamos de ninguna manera entender por qué lo hacía. Cuando le preguntábamos a nuestra madre ella acaba sacudiendo la cabeza y diciendo: "las hormonas".

William Cooper, su hermano Ronnie i su hermana Connie.

Connie creció hasta ser una mujer bonita y con el tiempo se casó con su novio del instituto, Gus Deaton. Tuvieron dos bonitas hijas, Janice y Chrissie. Janice es muy parecida a Connie, cariñosa y leal. Chrissie es diferente. Es una pelirroja a la que le encanta ir de fiesta. Supongo que Chrissie representa la libertad del espíritu más que cualquier otra cosa.

El matrimonio de Connie se deterioró y nadie podía entender qué estaba pasando hasta que a Gus se le diagnosticó un tumor cerebral. Fue trágico. A todo el mundo le encantaba Gus. A medida que la enfermedad progresaba y se puso a hacer locuras, la gente simplemente se fue alejando. Siempre he sentido un amor muy especial por Chrissie. No abandonó nunca a su padre. Cuando nadie más podía soportar estar cerca de él, Chrissie optó por ir a vivir con él, "para que no esté solo," dijo. Incluso ahora se me hace un nudo en la garganta cuando pienso en aquella pequeña niña pelirroja que se fue a vivir con su padre enfermo, "para que no estuviera solo." Su comportamiento era tal que nadie más podía soportar estar cerca suyo. Al menos eso es lo que me decían. No fue culpa de Gus que enfermara y siempre he pensado que no era justo para Connie, los hijos, o Gus. Desde entonces he aprendido que la vida rara vez es justa.

Connie finalmente se volvió a casar y se fue a Austin, Texas, donde se ha establecido como una valiosa empleada de un gran banco. Su marido es un ejecutivo de McGraw Hill. Se llama, por casualidad, Ron. A todos nos gusta mucho Ron McClure, sobre todo a mi padre, que ha trabado con él una estrecha amistad. Mi hermana realmente se ha convertido en una mujer maravillosa. Se ha convertido en una de mis amigas más queridas y cercanas. Se ha convertido en una parte tan importante de mi que incluso ahora de vez en cuando tengo la sensación de mirar hacia atrás para ver si esa niña todavía está allí. Siento una gran pena cuando veo que sólo está Sugarbear, mi fiel perro; pero entonces, le amo también a él, así que no puedo quejarme.

Me gradué en 1961 en la Yamato High School en Japón. Aquel otoño me alisté en la Fuerza Aérea. Tenía muchas ganas de ir a la Marina, pero siempre he tenido tendencia a marearme. Hice la básica en la Base Aérea Lackland, Texas, y después en la Escuela Técnica de Aeronaves y Misiles Pneudraulicos en la Base Amarillo de la Fuerza Aérea.

Al terminar se me ordenó ir al Comando 495 de Bombarderos Estratégicos Aéreos de la Fuerza Aérea de la Base Sheppard en las afueras de Wichita. Posteriormente le cambiaron el nombre por el de 4245 de Bombarderos - no me preguntéis por qué. En muy poco tiempo pasé de ser un chico delgado que no sabía casi nada de nada, aunque creía que lo sabía, a un aviador que tenía una autorización de seguridad Secreta (!) Y que trabajaba con bombarderos B-52, aviones nodriza KC 135, y misiles Minuteman.

Vi bombas atómicas REALES. Trabajaba cada día. Por eso tenía que llevar un dosímetro por si quedaba expuesto a la radiación. En ese momento éramos la élite de la Fuerza Aérea y lo sabíamos. Recibí una carta de recomendación por mi trabajo. A su debido tiempo se me concedió la Medalla a la Defensa Nacional y la Medalla a la buena conducta de la Fuerza Aérea. (En realidad, creo que la Medalla de la Defensa Nacional se la concedieron a todos para que nadie se sintiera avergonzado de estar en la formación sin ninguna medalla en el pecho.)

Fue entonces cuando me encontré con un par de sargentos que, de alguna manera, me adoptaron. Íbamos juntos a los clubes y generalmente acabábamos persiguiendo mujeres y bebiendo mucha cerveza. Me contaron varias historias sobre estar conectado a una unidad especial que recuperaba platos voladores que se habían estrellado. El sargento Meese me decía que había estado en una operación que transportaba un plato tan grande que un equipo especial iba delante de ellos, rebajando todos los postes de teléfono y los postes de las cercas. Otro equipo les seguía y los reemplazó. Sólo se movían de noche. Durante el día se quedaban quietos y a cubierto en algún lugar de la carretera. Todas estas historias no salían hasta que habíamos bebido lo suficiente, yo nunca les creí - los sargentos eran conocidos por contar cuentos chinos a chicos más jóvenes como yo.

El 22 de noviembre de 1963, estaba de servicio como CQ (Encargado de Cuartel) para el Mantenimiento de Campo del Escuadrón. La mayoría de los hombres estaban fuera trabajando en la pista de aterrizaje, los ordenanzas de los cuarteles les habían asignados sus tareas, el sargento se había ido a algún sitio, y yo estaba solo. Encendí la televisión de la sala de mando para ver la transmisión en vivo de la caravana del presidente en Dallas. No estaba preparado para lo que vi. Vi con incredulidad cómo los acontecimientos se desplegaban ante mis ojos. Sabía que algo había pasado, pero ¿qué? Había visto y escuchado el asesinato, pero mi mente no lo estaba aceptando. Seguí rechazándolo en conjunto intentando descubrir qué había pasado cuando lentamente la comprensión se apoderó de mí. Un entumecimiento se extendió por mis brazos y piernas. ¡Había visto lo que había pasado! Se me erizó el pelo de detrás del cuello y un escalofrío me recorrió la espina dorsal. ¡El presidente Kennedy había recibido un disparo justo delante de mis ojos!

En ese momento me empezaron a rodar, por la cara, lágrimas enormes. Olas de emoción recorrieron mi cuerpo. Sentía que tenía que hacer algo, así que me puse en línea directa con el centro de mando. Me tragué las lágrimas. Cuando el oficial de guardia al mando contestó, le dije que el presidente acababa de recibir un disparo en Dallas. Hubo una pausa, y me preguntó: "¿Cómo sabes que le han disparado?" Le dije que lo había visto en la televisión y luego colgó el teléfono. Estaba paralizado.

Unos minutos más tarde el oficial de servicio del sistema llamó y me ordenó una alerta roja DEFCON DOS (La Condición de Defensa Dos significa que la guerra es inminente). El rugido de los motores a reacción ya se oían mientras las tripulaciones de guardia conducían los aviones hacia la pista. Estaba acojonado mientras corría de cuartel en cuartel sacando el turno de noche y diciéndoles que tenían el día libre. Nos habían dicho que teníamos unos 15 minutos para poner en marcha todos nuestros aviones antes de que la primera bomba atómica nos golpeara en caso de que los rusos lanzaran un ataque.

Ni siquiera había cerrado la sala de mando. Salté al primer coche que vi, fui al recinto del SAC y me presenté a mi lugar de destino de alerta roja. Durante los siguientes tres días dormí bajo el vientre de un bombardero B-52 mirando el Armagedón que ocultaba dentro del compartimiento de las bombas con las puertas cerradas. Pensábamos que finalmente la mierda había ido a parar al ventilador. Fue un gran alivio cuando se puso fin a la alerta. Dejé la Fuerza Aérea con una baja honorable en 1965.

En diciembre de ese mismo año me fui a la Marina. Siempre me había gustado el océano. Quería ser marinero desde que era un niño pequeño. Mareado o no me hice a la idea de seguir mi sueño. Me enviaron al Centro de Entrenamiento Naval de San Diego para hacer el campamento de entrenamiento. Debido a mi experiencia anterior en la Fuerza Aérea me hicieron Comandante en Jefe de la Compañía de Reclutamiento. Se me permitió mantener el mismo rango y el grado de paga. Teníamos un buen grupo de chicos en mi compañía y teníamos un comandante de compañía genial. El jefe Campbell, primer oficial de electricistas. Dejó la compañía a mi cargo. El jefe era un buen hombre. Sólo estaba interesado en enseñarnos lo que nos hacía falta saber y en mantenernos alejados de los problemas. A diferencia de la mayoría de los instructores del campamento de entrenamiento, el jefe Campbell no tenía ningún interés personal y no trataba de demostrar nada ni a él ni a nadie. Era realmente nuestro amigo.

Mientras estaba en el campamento de entrenamiento me ofrecí voluntario para ir a submarinos (mi sentido de la aventura era muy fuerte). Me aceptaron, y al terminar el entrenamiento básico, me enviaron al USS Tiru (SS - 416) en la base de submarinos de Pearl Harbor, Hawái. ¡Tocado y hundido, nadie podía tener tanta suerte! No podía creer lo que veía mientras leía mi destino. Allí estaba cumpliendo mi sueño de estar en la Marina. Me habían dado a la primera exactamente lo que había pedido, lo cual era extremadamente raro en cualquier rama del servicio militar. Y encima, me enviaban a Hawái, el paraíso tropical en la tierra. Estaba en el séptimo cielo.

Aterricé en Hawái con retraso y cogí un taxi directamente hacia la sub base. No encontraba mi submarino por ninguna parte. Seguí preguntando a la gente hasta que encontré a alguien que me dijo que mi barco (a los submarinos les llaman barcos en la Armada) no estaba en la sub base, sino en el dique seco del astillero naval de Pearl Harbor. Cogí otro taxi.

El taxista me llevó hasta un muelle que parecía que no lo hubieran limpiado desde que los japoneses habían bombardeado Pearl Harbor. Estaba lleno de lo que parecían enormes mangueras, cables eléctricos, restos de metal oxidado de todos los tamaños que se puedan imaginar. El aire olía al típico olor del diesel, humos de soldadura, pintura y acero. Si hubiera un infierno en la tierra, pensé, debería ser eso. Caminé hasta el muelle, a lo largo de la orilla, y miré hacia abajo en el dique seco. Allí, despojado de toda dignidad, desnudo y cortado limpiamente por la mitad, estaba mi barco, el USS Tiru. Los hombres iban atareados por todas partes. Parecían hormigas pululando sobre el hígado de una langosta muerta. Brillantes flashes de luz más brillantes que el sol levantaban chispas en el aire y después caían en un hermoso flujo en la parte inferior de la base. No podía creer lo que estaba viendo. Alguien realmente esperaba que me hiciera a la mar, y después me sumergiera, con lo que a mi me pareció un montón de trozos de chatarra oxidada rescatada de algún satánico depósito de chatarra, soldados por demonios con sopletes. Sencillamente la suerte se me había agotado.

Me presenté en el cuartel-barcaza amarrada en el agua al otro lado del muelle y me dieron una hamaca para cuando me tocara hacer la guardia; después me enviaron al cuartel de la sub base, donde me asignaron un estante y un armario. Yo quería ir a Honolulú pero rápidamente descubrí cuál era el precio de la libertad. La cosa estaba empeorando.

Los siguientes meses los gasté puliendo, pintando, mejorando, y conociendo el barco. Los hombres de la tripulación, a excepción del jefe de cocina, eran muy buena gente. El jefe de cocina se emborrachaba a cada minuto ya fuera de día o de noche. Yo no le gustaba, así que no tenía mucha comida. Su aversión provenía de mi primera mañana cuando entré en la cocina y vi como los demás miembros de la tripulación pedían el desayuno. Cuando quedó un agujero me acerqué y pedí huevos frescos. Fue entonces cuando el jefe de cocina levantó la cabeza y juró que nunca volvería a comer una comida en su comedor. No bromeaba, tampoco. Después de aquella mañana la única vez que me dieron algo de comer en aquella galera era cuando el jefe de cocina estaba en el suelo.

Hoy todavía no sé qué es lo que hice mal. Podía haber ido al capitán, pero si lo hubiera hecho también podía al mismo tiempo pedir el traslado. No pasó mucho tiempo, sin embargo, antes de que yo fuera capaz de averiguar donde escondía la bebida. A partir de ese momento le hice la vida imposible. No os diré qué puse en el vodka, pero era algo que vosotros nunca querríais beber, creedme. Le enfermé tanto que fue trasladado fuera del barco por razones médicas. Yo no quería hacerle daño, pero era exactamente o deshacerse de él o morir de hambre. Me hice a la idea de que con jefe de cocina o sin él, no saldría a la mar en un barco que no me alimentara.

No me divertía nada hacerme a la mar con un jefe borracho que era el encargado de cerrar la válvula de admisión principal cuando el barco se dispone a realizar una inmersión. Cuando un submarino se sumerge ciertas válvulas submarinas DEBEN estar cerradas o el barco se inundará con el agua y todo el mundo se ahogará. La de admisión principal es la MÁS IMPORTANTE de estas válvulas. El deber del cocinero era cerrarla, ya que a bordo del USS Tiru la válvula estaba en la cocina.

Hice dos amigos, muy próximos, mientras estuve en el Tiru. Un marinero negro llamado Lincoln Loving y un marinero indio americano que se llamaba Jerónimo. Los tres éramos inseparables. Lincoln fue el padrino de mi primer matrimonio. De los tres Jerónimo era el marinero más experimentado, así que él nos enseñaba a Lincoln y a mí. Sabía todo lo que se tenía que saber sobre el barco, sogas, pintura, y un montón de otras cosas que un hombre tenía que saber para sobrevivir en la Marina. Yo sabía cómo conseguir tener buenas relaciones con los militares, de manera que se lo enseñaba a Jerónimo y a Lincoln. Lincoln conocía todos los lugares realmente buenos de la isla donde podíamos pasar un buen rato, así que él encabezaba la fiesta.

Hay tres cosas que realmente destacan en mi mente sobre el tiempo que pasé en el Tiru. La primera fue un incidente que ocurrió durante una inmersión de prueba mientras navegábamos a unos 3 o 4 nudos a una profundidad de 600 pies cerca de la isla de Oahu. Lincoln y yo acabábamos de ser relevados de hacer guardia y estábamos en la batería posterior hablando cuando perdimos el equilibrio. Oímos un fuerte RUIDO y una sacudida a babor. Entonces oímos un sonido que hizo que se nos helara la sangre. Literalmente, notaba como la sangre me huía del rostro mientras escuchaba lo que fuera que golpeaba rozando a lo largo del lado de estribor del casco. Lincoln y yo nos quedamos helados. Contuvimos la respiración mientras el metal chirriaba sobre el metal. Pensé que no se acababa nunca. Nadie se movió, en ningún lado.

Finalmente, después de lo que pareció toda una vida, el barco se sacudió y el ruido desapareció por la popa. Si el casco se hubiera perforado ninguno de nosotros estaría vivo hoy. Nunca supimos qué fue. Cuando volvimos a Pearl, los buzos bajaron a echar un vistazo. Cuando salieron a la superficie informaron que la bolina de estribor se había dañado y que el casco había sido arañado del lado de estribor de proa a popa. Fuimos a repararlo. En un par de días había quedado como nuevo, pero yo sin duda tenía una perspectiva totalmente diferente de la vida.

La segunda cosa a destacar le pasó a otro barco que participaba en unos ejercicios de ataque con torpedo con otro submarino. Recuerdo haber visto el barco entrar en el puerto con una gran lona sobre la torreta. Pude ver algo que sostenía la lona a cada lado de la torre, pero no pude ver qué era. Más tarde, Jerónimo, Lincoln y yo caminábamos por el lugar donde estaba atracado el barco y miramos debajo de la lona. ¡El otro barco del ejercicio había recibido un golpe directo! Lo que vimos fue un torpedo completamente clavado detrás de la vela. Nos echamos a reír. Entonces nos miramos y decidimos que bien mirado no era tan divertido. Este negocio de los submarinos no era tan atractivo como yo había pensado.

La tercera sucedió durante un tránsito entre el área de Portland-Seattle y Pearl Harbor. Yo estaba de vigía en el puerto durante la guardia de tarde (entre las 12:00 - 16:00 horas). Jerónimo estaba en el puesto de observación de estribor. Ensign Ball era el OOD (oficial de cubierta). Navegábamos a 10 nudos en superficie y los tres estábamos en el puente de la torre de mando. Hacía un día brillante, pero el sol se oscureció debido a una capa de nubes bajas. Refrescaba. Nos divertimos un poco cuando alguien de los de abajo solicitó permiso para hacer subir un hombre a la cubierta de proa para que fuera a buscar algo que se necesitaba del armario impermeable de cubierta. El armario estaba bajo la placa de la cubierta sobre el arco cerca de la salida de la sala de torpedos. Jerónimo y yo nos reímos cuando Ensign Ball dio su aprobación. En realidad, no debería haberla dado, porque estábamos navegando con una ola de presión sobre la proa. Cuando vimos a quien habían enviado a cubierta nos reímos a más no poder. Miramos abajo hacia el lado de la vela en la puerta a nivel de la cubierta cuando se abrió de golpe y se asomó el marinero Lincoln Loving. No se le veía contento.

Lincoln cogió la correa de seguridad y la hizo pasar por la guía de cubierta, se colocó el cinturón de seguridad alrededor de la cintura y agarrado a la barandilla, salió a cubierta. Levantó la vista hacia nosotros con un "no os riáis de mí" mirad qué bien lo hago. Le costó unos minutos conseguir el valor para dejar de lado el pasamanos y empezar a tirar hacia adelante contra el viento y los tirones de la cubierta. Con cautela, se arrastró hacia adelante hasta que estuvo justo en el punto donde la ola de presión rueda sobre la cubierta donde el arco queda libre de agua en la fase ascendente del ciclo.

Pude ver que Lincoln estaba tratando de medir el tiempo para emprender la carrera cuando el arco estuviera fuera del agua. Hizo un par de salidas en falso, después resbaló por la cubierta mojada, desapareciendo por el orificio de la escotilla de proa que da acceso a la sala de torpedos. La proa se hundió bajo el agua y me encontré absorbiendo aire mientras imaginaba el torbellino de agua salada fría a mi alrededor. No era yo, sino que, era Lincoln. Me cogí a la parte superior de la vela mientras esperaba que el arco se moviera hacia arriba, con la esperanza de que a Lincoln no le entrara pánico.

Lo que vimos a continuación podría haber sido un clip de una de esas viejas películas de los Keystone Cops. Lincoln se agitaba en el agua con tanta fuerza que parecía que tenía 40 brazos y 40 piernas. Entonces me di cuenta de que Lincoln había ingresado en la Armada, pero no sabía nadar. Cuando por fin logró encontrar un punto de apoyo, el marinero medio ahogado salió disparado de ese agujero como un misil Polaris y corrió de vuelta a la torre de mando tan rápido como sus suelas de cuero mojado se lo permitieron.

Ensign Ball, Jerónimo, y yo estuvimos riendo durante unos diez minutos. De hecho, cada vez que veíamos a Lincoln los dos días siguientes estallaban las risas. Lincoln no creía que fuera divertido y no dejaba pasar la oportunidad de pegarnos cada vez que reíamos.

Lincoln se fue para abajo. Jerónimo y yo empezamos la interminable tarea de barrer el horizonte de proa a popa, primero del cielo del horizonte al cenit, y luego otra vez del horizonte de proa a popa. Una y otra vez, y luego una pausa para dejar descansar los ojos y charlar durante unos minutos. Le pregunté a Ensign Ball si pedíamos un poco de café caliente. Cuando se inclinó sobre el IMC, me giré, me coloqué los binoculares en los ojos justo a tiempo para ver como un disco enorme surgía de debajo del océano, despegaba soltando estelas de agua a su alrededor mientras giraba perezosamente sobre su eje, y desaparecía entre las nubes. Mi corazón latía con fuerza. Traté de hablar, pero no pude; luego cambié de opinión y decidí que no quería hablar, en absoluto. Acababa de ver un platillo volador del tamaño de un portaaviones salir raudo del océano y volar entre las nubes. Rápidamente miré a mi alrededor para ver si alguien más lo había visto. Ensign Ball aún estaba inclinado sobre el IMC. Estaba pidiendo café. Jerónimo miraba hacia abajo del lado de estribor de popa.

Me debatía entre mi deber de informar de lo que había visto y el convencimiento de que si lo hacía nadie me creería. Al mirar hacia el océano sólo veía el cielo, las nubes y el agua.

Era como si no hubiera pasado nada. Casi llegué a pensar que lo había soñado. Ensign Ball se enderezó, se volvió hacia Jerónimo y dijo que el café estaba en camino.

Miré de nuevo hacia el lugar, a unos 15 grados de babor, y cerca de 2-1/2 millas náuticas de distancia. Nada, ni siquiera un indicio de lo que había sucedido. "Ensign Ball," dije, "me ha parecido ver algo a unos 15 grados a proa, pero lo he perdido. ¿Puedes ayudarme a buscar por esta área?" Ensign Ball se giró, levantando las gafas hasta nivel de los ojos. Yo no lo sabía en ese momento, pero Jerónimo me había oído y se giró para mirar. Le alegraba que algo hubiera roto la monotonía.

Apenas estaba levantando los prismáticos de mi pecho cuando lo vi. La forma de platillo gigante apareció entre las nubes, se desplomó y empujando antes el agua, abrió un agujero en el océano y desapareció de la vista. Fue increíble. Esta vez lo había visto con mis propios ojos, y su tamaño en comparación con la visión total era nada menos que asombroso. Ensign Ball entró en estado de shock, con los prismáticos en las manos, la boca abierta. Jerónimo gritó: "Mierda! ¿Qué coño - ¡eh! Has visto esto?" Ensign Ball se giró y mirando hacia mí y con una mirada de incredulidad en la cara, dijo en voz baja: "¡Esto tenía que pasar en mi turno!" Se dio la vuelta, pulsó rápidamente el botón del IMC y gritó: "Capitán al puente, capitán en el puente." En el último momento apretó de nuevo el interruptor y gritó: "Que alguien traiga una cámara hasta aquí."

El capitán subió la escalera con el intendente pisándole los talones.

El jefe de intendencia Quintero llevaba colgada al cuello una cámara de 35 mm de la nave. El capitán esperó pacientemente mientras Ensign Ball trataba de describir lo que había visto. Nos miró a nosotros y ambos hicimos un gesto de afirmación.

Esto fue suficiente para el capitán. Habló con el sonar, que durante la excitación había informado de un contacto bajo el agua con la misma demora. El capitán anunció por el IMC, "Soy el Capitán. Tengo el control." la respuesta volvió al instante desde el timón, "A sus órdenes, señor." Yo sabía que el timonel corría la voz en la sala de control de que el capitán había tomado personalmente el control de la embarcación. También sabía que los rumores probablemente ya volaban por todo el barco.

El capitán llamó abajo y ordenó a alguien que vigilara de cerca el radar. Su orden fue inmediatamente reconocida. Como los cinco nos habíamos quedado mirando hacia el mar, la misma nave o una exactamente igual despegó lentamente, dio un giro en el aire, inclinándose en ángulo y después desapareció. Vi de reojo como el jefe hacía fotos.

Esta vez tenía tres imágenes de las que extraer conclusiones. Era una máquina de metal, de eso no había duda. Estaba controlada inteligentemente, de eso estaba igual de seguro. Era de un color opaco, una especie de estaño. No había luces. No había ningún resplandor. Pensé que había visto una hilera de lo que parecían ojos de buey, pero no podía estar seguro. El radar había informado de un contacto con la misma demora y nos había dado un rango de 3 millas náuticas. El rango era acertado, en la medida que la nave se había movido hacia donde nosotros nos dirigíamos. Vimos en varias ocasiones como la extraña nave volvía a entrar en el agua y luego se elevaba hacia las nubes una y otra vez hasta que finalmente supimos que se había ido del todo. El episodio duró unos 10 minutos.

Antes de dejar el puente el capitán cogió la cámara del jefe y nos dio instrucciones a cada uno de nosotros de que no hablara con nadie de lo que habíamos visto. Nos dijo que el incidente estaba clasificado y no debíamos discutirlo, ni siquiera entre nosotros. Acatamos la orden. El capitán y el jefe se fueron del puente. Ensign Ball tomó el IMC y pulsando el interruptor, anunció, "Soy Ensign Ball. El capitán ha abandonado el puente. Tengo el control." La respuesta: "A sus órdenes, señor", a continuación rápidamente.

A los que habían presenciado el OVNI no se les permitió bajar a tierra después de haber atracado en Pearl. Incluso a los que no teníamos ningún deber nos dijeron que teníamos que permanecer a bordo. Pasadas dos horas subió a bordo un comandante de la Oficina de Inteligencia Naval. Fue directamente a la cabina del capitán. No pasó mucho tiempo antes de que fuéramos llamados para que esperásemos en el pasillo frente a la puerta del capitán. Ensign Ball fue el primero en ser llamado. Después de unos 10 minutos salió y entró en la sala de oficiales. Se le veía nervioso. Yo estaba a su lado.

Cuando entré en la cabina, el Comandante tenía en sus manos mi hoja de servicio. Quería saber por qué había dejado la Fuerza Aérea para ir a la Marina. Le conté toda la historia y se rió cuando le dije que tras descartar la Armada por miedo del mareo crónico, aun no me había mareado. De repente, cayó una máscara sobre su rostro, y mirándome directamente a los ojos me preguntó: "¿Qué has visto por ahí fuera?"

"Creo que era un platillo volante, señor", le respondí.

El hombre empezó a temblar visiblemente y comenzó a gritarme obscenidades. Me amenazó con meterme en el calabozo lo que me quedaba de vida. Pensé que no dejaría de gritar, pero tan repentinamente como había comenzado, se detuvo.

Yo estaba confundido. Había respondido a su pregunta con sinceridad; pero él me amenazaba con la cárcel. No tenía miedo, pero tampoco estaba muy seguro. Creí que sería mejor tomar otro rumbo. Dieciocho años con mi padre y cuatro años en la Fuerza Aérea me habían enseñado algo. La número uno era que los oficiales simplemente no pierden el control de esta manera, nunca. La número dos era que si mi respuesta había provocado la explosión, entonces lo siguiente que saliera de mi boca mejor que fuera algo totalmente diferente. La número tres era, que su respuesta había sido un acto de bondad para que yo llegara exactamente a esta conclusión.

"Volvamos a empezar de nuevo", dijo. "¿Qué has visto por ahí fuera?"

"Nada, señor", respondí. "No he visto absolutamente nada, y me gustaría salir de aquí tan pronto como sea posible."

Le apareció una sonrisa en el rostro y el capitán parecía aliviado. "¿Estás seguro, Cooper?", preguntó.

"Sí, señor", le respondí, "estoy seguro."

"Eres un buen marinero, Cooper," dijo. "La Armada necesita hombres como tú, llegarás lejos a en la Armada." Después me pidió que leyera varios trozos de papel en donde decía lo mismo sólo que con diferentes palabras. Leí que si nunca hablaba sobre qué era lo que no había visto, podría ser multado con hasta 10,000 dólares y encarcelado hasta 10 años o ambas cosas a la vez. Además podría perder cualquier paga y los complementos pendientes o los que quedaran pendientes. Me pidió que firmara un trozo de papel que decía que entendía las leyes y reglamentos que acababa de leer que regían la salvaguarda de la información clasificada relativa a la seguridad nacional. Al firmar, estaba de acuerdo en que nunca comunicaría a nadie bajo ningún concepto información alguna sobre el incidente. Fui despedido, y chicos, me alegré de salir de allí.

No mucho después de este incidente dejé de ser voluntario en submarinos. Me transfirieron al USS Tombigbee (AOG -11).

El Tombigbee era una cisterna de gasolina. Era más peligroso que el submarino. El capitán estaba loco y el equipo era una combinación de idiotas e inadaptados. Una vez tuve que sacar la pistola mientras estaba de suboficial de guardia para evitar que un oficial fuera atacado por un marinero.

El Tombigbee chocó en medio de la oscuridad de la noche con un destructor en el canal de Molokai y varios hombres murieron cuando el destructor quedó casi partido por la mitad. Cada día a bordo de esta nave era exactamente calcada a una escena del señor Roberts. Llegué a ser intendente (especialista en navegación) y conseguí avanzar hasta el rango de suboficial de segunda clase a pesar de los obstáculos obvios.

Hice dos excursiones del WESTPAC a bordo del Tombigbee. Esto incluía un total de 12 meses cerca de la costa de Vietnam. Llegamos bajo fuego de ametralladora mientras echábamos el ancla en Chu Lai. Teníamos que hacer una salida de emergencia y dejar el puerto. Todo lo que necesitábamos era una bala trazadora en uno de los tanques, y KA-BOOM, todo se habría acabado. El artillero del Viet Cong probablemente sería arrestado porque el idiota estúpido les habría echado a perder todo el maldito barco.

¿CÓMO PUEDES ECHAR A PERDER UN BARCO ENTERO?

La única vez que me sentí amenazado fue cuando nos hicieron subir a un pequeño puesto de avanzada en la DMZ *(Zona Desmilitarizada)* llamado Cola Viet. Era una visión perfecta del infierno. Cola Viet estaba sentado en la orilla sur de la desembocadura del río Han Thacker. Lanzamos el ancla y bombeamos el combustible a tierra a través de una línea principal extendida. Cada noche podíamos ver las balas trazadoras de los combates enrabietadas arriba y abajo por el río y a lo largo de la DMZ. Era un punto de conflicto real. De vez en cuando los cohetes del Viet Cong o del NVA podían chocar contra el campamento. Queríamos llevar a cabo una salida de emergencia y hacernos a la mar en cuanto tuviéramos luz verde.

Todo iba bien hasta que nuestro demencial Capitán decidió que iríamos a la desembocadura del río. ¿Alguna vez has tratado de enhebrar un lápiz por el agujero de una aguja? Esto es lo más parecido a lo que hicimos. Nunca sabré como hicimos pasar aquella gran nave a través de la estrecha boca de aquel río sin ningún tipo de referencias internacionales de navegación. Dejamos caer el ancla en medio del canal y el Capitán apopó la nave hasta la playa y lanzamos el ancla de popa en la arena. Allí estábamos sentados, un objetivo enorme lleno de gasolina. Estábamos indefensos en la desembocadura de un río estrecho, con tres anclas fuera, en medio de una de las zonas de combate más populares de Vietnam. Esa noche varios hombres de la tripulación escribieron cartas al Jefe de Operaciones Navales pidiendo un traslado inmediato. Nadie durmió. No sé por qué el enemigo no nos disparó cohetes, pero no lo hizo. Entonces supe que Dios debe mantener una vigilancia especial sobre los necios. Al día siguiente salimos a mar abierto y fuimos hacia Pearl. Más tarde ese mismo año el capitán fue relevado por incompetencia. Después me trasladaron a la escuela.

No sabía qué escuela me había elegido. Resultó ser la Escuela Naval de Seguridad e Inteligencia de Especialistas en Seguridad Interna (NEC 9545). La formación general me preparó para establecer perímetros de seguridad, asegurar instalaciones y edificios, y salvaguardar información clasificada. Mi formación incluía armas especiales, identificación y desactivación de armas trampa, detección de errores, escuchas telefónicas, transmisores y muchas otras cosas. Fui entrenado específicamente para preparar y llevar a cabo reuniones de información de servicios de inteligencia en el área del Pacífico. Desde el día en que me presenté a la escuela en 1968, hasta que salí de la Marina trabajé de vez en cuando para la Seguridad y los servicios de Inteligencia Naval.

Después de graduarme, me trasladaron a Vietnam. Me había ofrecido voluntariamente más de un año antes, porque me había dado cuenta de que tendría más posibilidades de mejorar en la guerra que en aquella jodida cisterna de gasolina. Esta era la primera buena noticia que tenía desde que había abandonado el campamento de entrenamiento. Tenía muchas ganas de luchar por mi país. No averigüé cuan tonto era en realidad hasta unos años más tarde.

Aterricé en Da Nang y me llevaron en bus al Campamento Carter, la sede de la Seguridad y la Inteligencia Naval en el Cuerpo I. Fui entrevistado por el capitán Carter, el oficial al mando. Los nombres resultaron ser una coincidencia. El capitán Carter me preguntó si pensaba que sería un buen capitán de barco de patrulla, y yo le dije que lo sería. ¿Qué otra cosa podía decir? Pensé que bromeaba cuando me dijo que tendría el mando de un barco y su tripulación. No bromeaba, y lo tuve. El teniente Duey de la patrulla del puerto, una división de la Inteligencia Naval, me permitió seleccionar una tripulación. Primero me dio a elegir entre cuatro buques de vigilancia de 45 pies que acababan de ser descargados de la cubierta de un barco de carga. Mi nueva tripulación y yo pasamos tres días revisando cada centímetro de aquel barco. Ajustándolo y afinándolo todo. Pulimos y pintamos. Uno de los marineros incluso colgó cortinas en la cabina de popa. Revisamos y volvimos a revisar los motores. Mi compañero de artillería, GMG3 Robert G. Barron, comprobó el armamento y empezamos a armar nuestra nave. Os tengo que decir la verdad - sólo ver todos aquellos cañones me acojonaba. Me prometí en ese mismo momento que sería el mejor maldito capitán que nunca había llevado una nave de combate en tiempos de guerra. Aprendí a existir sólo durmiendo 2 o 3 horas de las 24 y nunca comía hasta que sabía que mi equipo había comido.

Pasamos muchas noches fantasmagóricas patrullando por el puerto de Da Nang y por el río. Una noche, un cohete cayó en el depósito de municiones en la orilla del río, cerca del puente de Da Nang, y realmente pareció que se acabara el mundo. Otra vez atacamos al enemigo en la cala Isabella Point cerca del almacén de combustible marino y probablemente les salvamos los culos. De este hecho se informó en The Stars and Stripes, el diario de las fuerzas armadas en Vietnam.

Los peores momentos fueron, sin embargo, no por Charley, sino por la madre naturaleza. Un tifón en toda regla rugía atravesando el Golfo de Tonkin. Para salvar los barcos nos hicimos a la mar. Los ángeles debieron partirse de risa. ¡El espectáculo que debimos dar! Yo maniobraba nuestro barco en medio de dos cargueros gigantes anclados en Red Beach y rápidamente lo aprendí todo sobre lo que es realmente tener miedo. El viento soplaba tan fuerte que ninguno de nosotros podía subir a cubierta. Esto significaba que dos de nosotros habíamos quedado atrapados en la cabina del piloto, vigilando y entre los hombres atrapados en la otra cabaña estaba el que llevaba las granadas de mano. Las ventanas de la cabina del piloto salieron volando y notábamos la lluvia como cuchillos sobre la piel. Estaba entrando agua, y yo rezaba para que los hombres que manejaban las bombas de achique no acabaran exhaustos. Apenas podía distinguir los dos barcos. Me di cuenta de que tenían más problemas que nosotros. Cuando estábamos en la cresta de olas como montañas mirábamos hacia abajo a lo alto de las naves. Mientras estaba pasando parecía que todo se nos derrumbaba encima. A uno de los buques de carga se le rompió un cable y lentamente empezó a salir del puerto.

El día siguiente se calmó la tormenta y fuimos hacia el río. Por el río bajaban flotando montones de restos y tuvimos que jugar a esquivar troncos de árboles hasta que vimos un muelle protegido ante el Club de Prensa. Detuvimos cuidadosamente el barco al lado, rápidamente lo amarramos al muelle, después desfallecimos de agotamiento. Pasado un rato nos jugamos a suertes quién haría la guardia conmigo. El resto se fue al Club de Prensa. La tripulación volvió después de un par de horas y nos fuimos. Afuera era como si nada hubiera pasado. Los reporteros estaban sentados por allí bebiendo o comiendo. Por todos lados fluía la conversación y se reía. Pedimos una gran comida, yo firmé el cheque con el nombre del teniente Duey, luego salimos hacia la embarcación. No sé con qué nombres firmaron los otros chicos, pero ninguno de nosotros tenía dinero en absoluto. Ni siquiera sé si el teniente Duey recibió nunca la factura. Lo que sí sé es que fue una de las mejores malditas comidas que nunca comimos en ese país.

Los siguientes dos días los pasamos reparando la embarcación, limpiando el armamento y llevando a cabo un control total. Después íbamos al club, nos emborrachábamos a más no poder, y dormíamos durante casi todo otro maldito día.

Bob Barron se ofreció voluntario para ir a Cua Viet. Le rogué que se quedara con nosotros. Quizás podríamos ir todos juntos más tarde. No podía esperar; necesitaba acción. Nos prometió que si uno de nosotros se iba al otro barrio el otro se bebería una botella de whisky en su memoria, y que después estrellaría la botella contra las rocas. No me preguntéis de qué iba todo aquello. Los hombres que piensan que pueden morir en cualquier momento hacen cosas estúpidas y yo no era diferente que la mayoría.

Unas tres semanas más tarde nos enteramos de que el barco de Bob, una noche, se había ido a TWO LIMA patrullando por el río Han Thack y que no había vuelto. No se volvieron a oír más transmisiones de radio. Y durante un tiempo tampoco se encontraron los cuerpos. Después uno a uno fueron subiendo a la superficie a lo largo de la orilla. Pasó mucho tiempo antes de que encontráramos el barco. Cuando lo hicimos estaba todo retorcido. Digo "nosotros", porque después me bebí la botella de whisky y la lancé contra las rocas, forcé la situación y me trasladaron al Grupo de Apoyo del río Dong Ha en Cua Viet.

Ahora era una guerra personal. Habían matado una parte de mí. Bob había sido mi amigo. Su nombre está en el Vietnam Memorial. Mi barco se enfrentaba al enemigo más veces que cualquier otro barco que nunca hubiera patrullado por aquel río. Mantuvimos al enemigo fuera del río y nunca perdí a ningún otro hombre. Me concedieron la Medalla al Mérito Naval al Valor en Combate, la Medalla Naval al Encomio al Valor en Combate, y la Cinta de Acción en Combate. A toda nuestra organización nos concedieron la Mención Presidencial a la Unidad, la Mención Naval a la Unidad, y cada uno de nosotros acumuló varios premios menores, cintas y medallas.

En la patrullera

Una cosa que no me gustaba de Vietnam era que era muy difícil mantener la cohesión de la unidad y la moral cuando constantemente, en intervalos escalonados, se marchaban los hombres que ya habías probado y en los cuales confiabas y llegaban hombres inexpertos que no habían demostrado nada a ocupar su lugar. Me di cuenta de que me sentía como que estaba desertando de mi equipo cuando me iba a casa. Traté de prolongar mi periodo de servicio, pero ya habían decidido eliminar gradualmente nuestras fuerzas y pasar la guerra a los vietnamitas. Si lo hubiera prolongado un mes antes, me dijeron, me podía haber quedado. Mi actitud en aquel momento fue un ardiente "¡JÓDETE!"

Todo el tiempo que estuve en Vietnam y especialmente en la DMZ *(zona desmilitarizada)* me había dado cuenta de que había una gran cantidad de actividad OVNI. Teníamos fichas individuales de códigos encriptados de 24 horas que utilizábamos para codificar mensajes, pero, debido al peligro de que alguna pudiera ser capturada en algún momento, utilizábamos palabras codificadas especiales para la información sensible. Me dijeron que los Ovnis, sin duda, eran información sensible. Supe qué tan sensible eran exactamente cuando toda la gente de una aldea entera desapareció tras verse ovnis flotando por encima de sus barracas. Me enteré de que los dos bandos habían disparado contra los Ovnis, y que se habían defendido con una misteriosa luz azul. Corrían rumores sobre que los ovnis habían secuestrado y mutilado a dos soldados del ejército, después de bajar en la montaña. Nadie sabía hasta qué punto era cierto esto, pero el hecho de que los rumores persistieran me inclinaba a pensar que algo de cierto habría. Más tarde supe que la mayoría de estos rumores eran ciertos.

Finalmente volví de nuevo a Hawái. Esta vez eran trabajos terrestres en la sede del Comandante en Jefe de la Flota del Pacífico en Makalapa, una colina sobre Pearl Harbor.

Llevaba una autorización de seguridad Secreta de la Fuerza Aérea y debía ser Secreta para los submarinos. Cuando me registré en la Unidad de Administración de la flota, me pidieron que llenara unos papeles para otra autorización. Hice lo que me pedían. Recuerdo que una de las preguntas era si alguna vez había pertenecido a alguna organización fraternal. Miré la lista, marqué la Sociedad DeMolay, y respondí afirmativamente. Fui asignado a la Oficina de Informes de Estado de Funcionamiento (OPSTAT) bajo el mando del Teniente Comandante Mercado mientras esperaba los resultados de mi investigación de antecedentes del FBI para actualizar la autorización.

Unos seis meses después, me llamaron de la oficina del Jefe de Estado Mayor de Inteligencia Naval. Se me pidió que leyera las normas sobre el Programa de Confiabilidad Personal que rige al personal que tiene acceso a armas nucleares, información sobre armas nucleares, códigos de lanzamiento y varias otras cosas que tenían que ver con armas nucleares o cualquier cosa que estuviera bajo el HQ - CR 44. Se me pidió que leyera y después firmara un juramento de seguridad, lo cual hice. Luego el Capitán

Caldwell me dijo que mi autorización de seguridad había sido actualizada a Top Secret, Q, Información Sensible Compartimentada con acceso autorizado sólo a la estricta necesidad de conocer. Me dijo que me presentara al oficial encargado de la Reunión Informativa del Equipo de Inteligencia CINCPACFLT a las 4 de la madrugada del día siguiente. Lo hice. Lo que supe durante el tiempo que pasé con este equipo de información es lo que me llevó a mi búsqueda de 18 años que ha culminado con la redacción de este libro. Más tarde me dieron otra autorización mejorada en la categoría de cifrado y fui designado operador del SPECAT cuando estaba de servicio en el centro de mando.

William Cooper is presented with Naval Commendation Medal with Combat V.
CINCPACFLT Headquarters – 1970

El día que supe que la Oficina de Inteligencia Naval había participado en el asesinato del presidente John F. Kennedy y que había sido el agente del servicio secreto que conducía la limusina quien había disparado a Kennedy en la cabeza, DESAPARECÍ, sin ninguna intención de volver. Mi buen amigo Bob Swan fue quien me convenció para que volviera. Más tarde, el 1 de junio de 1972, la víspera de mi boda, le dije a Bob todo lo que sabía sobre los ovnis, el asesinato de Kennedy, la Armada, el Gobierno Secreto, la próxima edad de hielo, las Alternativas 1, 2, y 3, el Proyecto GALILEO, y el plan para el Nuevo Orden Mundial. Entonces creía que todo era verdad y todavía creo que es verdad.

Debo advertir que he encontrado evidencias de que las sociedades secretas ya planeaban en una fecha tan lejana como 1917 inventar una amenaza artificial del espacio exterior para unir a la humanidad en un solo gobierno mundial que ellos llaman el Nuevo Orden Mundial. Todavía busco la verdad. Creo firmemente que este libro está más cerca de la verdad que cualquier cosa que se haya escrito antes.

Traté de filtrar información a un periodista después de mi baja. Una limusina negra me lanzó por un precipicio en las colinas de Oakland. Salieron dos hombres y bajaron hasta donde estaba yo cubierto de sangre. Uno se inclinó y me buscó el pulso en la carótida. El otro preguntó si estaba muerto. El hombre que tenía más cerca dijo: "No, pero se va a morir." El otro respondió: "Bueno, entonces no tenemos que hacer nada más." Subieron y se fueron. Conseguí subir al cerro donde esperé hasta que me encontraron. Un mes más tarde me vi involucrado en otro accidente con la misma limusina. Esta vez perdería una pierna. Dos hombres me visitaron en el hospital. Sólo querían saber si me callaría o si la próxima vez iba a ser la última. Les dije que sería muy buen chico y que no debían preocuparse más por mí. Murmurando juré vaciar el buche tan pronto como pudiera encontrar la manera de hacerlo sin terminar siendo herido nuevamente. Me costó 16 años, 27.000 dólares, un ordenador y una gran cantidad de sobres, pero ahora todo el mundo lo sabe.

Volví a la escuela después de dejar la Armada y obtuve un título de fotografía, trabajé como Instructor en Jefe de la Escuela de la Costa de buceo con escafandra, Jefe de la Comisión Mixta del Departamento de Buceo de Profundidad con gas saturado y Profesor de fotografía submarina en el Colegio Oceanográfico, representante de admisiones en el Instituto Técnico Airco, subdirector del Adelphi Business College, Director Ejecutivo del Adelphi Business College, Coordinador Nacional de Marketing de la Unión de Educación y Software, Director Ejecutivo del Instituto Técnico de la Costa del Pacífico, y Director Ejecutivo de la Universidad Técnica Nacional. También he sido propietario y he dirigido la Absolute Image Gallery and Studio of Fine Art Photography.

La primavera de 1988 vi una revista que hacía referencia a un documento descubierto por el equipo de investigadores Moore, Shandera y Friedman que describía que el gobierno conocía la existencia de un platillo estrellado, de cuerpos de extraterrestres muertos y de una operación llamada Operación MAJESTIC DOCE. Yo sabía que Moore y Friedman eran agentes del gobierno y que el documento era un fraude. Nunca había oído hablar de Shandera. Lo sabía porque había visto una lista de agentes que debían iniciar un plan de contingencia llamado MAJESTIC que daría pistas falsas a los investigadores, en cuanto lo necesitaran.

Decidí que era el momento de entrar en la arena y exponer el encubrimiento y la desinformación. Primero debía convencer a los conocidos agentes que yo era sólo un chiflado que en realidad no sabía nada. Preparé un poco de información falsa, mezclada con un poco de información real, y se la pasé a Moore y Friedman a través de Jim Spieser, el operador de una red informática BBS llamada Paranet. A Spieser se le dijo que la información sólo tenía que llegar a Moore o a Friedman; nadie más tenía que verla. Quería ganar tiempo convenciendo a estos agentes para que dijeran a sus oficiales del caso que yo era inofensivo, lo que me permitiría sacar la información real a la opinión pública. Ninguna información de ésta estaba destinada a hacerse pública. Spieser resultó que trabajaba con Moore, sin embargo, y publicaba los archivos en las redes informáticas. Spieser después se fue a Los Ángeles, a consultar con Moore durante tres días, y cuando volvió me prohibió entrar en el sistema Paranet.

Friedman llamó y consiguió mi dirección, el nombre y la dirección de mi empresa, y todo un montón de información personal. Yo sabía que estaba siendo observado por la red de los servicios de inteligencia y les seguí el juego. Aproximadamente una semana después de hablar con Friedman dos agentes del Servicio de Investigación de Defensa se presentaron en mi casa y confiscaron todos mis disquetes. Lo único que les impedía llevarse mi equipo era el hecho de que era una XT sin disco duro. Ya sabía que mi plan había funcionado, porque a mí no se me llevaron.

Con la ayuda de Annie y de algunos amigos muy cercanos y de confianza, preparé la información real, verdadera y correcta que podía recordar, y juntos hicieron un envío por correo que, en conjunto, me costó 27.000 dólares. Enviamos los paquetes a gente de todo el mundo. Esto es lo que impidió que el gobierno me arrestase o me hiciera daño. Cualquier movimiento suyo sería interpretado sin duda como una confirmación de todo lo que yo había revelado. También colgué la información en los tablones de anuncios de ordenadores de todo el país. Asimismo dije públicamente que Moore, Shandera y Friedman eran agentes del gobierno y que el documento de la reunión de Eisenhower era un fraude. Todo el mundo me atacó. Insistían en que Moore, Shandera y Friedman eran irreprochables.

Mi renuncia de la universidad donde yo era director ejecutivo, se hizo efectiva a partir del 15 de abril de 1989, previamente habían visto a Jaime Shandera hurgando por el centro. Esta historia se incluye más adelante en este libro. La pérdida de ingresos fue un duro golpe. Stan Barrington, jefe del departamento de seguridad de la universidad, nos ayudó. Stan nos dio 5.000 dólares de ayuda. Me sentí profundamente conmovido por su fe y confianza en mí, así que le di el 24% de lo que saliera de mis esfuerzos más adelante. Ninguno de nosotros esperábamos mucho, y hasta ahora no íbamos errados. Sin embargo, le devolví a Stan su dinero, y ahora todo lo que él gana es extra. Stan está a cargo de la impresión de la información y la venta de mis papeles y cintas. Stan Barrington es mi único representante autorizado.

El 1 de julio de 1989, Moore demostró ser un agente cuando lo admitió abiertamente, declaró que había participado espiando a sus compañeros de investigación, había cambiado documentos, había hecho pública desinformación, y había ayudado a llevar a cabo una estafa sobre Paul Bennowicz en la que el Sr. Bennowicz acabaría siendo recluido en una institución mental. Moore dijo que había sido reclutado por una agencia de inteligencia y que sabía que había sido reclutado. Era consciente de ser un agente. Nadie reconoció que yo había tenido razón.

A partir de aquí, mi Annie y yo fuimos perseguidos y acosados. Empezaron a aparecer amenazas de muerte en nuestro contestador automático. El teléfono sonaba varias veces durante la noche, pero nadie respondía cuando lo cogías. A veces un hombre hacía alguna que otra amenaza de muerte. Coches del Gobierno paraban delante y hombres trajeados vigilaban la casa. Gente extraña comenzó a aparecer en la puerta, a veces en medio de la noche. Compré una automática del 0,380 para Annie y una de 9 mm para mí. Enseñé a Annie cómo disparar, y no dudará en matar a cualquiera que intente hacerme daño a mí, a ella, o a nuestra hija pequeña.

Annie y Pooh (apodo de Dorothy son las luces de mi vida. Annie y yo nos casamos el 4 de julio de 1989. Pooh nació el 30 de mayo de 1990. Mi recuerdo más emotivo de Annie es cuando después de 12 horas de trabajo estábamos finalmente en la sala de partos. No había tomado ninguna droga. No se había hecho ninguna punción lumbar. Lo hizo todo de manera natural. Se había vaciado de energía y experimentaba un gran dolor. Estaba entumecida. Después de un empujón muy fuerte me miró con toda la inocencia y la confianza de un niño pequeño y me preguntó: "¿Ha venido ya el bebé?" Para mí fue muy difícil decirle que el bebé aún no había nacido, pero eso es lo que hice. Por un momento pareció vacilar, pero sólo fue un momento. Annie rápidamente recuperó sus formas. Pude ver el amor en sus ojos cuando me miró. Le apreté la mano. Respiró hondo y empujó la cabecita de Pooh hacia el mundo. El médico aspiró la boca del bebé, entonces Annie lo dio todo, un impulso que parecía venirle del alma - y salió la pequeña Dorothy, anunciando su presencia con un gran grito. Estoy tan orgulloso de Annie. Es mi heroína. Y Pooh es y será para siempre mi amiga.

En un momento determinado me sentí muy molesto con la intimidación. Fui hasta el coche del gobierno de la acera. Le enseñé al hombre del coche mi pistola de 9 mm y le dije que estábamos hartos de sus tácticas intimidatorias. Le dije que si él o cualquier otra persona quería saber algo sobre mí, tenían que venir a casa, sentarse, tomar una taza de café, y yo estaría encantado de decirles todo lo que quisieran saber. Le informé que si se hacía algún intento de acosarme a mí o a mi familia no dudaría en usar mi pistola. Entonces fui detrás del coche y cogí el número de la matrícula. Arrancó, se marchó, y no hemos detectado ningún signo manifiesto de vigilancia desde ese día.

No se dieron por vencidos con nosotros. Nadie sabía la ubicación de nuestra nueva casa cuando nos mudamos a Arizona. Sin embargo, cuando íbamos hacia la entrada, justo detrás nuestro apareció un coche del gobierno. El hombre bajó y dijo que se había perdido y quería saber quién vivía allí. Le pregunté para qué quería saberlo. Dijo que era un empleado del censo. Dijo que era tarea suya asegurarse de que nadie aquí, en el país quedara fuera del censo. Me preguntó mi nombre. Yo le dije que saliera de la propiedad y que no volviera nunca más. Protestó, pero se fue cuando vio que hablaba en serio. (Simplemente le pedí a Annie que me diera mi pistola inmediatamente.) Ahora, mucha gente dirá que estaba paranoico en ese momento - hasta que descubran que los empleados del censo NO UTILIZAN COCHES DEL GOBIERNO.

Una mañana, mientras estaba en la oficina de correos, un agente del alguacil del condado pidió al empleado de la ventana de al lado a la que yo había ido a comprar sellos si "William Cooper" había alquilado un apartado. Sonreí mientras el empleado le entregaba mi contrato de alquiler y él copiaba la información. No sacó nada, ya que vivíamos en el campo donde no hay dirección. En el contrato sólo ponía "Stolen Blvd." - Un montón de gente vivían en Stolen Boulevard.

Se han aprovechado de nosotros todos los estafadores retorcidos, productores de televisión, guionistas, autores y expertos socarrones que hay en este país. He aprendido que los reporteros de la televisión y los medios impresos y productores que he conocido son un montón de mentirosos. No son objetivos ni les importa un bledo la verdad. El único medio de comunicación realmente abierto que le quedan al público es la radio, e incluso en los programas de radio no se puede discutir sobre ciertos temas. Mi material ha sido copiado, cambiado, e incluso plagiado. Una gran cantidad de personas han utilizado el material para hacer dinero sin mi conocimiento o permiso. Un productor de Hollywood quería comprar los derechos exclusivos de mi historia por ¡UN DÓLAR!

Anne y Dorothy

Bill Hamilton me rogó que le permitiera incluir mi material en su libro titulado Magia Álien. Fingía ser mi amigo y se lo permití. No le pedí dinero ni él me lo ofreció. Todo su libro consta de material de otras personas. Ahora me acusa de haberle robado "su" información. Bill Hamilton ha resultado ser sólo otro farsante OVNI. Desde entonces he sabido que no soy la única persona de la que se ha aprovechado.

La estafa más perjudicial fue perpetrada por dos antiguos actores reconvertidos en estafadores, llamados Michael Callen y Douglas Deane. Dudo seriamente que nadie les recuerde, Callen era un habitual en las películas de verano baratas de adolescentes y Deane nunca llegó más allá de pequeños papeles y formar parte del coro. Me involucré con ellos cuando otro actor llamado Bruce Reed me llamó y me preguntó si quería dar mi consentimiento para reunirme con él y un amigo que prefería permanecer en el anonimato. Estuve de acuerdo en que podían venir a mi casa donde podríamos hablar en terreno conocido. No estaba ansioso por reunirme con alguien que no conocía, y sobre todo con una persona anónima alejada de mi entorno familiar.

Reed y su amigo se presentaron en mi casa, y el amigo resultó ser Michael Callen. Me dijeron que habían leído mi material y que me querían ayudar. ¡Qué broma resultó ser esta declaración! Me dijeron que sabían como ponerme frente a millones de personas a las que podía entregar mi mensaje. Callen estaba muy atento; me decía que sólo estaba interesado en ayudarme a difundir la información, pero me convenció para que firmara un contrato de gestión de cinco años que le otorgaba un total del 20% de los ingresos brutos de todos los bienes sin importar la fuente. Juró que si no conseguía resultados antes de seis meses rompería el contrato.

Lo primero que hizo Callan fue perjudicar a su compañero, Bruce Reed. Dejó a Reed fuera del trato. Para evitar que me enterara de que sólo le había echado para no darle a Reed la mitad del 20%, Callen me decía que Bruce era un traficante de drogas. Me decía que el público con el tiempo se daría cuenta, y que el consumo de drogas de Reed me dañaría. Todo lo que Callen me dijo de Reed resultó ser mentira.

Después me llamó Stan Barrington, quería saber por qué estaba tratando de echarlo. No sabía de qué hablaba. Resultó que Callen estaba tratando de forzar a Stan a renunciar a su 24% porque así Callen podría formar una alianza conmigo del 50-50. Le dije a Stan que no tenía ninguna intención de echarle. Le dije que su 24% era suyo, que podía conservarlo, venderlo o regalarlo y que no necesitaba ningún permiso mío. Stan se sintió mucho mejor después de esta conversación y le dijo a Callen que se fuera a freír espárragos. En este punto Callen comenzó a trabajarme para librarse de Stan. Me negué. También le dije que él no había invertido nada, de modo que no tenía nada garantizado. Su trabajo consistía en hacer gestiones según nuestro contrato.

Douglas Deane entró en escena el 7 de enero de 1989, en una conferencia que di en el Showboat Hotel and Casino de Las Vegas. Callan le trajo una cinta de vídeo de la conferencia para que pudiéramos tener una cinta para vender a los miles de personas que nos habían pedido que hiciéramos una cinta. El acuerdo fue que se grabaría el evento y que las cintas me pertenecerían exclusivamente a mí. En cambio, si las cintas resultaban ser buenas, Deane conseguiría un contrato para producir futuras cintas. Las cintas eran terribles y tanto Deane como Callen me dijeron que yo no querría venderle cintas de mala calidad a nadie. De todos modos lo hicieron a mis espaldas y empezaron a robarme las cintas maestras de todas mis otras conferencias. Asimismo Callen vaciaba todas las cuentas de las empresas. Pidió un préstamo de 1,400 dólares a Stan para producir las cintas y luego se quedó con el dinero y con las cintas.

Un productor de Alemania me hizo una reserva para dar una conferencia en ese país. Para garantizar el acuerdo envió 3.000 dólares que debían ser utilizados para comprar dos billetes de primera clase y como garantía de que cuando llegara allí no cancelaría la conferencia. El productor la canceló cuando una huelga de correos en Alemania le impidió hacer publicidad del evento. Callen se quedó los 3,000 dólares de aquel hombre. De esto no me di cuenta hasta que eché a Callen.

En mi conferencia en San Diego en la Whole Life Expo descubrí que Deane estaba vendiendo cintas y pidiendo a la gente que extendiera los cheques a nombre de "Need to Know Producciones", una compañía falsa. Inmediatamente despaché a Deane. Informé a Callen que no debíamos hacer ningún tipo de negocio con él. Descubrí que Callen había estado diciendo que las cintas que teníamos las duplicaban en Hollywood con un coste de 15 dólares por cinta, pero en realidad Deane lo estaba haciendo con videos en su casa en Arizona. Le pedí a Callen que me devolviera todas las cintas maestras de todas las conferencias. Se negó y yo lo despedí.

Cuando me deshice de Callen, ya había robado todo lo que teníamos. Nos dejó literalmente sin un centavo. Se había quedado todas las cintas maestras de todas mis conferencias. Estábamos arruinados y sin hogar en ese momento. Si no hubiera sido por un par de buenos amigos de Minnesota, no habríamos sobrevivido. Hoy estaríamos en la calle. Callen y Deane siguen perjudicándonos vendiendo las cintas de mis conferencias. No recibimos nada de esas ventas. Son los estafadores más despreciables y ladrones que os podáis imaginar.

Un sábado por la mañana hice una visita a casa de Deane para pedirle mis cintas maestras. Él no estaba, y después de una cortés conversación con su personal de mantenimiento, volví a casa. Pocos días después, me llamaron del departamento del alguacil preguntándome si había ido a casa de Deane ese mismo sábado. Yo le dije que había ido. Me preguntaron si había tratado de hacer destrozos en la casa a Deane y yo les dije que no. Me dieron las gracias y que eso era todo. No tenía ni idea de qué se trataba hasta que me entregaron una sentencia prohibitoria. Parece ser que la mala conciencia de Deane le había hecho temer que volvería. Se rajó sus propios neumáticos, hizo un informe al sheriff diciendo que lo había hecho yo, y después obtuvo una orden de restricción de la corte local. Nunca he sido interrogado ni acusado por la policía ni por el sheriff que no fuera por lo que ya he dado a conocer. Creo que desde el principio su objetivo era tratar de destruir mi esfuerzos por educar al pueblo Americano. Los malditos estuvieron cerca de lograrlo.

CAPÍTULO 1

FRAGMENTOS DE ARMAS SILENCIOSAS PARA GUERRAS SECRETAS

Copia proporcionada por el Sr. Tom Young
Un Guerrero compañero en la causa de la Libertad
Extractos impresos palabra por palabra exactamente
tal como fueron descubiertos
(Con los comentarios agregados de William Cooper)
(Énfasis añadido por William Cooper)

La declaración de guerra de los Illuminati
al pueblo de los Estados Unidos.

[Arriba el título añadido por WC]
Nota del Autor / WC: He leído documentos de alto secreto que explicaban que "Armas silenciosas para guerras secretas" es la doctrina adoptada por el Comité de Políticas del Grupo Bilderberg durante su primera reunión conocida en 1954. Una copia que fue encontrada en 1969 estaba en posesión de los Servicios de Inteligencia Naval.

El siguiente documento, con fecha mayo de 1979, fue encontrado el 7 de julio de 1986, en una fotocopiadora IBM que había sido comprada en una subasta de material militar.

TOP SECRET

Armas silenciosas para guerras secretas
Un manual introductorio de programación
de Operaciones de Búsqueda
Manual Técnico
TM-SW7905.1

BIENVENIDO A BORDO

Esta publicación marca el 25 aniversario de la Tercera Guerra Mundial, llamada la "Guerra Sigilosa" llevada a cabo utilizando la guerra biológica subjetiva, utilizando "armas silenciosas".

Este libro contiene una descripción introductoria de esta guerra, sus estrategias y su armamento. Mayo 1979# 74-1120

SEGURIDAD

Es prácticamente imposible hablar de ingeniería social o de la automatización de una sociedad, es decir, de ingeniería de sistemas de automatismos sociales (ARMAS SILENCIOSAS) a ESCALA NACIONAL o MUNDIAL sin implicar extensos OBJETIVOS de control social y de DESTRUCCIÓN DE LA VIDA HUMANA, es decir, ESCLAVITUD y GENOCIDIO.

Este manual es en sí mismo una análoga declaración de intenciones. Este escrito debe ser PROTEGIDO DEL ESCRUTINIO PÚBLICO. En caso contrario, podría ser reconocido TÉCNICAMENTE COMO UNA DECLARACIÓN FORMAL DE GUERRA DOMÉSTICA. Además, cada vez que una persona o grupo de personas en una importante posición de poder, UTILIZAN ESTOS CONOCIMIENTOS y METODOLOGÍA PARA LA CONQUISTA ECONÓMICA y SIN EL PLENO CONOCIMIENTO y CONSENTIMIENTO DEL PÚBLICO - debe entenderse que HAY UN ESTADO DE GUERRA DOMÉSTICA entre esa persona o grupo de personas y el público.

La SOLUCIÓN a los PROBLEMAS de hoy en día REQUIERE un enfoque que es DESPIADADAMENTE CANDOROSO, SIN AGONIZANTES VALORES RELIGIOSOS, MORALES o CULTURALES.

USTED está CUALIFICADO para este proyecto porque tiene la capacidad de MIRAR la SOCIEDAD HUMANA con una OBJETIVIDAD FRÍA, y sin embargo, analizar y DISCUTIR sus OBSERVACIONES Y CONCLUSIONES con OTROS con una capacidad INTELECTUAL similar SIN PERDER la DISCRECIÓN o la HUMILDAD. Estas virtudes son ejercidas en su propio mejor interés. No se desvíe de ellas.

Nota del Autor / WC: Todos los énfasis anteriores son míos como lo son los de las dos secciones siguientes y adiciones entre corchetes en todas partes.

Reconozco este documento, según lo admite el propio documento, como una formal declaración de Guerra de los Illuminati a los ciudadanos de los Estados Unidos de América. Reconozco que este Estado de Guerra existe y ha existido entre los ciudadanos de los Estados Unidos de América y el agresor Illuminati en base a este reconocimiento. Os presento que los Ciudadanos pacíficos de esta nación están plenamente justificados a adoptar las medidas a las que haya que recurrir, incluida la violencia, para identificar, contraatacar, y destruir al enemigo. Baso esta afirmación sobre el derecho dado por Dios a todos los pueblos pacíficos de defenderse de un ataque y la destrucción ante cualquier guerra que el enemigo libre contra ellos. Cito los principios enunciados de la Declaración de Independencia, la Constitución de los Estados Unidos de América, y los precedentes históricos plenamente reconocidos y admitidos que han servido como justificación para la destrucción de los tiranos.

INTRODUCCIÓN HISTÓRICA

La tecnología de armas silenciosas ha evolucionado a partir de la Investigación de Operaciones (Operations Reserch OR), una metodología estratégica y táctica desarrollada bajo MANDO MILITAR [Eisenhower] en Inglaterra durante la Segunda Guerra Mundial. El propósito original de la Investigación de Operaciones era estudiar los problemas estratégicos y tácticos de defensa aérea y terrestre con el objetivo de la utilización eficaz de los recursos militares limitados contra los enemigos extranjeros (es decir, logística).

Pronto se reconoció por aquellos en posiciones de poder [El CONSEJO DE RELACIONES EXTERIORES] que los mismos métodos podrían ser útiles para controlar totalmente a una sociedad. Pero eran necesarias herramientas mejores.

La ingeniería social (el análisis y la automatización de una sociedad) requiere la correlación de grandes cantidades de información económica (datos) en constante cambio, por lo que era necesario un sistema de alta velocidad de procesamiento de datos, que pudiera ir por delante de la sociedad y predecir cuando ésta capitularía.

Los ordenadores de relés eran demasiado lentos, pero el ordenador electrónico, inventado en 1946 por J. Presper Eckert y John W. Mauchly, cumplía con los requisitos.

El siguiente avance fue el desarrollo en 1947 del método simple de programación lineal por el matemático George B. Dantzig.

Luego, en 1948, el transistor, inventado por J. Bardeen, WH Brattain y

W. Shockley, prometió una gran expansión del campo de la informática mediante la reducción de los requisitos de espacio y energía.

Con estas tres invenciones bajo su dirección, los que ocupan importantes posiciones de poder sospecharon que les sería posible controlar a todos sólo pulsando un botón.

Inmediatamente, la FUNDACIÓN ROCKEFELLER lo puso en marcha dando una subvención de cuatro años a la UNIVERSIDAD DE HARVARD, fundando el PROYECTO DE INVESTIGACIÓN ECONÓMICA HARVARD para el estudio de la estructura de la economía estadounidense. Un año más tarde, en 1949, se añadió LA FUERZA AÉREA DE ESTADOS UNIDOS.

En 1952, terminó el período de concesión original, y se celebró una reunión de alto nivel de la ÉLITE [Illuminati] para determinar la siguiente fase de la investigación de operaciones sociales. El proyecto Harvard había sido muy fructífero, como lo demuestra la publicación de algunos de sus resultados en 1953, lo que sugirió la posibilidad de la ingeniería económica (social). (Estudios de la

Estructura de la economía Americana - copyright 1953 de Wassily Leontief, Internacional Sciences Press Inc., White Plains, Nueva York.)

Diseñada la última mitad de la década de los años 40, la nueva máquina de Guerra Silenciosa estaba, por decirlo así, a punto para ser exhibida en 1954.

Con la creación del máser *(amplificador de microondas)* en 1954, la promesa de liberar FUENTES ILIMITADAS DE ENERGÍA DE FUSIÓN ATÓMICA A PARTIR DEL HIDRÓGENO PESADO DEL AGUA DE MAR y la consiguiente disponibilidad de un poder social ilimitado era una posibilidad sólo a unas décadas de distancia.

La combinación era irresistible.

La GUERRA SILENCIOSA fue DECLARADA en secreto por la ELITE INTERNACIONAL [El Grupo Bilderberg] en una reunión que tuvo lugar en 1954.

Aunque el sistema de armas silenciosas estuvo a punto de descubrirse 13 años después, la evolución del nuevo sistema de armas no ha sufrido grandes contratiempos.

Este volumen marca el 25 aniversario del inicio de la Guerra Silenciosa. Esta guerra doméstica ya ha obtenido muchas victorias en diferentes frentes en todo el mundo.

INTRODUCCIÓN POLÍTICA

En 1954 fue reconocido por aquellos en posiciones de autoridad que sólo era cuestión de tiempo, sólo un par de décadas, antes de que el público en general fuera capaz de captar y alterar la cuna del poder, pues los mismos elementos de la nueva tecnología de armas silenciosas serían tan accesibles para una Utopía pública como lo habían sido para proporcionar una Utopía privada.

El TEMA DE INTERÉS PRIMORDIAL, el de la DOMINACIÓN, giraba en torno al tema de las ciencias de la energía.

ENERGÍA

Es aceptado que la energía es la clave de toda actividad en la tierra. Las ciencias naturales son el estudio de las fuentes y el control de la energía natural, y las ciencias sociales, en teoría expresadas como economía, es el estudio de las fuentes y el control de la energía social. Ambos son sistemas contables: matemáticas. Por tanto, la matemática es la ciencia de la energía primaria. Y el contable puede ser rey si puede mantener en secreto su metodología.

Toda ciencia no es más que un medio para un fin. El medio es el conocimiento. El fin es el control. [EL FIN JUSTIFICA SIEMPRE EL MEDIO.] Más allá de esto sólo queda una pregunta: ¿Quién será el beneficiario?

En 1954 éste era el tema de mayor preocupación. Aunque se plantearon las llamadas "cuestiones morales", desde el punto de vista de la ley de la selección natural, se estuvo de acuerdo en que una nación o una población que no utiliza su inteligencia no son mejores que los animales que no tienen inteligencia. Esta gente son animales de carga y filetes en la mesa por su elección y consentimiento.

EN CONSECUENCIA, en interés del futuro orden mundial, la paz y la tranquilidad, se decidió librar una sigilosa guerra privada contra el público americano con el objetivo final de trasladar permanentemente la energía natural y social (la riqueza) de muchos indisciplinados e irresponsables a las manos de unos pocos auto-disciplinados, responsables y dignos.

Para lograr este objetivo, era necesario crear, proteger y utilizar nuevas armas que, como se vio después, eran un tipo de armas tan sutiles y sofisticadas en su principio de funcionamiento y apariencia pública como para ganarse el nombre de "armas silenciosas".

En conclusión, el objetivo de la investigación económica, tal como la llevaron a cabo los magnates del capital (la banca) y las industrias de mercancías (bienes) y servicios, es el establecimiento de una economía que es totalmente predecible y manipuladora.

Para conseguir una economía totalmente predecible, los elementos de la clase baja de la sociedad deben estar bajo un control total, es decir, deben ser domesticados, entrenados y imponerles un yugo y deberes sociales a largo plazo desde una edad muy temprana, antes de que tengan oportunidad de cuestionar el asunto. Para conseguir esta conformidad, se desintegró la unidad familiar de las clases bajas a base de un proceso de creciente preocupación de los padres y el establecimiento de guarderías gubernamentales para los niños que quedasen desatendidos.

La calidad de la educación dada a las clases inferiores debe ser de lo más pobre, de manera que el foso de la ignorancia que aísle la clase inferior de la clase superior sea y siga siendo incomprensible para las clases inferiores. Con esta desventaja inicial, incluso los individuos de clase baja más brillantes tendrán pocas o ninguna esperanza de librarse del lote que les ha asignado la vida. Esta forma de esclavitud es esencial para mantener un cierto grado de orden social, la paz y la tranquilidad para las clases altas gobernantes.

INTRODUCCIÓN DESCRIPTIVA
DE LAS ARMAS SILENCIOSAS

Todo lo que se espera de un arma ordinaria es lo que esperan sus creadores de un arma silenciosa, pero sólo en la manera de funcionar.

Disparan situaciones, en vez de balas; impulsadas por el procesamiento de datos, en lugar de por una reacción química (explosión); que se originan con bits de datos, en vez de con granos de pólvora; desde un ordenador, en lugar de un arma de fuego; utilizadas por un programador informático, en lugar de un francotirador; bajo las órdenes de un magnate bancario, en vez de un general militar.

Obviamente esto hace que no hay haya ruidos de explosiones, ni cause lesiones físicas o mentales evidentes, y no tiene, obviamente, interferencias con la vida social cotidiana de persona alguna.

Sin embargo, hace un "ruido" inconfundible, causa un inconfundible daño físico y mental, y sin duda interfiere con la vida social cotidiana, es decir, es inconfundible para un observador entrenado, que sabe lo que debe buscar.

El público no puede comprender esta arma, y por tanto no pueden creer que estén siendo atacados y dominados por un arma.

El público podría sentir instintivamente que algo no va bien [¿NO ES

ASÍ?], Pero debido a la naturaleza técnica del arma silenciosa, no pueden expresar sus sentimientos de una manera racional, o afrontar el problema con inteligencia. Por lo tanto, no saben cómo llorar para pedir ayuda, y no saben cómo asociarse con otros para defenderse a sí mismos en contra de ella.

Cuando un arma silenciosa se aplica gradualmente, el público se ajusta / adapta a su presencia y aprende a tolerar su intromisión en sus vidas hasta que la presión (psicológica por medio de la economía) se vuelve demasiado grande y se hunden.

Por tanto, el arma silenciosa es un tipo de guerra biológica. Ataca la vitalidad, las opciones, y la movilidad de los individuos de una sociedad conociendo, comprendiendo, manipulando y atacando sus fuentes de energía natural y social, así como sus fortalezas y debilidades físicas, mentales y emocionales.

INTRODUCCIÓN TEÓRICA

Dame el control sobre la moneda de una nación, y no me importará quién haga sus leyes.
Mayer Amschel Rothschild (1743 - 1812)

Hoy en día la tecnología de las armas silenciosas es consecuencia del descubrimiento de una idea simple, sucintamente expresada, y aplicada efectivamente por el mencionado Sr. Mayer Amschel Rothschild. El Sr. Rothschild descubrió el componente pasivo que faltaba en la teoría económica conocida como inductancia económica. Él, por supuesto, no pensaba en su descubrimiento en estos términos del siglo 20, y por supuesto, el análisis matemático tuvo que esperar hasta la segunda Revolución Industrial, el surgimiento de las teorías de la mecánica y la electrónica, y finalmente, la invención del ordenador electrónico antes de poder ser aplicado de manera efectiva en el control de la economía mundial.

CONCEPTOS GENERALES DE ENERGÍA

En el estudio de los sistemas de energía, siempre aparecen tres conceptos elementales. Estos son energía potencial, energía cinética, y disipación de energía. Y correspondiendo a estos conceptos, hay tres contrapartes idealizadas esencialmente físicas puras, llamados componentes pasivos.

(1)   En la ciencia de la mecánica física, el fenómeno de la energía potencial se asocia con una propiedad física llamada elasticidad o rigidez, y puede ser representado por un muelle estirado.

En la ciencia electrónica, la energía potencial se almacena en un condensador en vez de en un muelle. A esta propiedad se la llama capacitancia en vez de elasticidad o rigidez.

(2)   En la ciencia de la mecánica física, el fenómeno de la energía cinética se asocia con una propiedad física llamada inercia o masa, y puede ser representada por una masa o un volante de inercia en movimiento.

En la ciencia electrónica, la energía cinética se almacena en un inductor (en un campo magnético) en vez de en una masa. A esta propiedad se la llama inductancia en vez de inercia.

(3)   En la ciencia de la mecánica física, el fenómeno de la disipación de energía se asocia con una propiedad física llamada fricción o resistencia, y puede ser representado por un amortiguador o algún otro dispositivo que convierta la energía del sistema en calor.

En la ciencia electrónica, la disipación de la energía se realiza por un elemento llamado ya sea resistencia o conductor, el término "resistencia" es el que se utiliza generalmente para expresar el concepto de fricción, y el término "conductor" generalmente se utiliza para describir un dispositivo más adecuado (por ejemplo, el cobre) empleado para transmitir la energía electrónica de manera eficientemente de un lugar a otro. La propiedad de una resistencia o conductor es medida como resistencia o como conductancia.

En economía estos tres conceptos de energía están asociados con:

(1) Capacitancia Económica - el Capital (dinero, stock / inventario, inversiones en edificios y bienes duraderos, etc.)

(2) Conductancia Económica - Bienes (coeficientes de flujo de producción)

(3) Inductancia Económica - Servicios (la influencia de la población industrial en la producción) Toda la teoría matemática desarrollada en el estudio de un sistema de energía (por ejemplo, mecánico, electrónico, etc.) Se puede aplicar inmediatamente al estudio de cualquier otro sistema de energía (por ejemplo, el económico).

LA ENERGIA DESCUBIERTA POR EL SR. ROTHSCHILD

Lo que descubrió el Sr. Rothschild fue el principio básico del poder, la influencia y el control sobre las personas tal como se aplica en la economía. Este principio es "cuando usted asume la apariencia de poder, la gente pronto se lo da."

El Sr. Rothschild había descubierto que el dinero o las cuentas de depósito en préstamo tenían la apariencia requerida de poder que podría ser utilizada para INDUCIR A LAS PERSONAS [énfasis de WC] (inductancia, con las personas representando un campo magnético) a ceder su riqueza real a cambio de una promesa de mayor riqueza (en vez de una compensación real). Entregaban sus riquezas a cambio de pagarés. El Sr. Rothschild descubrió que podía emitir más billetes que bienes reales tenía, siempre y cuando tuviera suficiente oro como para enseñar a sus clientes.

El Sr. Rothschild prestaba sus pagarés a individuos y a gobiernos. Esto debía crear un exceso de confianza. Después retendría el dinero, intensificaría el control del sistema, y recogería los bienes avalados a base de hacer cumplir los contratos. A continuación, el ciclo se repetía. Estas presiones se podían utilizar para iniciar una guerra. Entonces él controlaría la disponibilidad de moneda para determinar quién debía ganar la guerra. El gobierno que accedía a darle el control de su sistema económico obtenía su apoyo.

El cobro de las deudas quedaba garantizado por la ayuda económica a los enemigos del deudor. Las ganancias surgidas de esta metodología económica hicieron que el Sr. Rothschild fuera capaz de aumentar su riqueza. Vio que la codicia pública permitiría por orden del gobierno que se imprimiera moneda EXCEDIENDO LOS LÍMITES [énfasis de WC] (inflación) del soporte en metales preciosos o de la producción de bienes y servicios (producto nacional bruto, PNB).

EL CAPITAL APARENTE COMO INDUCTOR DE "PAPEL"

En esta estructura, el crédito, presentado como un elemento puro llamado "moneda", tiene la apariencia de capital, pero, de hecho, es capital negativo. Por lo tanto, parece un servicio, pero es, de hecho, endeudamiento o deuda. Es por tanto una inductancia económica en vez de una capacidad económica, y si no se equilibra de otra manera, será compensada con la negación de la población (guerra, genocidio). De los bienes y servicios que representan el total de capital real se llama el producto nacional bruto, y se puede imprimir moneda hasta este nivel y todavía representa capacitancia económica; pero la moneda impresa más allá de este nivel es sustractiva, se entra en la inductancia económica, y tiene lugar el endeudamiento.

La guerra, por lo tanto, es el equilibrio del sistema, matando a los verdaderos acreedores (el público al que hemos enseñado a intercambiar valor real por un exceso de moneda) y se vuelve hacia atrás a lo que queda de los recursos naturales y la regeneración de estos recursos.

El Sr. Rothschild había descubierto que la moneda le daba el poder de reorganizar la estructura económica en su propio beneficio, desplazando la inductancia económica a posiciones económicas que propiciaran una gran inestabilidad y oscilación económica.

La clave final para el control económico tuvo que esperar hasta que hubo datos suficientes y un ordenador de alta velocidad para mantener una estrecha vigilancia sobre las oscilaciones económicas creadas por las subidas de precios y el exceso de crédito - inductancia de papel / inflación.

AVANCE

El campo de la aviación proporciona la mayor evolución en la ingeniería economía a través de la teoría matemática de la prueba de choque. En este proceso, se dispara un proyectil desde un fuselaje en el suelo y el impulso del retroceso se controla mediante transductores de vibración conectados a la estructura del avión y se registran los datos.

Mediante el estudio de los ecos o reflexiones del impulso del retroceso del fuselaje, es posible descubrir vibraciones críticas en la estructura de la estructura del avión, estas vibraciones del motor o vibraciones eólicas de las alas, o una combinación de ambas, pueden reforzarse provocando la autodestrucción del avión debido a la resonancia de la estructura mientras vuela como sería el caso de una aeronave. Desde el punto de vista de ingeniería, esto significa que las fortalezas y debilidades de la estructura de la estructura del avión en términos de energía de vibración pueden ser conocidas y manipuladas.

APLICACIÓN ECONÓMICA

Para utilizar este método de la prueba de choque del fuselaje en la ingeniería económica, los precios de los productos se someten a un choque, y se supervisa la reacción de los consumidores públicos. Los ecos resultantes de la crisis económica se interpretan teóricamente con computadoras y así se descubre la estructura psico-económica de la economía. Con este proceso se descubren diferencias parciales y matrices diferenciales que definen el hogar familiar y hacen posible su evaluación económica industrial (estructura de disipación del consumidor).

A continuación, se puede predecir y manipular la respuesta de los hogares ante futuros choques, y la sociedad se convierte en un animal bien regulado con las riendas bajo el control de un sofisticado sistema de contabilidad informático que regula la energía social.

Finalmente cada elemento individual de la estructura queda bajo control del ordenador a través de un conocimiento de las preferencias personales, y este conocimiento queda garantizado por la asociación informatizada de las preferencias de los consumidores (código de producto universal - UPC - códigos de barras en los paquetes) con los consumidores identificados (identificado a través de la asociación del uso de una tarjeta de crédito y MÁS TARDE UN NÚMERO "TATUADO" PERMANENTEMENTE EN EL CUERPO [énfasis de WC] invisible bajo condiciones normales de iluminación...

EL MODELO ECONÓMICO

...El Proyecto de Investigación Económica de Harvard (1948-) fue una extensión de las Operaciones de Investigación de la Segunda Guerra Mundial. Su objetivo era descubrir la ciencia que controla una economía: primero la economía estadounidense, y después la economía mundial. Se consideraba que con suficiente base matemática y datos, sería casi tan fácil predecir y controlar la tendencia de una economía como predecir y controlar la trayectoria de un proyectil. Tal como se había demostrado. Por otra parte, la economía se ha transformado en un misil guiado hacia el blanco.

El objetivo inmediato del proyecto Harvard era descubrir la estructura económica, qué fuerzas cambian esta estructura, como se puede predecir el comportamiento de la estructura, y cómo puede ser manipulada. Lo que se necesitaba era un conocimiento bien organizado de las estructuras matemáticas y las interrelaciones entre la inversión, la producción, la distribución y el consumo.

Resumiendo, se descubrió que la economía obedecía a las mismas leyes que la electricidad y que la totalidad de la teoría matemática y los conocimientos prácticos e informáticos desarrollados en el campo de la electrónica podrían aplicarse directamente al estudio de la economía. Este descubrimiento no se declaró abiertamente, y sus implicaciones más sutiles eran y siguen siendo un secreto muy bien guardado, por ejemplo, en un modelo económico, la vida humana se mide en dólares, y la chispa eléctrica generada al abrir un interruptor conectado a un inductor activo es matemáticamente análogo a empezar una guerra.

El mayor obstáculo al que se enfrentaron los economistas teóricos fue hacer una descripción detallada de la familia como una industria. Esto es un reto porque las compras del consumidor son una cuestión de elección, que a su vez están influenciadas por los ingresos, el precio y otros factores económicos.

Este obstáculo se superó de forma indirecta y estadísticamente aproximada mediante la aplicación de pruebas de choque para determinar las actuales características, llamados coeficientes técnicos actuales, de una industria familiar.

Finalmente, debido a que los problemas de la economía teórica se pueden trasladar muy fácilmente a problemas de teórica electrónica, y la solución trasladada de nuevo, se deduce que sólo había que escribir un libro que tradujera las definiciones de los idiomas y los conceptos en el economía. El resto se podría obtener de trabajos estándares de matemáticas y electrónica. Esto hace innecesaria la publicación de libros sobre economía avanzada, y simplifica en gran medida la seguridad del proyecto.

DIAGRAMAS INDUSTRIALES

Una industria ideal se define como un dispositivo que recibe el valor de otras industrias de diversas formas y lo convierte [el valor] en un producto específico para las ventas y la distribución a otras industrias. Tiene varias entradas y sólo una salida. Lo que el público normalmente ve como una industria es realmente un complejo industrial donde varias industrias bajo un mismo techo producen uno o más productos...

TRES CLASES DE INDUSTRIAS

Las industrias se dividen en tres categorías o clases según el tipo de producto:

Clase # 1 - Capital (recursos)
Clase # 2 - Bienes (mercancías o uso - disipativo)

Clase # 3 - Servicios (acción de la población)

Clase # 1 Encontramos industrias en tres niveles:
(1) Naturaleza - fuentes de energía y materias primas.
(2) Gobierno - impresión de dinero por un valor igual al producto nacional bruto (PNB) y extensión (inflación) del dinero más allá del PNV.
(3) Banca - préstamo de dinero con interés y extensión (inflación / falsificación) del valor económico a través de las cuentas de crédito.

Clase # 2 Encontramos las industrias que producen productos tangibles o de consumo (disipados).
Este tipo de actividad es generalmente reconocida y etiquetada por el público como una "industria".

Clase # 3 Encontramos industrias que más bien proporcionan servicios que productos tangibles.
Estas industrias se llaman (1) los hogares, y (2) los gobiernos. Su producción es la actividad humana de un tipo mecánico, y su base es la población.

AGREGACIÓN

Todo el sistema económico puede ser representado por un modelo de tres industrias si llamamos a sus salidas como (1) capital (2) bienes, y (3) servicios. El problema con esta representación es que no mostraría la influencia de, por ejemplo, la industria textil sobre la industria del hierro. Esto se debe a que tanto la industria textil como la industria del hierro están dentro de una única clasificación llamada "industria de bienes", y con este proceso de combinar o añadir estas dos industrias bajo un único sistema de bloque perderían su individualidad económica.

EL MODELO E

Una economía nacional consiste en flujos simultáneos de producción, distribución, consumo e inversión. Si a todos estos elementos incluyendo la mano de obra y las funciones humanas se les asigna un valor numérico en unidades de medida como, por ejemplo, 1939 dólares, entonces este flujo puede ser representado, además, por un flujo de corriente en un circuito electrónico, y su comportamiento se puede predecir y manipular con una gran precisión.

Los tres componentes energéticos pasivos ideales de la electrónica, el condensador, la resistencia y el inductor se corresponden con los tres componentes energéticos pasivos ideales de la economía llamados industrias puras del capital, los bienes y los servicios, respectivamente.

La capacitancia económica representa el almacenamiento del capital de una manera u otra.

La conductancia económica representa el nivel de resistencia de los materiales para la producción de bienes.

La inductancia económica representa la inercia del valor económico en movimiento. Este es un fenómeno de la población conocido como servicios.

INDUCTANCIA ECONÓMICA

Por un inductor eléctrico (por ejemplo, una bobina de hilo de cobre) pasa una corriente eléctrica como fenómeno primario y genera un campo magnético como fenómeno secundario (inercia). En correspondencia con ello, un inductor económico tiene un flujo de valor económico como fenómeno primario y un campo de población como fenómeno secundario de inercia. Cuando el flujo de valor económico (por ejemplo, el dinero) disminuye, el campo de la población humana se derrumba para mantener fluyendo el valor económico (dinero) (el caso extremo es la guerra).

Esta inercia del público es el resultado de los hábitos de compra del consumidor, nivel de vida que se espera, etc., y en general es un fenómeno de supervivencia.

FACTORES INDUCTIVOS A CONSIDERAR

(1) La población
(2) La magnitud de las actividades económicas del gobierno
(3) El método de financiación de estas actividades gubernamentales (véase Peter-Paul Principle - La inflación del dinero.)

TRADUCCIÓN

(Se darán algunos ejemplos.)

Carga	culombios	dólares (1939).
Flujo / Corriente	amperios (culombios por segundo)	dólares de flujo por año.
Fuerza Motivadora	voltios	dólares (producción) demanda.
Conductancia	amperios por voltios	dólares de flujo por año y dólar de
		demanda.
Capacitancia	culombios por voltio	dólares de producción inventario /
		existencias por dólares de demanda.

FLUJO DE RELACIONES TEMPORALES Y OSCILACIONES AUTODESTRUCTIVAS

Una industria ideal se puede representar electrónicamente de varias maneras. La forma más sencilla es la de representar la demanda con un voltaje y la oferta con una corriente. Cuando se hace esto, la relación entre los dos se convierte en lo que se llama una admisión, que puede ser resultado de tres factores económicos: (1) flujo retrospectivo, (2) flujo actual, y (3) flujo previsto.

El flujo previsto es el resultado de la propiedad de los seres vivientes de producir energía (alimentos) para ser almacenados para un periodo de baja energía (por ejemplo, la temporada de invierno).

Se trata de demandas efectuadas sobre un sistema económico para este periodo de baja energía (temporada de invierno).

En una industria productiva esto adquiere diversas formas, una de las cuales se conoce como la producción de stocks o inventario. En simbología electrónica la demanda especifica de esta industria (una industria pura de capital) se representa por una capacitancia y el stock o recurso se representa por una carga almacenada. La satisfacción de la demanda de la industria sufre un retraso debido a las prioridades de recarga del inventario.

El flujo actual idealmente no implica retrasos. Es, por decirlo así, una entrada de hoy para una salida de hoy, un flujo "de la mano a la boca". En simbología electrónica, esta demanda específica de la industria (una industria pura de uso) se representa por una conductancia que es entonces una válvula económica simple (un elemento disipativo).

El flujo retrospectivo es conocido como costumbre o inercia. En electrónica este fenómeno es característico de un inductor (análogo económico = una industria pura de servicios) en el que un flujo de corriente (análogo económico = flujo de dinero) crea un campo magnético (análogo económico = población humana activa) que, si la corriente (flujo de dinero) comienza a disminuir, se derrumba (la guerra) para mantener la corriente (flujo de dinero - energía).

Otras grandes alternativas a la guerra como inductores económicos o volantes económicos son un programa de bienestar social indefinido, o un ENORME (pero fructífero) PROGRAMA ESPACIAL INDEFINIDO [énfasis de WC].

El problema con la estabilización del sistema económico es que hay demasiada demanda debido a (1) demasiado codicia y (2) exceso de población.

Esto crea excesiva inductancia económica que sólo se puede equilibrar con capacitancia económica (verdaderos recursos o valor - por ejemplo, con bienes o servicios).

El programa de bienestar social no es más que un sistema de crédito indefinido que crea una falsa industria de capital que proporciona un techo sobre la cabeza y comida en los estómagos a gente no productiva. Esto puede ser útil, sin embargo, debido a que los beneficiarios se convierten en propiedad del Estado a cambio del "regalo", un ejército permanente al servicio de la élite. Porque quien paga al flautista elige la melodía.

Los que quedan enganchados a la droga económica, deben recurrir a la élite para conseguir la dosis. Así pues, el método de introducir grandes cantidades de capacitancia estabilizadora es pidiendo prestado al futuro "crédito" del mundo. Esta es la cuarta ley del movimiento - el inicio, y consiste en realizar una acción y salir del sistema antes de que la reacción reflejada vuelva al punto de acción - una reacción retardada.

Los medios para sobrevivir a la reacción son cambiar el sistema antes de que la reacción vuelva. Con este medio, los políticos se hacen populares en su momento y el público lo paga más tarde. De hecho, la medida del político es el tiempo de retraso.

Lo mismo logra un gobierno mediante la impresión de dinero más allá del límite del producto nacional bruto, un proceso económico llamado inflación. [Nota: RECORDAD QUE LA INFLACIÓN ES SOLO EL HECHO DE IMPRIMIR DINERO EXCEDIENDO EL LÍMITE DEL PRODUCTO INTERNO BRUTO. PODRÍAN CULPAR AL PRECIO DE LAS COSAS O AL DEL PETRÓLEO SÓLO PARA QUE NUNCA SEPAIS LA CAUSA REAL. LA CAUSA REAL Y LA ÚNICA CAUSA DE LA INFLACIÓN ES LA IMPRESIÓN DE MÁS DINERO SUPERANDO EL PRODUCTO NACIONAL BRUTO.] Esto pone una gran cantidad de dinero en manos del público y mantiene equilibrada su codicia, les crea una falsa confianza en sí mismos y, durante un tiempo, mantiene al lobo alejado de la puerta.

Finalmente acaban recurriendo a la guerra para equilibrar las cuentas, porque la guerra en última instancia, no es otra cosa que el acto de destruir al acreedor, y los políticos siendo los sicarios del público justifican el acto de mantener la responsabilidad y la sangre alejadas de la conciencia pública. (Ver la sección sobre los factores de consentimiento y la estructuración socioeconómica.)

Si la gente realmente se preocupara por sus semejantes, controlarían sus deseos (la codicia, la procreación, etc.) Para no tener que funcionar con un sistema de crédito o de bienestar social que roba al trabajador para satisfacer el vago.

Dado que la mayoría del público en general no actuará con moderación, sólo hay dos alternativas para reducir la inductancia económica del sistema.

(1) Dejar que el populacho se mate unos a otros en una guerra, que sólo dará lugar a una destrucción total de la vida en la tierra.

(2) Tomar el control del mundo utilizando "armas silenciosas" económicas en forma de "guerra secreta" y reducir la inductancia económica del mundo a un nivel seguro mediante un proceso benevolente de esclavitud y genocidio.

La última opción se ha considerado, evidentemente, como la mejor. En este punto le debe quedar bien claro al lector el por qué es necesario mantener un secreto absoluto sobre las armas silenciosas. El público en general se niega a mejorar su propia mentalidad y su fe en el prójimo. Se ha convertido en un rebaño de bárbaros que proliferan, y, por decirlo así, son una plaga sobre la faz de la tierra.

No les importa lo suficiente la ciencia económica como para aprender por qué no han sido capaces de evitar la guerra a pesar de la moral religiosa, y su religioso o auto-gratificante rechazo a hacer frente a los problemas terrenales deja la solución del problema de la tierra fuera de su alcance.

Esto se deja a los pocos que están verdaderamente dispuestos a pensar y sobrevivir como los más aptos para sobrevivir, para resolver el problema por sí mismos como los pocos a los que realmente les importa. En caso contrario, la exposición del arma silenciosa destruiría nuestra única esperanza de preservar la semilla de la verdadera futura humanidad...

LA INDUSTRIA DEL HOGAR

Las industrias de las finanzas (la banca), la manufactura y el gobierno, contrapartes reales de las industrias puras de capital, de bienes y servicios, son fáciles de definir, ya que generalmente se estructuran lógicamente. Debido a esto sus procesos se pueden describir matemáticamente y sus coeficientes técnicos se pueden deducir fácilmente. Este, sin embargo, no es el caso de la industria de servicios conocida como la industria del hogar.

MODELOS DE HOGAR

El problema al que se enfrenta un economista teórico es que las preferencias de consumo de cualquier hogar no son fácilmente predecibles y los coeficientes técnicos de cualquier hogar tienden a no ser lineales, muy complejos, y varían en función de los ingresos, los precios, etc.

La información computarizada derivada del uso del código de producto universal en relación con la compra con tarjetas de crédito como un identificador individual del hogar podría cambiar esta situación, pero el método UPC no está disponible a nivel nacional o incluso a una regional significativa. Para compensar esta deficiencia en los datos, se ha adoptado un enfoque indirecto alternativo de análisis conocido como la prueba de choque económica. Este método, muy utilizado en la industria aeronáutica, desarrolla una especie de estadística agregada de los datos.

Aplicado a la economía, esto significa que todos los hogares de una región o de la nación entera se estudian como un grupo o clase en vez de individualmente, y se utiliza el comportamiento de las masas en lugar de la conducta individual para descubrir estimaciones útiles de los coeficientes técnicos que rigen la estructura económica de la industria de un hipotética hogar...

Uno de los métodos de evaluación de los coeficientes técnicos de la industria de los hogares depende de someter los precios de una mercancía a un choque y tomar nota de los cambios en las ventas de todos los demás productos.

PRUEBAS DE CHOQUE ECONÓMICO

Recientemente, la aplicación de las Operaciones de Investigación en el estudio de la economía pública ha sido obvia para cualquier persona que entienda los principios de las pruebas de choque.

En la prueba de choque del fuselaje de una aeronave, el impulso de retroceso de disparar un arma montada en esta estructura provoca ondas de choque que indican a los ingenieros de aviación las condiciones en qué partes del avión o todo el avión o sus alas comenzarán a vibrar o a aletear como una cuerda de guitarra, una flauta de caña, o un diapasón, y se desintegrarán o caerán durante el vuelo.

Los ingenieros económicos logran el mismo resultado en el estudio del comportamiento de la economía y del consumidor público al seleccionar cuidadosamente un artículo de primera necesidad como la carne, el café, la gasolina, o el azúcar, y después provocando un cambio repentino o choque en su precio o disponibilidad, esto sacude el presupuesto de todos y modifica los hábitos de compra.

Después observan las ondas de choque resultantes mediante el control de los cambios en la publicidad, los precios y las ventas de éste y de otros productos.

El objetivo de estos estudios es saber cómo llevar la economía pública a hacer un movimiento o cambio previsible, incluso a un movimiento controlado de autodestrucción para convencer al público de que ciertos "expertos" deben tomar el control del sistema monetario y restablecer la seguridad (en vez de la libertad y la justicia) para todos. Cuando los ciudadanos en cuestión sean incapaces de controlar sus asuntos financieros, éstos, por supuesto, acabaran totalmente esclavizados, siendo una fuente de mano de obra barata.

No sólo los precios de los productos, sino también la disponibilidad de mano de obra se puede utilizar como medio de prueba de choque. Las huelgas laborales proporcionan excelentes pruebas de choque a la economía, especialmente en las áreas de servicios críticos como el transporte, la comunicación, los servicios públicos (la energía, el agua, la recogida de basuras), etc.

A partir de las pruebas de choque, se ve que hay una relación directa entre la disponibilidad del dinero que circula en la economía y la perspectiva psicológica y la respuesta de las masas populares que dependen de esta disponibilidad.

Por ejemplo, hay una relación cuantitativa medible entre el precio de la gasolina y la probabilidad de que una persona pueda sufrir dolor de cabeza, sienta la necesidad de ver una película violenta, fumar un cigarrillo, o ir a una taberna a tomarse una jarra de cerveza.

Es muy interesante que, mediante la observación y medición de los modelos económicos por los cuales el público intenta huir de sus problemas y escapar de la realidad, y mediante la aplicación de la teoría matemática de las Operaciones de Investigación, es posible programar ordenadores para predecir la combinación de acontecimientos creados (choques) que más probablemente conllevarán a un completo control y sometimiento de la población a través de una subversión de la economía pública (sacudiendo el olivo)...

INTRODUCCIÓN A LOS AMPLIFICADORES ECONÓMICOS

Los amplificadores económicos son los componentes activos de la ingeniería económica. La característica básica de cualquier amplificador (mecánico, eléctrico, o económico) es que se recibe una señal de control de entrada y suministra energía desde una fuente independiente de energía a un terminal de salida especificado en una relación predecible con la señal de control de entrada.

La forma más simple de amplificador económico es un instrumento llamado publicidad.

Si un anunciante de televisión habla a una persona como si tuviera doce años, entonces, debido a la sugestión, con cierta probabilidad, responderá o reaccionará ante esta sugerencia con la respuesta acrítica de alguien de doce años, y entrará en sus reservas económicas y entregará su energía para comprar este producto impulsivamente cuando esté en la tienda.

Un amplificador económico puede tener varias entradas y salidas. Su respuesta puede ser instantánea o retardada. Su símbolo puede ser un conmutador giratorio si las opciones son excluyentes, cualitativas, "ir" o "no ir", o puede tener las relaciones paramétricas de entrada / salida especificadas por una matriz con representadas fuentes de energía interna.

Sea cual sea la forma, su propósito es regular el flujo de energía desde una fuente a una señal de salida relacionada directamente a una señal de control de entrada. Por esta razón, se le llama elemento de circuito activo o componente.

Los amplificadores económicos pertenecen a las llamadas estrategias, y en comparación con los amplificadores electrónicos, las funciones internas específicas de un amplificador económico son llamadas logísticas en vez de eléctricas.

Por lo tanto, los amplificadores económicos no sólo proporcionan un incremento de energía, sino que también, efectivamente, se utilizan para originar cambios en los circuitos económicos.

Al diseñar un amplificador económico debemos tener al menos alguna idea sobre cinco funciones, que son:

      (1) las señales de entrada disponibles,
      (2) los objetivos de control de salida deseados,
      (3) el objetivo estratégico,
      (4) las fuentes de energía económicas disponibles,
      (5) las opciones logísticas.

El proceso de definición y evaluación de estos factores y la incorporación del amplificador económico en un sistema económico ha sido llamado popularmente TEORÍA DE JUEGO [énfasis de WC].

El diseño de un amplificador económico empieza especificando el nivel de potencia de la salida, que puede variar desde personal a nacional. La segunda condición es la precisión de la respuesta, es decir, con qué precisión la acción de salida es una función de las órdenes de entrada. Una ganancia alta combinada con una fuerte retroalimentación ayuda a obtener la precisión requerida.

La mayoría de los errores estarán en la señal de entrada de datos. La entrada de datos personales tiende a ser específica, mientras que la entrada de datos nacionales tiende a ser estadística.

LISTA BREVE DE ENTRADAS

Preguntas a responder:

     (1) qué   (3) donde   (5) por qué
     (2) cuando   (4) como   (6) quien

Fuentes generales de información:

(1)   intervenciones telefónicas   (3) análisis de basuras
(2)   vigilancia   (4) comportamiento de
los niños en la escuela

El nivel de vida mediante:

(I) comida   (3) alojamiento
(2) vestuario   (4) transporte

Relaciones sociales:
(1)   teléfono - desglose del registro de llamadas
(2)   familiares - certificados de matrimonio, certificados de nacimiento, etc.
(3)   amigos, socios, etc.
(4)   afiliaciones a organizaciones
(5)   afiliación política

EL RASTRO PERSONAL DE LOS PAPELES

Hábitos de compra personales, es decir, preferencias personales de consumo:
(1) cuentas corrientes
(2) compras con tarjetas de crédito
(3) compras con tarjetas de crédito "marcadas" - compras con tarjetas de crédito de los productos que llevan la UPC (Universal Product Code) *(Código de barras)*

Activos:

(1) cuentas corrientes
(2) cuentas de ahorro
(3) propiedades
(4) negocios
(5) automóviles, etc.
(6) cajas de seguridad en el banco
(7) acciones del mercado de valores

Deudas:

(1) acreedores   (3) préstamos
(2) enemigos (ver - legales)   (4) créditos al consumo

Fuentes gubernamentales (tácticas) *:

(1) Asistencia Social
(2) Seguridad Social
(3) excedentes de alimentos de la U. S.D.A.
      (*United States Department of Agriculture*)
(4) parados
(5) subvenciones
(6) subsidios

* Principio de este truco - el ciudadano casi siempre hará que la recolección de información sea fácil si puede funcionar con el "principio del sándwich gratis" de "come ahora y paga después".

Fuentes Gubernamentales (mediante intimidación):

(1)   Hacienda
(2)   OSHA *(Occupational Safety and Health Administration)*
(3)   Censo
(4)   etc.

Otras fuentes gubernamentales - vigilancia del correo de EEUU.

PATRONES HABITUALES - PROGRAMACIÓN

Fortalezas y debilidades:

(1) actividades (deportes, hobbies, etc.)
(2) ver "legal" (miedo, ira, etc. - antecedentes penales)
(3) registros hospitalarios (sensibilidad a las drogas, reacción al dolor, etc.)
(4) registros psiquiátricos (miedos, enojos, disgustos, adaptabilidad, reacciones a los estímulos, violencia, sugestión o hipnosis, dolor, placer, amor y sexo)

Métodos de hacer frente - adaptabilidad - comportamiento:

  (1) consumo de alcohol

(2) consumo de drogas

(3) entretenimiento

(4) factores religiosos que influyen en el comportamiento

(5) otros métodos de escapar de la realidad

Modus operandi de los pagos (MO) - puntualidad al pagar, etc.:

(1) pago de las facturas de teléfono

(2) compras de energía (electricidad, gas,...)

(3) compra de agua

(4) reembolso de los préstamos

(5) pagos del hogar

(6) pagos del automóvil

(7) pagos con tarjetas de crédito

Sensibilidad política:

(1) creencias (3) posición (5) proyectos / actividades

(2) contactos (4) fortalezas / debilidades

Entradas legales - control del comportamiento (Excusas para la investigación, búsqueda, detención, o uso de la fuerza para modificar el comportamiento)

(1) registros judiciales

(2) registros policiales - NCIC *(National Crime Information Center)*

(3) registro de tráfico

(4) denuncias presentadas a la policía

(5) información sobre seguros

(6) relaciones anti-sistema

ENTRADA DE INFORMACIÓN NACIONAL

Según fuentes empresariales (vía I.R.S., etc.):

(1) precios de los productos

(2) ventas

(3) inversiones en

(a) existencias /inventario
(b) herramientas de producción y maquinaria
(c) edificios y mejoras
(d) mercado de valores

Bancos y agencias de crédito:

(1) información del crédito
(2) información de los pagos

Fuentes varias:

(1) encuestas y sondeos
(2) publicaciones
(3) registros telefónicos
(4) compras de energía y servicios públicos

LISTA BREVE DE SALIDAS

Salidas - crear situaciones controladas - manipulación de la economía, y por tanto de la sociedad - controlar controlando la retribución y los ingresos.

Secuencia:

(1) asigna oportunidades.
(2) destruye oportunidades.
(3) controla el entorno económico.
(4) controla la disponibilidad de materias primas.
(5) controla el capital.
(6) controla las tasas bancarias.
(7) controla la inflación monetaria.
(8) controla la posesión de la propiedad.
(9) controla la capacidad industrial.
(10)   controla la fabricación.
(11)   controla la disponibilidad de bienes (mercancías).
(12)   controla los precios de los productos.
(13)   controla los servicios, la fuerza de trabajo, etc.
(14)   controla los pagos a los funcionarios del gobierno.

(15)   controla las funciones legales.
(16)   controla los archivos de datos personales - que la parte calumniada no pueda corregir.
(17)   controla la publicidad.
(18)   controla los contactos de los medios.
(19)   controla la programación de las televisiones.
(20)   desvía la atención de los verdaderos problemas.
(21)   involucra en ella emociones.
(22)   crea desórdenes, caos y locura.
(23)   controla el diseño de formularios de impuestos más perspicaces.
(24)   controla la vigilancia.
(25)   controla el almacenamiento de información.
(26)   desarrolla análisis psicológicos y perfiles de los individuos.
(27)   controla las funciones legales [repetición del 15]
(28)   controla los factores sociológicos.
(29)   controla las opciones sanitarias.
(30)   ensáñate con los puntos débiles.
(31)   paraliza resistencias.
(32)   filtra riqueza y sustancia.

TABLA DE ESTRATEGIAS

Haced esto	Para obtener esto
Mantener al público ignorante	Menos organización pública
Mantener el acceso al control	La reacción requerida en los puntos para la retroalimentación a las salidas (precios, ventas)
Crear preocupación	Debilitar las defensas
Atacar la unidad familiar	Controlar la educación de los jóvenes
Dar menos dinero en efectivo y más crédito y subsidios de desempleo	Más auto-indulgencia y más datos
Atacar la privacidad de la iglesia	Destruir la fe en este tipo de gobierno
Conformidad Social	Simplicidad en la programación de ordenadores
Minimizar la protesta del impuesto	Maximizar los datos económicos, minimizar problemas impositivos

Estabilizar el consentimiento	Simplificar los coeficientes
Endurecer el control de las variables	Simplificar la entrada de datos en el ordenador - Mayor poder de predicción
Establecer condiciones límite	Simplificar el problema/soluciones de ecuaciones diferenciales y de diferencia
Ritmo adecuado	Menos cambios y desaparición de datos
Maximizar el control	Minimizar la resistencia al control
Hundir la moneda	Destruir la fe en los demás del pueblo americano.

[WC: Objetivo final - Nuevo Orden Mundial]

DISTRACCIÓN, LA ESTRATEGIA PRIMARIA

La experiencia ha demostrado que el método más simple de conseguir un arma silenciosa y hacerse con el control del público es, por un lado, MANTENER A LA GENTE INDISCIPLINADA Y AL MARGEN de los principios básicos de los sistemas, MIENTRAS, que por otra parte, SE LA MANTIENE CONFUNDIDA, DESORGANIZADA Y DISTRAÍDA con asuntos sin importancia real alguna. [todos los énfasis de WC.]

Esto se consigue:

(1) desactivando sus mentes; saboteando sus actividades mentales; proporcionando un programa de baja calidad en la educación pública de matemáticas, lógica, diseño de sistemas y economía; y desalentando la creatividad técnica.

(2) activando sus emociones, incrementando su auto-indulgencia y su indulgencia en actividades emocionales y físicas, mediante:

(a) confrontaciones y ataques emocionales constantes (violación mental y emocional) por medio de un constante bombardeo de sexo, violencia y guerras en los medios - especialmente en la televisión y en los periódicos.

(b) dándoles lo que desean - en exceso - "comida basura para el pensamiento" - y privarlos de lo que realmente necesitan.

(3) REESCRIBIENDO LA HISTORIA Y LA LEY y SOMETIENDO AL PÚBLICO A CREACIONES PERVERTIDAS, pudiendo así DESVIAR SU PENSAMIENTO de las necesidades personales hacia prioridades externas muy elaboradas. [todos los énfasis de WC.]

Todo esto impedirá su interés por y el descubrimiento de las armas silenciosas de tecnología de automatización social.

La regla general es que hay ganancia en la confusión; a más confusión, más beneficio. Por lo tanto, la mejor estrategia es crear problemas y después ofrecer soluciones.

RESUMEN DE LA DISTRACCIÓN

Medios de comunicación: Mantienen la atención del público adulto desviada de los problemas sociales reales, y la cautivan con temas sin ninguna importancia real.

Escuelas: Mantienen al público joven ignorante de las matemáticas reales, la economía real, el derecho real y la HISTORIA REAL [énfasis de WC].

Entretenimiento: Mantiene al público entretenido por debajo de un nivel de sexto grado.

Trabajo: Mantiene al público ocupado, ocupado, ocupado, sin tiempo para pensar; volviendo a la granja con los otros animales.

EL CONSENTIMIENTO, LA VICTORIA PRIMARIA

Un sistema de arma silenciosa opera con datos obtenidos de un público sumiso por la vía legal (aunque no siempre legal del todo). Mucha información se pone a disposición de los programadores de sistemas de armas silenciosas a través del Servicio de Impuestos Internos *(Hacienda)*. (Ver Estudios de la estructura de la economía estadounidense para el IRS lista de origen.)

Esta información consiste en la entrega forzada de datos bien organizados contenidos en los formularios de impuestos federales y estatales recogidos, y enviados por los contribuyentes y empleadores por el trabajo esclavo realizado.

Por otra parte, el número de formularios presentados al IRS es un indicador útil del consentimiento público, un factor importante a la hora de tomar decisiones estratégicas. Otras fuentes de datos se dan en la Lista Breve de Entradas.

Coeficientes de Consentimiento - reacción numérica que indica el grado de victoria.

Bases psicológicas: Cuando el gobierno es capaz de cobrar impuestos y confiscar la propiedad privada sin ningún tipo de compensación justa, es una indicación de que el público está listo para rendirse y consentir la esclavitud y la usurpación legal. Un buen indicador y fácilmente cuantificable de cuando es la época de cosecha es el número de ciudadanos que pagan el impuesto sobre la renta a pesar de una evidente falta de servicio honesto recíproco por parte del gobierno.

FUENTES DE AMPLIFICACIÓN DE LAS ENERGÍAS

El siguiente paso en el proceso del diseño de un amplificador económico es el descubrimiento de las fuentes de energía. Las fuentes de energía que soportan cualquier sistema económico primitivo son, por supuesto, un suministro de materias primas, y el consentimiento de las personas a trabajar y por tanto a asumir un cierto rango, posición, nivel o clase en la estructura social; es decir, a proporcionar la mano de obra en varios niveles de la jerarquía.

Cada clase, se garantiza su propio nivel de ingresos, controla la clase inmediatamente inferior, por lo tanto, conserva la estructura de clases. Esto proporciona estabilidad y seguridad, pero también el gobierno desde arriba.

Tal como va pasando el tiempo y mejoran la comunicación y la educación, los elementos de la clase más baja de la estructura laboral de la sociedad adquieren información y envidian las cosas buenas que tienen los miembros de la clase alta. También empiezan a obtener un conocimiento de los sistemas de energía y la capacidad de forzar su ascenso a través de la estructura de clases.

Esto amenaza la soberanía de la élite.

Si este ascenso de las clases bajas se puede posponer el tiempo suficiente, la élite puede conseguir el dominio de la energía, y el CONSENTIMIENTO PARA TRABAJAR YA NO PODRA MANTENER UNA POSICIÓN [énfasis de WC] como fuente esencial de energía económica.

Hasta que este dominio de la energía se haya establecido totalmente, el consentimiento de la gente para trabajar y para dejar que otros manejen sus asuntos se debe tener en cuenta, ya que el no hacerlo podría causar que la gente interfiriera en la transferencia final de las fuentes de energía a las manos de la élite.

Es esencial reconocer que en este momento, el consenso público todavía es una clave esencial para la liberación de energía en el proceso de amplificación económica.

Por lo tanto, el consentimiento como un mecanismo de liberación de energía será ahora considerado.

LOGÍSTICA

La aplicación con éxito de una estrategia requiere un cuidadoso estudio de las entradas, los productos, la estrategia de la conexión de las entradas y las salidas, así como de las fuentes de energía disponibles para alimentar la estrategia. A este estudio se le llama logística.

Un problema logístico se estudia primero a un nivel elemental, y después los niveles más complejos se estudian como una síntesis de factores elementales.

Esto significa que un determinado sistema es analizado, es decir, desglosado en subsistemas, y estos a su vez son analizados, hasta que, en este proceso, se llega al "átomo" logístico EL INDIVIDUO [énfasis de WC].

Aquí es donde normalmente se inicia el proceso de SÍNTESIS [énfasis de WC], y en el momento del nacimiento del individuo.

EL ÚTERO ARTIFICIAL

Desde el momento en que una persona deja el útero de su madre, todos sus esfuerzos se dirigen a construir, mantener y replegarse en úteros artificiales, varios tipos de dispositivos protectores sustitutos o conchas.

El objetivo de estos úteros artificiales es proporcionar un entorno estable para la actividad a la vez estable e inestable; proporcionar un refugio para los procesos evolutivos de crecimiento y madurez - es decir, la supervivencia; proporcionar seguridad para la libertad y proporcionar protección preventiva para la actividad ofensiva.

Esto es tan cierto para el público en general como para la élite. Sin embargo, hay una diferencia definitiva en la forma en que cada una de estas clases afronta la solución de los problemas.

LA ESTRUCTURA POLÍTICA
DE UNA NACIÓN - DEPENDENCIA

La razón principal por la que los ciudadanos de un país crean una estructura política es un deseo subconsciente o voluntad de perpetuar su propia relación de dependencia de la niñez. En pocas palabras, quieren un dios humano para eliminar cualquier riesgo de su vida, que les dé un golpecito en la cabeza, les bese donde han recibido el golpe, les ponga un plato de pollo en la mesa para cenar, los vista, por la noche los mime en la cama, y que les diga que todo irá bien [sic] cuando despierten por la mañana.

Esta demanda de la gente es increíble, así que el dios humano, el político, responde a la incredulidad con incredulidad prometiendo el mundo sin entregar nada a cambio. Entonces, ¿quién es más mentiroso? ¿la gente? ¿o el "Padrino"?

Este comportamiento público es resignación fruto del miedo, la pereza y la conveniencia. Esta es la base del estado del bienestar como arma estratégica, útil contra un público repugnante.

ACCIÓN / OFENSA

La mayoría de la gente quiere ser capaz de someter y / o matar a otros seres humanos que perturban su vida diaria, pero no quieren tener que hacer frente a las cuestiones morales y religiosas que un acto como este podría plantear. Por lo tanto, asignan el trabajo sucio a otros (incluyendo a sus propios hijos) para evitar mancharse de sangre sus propias manos. Despotrican de cómo los humanos tratan a los animales y luego se sientan ante una deliciosa hamburguesa que viene de un encalado matadero a pie de calle y fuera de la vista. Pero todavía es más hipócrita, pagan impuestos para financiar una asociación profesional de sicarios colectivamente llamados políticos, y después se quejan de la corrupción del gobierno.

RESPONSABILIDAD

Además, la mayoría de la gente quiere ser libre para hacer cosas (explorar, etc.), pero tienen miedo a fracasar.

El miedo al fracaso es evidente en la irresponsabilidad, y especialmente en la delegación de estas responsabilidades personales a otros donde el éxito es incierto o lleva a posibles o crea obligaciones (ley), que la persona no está dispuesta a aceptar. Quieren autoridad (la raíz de la palabra es - "autor"), pero no aceptarán ninguna responsabilidad u obligación. Así que contratan a políticos para que hagan frente a la realidad por ellos.

RESUMEN

Las personas contratan a los políticos para que las personas puedan:
    (1) obtener seguridad sin tener que gestionarla.
    (2) obtener acción sin tener que pensar en ello.
    (3) robar, lesionar y matar otros sin tener que contemplar a ambas la vida o la muerte.
    (4) evitar la responsabilidad de sus propias intenciones.
    (5) obtener beneficios de la realidad y de la ciencia sin ejercer ellos mismos la disciplina de enfrentar o aprender cualquiera de estas cosas.

Entregan a los políticos el poder de crear y gestionar una máquina de guerra que:

    (1) proporciona la supervivencia de la NACIÓN / ÚTERO.
    (2) evita la invasión de cualquier cosa sobre la NACIÓN / ÚTERO.
    (3) destruye al enemigo que amenaza la NACION / ÚTERO.
    (4) destruye a aquellos ciudadanos de su propio país que no se ajustan por el bien de la estabilidad de la NACIÓN / ÚTERO.

Los políticos realizan muchas tareas cuasi-militares, siendo la más baja la de policía que de hecho son soldados, los abogados y los contables son los siguientes que de hecho son espías y saboteadores (con licencia), y luego están los jueces que dan órdenes a gritos y manejan la cerrada tienda de la unión militar para cualquiera cosa que el mercado sea capaz de soportar. Los generales son los industriales. El nivel "presidencial" del comandante en jefe es compartido por los banqueros internacionales. La gente sabe que han creado esta farsa y la financian con sus propios impuestos (consentimiento), pero prefieren someterse a ser tachados de hipócritas.

Por lo tanto, una nación se divide en dos partes bien diferenciadas, una SUB-NACIÓN dócil [la gran mayoría silenciosa] y una SUB-NACIÓN POLÍTICA. La sub-nación política está enganchada a la sub-nación dócil, la tolera, y lixivia su sustancia hasta que crece y es lo suficientemente fuerte como para separarse y luego devora a su progenitor.

ANÁLISIS DEL SISTEMA

Para tomar decisiones económicas computadas significativas sobre la guerra, el volante de inercia económica primario, es necesario asignar valores logísticos concretos para cada elemento de la estructura de guerra - el personal y materiales similares.

Este proceso comienza con una descripción clara y franca de los subsistemas de una estructura de este tipo.

EL PROYECTO

(Como un servicio militar)

Pocos esfuerzos de modificación de la conducta humana son más notables o más eficaces que los de la institución social-militar conocida como el proyecto.

Un objetivo principal de un proyecto o cualquier otra institución es inculcar, a través de la intimidación, en los machos jóvenes de la sociedad la convicción acrítica de que el gobierno es omnipotente. [Nota de WC.: En realidad es todo lo contrario, ya que el gobierno existe sólo con el consentimiento del pueblo] No tarda en enseñar que un rezo es demasiado lento como para enmendar lo que una bala puede hacer en un instante. Por lo tanto, a un hombre formado en un ambiente religioso durante dieciocho años de su vida, con este instrumento del gobierno, se le desmorona, se le purga de fantasías y delirios en cuestión de pocos meses. Una vez inculcada la convicción, todo lo demás resulta fácil de inculcar.

AÚN ES MÁS INTERESANTE EL PROCESO MEDIANTE EL CUAL LOS PADRES DE UN HOMBRE JOVEN, AL QUE PRESUMIBLEMENTE AMAN, PUEDEN SER INDUCIDOS A ENVIARLO A MORIR EN UNA GUERRA [énfasis de WC]. Aunque el alcance de este trabajo no permitirá que este asunto sea estudiado en detalle, no obstante, será posible echar una ojeada superficial y puede servir para revelar los factores que deben ser incluidos en alguna forma numérica en una análisis informático de los sistemas sociales y de guerra.

Empezamos con una definición provisional del proyecto. EL PROYECTO (servicio selectivo, etc.) Es una institución de SACRIFICIO colectivo y ESCLAVITUD OBLIGATORIOS, ideado por los de mediana edad y mayores con el fin de presionar a los jóvenes para que hagan el trabajo público sucio. Además sirve para hacer a la juventud tan culpable como a los ancianos, de manera que la crítica a los ancianos por parte de la juventud sea menos probable (Estabilizador generacional). Se comercializa y se vende al público bajo la etiqueta de servicio "patriótico = nacional".

Una vez que se logra una definición económica franca del proyecto, esta definición se utiliza para delinear los límites de una estructura denominada Sistema de Valores Humanos, que a su vez se traslada a los términos de la teoría de juego. El valor de un trabajador como esclavo es suministrado a una Tabla de Valores Humanos, una tabla desglosada en categorías como el intelecto, la experiencia, la demanda de trabajo post-servicio, etc.

Algunas de estas categorías son ordinarias y se pueden evaluar provisionalmente en términos del valor de determinados puestos de trabajo para los que hay honorarios conocidos. Algunos trabajos son más difíciles de valorar debido a que son únicos en la demanda de la subversión social, por poner un ejemplo extremo: el valor de la instrucción de una madre a su hija, haciendo que la hija ponga ciertas exigencias de comportamiento a un futuro marido al cabo de diez o quince años, por lo tanto; de este modo, mediante la supresión de su resistencia a una perversión de un gobierno, será más fácil para un cartel bancario comprar el Estado de Nueva York dentro de, digamos, veinte años.

Un problema similar se apoya en gran medida en las observaciones y los datos de espionaje en tiempos de guerra y muchos tipos de pruebas psicológicas. Pero los modelos matemáticos en crudo (algoritmos, etc.) se pueden concebir, pero no predecir, a menos que se predeterminen estos acontecimientos con la máxima seguridad. Lo que no existe por cooperación natural se ve por tanto reforzado por la compulsión calculada. Los seres humanos son máquinas, palancas que pueden ser asidas y giradas, y hay poca diferencia real entre la automatización de una sociedad y la automatización de una fábrica de zapatos.

Estos valores derivados son variables. (Es necesario el uso de una tabla de Valores Humanos actualizada para el análisis del ordenador.) Estos valores se dan en una verdadera medida mejor que en dólares, ya que este último es inestable, actualmente está inflado más allá de la producción de bienes y servicios nacionales para dar a la economía una energía cinética falsa (inductancia de "papel").

El valor de la plata es estable, siendo posible comprar un gramo de plata hoy en día al mismo precio que se podía comprar en 1920. El valor humano medido en unidades de plata cambia ligeramente debido a los cambios en la tecnología de producción.

EJECUCIÓN

FACTOR I

Como en todo sistema de enfoque social, la estabilidad sólo se consigue mediante la comprensión y la contabilidad de la naturaleza humana (patrones de acción / reacción). No conseguirla puede ser, y en general es desastroso.

Al igual que en otros esquemas sociales humanos, una u otra forma de intimidación (o incentivo) es esencial para el éxito del proyecto. Los principios físicos de acción y reacción se aplicarán a los dos subsistemas a los internos y los externos.

Para asegurar el proyecto, el lavado de cerebro / programación individual tanto la unidad familiar como el grupo de compañeros deben estar comprometidos y bajo control.

FACTOR II - EL PADRE

El hombre de la casa debe ser domesticado para asegurarse de que el hijo crezca con la formación social y actitudes adecuadas. Los medios de comunicación, la publicidad, etc., se dedican a velar para que el futuro padre sea un calzonazos antes o en el momento de casarse. Se le enseña que vale más que se ajuste a la muesca social que se ha cortado para él o su vida sexual cojeará y su tierna compañía desaparecerá. Se le hace ver que las mujeres exigen preferentemente seguridad antes que un comportamiento lógico, con principios, u honorable.

En el momento en que su hijo tenga que ir a la guerra, el padre (con gelatina en vez de columna vertebral) antes pondrá una pistola en la mano del menor que arriesgarse a ser censurado por los compañeros, o quedar como un hipócrita debido a la inversión que ha hecho en su propia opinión personal o autoestima. El hijo tiene que ir a la guerra o hará que el padre se avergüence. Así que el hijo irá a la guerra, el verdadero propósito no resiste.

FACTOR III - LA MADRE

El elemento femenino de la sociedad humana se rige primero por las emociones y después por la lógica. En la batalla entre la lógica y la imaginación, gana siempre la imaginación, prevalece la fantasía, el instinto maternal domina de manera que el niño va primero y el futuro viene después. Una mujer con un bebé recién nacido esta demasiado emocionada como para ver la carne de cañón que ve un hombre rico o una fuente barata de mano de obra esclava. Una mujer, sin embargo, estará condicionada a aceptar la transición hacia la "realidad" cuando ésta llegue, o antes.

Dado que la transición se hace más difícil de llevar, la unidad familiar debe ser cuidadosamente desintegrada, y la educación pública controlada por el Estado y las guarderías estatales deben ser más abundantes y apoyadas legalmente para iniciar la separación del niño de la madre y del padre a una edad más temprana. La administración de medicamentos para el comportamiento [Ritalin] puede acelerar la transición para el niño (obligatorio). ATENCIÓN: la ira impulsiva de una mujer puede anularle el miedo. El poder de una mujer iracunda nunca debe ser subestimado, y su poder sobre un marido calzonazos tampoco se debe subestimar nunca. El voto femenino llegó en 1920.

FACTOR IV - EL HIJO

La presión emocional para la auto-preservación en tiempos de guerra y la actitud egoísta del rebaño común que tiene una opción para evitar el campo de batalla - si el menor puede ser persuadido de ir - es toda la presión necesaria para propulsar finalmente a Johnny hacia la guerra. Los chantajes secretos para él son las amenazas: "Sin sacrificio no hay, ni amigos, ni gloria, ni novias"

FACTOR V - LA HERMANA

Y ¿qué pasa con la hermana del hijo? Su padre le da todas las cosas buenas de la vida, y le enseña a esperar lo mismo de su futuro marido, independientemente del precio.

FACTOR VI - EL GANADO

Quien no quiere utilizar su cerebro no está en mejor situación que quien no tiene cerebro, de manera que esta escuela de descerebradas medusas, padre, madre, hijo e hija, se convierten en bestias de carga útiles o en formadores de otros.

[Fin del extracto]

Nota del Autor / WC: Así que ahora ya lo sabéis. Este capítulo sólo podía ponerse al comienzo. Vuestras ideas preconcebidas han tenido que ser destruidas para qué entendáis el resto de este libro. En este capítulo se puede ver cada paso que la élite ha tomado en su guerra por controlar esta otrora gran nación. Podéis ver los pasos que se tomarán en el futuro. Ya no se puede fingir inocencia. Vuestra negación de la conspiración caerá en saco roto. Este libro es parte de la educación que dará a los estadounidenses las armas necesarias en los próximos meses y años de dificultades para que el Nuevo Orden Mundial tenga problemas para nacer.

Muchos argumentarán que "Armas silenciosas para guerras secretas" es sólo un conglomerado ficticio de palabras en el que el escritor no ha tenido ningún mérito ni responsabilidad. Todos estos, sólo hacen caso omiso de las verdades evidentes contenidas en este documento. Ignoran estas verdades porque son una acusación de su propia ignorancia, a la que no pueden hacer frente.

El documento, descubierto en 1969, describe correctamente los acontecimientos que posteriormente han tenido lugar. No puede ser ignorado ni rechazado. El documento es auténtico. Sus verdades no pueden ser negadas ni dejadas de lado. El mensaje es el siguiente: Debéis aceptar que sois ganado y la consecuencia final de ser ganado - que es la esclavitud - o debéis prepararos para luchar, y si es necesario morir para preservar vuestro derecho divino a la libertad.

Esta última frase es la verdadera razón del por qué la gente prefiere ignorar "Armas silenciosas para guerras secretas". La gente no está dispuesta a admitir que son ganado. No están dispuestos a luchar, y a morir si es necesario, por la Libertad. Esta es una acusación a los ciudadanos de los Estados Unidos de América. Y esta es la confirmación total de la veracidad de la información contenida en "Armas silenciosas para guerras secretas".

CAPÍTULO 2

LAS SOCIEDADES SECRETAS Y EL NUEVO ORDEN MUNDIAL

... Hay un poder tan organizado, tan sutil, tan completo, tan penetrante, que es mejor no hablar más alto que un suspiro cuando se habla en contra.
Presidente Woodrow Wilson

La historia está llena de murmullos de sociedades secretas. Relatos de ancianos o sacerdotes que custodiaban el conocimiento prohibido de los pueblos antiguos. Hombres prominentes, reunidos en secreto, que dirigían el curso de la civilización han quedado registrados en las escrituras de todos los pueblos.

La más antigua es la Hermandad de la Serpiente, también llamada Hermandad del Dragón, y todavía existe bajo diferentes nombres. La Hermandad de la Serpiente se dedica a guardar los "secretos de los siglos" y al reconocimiento de Lucifer como el único y verdadero Dios. Si no cree en Dios, Lucifer o Satanás, debe entender que hay grandes masas de gente que lo hacen. Yo no creo en el racismo pero millones sí lo hacen y sus creencias y acciones basadas en estas creencias me afecta. Es evidente que la religión ha jugado siempre un papel importante en el curso de estas organizaciones. La comunicación con una fuente más elevada, a menudo divina, es una reclamación familiar en casi todas.

Los secretos de estos grupos se cree que son tan profundos que sólo unos pocos elegidos, bien educados son capaces de entenderlos y utilizarlos. Estos hombres utilizan su conocimiento especial para el beneficio de toda la humanidad. Al menos eso es lo que dicen. ¿Como lo sabremos, si lo que saben y lo que hacen es un secreto? Afortunadamente, algunos de ellos han llegado a conocimiento del público.

Encontré intrigante que en la mayoría, si no en todas, las sociedades primitivas tribales todos sus miembros son adultos. En general, se separan en grupos de hombres y mujeres. El macho suele dominar la cultura. Sorprendentemente, esto es exactamente similar en muchas sociedades secretas civilizadas. Esto sólo puede significar que la sociedad no está trabajando en contra de la autoridad establecida, sino para ella. De hecho, se podría decir que, en realidad, es la autoridad establecida. Esto tendería a eliminar la validez de cualquier argumento en cuanto a que todas las asociaciones secretas se dedican a la "destrucción de la autoridad debidamente constituida." Esto sólo se puede aplicar, por supuesto, allí donde la sociedad secreta constituye la mayor parte o la totalidad de las personas a las que afecta. Sólo unas cuantas entran en esta categoría.

Las sociedades secretas, de hecho, reflejan muchas de las facetas de la vida ordinaria. Siempre hay una pertenencia en exclusividad, ligada a la importancia de ser o convertirse en miembro. Esto se encuentra en todos los esfuerzos humanos, incluso en aquellos que no son secretos, como los equipos de fútbol o clubes de campo. Esta exclusividad en la pertenencia es de hecho una de las armas más poderosas de las sociedades secretas. No lo es el uso de signos, contraseñas y otras herramientas. Estos siempre han desempeñado funciones de valor en las organizaciones de los hombres en todas partes. Se ha dicho, casi siempre lejos de la verdadera razón, que eran importantes para la existencia de las sociedades. Podría ser cualquier cosa, pero suele ser fraternal y se encuentra en todos los grupos de presión donde la gente se reúne.

El compañerismo es especialmente importante. Compartir dificultades o secretos siempre ha sido una emoción especial para el hombre. Cualquiera que haya sufrido los rigores de un campo de entrenamiento no es probable que olvide la sensación especial de pertenencia y camaradería compartida entre las víctimas del sargento o el comandante de la compañía. Es una emoción nacida de la iniciación. La herramienta más potente de cualquier sociedad secreta es el ritual y el mito que rodean la iniciación. Estas ceremonias especiales de unión tienen un significado muy profundo para los participantes.

La iniciación realiza diversas funciones que constituyen el corazón y el alma de toda verdadera sociedad secreta. Igual que en el campo de entrenamiento, en la iniciación en las fuerzas armadas, los aspectos importantes del pensamiento humano que son universalmente convincentes, se fusionan para formar y mantener los esfuerzos de un grupo de personas para operar en una determinada dirección. La iniciación une a los miembros, los junta en el misticismo.

Los neófitos obtienen el conocimiento de un secreto, dándoles un estatus especial. Antiguamente neófito significaba "volver a plantar o renacer." Una iniciación superior es en realidad una promoción inspiradora de lealtad y el deseo de ascender al siguiente escalón. Los objetivos de la sociedad se ven reforzados, haciendo que el iniciado actúe hacia estos objetivos en la vida cotidiana. Esto provoca un cambio en la acción política y social del miembro. El cambio siempre es para mejorar los objetivos de los líderes de la sociedad secreta.

A los líderes se les llama adeptos. Esto se puede ilustrar mejor con el soldado entrenado para cumplir órdenes sin pensar. El resultado suele ser que el soldado termina herido o muerto realizando los objetivos del comandante, que pueden ser beneficiosos para el grueso de la comunidad, o no.

La iniciación es un medio de hombres ambiciosos y aprovechados para saber en quien poder confiar. Os daréis cuenta de que cuanto más elevado sea el grado de iniciación menos serán los miembros que obtendrán el grado. Esto no es debido a que los otros miembros no sean ambiciosos, sino al hecho de que se realiza un muy cuidadoso proceso de selección. Se llega a un punto donde ningún esfuerzo es bastante bueno sin la ayuda de los miembros superiores. La mayoría de los miembros no avanzan más allá de este punto y nunca conocen el verdadero propósito, el secreto del grupo. El miembro consolidado desde ese momento sólo sirve como una parte de la base de poder político, como de hecho siempre lo ha sido. Es posible que ya hayas adivinado que esta iniciación es una manera de determinar en quien se puede y en quien no se puede confiar.

Un método para decidir exactamente quién puede llegar a ser un adepto podría decidirse durante la iniciación pidiendo al candidato que escupa sobre la cruz cristiana. Si el candidato se niega, los miembros le felicitan y le dicen, "Has tomado la decisión correcta, un verdadero adepto no haría nunca algo tan terrible." El recién iniciado puede acabar desconcertado, pero él / ella nunca conseguirá subir más arriba. Si por el contrario, el candidato escupe sobre la cruz, él / ella habrá demostrado conocer uno de los misterios y pronto se encontrará siendo un candidato para el siguiente nivel superior. El misterio es que la religión no es otra cosa que una herramienta para controlar a las masas. El conocimiento (o sabiduría) es su único dios, a través del cual el hombre mismo llegará a ser dios. La serpiente y el dragón son ambos símbolos de la sabiduría. Lucifer es la personificación del símbolo. Fue Lucifer quien tentó a Eva para que pusiera a prueba Adán a comer del árbol de la ciencia y por tanto librar al hombre de las ataduras de la ignorancia. El CULTO (muy diferente del ESTUDIO) los conocimientos, la ciencia o la tecnología es el satanismo en su forma más pura, y su dios es Lucifer. Su símbolo secreto es el ojo que todo lo ve en lo alto de la pirámide.

Los efectos indeseables de las sociedades secretas y su aura de misterio a veces les ha dado la reputación de ser asociaciones anormales o, al menos, grupos de personas extrañas. En cuanto sus creencias son las de la mayoría ya no se les considera antisociales. Un buen ejemplo es la iglesia cristiana, que era una sociedad secreta bajo el Imperio Romano. De hecho, la "Sociedad Secreta Abierta y Amistosa" (el Vaticano) en realidad gobierna sobre la mayoría, por no decir todos, allende todo el mundo conocido al mismo tiempo.

La mayoría de las sociedades secretas generalmente son consideradas antisociales; se cree que contienen elementos desagradables o que son abiertamente perjudiciales para el conjunto de la comunidad. Este es exactamente el caso algunas veces. El comunismo y el fascismo son sociedades secretas en muchos países en los que están prohibidos por ley. En este país, el partido nazi y el Ku Klux Klan son sociedades secretas, principalmente debido a que el público en general están indignados con ellos. Sus actividades son a veces ilegales, he aquí el secreto de pertenecer a ellas. Los primeros cristianos eran una sociedad secreta porque las autoridades romanas desde el principio los consideraron peligrosos para el dominio imperial. Lo mismo se puede decir de los seguidores del Islam. Al menos algunos de estos verdaderos creyentes, trabajando en secreto, logran ser algún eventual bien para la sociedad. Los drusos y los Yezidis en Siria e Irak consideran a los árabes como una sociedad secreta peligrosa dedicada a apropiarse del mundo. Los árabes de hoy en día piensan lo mismo de los judíos. Los católicos y los masones solían tener exactamente las mismas ideas unos de otros.

En muchas sociedades primitivas o atrasadas la iniciación en los grados más altos del grupo implica someterse a pruebas que frecuentemente terminan con la muerte o la locura del candidato. Se puede observar que lo que socialmente está bien o mal no es el criterio para apreciar el valor de una sociedad secreta. En Borneo, los iniciados de las sociedades de cazadores, consideran que es meritorio y obligatorio cazar cabezas. En la Polinesia, el infanticidio y la diversión se consideran esenciales para iniciarse en sus sociedades, en las que el código tribal necesita, como pilares de la sociedad, miembros que se entreguen a estas cosas.

Desde el comienzo de la historia registrada, los órganos de gobierno de cada nación han estado involucrados en el mantenimiento del status quo para defender la constitución de los grupos minoritarios que pretendían funcionar como estados dentro de los estados o expulsar a la autoridad constituida y hacerse cargo sustituyéndola.

Muchos de estos intentos han tenido éxito, pero no siempre han durado. El deseo del hombre de ser uno de los elegidos es algo que ningún poder en la tierra ha sido capaz de disminuir, y mucho menos destruir. Es uno de los "secretos" de las sociedades secretas. Es lo que les da una base política y mucha influencia. Los miembros a menudo votan lo mismo y se dan unos a otros preferencia en los negocios cotidianos, legales, y en las actividades sociales. El deseo más profundo de muchos es ser capaces de decir: "Yo pertenezco a los elegidos."

Ya existían lugares de culto y sacrificio en las ciudades antiguas. De hecho estaban en templos construidos en honor a muchos dioses. Estos edificios a menudo funcionaban como lugares de reunión de filósofos y místicos que creían poseer los secretos de la naturaleza. Estos hombres generalmente se agrupaban en escuelas filosóficas y religiosas solitarias.

El más importante de todos estos antiguos grupos es la Hermandad de la Serpiente o Dragón, y era conocido simplemente como los Misterios. La serpiente y el dragón son símbolos que representan la sabiduría. El padre de la sabiduría es Lucifer, también llamado el Portador de la Luz. El foco de la adoración de los Misterios era Osiris, otro nombre de Lucifer. Osiris era el nombre de una estrella brillante que los antiguos creían que había sido lanzada a la tierra. El significado literal de Lucifer es "portador de luz" o "la estrella de la mañana." Después de que Osiris bajara del cielo, los antiguos vieron al Sol como la representación de Osiris, o más correctamente, Lucifer.

Osiris estaba representado por el sol.
Albert Pike

Cuando caíste del cielo, oh Lucifer...
Isaías 14:12

... Se afirma que, después de que Lucifer cayera del Cielo, trajo con él el poder del pensamiento como un regalo para la humanidad.
Fred Gittings, el Simbolismo en el Arte Oculto

La mayoría de las mentes más grandes que jamás han vivido fueron iniciadas en la sociedad de los Misterios con ritos secretos y peligrosos, algunos de los cuales eran muy crueles. Algunos de los más famosos eran conocidos como Osiris, Isis, Sabazius, Cibeles y Eleusis. Platón fue uno de esos iniciados y describe algunos de los misterios en sus escritos.

La iniciación de Platón abarcó estar sepultado tres días en la Gran Pirámide, durante los cuales murió (simbólicamente), volvió a nacer, y se le entregaron los secretos que él tenía que guardar. Los escritos de Platón están llenos de información sobre los Misterios. Manly P. Hall dice en su libro, Las enseñanzas secretas de todas las edades, que "...los iluminados de la antigüedad... entraban en los portales [la Pirámide de Giza] como hombres, y salían como dioses." La antigua palabra egipcia para designar la pirámide era khuti, que significa "luz gloriosa." El Sr. Hall también dice: "Las pirámides, los grandes templos egipcios de iniciación..."

Según muchos, las grandes pirámides fueron construidas para conmemorar y observar la explosión de una supernova que tuvo lugar en el año 4000 AC. El Dr. Anthony Hewish, ganador del Premio Nobel de Física en 1974, descubrió una serie rítmica de pulsos de radio que demostraban ser las emisiones de una estrella que había explotado alrededor del 4000 AC. Los masones comienzan su calendario en el A.L., "En el Año de la Luz," que se calcula añadiendo 4000 al año actual. Así, 1990 + 4000 = 5990 A. L. George Michanowsky escribió en Las estrellas de ahora y del futuro, que "La antigua escritura cuneiforme sumeria... describe una explosión gigantesca dentro de un triángulo formado por... Zeta Puppis, Gamma Velorum y Lambda Velorum... ubicado en el cielo del sur.... [Un] cuidado catálogo de estrellas ha establecido ahora que la estrella ardiente que explotó dentro del triángulo sería vista de nuevo por el hombre pasados 6000 años". De acuerdo con el calendario de los masones esto se producirá en el año 2000, y de hecho así será.

La nave espacial llamada Galileo está camino de Júpiter, una estrella incipiente con una composición gaseosa exactamente igual a la de nuestro Sol, con una carga de 49,7 libras de plutonio, supuestamente utilizadas como baterías para alimentar la nave. Cuando su órbita decaiga finalmente en diciembre de 1999, la Galileo entregará su carga útil en el centro de Júpiter. La increíble presión con que se encontrará causará una reacción exactamente como ocurre cuando se hace detonar una bomba atómica con un detonador de implosión. El plutonio explotará en una reacción atómica, encenderá la atmósfera de hidrógeno y helio de Júpiter y dará lugar al nacimiento de la estrella que ya ha sido llamada LUCIFER. El mundo lo interpretará como un signo de gran significado religioso. Se cumplirá la profecía. En realidad, sólo es una demostración de la locura de la aplicación de tecnología por parte de la Sociedad JASON que incluso puede funcionar o no. Han practicado exageradamente para asegurarse tener éxito, pero, como se indicaba en los documentos que leí mientras estaba en el servicio de Inteligencia Naval el Proyecto GALILEO sólo necesita cinco libras de plutonio para encender Júpiter y posiblemente evitar la próxima edad de hielo. El calentamiento global es un engaño. Es más fácil de afrontar para el público y dará a la élite gobernante más tiempo antes de que el pánico y la anarquía reemplacen al gobierno. La realidad es que en general las temperaturas del planeta son cada vez más bajas. Las tormentas son cada vez más violentas y menos predecibles.

Las capas de hielo de los polos cada vez son mayores. Las zonas templadas donde se puede cultivar la comida se están reduciendo. La desertificación está aumentando en los trópicos. Se acerca una edad de hielo, y llegará de repente.

Simultáneamente en Egipto se abrirá una cripta que contiene los registros antiguos de la tierra. El regreso de Lucifer y la apertura de la cripta será el comienzo del milenio. En las pirámides de Egipto tendrá lugar una gran fiesta que ya ha sido planeada por la Sociedad del Milenio. De acuerdo con el número del 3 de enero de 1989, de la edición del Arizona Daily Star, "El presidente electo Bush pasará este fiestas de año nuevo, en Camp David, Maryland, pero dentro de 10 años podría estar en Egipto. Los organizadores de la Sociedad del Milenio dicen que ya se ha comprometido a inaugurar el próximo siglo, en la Gran Pirámide de Keops en Guiza".

El primer secreto que hay que conocer para empezar a entender los Misterios es que sus miembros creen que en el mundo, hay mentes verdaderamente maduras, pero pocas. Creen que estas mentes les pertenecen en exclusiva. La filosofía que siguen es la clásica de la sociedad secreta respecto a la humanidad. Cuando una persona con una gran inteligencia se enfrenta a un problema que requiere el uso de facultades de razonamiento, mantiene el equilibrio y trata de llegar a una solución reuniendo hechos relacionados con la cuestión. Por otra parte, los que son inmaduros, cuando se enfrentan al mismo problema, se sienten abrumados. Mientras que el primero se puede decir que está calificado para resolver el misterio de su propio destino, el otro deberá ser conducido como un rebaño de animales y enseñado con un lenguaje más sencillo. Igual que el rebaño dependen totalmente del pastor. Al intelecto capaz se le enseñan los misterios y las verdades espirituales esotéricas. A las masas se les enseñan las interpretaciones exotéricas literales. Mientras que las masas adoran a los cinco sentidos, los pocos elegidos observan, reconociendo el abismo entre ellos, las concreciones simbólicas de grandes verdades abstractas.

"Los elegidos iniciados se comunican directamente con los dioses [¿ALIENÍGENAS?] que se comunican de nuevo con ellos. Las masas sacrifican sus bienes ante un altar, un ídolo de piedra que no puede oír ni hablar. A los escogidos se les da el conocimiento de los Misterios y se les ilumina y por tanto se les conoce como Los Illuminati o los iluminados, los guardianes de los "Secretos de los Siglos."

Tres sociedades secretas tempranas que se pueden conectar directamente a un descendiente moderno son los cultos de Roshaniya,

Mitra y su contraparte, los Constructores. Tienen muchas cosas en común con los masones de hoy, así como con otras muchas ramas de los Illuminati. Por ejemplo, en común con la Hermandad tienen el renacimiento simbólico a una nueva vida saliendo a través del portal de la muerte durante la iniciación; la referencia al "León" y "La Manija Garra de León" en el grado de Maestro Masón; los tres grados, que son los mismos que los ritos masónicos antiguos antes de que se añadieran otros muchos grados; la escalera de siete peldaños; que sólo haya hombres; y "el ojo que todo lo ve."

De especial interés es la poderosa sociedad de Afganistán antiguamente llamada Roshaniya - unos iluminados. En realidad, hay referencias a este culto místico que se remontan a través de la historia de la Casa de la Sabiduría en El Cairo. Los principios más importantes de este culto eran: la abolición de la propiedad privada; la eliminación de la religión; la eliminación de los estados-nación; la creencia en la iluminación emanada del Ser Supremo que deseaba una clase de hombres y mujeres perfectos para llevar a cabo la organización y dirección del mundo; la creencia en un plan para reformar el sistema social del mundo, tomando primero el control de los diferentes países, uno por uno, y la creencia de que después de llegar al cuarto grado uno podría comunicarse directamente con los supervisores desconocidos que habían impartido el conocimiento a los iniciados a lo largo de los siglos. Los hombres sabios volverían a reconocer a la Hermandad.

¿Podéis oír el eco del partido nazi, del Partido Comunista, de la extrema derecha y de la extrema izquierda? Lo importante a recordar es que tanto los líderes de la derecha como de la izquierda son un pequeño núcleo duro de hombres que han sido, y siguen siendo iluministas o miembros de la Hermandad. Es posible que hayan sido o puedan ser miembros de las religiones cristiana o judía, pero eso es sólo para promover sus propios fines. Son y siempre lo han sido satánicos e internacionalistas. No son leales a ninguna nación en particular, aunque, a veces, utilicen el nacionalismo para promover sus causas. Su única preocupación es obtener un mayor poder económico y político. El objetivo último de los líderes de los dos grupos es idéntico. Están decididos a hacerse con el control indiscutible de la riqueza, los recursos naturales, y la mano de obra de todo el planeta para sí mismos. Tienen la intención de convertir el mundo en su concepción de un estado socialista totalitario satánico. En el proceso eliminarán a todos los cristianos, judíos y a los ateos. Acabáis de aprender, sin embargo, sólo uno de los grandes misterios.

Los Roshaniya también se llamaban a sí mismos la Orden. Los iniciados juraban que se les absolvía de toda lealtad, excepto a la Orden y declaraban: "Me obligo a guardar silencio a perpetuidad y a una lealtad y sumisión a la orden indestructibles... Cualquier ser humano que no pueda identificarse con nuestro signo secreto es nuestra legítima presa." El juramento se mantiene esencialmente igual hasta el día de hoy. El signo secreto era pasarse la mano por la frente, con la palma hacia dentro; la contraseña, agarrarse la oreja con los dedos y con la otra mano, por debajo, aguantar el codo. ¿Os suena familiar? La Orden es la Orden de la Búsqueda. El culto predicaba que no había ni cielo, ni infierno, sólo un estado de espíritu completamente diferente de la vida tal como la conocemos. El espíritu podía seguir siendo poderoso en la tierra a través de un miembro de la Orden, pero sólo si el espíritu había sido él mismo miembro de la Orden antes de morir. Así, los miembros de la Orden adquirían poder sobre los espíritus de los miembros muertos.

Los Roshaniya cogían a viajeros como iniciados y luego los enviaban a continuar su camino para fundar nuevos capítulos de la Orden. Algunos creen que los asesinos eran una rama de los Roshaniya. Ramas de los Roshaniya o "los iluminados" o los Illuminati existieron y todavía existen en todas partes. Una de las reglas no era utilizar el mismo nombre y no hacer mención nunca a los "Illuminati". Esta norma sigue vigente hoy en día. Creo que se trató de la ruptura de esta regla lo que dio lugar a la caída de Adam Weishaupt.

Uno de los grandes secretos de los siglos es la verdadera historia del Santo Grial, la túnica de Jesús, los restos de la Cruz de la Crucifixión, y cuando murió realmente Jesús o si sobrevivió y tuvo un hijo. Muchos mitos rodean la Orden del Temple en relación con estas reliquias, y la mayoría de los mitos a lo largo de la historia siempre han tenido al menos alguna base en la realidad. Si mis fuentes son correctas, los Caballeros Templarios sobreviven hoy en día como una rama de los Illuminati y custodian las reliquias, que están ocultas en un lugar que sólo ellos conocen.

Sabemos que los templarios son Illuminati porque los masones absorbieron y protegieron a los que escaparon a la persecución de la Iglesia y de Francia, al igual que los masones absorberían y protegerían siglos más tarde a los Illuminati de Weishaupt. Los Caballeros Templarios existen en la actualidad como altos grados de la masonería en la Orden del Temple. De hecho, los Caballeros Templarios son una rama de la Orden de la Búsqueda. La Sociedad DeMolay es una rama de la masonería que consagra la memoria de la persecución de los Caballeros Templarios y, en particular, a su líder Jacques DeMolay. Lo sé, porque yo fui miembro de la Sociedad DeMolay de joven. Me encantaba el misterio y el ritual. Me aparté de la

Sociedad, cuando mi familia se trasladó a un lugar fuera del alcance de cualquier albergue. Creo a día de hoy que mi asociación con la Sociedad de DeMolay puede haber sido la razón por haberme decantado por la Seguridad y la Inteligencia Naval.

Según los miembros de la comunidad de inteligencia, cuando el Nuevo Orden Mundial solidifique sacarán las reliquias, se unirán a la Lanza del Destino, y según la leyenda, darán al gobernante del mundo el poder absoluto. Esto puede confirmar creencias transmitidas a través del tiempo que describen la importancia de estas reliquias cuando estén juntas en manos de un solo hombre. También puede explicar la desesperada búsqueda de Hitler de su escondite durante la Segunda Guerra Mundial. Una vez más os debo recordar que no importa lo que vosotros creáis. Si ellos lo creen, os acabará afectando.

Los Caballeros Templarios fueron fundados en Jerusalén en algún momento durante el siglo XI por el Priorato de Sión con el expreso propósito de custodiar las reliquias que quedaban de Jesús y para proporcionar una protección militar a los viajeros religiosos durante su peregrinación a la Ciudad Santa.

El Priorato de Sión era una orden religiosa fundada en la montaña de Sión, en Jerusalén. La Orden se estableció el objetivo de preservar y registrar la línea de sangre de Jesús y de la Casa de David. A través de todos los medios a su alcance, el Priorato de Sión había encontrado y recuperado el resto de las reliquias. Estas reliquias fueron confiadas a la Orden del Temple para su custodia. Me han sorprendido los autores de Holy Blood, Holy Grial y la información que han descubierto. Sobre todo me ha sorprendido su incapacidad de montar el rompecabezas. El tesoro escondido en Francia no es el tesoro del Templo de Jerusalén. Es el propio Santo Grial, la túnica de Jesús, las últimas piezas restantes de la Cruz de la Crucifixión, y según mis fuentes, los huesos de alguien. Os puedo decir que la verdad sobre los huesos sacudirá al mundo hasta sus cimientos si me han dicho la verdad. Las reliquias se esconden en Francia. Sé dónde y también lo saben los autores de Holy Blood, Holy Grial, pero ellos no saben que lo saben - ¿o no es así?

Adam Weishaupt, un joven profesor de derecho canónico en la Universidad de Ingolstadt en Alemania, fue un sacerdote jesuita y un iniciado de los Illuminati. La rama de la Orden que fundó en Alemania en 1776 eran los mismos iluminados de los que hemos hablado previamente. La conexión con los jesuitas es importante, como se verá más adelante en este capítulo. Los investigadores están de acuerdo en que fue financiado por la Casa Rothschild (la misma familia Rothschild mencionada en "Armas silenciosas para guerras secretas"). Weishaupt abogaba por "la abolición de todos los gobiernos nacionales organizados, la abolición de la herencia, la abolición de la propiedad privada, la abolición del patriotismo, la abolición de la vivienda individual y la vida familiar como célula de la cual se han originado todas las civilizaciones, y la abolición de todas las religiones establecidas y existentes, de modo que la ideología luciferina del totalitarismo pudiera ser impuesta a la humanidad".

El mismo año que fundó los Illuminati también publicó La riqueza de las naciones, el libro que serviría de base ideológica para el capitalismo y para la revolución industrial. No es casual que la Declaración de Independencia fuera escrita el mismo año. En el anverso del Gran Sello de los Estados Unidos los sabios reconocerán el ojo que todo lo ve y otros signos de la Hermandad de la Serpiente.

Todos los principios eran iguales. Las fechas y las creencias confirman que los Illuminati de Weishaupt eran lo mismo que los Seres iluminados afganos y los otros cultos que se hacían llamar "iluminados". Los Alumbrados de España eran los mismos que los "iluminados" Guerinets de Francia. En Estados Unidos se les conocía como los clubes de los jacobinos. Secretos dentro de secretos dentro de secretos - pero el corazón siempre es la Hermandad.

Creo que Weishaupt fue traicionado y la persecución un montaje porque ignoró la regla de que la palabra "illuminati", o la existencia de la Hermandad nunca debían estar expuestas al conocimiento público. Su exposición e ilegalidad lograron varios objetivos de la cofradía todavía oculta y todavía muy poderosa. Permitió a los miembros desacreditar las reclamaciones de su existencia sobre la base de que los Illuminati habían quedado expuestos y fuera de la ley y por lo tanto ya no existían. Permitió a los miembros negar las acusaciones de ningún tipo de conspiración. La Hermandad de la Serpiente es experta en lanzar cebos para mantener a los perros a raya. Weishaupt quizás era tonto - o quizás estaba haciendo exactamente lo que le habían dicho.

Weishaupt dijo: "La gran fuerza de nuestra Orden radica en su encubrimiento, nunca debe aparecer con su propio nombre, sino siempre bajo otro nombre, y bajo otra actividad."

Las denuncias sobre que las organizaciones masónicas fueron infiltradas por los Illuminati durante el reinado de Weishaupt son una tontería. Los masones siempre han contenido el núcleo de los Illuminati dentro de sus filas, y es por eso que tan libremente y tan generosamente acogieron y ocultaron a los miembros del grupo de Weishaupt. Realmente no se puede creer que los masones, si sólo son una organización fraternal simple, lo hubieran arriesgado todo, incluso su vida, acogiendo y escondiendo malhechores que habían sido condenados por las monarquías de Europa. Se trata principalmente de autores masones que han perpetuado el mito de que Adam Weishaupt fue el fundador de los Illuminati y que los Illuminati fueron destruidos, y nunca han vuelto a surgir.

En 1826 un masón norteamericano escribió un libro en el que revelaba secretos masónicos titulado Ilustraciones de la Masonería. Uno de los secretos que revela es que el último misterio en lo alto de la pirámide masónica es la adoración a Lucifer. Más tarde, hemos conocido el secreto de la "historia del asesinato de Hiram Abif." Hiram Abif representa la inteligencia, la libertad y la verdad, y fue abatido de un golpe con una regla en la nuca, que representa la supresión del discurso de la iglesia; después fue golpeado en el corazón con una escuadra, que supone la supresión de la creencia en el Estado; y finalmente, fue golpeado en la cabeza con una maza, que representa la supresión de la inteligencia de las masas. Por lo tanto, la Francmasonería equipara la Iglesia, el Estado, y las masas con la tiranía, la intolerancia y la ignorancia. Lo que reveló Morgan fue que los masones prometieron vengar a Hiram Abif y que su plan consistía en hacer caer a la Iglesia, el Estado, y la libertad de las masas.

Morgan causó un pequeño revuelo en contra de los masones. El pequeño revuelo se convirtió en un movimiento anti-masón al completo en toda regla cuando el autor, William Morgan, desapareció. Morgan al parecer fue secuestrado y lo ahogaron en el lago Ontario. Se alegó que habían sido sus compañeros masones cosa que ellos niegan hasta el día de hoy. ¿Quién más podría haberlo hecho? Yo creo que lo asesinaron. Los periódicos de entonces publicaron sin reservas que había sido asesinado por los masones. El juramento de iniciación de los Francmasones establece que si explican los secretos, el iniciado será asesinado. Se produjo un furor en todo el país que dio lugar a la creación de un partido político anti-masónico en 1829 por parte de Henry Dana Ward, Thurlow Weed, y William H. Seward. Durante este periodo revivió el interés por varios libros anti-masónicos, con el resultado de que la Francmasonería sufrió una severa pérdida de miembros. Sólo duró unos pocos años y en 1840 el partido anti-masónico se había extinguido. Realmente el tiempo cura todos los males.

Sabemos que los masones británicos son un grupo totalmente egoísta que discrimina a favor para su propio beneficio puestos de trabajo, promociones, contratos, o carreras que les interesan. La organización masónica inglesa fue utilizada por el KGB para infiltrarse y hacerse cargo de los servicios de Inteligencia Británicos. Inteligencia Británica es sinónimo de Chatham House, más comúnmente conocido como el Instituto Real de

Asuntos Internacionales, la organización matriz del Consejo de Relaciones Exteriores de los Estados Unidos. La policía del estado inglés, Scotland Yard, ordenó a su personal que no se uniera a los masones por miedo a que a ellos les pasara lo mismo. Por supuesto, toda la vida os han dicho que los masones son sólo una benevolente organización fraternal abocada sólo al servicio de la comunidad. Seguid leyendo, oh inocentes.

Probablemente la logia masónica más famosa es la logia P2 de Italia. Este grupo ha estado implicado en todo, desde sobornos a asesinatos. La P2 está conectada directamente con el Vaticano, los Caballeros de Malta, y la Agencia Central de Inteligencia de EEUU. Es poderosa y peligrosa. La logia P2 ha conseguido infiltrarse en el Vaticano y se anotó un golpe de enorme importancia: el Papa, Juan Pablo II, levantó la prohibición contra la Francmasonería. Muchos miembros de alto nivel del Vaticano ahora son francmasones.

Yo os digo ahora que la Masonería es una de las organizaciones más perversas y terribles sobre la tierra. Los masones son los principales actores en la lucha por dominar el mundo. El grado 33 se divide en dos. Una fracción contiene el núcleo de los luciferinos Illuminati y el otro contiene a los que de esto no saben nada en absoluto.

TODOS los oficiales de inteligencia con los que he trabajado durante un tiempo en la inteligencia naval eran masones. Como he dicho antes, creo que mi asociación con la Sociedad de DeMolay cuando era joven puede haber sido la razón por la cual fui seleccionado para la Seguridad y la Inteligencia Naval. Sin embargo, esto sólo es una suposición.

Tenía la intención de entrar a detallar en profundidad la vinculación entre la P2, el Priorato de Sión, el Vaticano, la CIA, las organizaciones de la Unión Europa, y el Grupo Bilderberg. Afortunadamente, Michael Baigent, Leigh y Henry Righard Lincoln me han ganado en hacerlo. Digo por suerte, porque confirman mi anterior denuncia que publiqué en el artículo "El Gobierno Secreto" de que la CIA tenía equipos, llamados topos, profundos dentro del Vaticano. No deseo ser tachado de plagiario por los que hayáis leído Santa Sangre, Santo Grial y El Legado Mesiánico, escritos conjuntamente por Baigent, Leigh y Lincoln. Cualquier tienda de libros de buena reputación os los podrán suministrar. Entre las páginas 343 y 361 de Legado Mesiánico podéis leer sobre la alianza de poder a causa de un gobierno mundial secreto.

La mayoría de los miembros de los masones no son conscientes de que los Illuminati practican lo que se conoce como "secretos dentro de secretos", u organizaciones dentro de organizaciones. Este es uno de los propósitos de la iniciación. No puedo disculpar a ninguno de los miembros, pero, cualquiera que se une a una sociedad sin saberlo TODO sobre la organización de hecho es tonto. Sólo los que están en lo alto que han superado todas las pruebas saben en verdad lo que esconden los masones, haciendo así imposible que nadie de fuera pueda saber casi nada sobre el grupo. ¿Qué me dice esto sobre los nuevos miembros o los que ya son miembros, pero no saben los últimos secretos? Me dice que abundan los tontos. A diferencia de los autores que por miedo han actuado como apologistas de los masones, me niego a eximirlos de responsabilidad y culpa. Los masones, como todo el mundo, son responsables de la limpieza de su casa. El ocupante de una casa secreta dentro de una casa secreta dentro de una casa secreta no puede limpiar si no puede ver el número de habitaciones o lo que contienen. Su casa es una cloaca pestilente. **Si me pasara algo mirad hacia los masones para encontrar al culpable. Yo creo que han asesinado en el pasado, y que asesinarán en el futuro.**

Creo firmemente que todas las sociedades secretas para adultos que practican grados de iniciación y que consideran que los miembros son "iluminados", son ramas de los originales Illuminati ancestrales.

Su objetivo es gobernar el mundo. La doctrina de este grupo no es la democracia o el comunismo, sino una forma de fascismo.

La doctrina es el socialismo totalitario. Debéis comenzar a pensar correctamente. Los Illuminati no son comunistas, pero algunos comunistas son Illuminati.

(1) La monarquía (tesis) se enfrentó a la democracia (antítesis) en la Primera Guerra Mundial, la cual terminó en la formación del comunismo y de la Liga de las Naciones (síntesis).

(2) La democracia y el comunismo (tesis) se enfrentaron al fascismo (antítesis) en la Segunda Guerra Mundial y dio lugar a unas más potentes Naciones Unidas (síntesis).

(3) El capitalismo (tesis) se enfrenta ahora al comunismo (antítesis) y el resultado será el nuevo orden mundial, el socialismo totalitario (síntesis).

El informe de 1953 de la Comisión Investigadora de Educación del Senado de California afirmó: "El llamado Comunismo moderno es aparentemente la misma conspiración mundial hipócrita para destruir la civilización que fue fundada por los Illuminati, y que levantó la cabeza aquí en nuestras colonias el período crítico antes de la adopción de nuestra Constitución". El Senado de California entiende que el comunismo es el trabajo de los Illuminati. No se dieron cuenta que el Consejo de Relaciones Exteriores y la Comisión Trilateral son también el trabajo de los Illuminati. Debéis comenzar a pensar correctamente. El enemigo no es el comunismo, es el iluminismo. Los comunistas no serán mucho más felices que nosotros con el Nuevo Orden Mundial.

Espero demostrar que la mayoría de las sociedades secretas modernas y sobre todo las que practican grados de iniciación - y esta es la clave - en realidad son una sociedad con un propósito. Podéis llamarlas como queráis - la Orden de la Búsqueda, la Sociedad JASON, los Roshaniya, la Cábala, los Caballeros Templarios, los Caballeros de Malta, los Caballeros de Colón, los Jesuitas, los Masones, la Orden Antigua y Mística los Rosae Crucis, los Illuminati, el Partido Nazi, el Partido Comunista, los miembros ejecutivos del Consejo de Relaciones Exteriores, el Grupo, la Cofradía del Dragón, los Rosacruces, el Instituto Real de Asuntos Internacionales, la Comisión Trilateral, el Grupo Bilderberg, la Open Friendly Secret Society (el Vaticano), la Russell Trust, los Skull & Bones, los Scroll & Key, la Orden - todas son lo mismo y todas trabajan para el mismo objetivo final, un Nuevo Orden Mundial.

Muchas de ellas, sin embargo, no están de acuerdo sobre exactamente quién gobernará este Nuevo Orden Mundial, y eso es lo que hace que a veces tensen en direcciones opuestas, mientras continúan, sin embargo, hacia el mismo objetivo. El Vaticano, por ejemplo, quiere al Papa al frente de la coalición mundial. Algunos quieren al Señor Maitreya al frente del Nuevo Orden Mundial. El Señor Maitreya es el favorito, creo, ya que los testigos dicen que él estaba presente en la nave en Malta con Bush, Gorbachov, y los diez jefes regionales del Nuevo Orden Mundial. "Alrededor de 200 dignatarios de todo el mundo asistieron a una importante conferencia iniciada por Maitreya en Londres el 21 y 22 de abril de 1990. Representantes de gobiernos (incluidos los EE.UU.), miembros de las familias reales, líderes religiosos y periodistas, todos los cuales se habían reunido con Maitreya antes, asistieron a la conferencia. "Cita de "Prophecy Watch" una sección del Whole Wheat N º 8, de Minneapolis.

También alguien ha gastado un montón de dinero anunciando su presencia. Sin embargo, el mismo Papa deberá aprobarlo en caso de que Maitreya sea el seleccionado, y así se cumpliría la profecía del libro del Apocalipsis de la Biblia que dice que será Roma quien dará el poder a la primera bestia. Si podéis interpretar el Apocalipsis como yo, entonces sabréis que el Papa en última instancia, ganará y reinará como la segunda bestia.

En 1952 se creó una alianza, reuniéndolos a todos juntos por primera vez en la historia. Las Familias Negras, los Illuminati (la Orden), el Vaticano, y los masones ahora trabajan juntos para implantar el Nuevo Orden Mundial. Todos proclamarán su inocencia y harán lo que puedan para destruir a cualquiera que sugiera lo contrario. **Sin duda, yo me convertiré en un objetivo en cuando se publique este libro.**

Veréis que algunos de los que figuran en los párrafos anteriores no ponen en práctica los grados de iniciación, o eso es lo que parece. Esta es la opinión pública. Fijaos en el Consejo de Relaciones Exteriores. Muchos de sus miembros - de hecho, la mayoría - no están en los comités ejecutivos. Nunca deben pasar ningún tipo de iniciación. De hecho, son la base del poder y se les utiliza para obtener un consenso de opinión. La mayoría realmente no son ni miembros, pero hacen ver que lo son. En realidad están siendo utilizados y no están dispuestos o no pueden entenderlo. El Comité Ejecutivo es un núcleo interno de asociados íntimos, miembros de una sociedad secreta llamada la Orden de la Búsqueda, también conocida como la Sociedad JASON, dedicada a un propósito común. Los miembros son un círculo exterior en el que el núcleo interno actúa mediante la persuasión personal, el clientelismo y la presión social. Esta es la forma en que compraron Henry Kissinger. Rockefeller hizo a Kissinger una donación de 50.000 dólares a principios de los años 50, una fortuna en aquellos tiempos, e hizo al viejo y querido Henry miembro del CFR. Cualquiera del círculo exterior que no siga el dictado es expulsado sumariamente y la lección no pasa desapercibida a los que se quedan. ¿Recordáis el deseo humano de formar parte de los elegidos? Este es el punto de partida del trabajo.

El poder real son los hombres que siempre son reclutados sin excepción de las sociedades secretas de Harvard y Yale conocidas como Skull & Bones y el Scroll & Key. Las dos sociedades son ramas secretas (también llamadas la Hermandad de la Muerte) de lo que de otro modo, es históricamente conocida como los Illuminati. Están conectados a las organizaciones de padres de Inglaterra (el grupo de la Universidad de Oxford y en especial, el All Souls College), y en Alemania (la Sociedad Thule, también llamada la Hermandad de la Muerte). Esto lo supe cuando estaba en la Inteligencia Naval. No era capaz de explicarme por qué algunos miembros del Comité Ejecutivo no eran enumerados en la sección "Administración" del Capítulo 322 de la Sociedad Skull & Bones hasta que leí Los Reyes Magos de Walter Isaacson y Evan Thomas, Simon and Schuster , Nueva York. Bajo la ilustración n º 9 en el centro del libro se puede encontrar el epígrafe "Lovett con la Unidad de Yale, arriba en el extremo de la derecha, y en la playa: Su iniciación en la Skull and Bones *(Cráneo y Huesos)* se produjo en una base aérea cerca de Dunkirk." He descubierto que los miembros de estas dos sociedades siempre fueron elegidos por invitación basada en méritos posteriores a la universidad y no se limitaba sólo a asistentes a Harvard o Yale.

Sólo los miembros de la Orden son iniciados en la Orden de la Búsqueda, la Sociedad JASON compone los miembros ejecutivos del Consejo de Relaciones Exteriores y de hecho, también la Comisión Trilateral. Los miembros ejecutivos del Consejo de Relaciones Exteriores son realmente los elegidos en este país. George Bush es miembro de la Orden. ¿Sorprendidos? No deberíais. Su padre también era un miembro que ayudó a financiar a Hitler.

Es importante que sepáis que los miembros de la Orden prestan un juramento que los absuelve de cualquier lealtad a ninguna nación ni rey ni gobierno ni constitución, y que incluye la negación de cualquier subsiguiente juramento de fidelidad que se les pueda requerir que hagan. Sólo juran lealtad a la Orden y su meta de un Nuevo Orden Mundial. George Bush no es un ciudadano leal a Estados Unidos, sino que es leal sólo a la destrucción de los Estados Unidos y a la formación del Nuevo Orden Mundial. De acuerdo con el juramento que Bush hizo cuando fue iniciado en la Skull & Bones, el juramento de su cargo como Presidente de los Estados Unidos de América no significa nada.

La Comisión Trilateral es un grupo de élite de unos 300 muy prominentes hombres de negocios, políticos e intelectuales que toman decisiones de Europa Occidental, América del Norte y Japón. Esta empresa es una agencia privada que trabaja para fortalecer la cooperación política y económica entre las tres regiones. Su gran proyecto, que ya no se esconde, es un Nuevo Orden Mundial.

La Comisión Trilateral fue idea de su fundador, el estadounidense magnate de la banca David Rockefeller. La verdadera razón de su creación fue la disminución del poder del Consejo de Relaciones Exteriores, como resultado de la insatisfacción de la gente con la guerra de Vietnam. El razonamiento detrás de la tendencia hacia la Comisión Trilateral es el mismo que el de inscribir dos caballos en una misma carrera. Las posibilidades de ganar se duplican. El poder real se ha mantenido siempre sólidamente en manos del Consejo de Relaciones Exteriores. La familia Rockefeller fue, es y será siempre el benefactor de las dos organizaciones. Rockefeller, aunque es poderoso, no tiene el control de este país ni de ningún otro sitio. La clave del poder REAL es el hecho de que Rockefeller tenía que tantear el terreno en una reunión del Grupo Bilderberg en 1972 sobre la formación de un grupo privado de líderes trilaterales. El grupo Bilderberg dio el visto bueno y el hombre de Rockefeller, Zbigniew Brzezinski logró formar parte y organizar la Comisión Trilateral en 1972, no en 1973, como afirma la Comisión.

Una clave para el peligro presentado por la Comisión Trilateral es su "Paz

Seminal", escrita por encargo suyo por el profesor de Harvard Samuel P. Huntington a mediados de los años 70. En el documento el profesor Huntington recomendaba que la democracia y el desarrollo económico se descartaran como ideas anticuadas. Escribió, como coautor, en el libro Las crisis en la democracia: "Hemos llegado a reconocer que hay posibles límites deseables para el crecimiento económico. También existen límites potencialmente deseables en la indefinida extensión de la democracia política. Un gobierno que no tenga autoridad tendrá poca capacidad, bajo una crisis catastrófica, de imponer a su pueblo los sacrificios que puedan ser necesarios." Las crisis y los sacrificios sobre los que habla serán discutidos en un capítulo posterior.

Recordad que George Bush era miembro de la Comisión Trilateral y sólo renunció por conveniencia de ser elegido. Cree totalmente en la Comisión y en sus ideas e ideales. Hemos elegido un presidente que cree que se deben rechazar la democracia y el desarrollo económico. Ya os digo ahora que está trabajando para este fin. Bush sigue siendo miembro de la Orden y del CFR.

La Sociedad JASON o Eruditos JASON, recibe su nombre de la historia de Jason y el vellocino de oro, y es una rama de la Orden de la Búsqueda, uno de los más altos grados de los Illuminati. El vellocino de oro toma el papel de la verdad para los miembros de la JASON. Jason representa la búsqueda de la verdad. Por lo tanto el nombre de la Sociedad JASON denota un grupo de hombres que se dedican a la búsqueda de la verdad. El nombre de Jason se escribe con mayúsculas cuando se utiliza como el nombre de la Sociedad JASON. No se utilizan nunca letras minúsculas para referirse a este grupo secreto.

Nota del autor: El nombre puede incluso tener un significado más profundo, ya que el nombre de "Jason" y el vellón de oro aparecen a través de la historia en relación con diferentes sociedades secretas organizativas. En estos casos, la historia representa al hombre (Jason) en busca de sí mismo (el Vellocino de Oro).

Documentos secretos que leí mientras estaba en la Inteligencia Naval indicaban que el presidente Eisenhower había encargado a la Sociedad JASON que examinara todas las pruebas, los hechos, las mentiras y el engaño y encontrara la verdad sobre la cuestión extraterrestre.

Entre los fundadores del Grupo JASON (no es lo mismo que la Sociedad JASON) se incluyen miembros del famoso Proyecto Manhattan, que reunió a casi todos los físicos líderes de la nación para construir la bomba atómica durante la Segunda Guerra Mundial. El grupo está compuesto mayoritariamente por físicos teóricos y es la reunión más elitista de mentes científicas en Estados Unidos. A partir de 1987 entre sus miembros se incluían cuatro ganadores del Premio Nobel.

Hoy JASON continúa ofreciendo ayuda científica que el gobierno no puede encontrar en ningún otro lugar. Es muy probable que sean el único grupo de científicos de Estados Unidos que conocen el verdadero estado de la tecnología más avanzada.

JASON está envuelto en lo que parece ser el secreto innecesario. El grupo se niega a hacer pública la lista de sus miembros. No hay ninguna lista de miembros de JASON en sus hojas oficiales. Trabajan completamente entre bastidores, JASON ha guiado las decisiones de seguridad más importantes de la nación. Estas incluyen, pero no se limitan a, Star Wars, la guerra submarina, y predicciones sobre el efecto invernadero. A cada uno de los miembros de JASON se les paga como honorarios de consultoría 500 dólares diarios.

En los documentos que leí mientras estaba en la Inteligencia Naval la Jason predecía que el efecto invernadero en última instancia conduciría a una edad de hielo.

Según el Pentágono, los Jason tienen las máximas y más restrictivas medidas de seguridad de la nación. Se les da el rango de protocolo de contralmirante (dos estrellas) cuando visitan o viajan a bordo de buques o visitan bases militares. La única otra referencia al grupo JASON que he podido encontrar ha sido en The Pentagon Papers. Los documentos indicaban que Jason había sido el responsable de diseñar la barrera electrónica entre Vietnam del Norte y del Sur para sellar la infiltración del Sur por parte de tropas regulares de Vietnam del Norte durante la guerra de Vietnam. Yo estaba destinado en la zona de distensión y os puedo decir que no funcionaba.

El velo de secretismo elaborado entorno del Grupo JASON es tan fuerte y tan a prueba de fugas, desde su concepción que los que piensan que el gobierno no puede mantener nada en secreto deberían volver a examinar su posición. El gobierno ha sido capaz de mantener en secreto a JASON a excepción de una fuga; pero el propio Grupo JASON, un grupo civil, aun lo ha hecho mejor. Nunca se ha producido ninguna fuga desde dentro de JASON. JASON es administrado por la Mitre Corporation. Los contratos gubernamentales asignados a la Corporación Mitre son, en realidad, asignados a los científicos de JASON. Esto se hace así para que el nombre JASON no aparezca nunca en documentos que puedan quedar a la vista del público.

¿Qué diferencia hay entre los Eruditos JASON, la Sociedad JASON y el Grupo JASON? Los documentos que he leído hacen referencia a la Sociedad JASON exactamente con estas palabras. En los documentos públicos, la única referencia a JASON es el Grupo JASON, administrado por la Mitre Corporation. Creo que la Sociedad JASON es uno de los grados más altos por encima de los Skull & Bones y los Scroll & Key en los Illuminati. En otras palabras, es un nivel más alto de iniciación. El Grupo JASON es una organización científica formada y contratada por la Sociedad JASON y el Gobierno de EEUU por razones obvias.

Sé mucho más sobre la Sociedad JASON y el Grupo JASON, pero no quiero afectar al Sr. Grant Cameron, que ha realizado una amplia investigación sobre estos temas. Su investigación se publicará en los próximos meses. Garantizo que sus resultados os sorprenderán.

El Consejo de Relaciones Exteriores ha sido el flanco más importante en el establecimiento de la política exterior de Estados Unidos desde hace más de medio siglo. El Consejo de Relaciones Exteriores es una organización privada de ejecutivos de negocios, académicos y líderes políticos que estudia los problemas globales y juega un papel clave en el desarrollo de la política exterior de EEUU. El CFR es uno de los más poderosos grupos semioficiales que se ocupan del papel de Estados Unidos en asuntos internacionales. Está controlado por un grupo electo de hombres reclutados en los Skull & Bones y Scroll & Key, las principales sociedades de Harvard y Yale, que son dos capítulos de una rama secreta de los Illuminati conocida como Capítulo 322 de la Orden [ver página 59]. Los miembros de la Orden conforman el Comité Ejecutivo del Consejo de Relaciones Exteriores después de someterse a la iniciación en la Orden de la Búsqueda, también conocida como Sociedad JASON.

El Consejo de Relaciones Exteriores es una organización hermana, una ramificación del Real Instituto Británico de Asuntos Internacionales. Su meta es un Nuevo Orden Mundial. Aunque existía como un club gastronómico de Nueva York, no pasó a tener el poder actual hasta 1921, cuando se fusionó con el Instituto Real de Asuntos Internacionales y recibió la base financiera de J.P. Morgan, el Carnegie Endowment, la familia Rockefeller y otros intereses bancarios de Wall Street.

El Consejo de Relaciones Exteriores controla nuestro gobierno. A través de los años sus miembros se han infiltrado en toda la rama ejecutiva, el Departamento de Estado, el Departamento de Justicia, la CIA y los primeros puestos de los militares. TODOS LOS DIRECTORES DE LA AGENCIA CENTRAL DE INTELIGENCIA HAN SIDO MIEMBROS DEL CFR. LA MAYORÍA DE LOS PRESIDENTES DESDE ROOSEVELT HAN SIDO MIEMBROS. Los miembros del

CFR dominan a los propietarios de la prensa y la mayoría de los periodistas más importantes de Estados Unidos, si no todos, son miembros. El CFR no se ajusta a la política del gobierno. El gobierno se ajusta a la política de CFR. El apéndice contiene la lista de miembros del CFR más actualizada que he sido capaz de encontrar.

He leído documentos clasificados como top secret, mientras estaba en la Inteligencia Naval que declaraban que el presidente Eisenhower había nombrado a seis de los miembros del Comité Ejecutivo del CFR para formar parte del grupo llamado Majestad Doce también conocido Mayoría Doce por razones de seguridad. Majestad Doce es el grupo secreto que se supone que controla la información y los proyectos extraterrestres. Los documentos indicaban que Eisenhower también había designado a seis miembros de la rama ejecutiva del gobierno que también eran miembros del CFR. El total de miembros de Majestad Doce era de diecinueve, entre ellos el Dr. Edward Teller y los seis miembros del grupo científico JASON. Una vez más, si esto es cierto o es desinformación sólo depende de la existencia de extraterrestres.

El CFR es una sociedad secreta en la que se prohíbe tomar notas o publicar las actas de las reuniones. Cualquier miembro que divulgue el tema o cualquier parte de cualquier conversación o charla que haya tenido lugar durante una reunión es expulsado. El objetivo del Consejo de Relaciones Exteriores es un Nuevo Orden Mundial. George Bush es miembro del CFR.

Los Caballeros de Malta juegan un papel importante en este escenario. En 1930 el general Smedley Butler fue reclutado para ayudar a hacerse cargo de la Casa Blanca. Se le dijo que era necesario debido a su extendida popularidad entre los militares. El general Butler hizo sonar el silbato y nombró a varios estadounidenses prominentes a formar parte de la trama. En lo alto de la lista estaba John J. Raskob, que era miembro fundador de la rama de los Caballeros de Malta en EEUU. Era presidente del consejo de General Motors. En aquel momento era Tesorero de los Caballeros de Malta en EEUU. Se celebraron audiencias en el Congreso para investigar la trama, pero ninguno de los implicados, incluyendo a Raskob, fueron llamados a declarar en ningún momento y de las audiencias no salió nada. Aunque lo podéis encontrar en los registros del Congreso, no lo encontraréis NUNCA en NINGÚN libro de historia.

Es significativo que el episodio Irán-Contra tenga muchas similitudes con la trama de 1930. William Casey era miembro de los Caballeros de Malta. William Casey, con la ayuda del vicepresidente Bush, Anne Armstrong y Donald Regan, mutilaron el Consejo Asesor de Inteligencia Exterior del presidente para que Bush, Casey, North y otros pudieran llevar a cabo sus sucios actos y sin supervisión. También habían desarrollado un plan para suspender la Constitución de los Estados Unidos y se preparaban para implementar el plan cuando fueron capturados. Estos hechos surgieron de las audiencias, pero fueron suprimidos por el presidente del comité, el senador Daniel Inouye de Hawai. Debe entenderse que un poder terrible estaba involucrado en los dos intentos de derribar al Gobierno de los Estados Unidos.

William Casey era director de la CIA. Era miembro del CFR. Casey era Caballero de Malta. Fue jefe de la campaña política de Ronald Reagan. Fue jefe de la Comisión de Bolsa y Valores. Durante el gobierno de Nixon era presidente del Banco de Exportación e Importación.

Casey firmó una financiación para la fábrica de camiones Kama River en la Unión Soviética con el 90% de los fondos garantizados o provistos por el contribuyente de EEUU. Esta fábrica construía motores de camiones y tanques militares para el ejército soviético. Era, y todavía puede seguir siendo, la fábrica más grande del mundo y podría producir camiones más pesados que todas las fábricas de Estados Unidos juntas. Creo que Casey fue asesinado.

Los Caballeros de Malta es una organización mundial los hilos de la cual se tejen a través de los negocios, la banca, la política, la CIA, otras organizaciones de inteligencia, la P2, la religión, la educación, la ley, los militares, los centros de investigación, las fundaciones, la Agencia de Información de Estados Unidos, las Naciones Unidas y muchas otras organizaciones. No es de las más antiguas, pero es una de las ramas más antiguas que existe de la Orden de la Búsqueda. El jefe mundial de los Caballeros de Malta es elegido para un mandato vitalicio, con la aprobación del Papa. Los Caballeros de Malta tienen su propia Constitución y han jurado trabajar para el establecimiento de un Nuevo Orden Mundial con el Papa a la cabeza. Los miembros de los Caballeros de Malta también son miembros poderosos del CFR y de la Comisión Trilateral.

El Vaticano ha sido infiltrado durante muchos años por los Illuminati. Esto lo demuestra fácilmente que en 1738 el papa Clemente XII emitió una bula papal que establecía que cualquier católico que se hiciera masón sería excomulgado, un castigo muy serio. En 1884 el Papa León XIII emitió una proclama declarando que la masonería era una de las sociedades secretas que atentaban en hacer "revivir los usos y costumbres de los paganos" y "establecer el reino de Satanás en la Tierra." Piers Compton, en su libro La cruz rota, traza la infiltración de la Iglesia Católica por los Illuminati. Ha descubierto el uso del ojo que todo lo ve en el triángulo que llevan los líderes católicos y los jesuitas. Fue utilizado en el sello del Congreso Eucarístico de Filadelfia de 1976. Apareció en una edición especial de sellos del Vaticano en 1978, anunciando la victoria final de los Illuminati sobre el mundo. D. Compton afirma que el Papa Juan XXIII utilizaba el "ojo que todo lo ve en el triángulo" en su cruz personal. Compton está convencido de que varios CIENTOS de los principales sacerdotes católicos, obispos y cardenales son miembros de sociedades secretas. Cita un artículo de una revista italiana que enumera a más de 70 funcionarios del Vaticano, entre ellos el secretario privado del Papa Pablo VI, el director general de Radio Vaticano, el arzobispo de Florencia, el prelado de Milán, el asistente del editor del diario del Vaticano, varios obispos italianos, y el abad de la Orden de San Benito. Estos son sólo los conocidos y sólo los que son más conocidos en Italia. La opinión generalizada es que este Papa, Juan Pablo XXII, es miembro de los Illuminati. Creo que, de acuerdo con mi investigación, esto es verdad. La mejor indicación de la infiltración es que el 27 de noviembre de 1983, el Papa se retractó de todas las bulas papales contra la masonería y permitió que los católicos, después de cientos de años, pudieran volver a ser miembros de sociedades secretas, sin miedo a la excomunión. El objetivo de los Illuminati de elegir a uno de los suyos para el papado parece haber llegado a buen término. Si este es el caso, el Nuevo Orden Mundial está apenas en el horizonte. Ahora es el momento.

El primer embajador de EEUU en el Vaticano fue William Wilson, un Caballero de Malta. Su nombramiento probablemente fue ilegal y, de hecho, fue muy poco ético. Wilson no podía representar a los EEUU mientras juraba lealtad al Papa.

Wilson, si lo recordáis, hizo un viaje no autorizado a Libia y se reunió en privado con funcionarios libios en un momento en que los viajes a Libia habían sido prohibidos por el presidente. El presidente Ronald Reagan había dicho que Gadafi era "un perro rabioso" y le había amenazado con contundencia. EEUU había decidido bombardear Libia a pesar de que fueran asesinados civiles. Después del viaje de Wilson, Gadafi emitió un comunicado de prensa declarando que "un diplomático estadounidense había sido enviado a reducir las tensiones con Libia." El Departamento de Estado lo negó. El embajador Wilson no abrió la boca y se negó a hacer ningún comentario. A día de hoy todavía no ha dicho nada, aunque sus acciones dejaron a los Estados Unidos como mentirosos y nos avergonzó delante de todos.

Una pista de lo que estaba sucediendo es que mientras habíamos roto relaciones con Libia e incluso les habíamos bombardeado y mientras los viajes de ciudadanos norteamericanos a Libia estaban prohibidos, cinco grandes conglomerados petroleros se estaban llenando los bolsillos haciendo tratos con Gadafi. Una de las empresas estaba encabezada por J. Peter Grace, Presidente de WR Grace. Ocho miembros de la WR Grace Company son miembros de los Caballeros de Malta. Según un artículo de Leslie Geld en el New York Times, ciertos funcionarios de la administración habían expresado su preocupación por las actividades del Sr. Wilson. Estas acciones, decían, a menudo parecían girar alrededor de sus contactos e intereses en el negocio del petróleo.

Wilson debería haber sido despedido, pero no pasó nada, excepto que él y su esposa asistieron a una misa Papal de Pascua y estaba al lado de George Schultz y su esposa. En lenguaje diplomático esto indicaba la aprobación privada de sus acciones. George Schultz, por supuesto, es miembro del CFR, del Bohemian Club y de Bechtel Corporation, todos los cuales tienen estrechos vínculos con la Orden y los Caballeros de Malta.

Wilson se vio comprometido en diversas irregularidades durante su labor de embajador. Una vez más, en cada caso, no pasó nada. Finalmente renunció. Más adelante, si recordáis, el presidente Reagan sufrió una caída de un caballo en el rancho de William Wilson en México. ¿Creéis sinceramente que el presidente Reagan habría ido a casa de Wilson en México si no hubiera aprobado sus acciones mientras era embajador de EEUU en el Vaticano?

El Caballero de Malta Myron Taylor era mensajero del presidente Roosevelt. El Caballero de Malta John McCone era mensajero del presidente Kennedy, y también fue director de la CIA a principios de los años 60. Un ex-alcalde de la ciudad de Nueva York, Robert Wagner, era mensajero del presidente Jimmy Carter. Frank Shakespeare reemplazó a William Wilson. Frank Shakespeare era Caballero de Malta, y todavía lo es. El presidente Reagan hizo un parlamento en la cena anual de los Caballeros de Malta.

TODOS los Caballeros de Malta tienen inmunidad diplomática. Pueden enviar mercancías a través de las fronteras sin pagar aranceles o someterse a control aduanero. ¿Os suena esto? En todo caso, es el poder.

La columna vertebral que sostiene a los Caballeros de Malta es la nobleza. Casi la mitad de sus 10.000 miembros pertenecen a las familias más antiguas y poderosas de Europa. Esto consolida la alianza entre el Vaticano y la "Nobleza Negra." La Nobleza Negra son sobre todo los ricos y poderosos de Europa. El jefe de la Nobleza Negra es la familia que puede reclamar la descendencia directa del último emperador romano. Quizás ahora podéis ver que las cosas están empezando a colocarse en su sitio. La pertenencia a los Caballeros de Malta implica obediencia a un superior de la orden y en última instancia al Papa. Por lo tanto, un embajador de EEUU, que también sea miembro de los Caballeros de Malta se enfrenta a un conflicto de intereses. ¿Por qué se ignora este hecho? El presidente Bush nombró al Caballero de Malta Thomas Melledy para el cargo de embajador de EEUU en el Vaticano.

El Vaticano ha fundado el Centro Juan Pablo II para la oración y el estudio de la Paz en el 1711 de la Ocean Avenue, en Springlake, Nueva Jersey, en una mansión con vistas al océano. La mansión fue donada a la Arquidiócesis de Nueva York por los sucesores de Elmer Bobst, que murió en 1978. Era multimillonario y presidente de la Warner Lambert Company. Richard Nixon era un visitante frecuente. Los directores del Centro fueron Kurt Waldheim, ex secretario general de las Naciones Unidas y ex-nazi criminal de guerra; Cyrus Vance, el ex Secretario de Estado con Carter y miembro tanto del Consejo de Relaciones Exteriores como de la Comisión Trilateral; Clare Booth Luce, una dama de los Caballeros de Malta; y J. Peter Grace de la WR Grace Company, que es el jefe de los Caballeros de Malta en los Estados Unidos. El Centro fue creado por el Vaticano como parte del nuevo plan de paz del Papa, lo que hará que el mundo se junte (ver mi artículo "El Gobierno Secreto"). El Centro tiene dos funciones: (1) Educar a los católicos y a sus hijos para aceptar el Nuevo Orden Mundial. (2) Proporcionar residencia para el ordenador solución-paz-mundial y un estudio en curso de soluciones pacíficas a los problemas futuros que puedan poner en peligro la paz mundial. El ordenador está conectado a las capitales del mundo a través de satélites. Todas las naciones han acordado renunciar a su soberanía ante el Papa y enviar los futuros problemas al ordenador para su solución. Por supuesto, esto no entrará en vigor hasta que el Nuevo Orden Mundial sea anunciado públicamente. Creo que el Nuevo Orden Mundial nació en secreto el 19 de enero de 1989. Ahora ya lo sabéis.

Familiarizaos de nuevo con las enseñanzas de Jesús. Comparad sus enseñanzas con los principios de los Illuminati y después comparadlas con lo siguiente. El Vaticano ha declarado en varias ocasiones que "el Papa está a favor del desarme total, el Papa está a favor de la eliminación de la soberanía de los estados-nación, el Papa también dice que los derechos de propiedad no deben ser considerados derechos de propiedad de verdad. El Papa cree que sólo el Vaticano sabe lo que es correcto para el hombre".

A principios de 1940, la I.G. Farben Chemical Company empleó a un vendedor polaco que vendió el cianuro a los nazis para que lo utilizaran en Auschwitz. El mismo vendedor también trabajó como químico en la fabricación del gas venenoso. Este mismo gas de cianuro junto con el Zyklon

B y el malatión se utilizó para exterminar a millones de Judíos y a otros grupos. Sus cuerpos más tarde fueron reducidos a cenizas en los hornos. Después de la guerra, el vendedor, temiendo por su vida, entró en la Iglesia católica y fue ordenado sacerdote en 1946. Uno de sus amigos más cercanos era el Dr. Wolf Szmuness, el cerebro detrás de los ensayos experimentales de vacunas contra la hepatitis B de Noviembre del 78 a Octubre del 79 y de Marzo del 80 a Octubre del 81 llevados a cabo por el Centro para el Control de Enfermedades, en Nueva York, San Francisco y cuatro ciudades americanas que desataron la plaga del SIDA en el pueblo estadounidense. El vendedor fue ordenado como el obispo más joven de Polonia en 1958. Después de 30 días de reinado su predecesor fue asesinado y nuestro ex-vendedor de gas de cianuro asumió el papado como Juan Pablo II.

1990 es el momento adecuado con los líderes adecuados: el ex jefe de la policía secreta soviética Mikhail Gorbachev, el ex jefe de la CIA George Bush, el ex-nazi vendedor de gas de cianuro Papa Juan Pablo II, todos vinculados por una alianza profana a hacer sonar el Nuevo Orden Mundial.

El Papa ha desafiado a los líderes mundiales al afirmar que los pueblos del mundo ya reconocen la autoridad absoluta de Roma para que observen el domingo como día de reposo como ordenó el Papa en el Concilio de Laodicea (364 DC). Los Diez Mandamientos originales dados a Moisés por Dios ordenaban que debemos:

Recordar que el sábado
es para santificar. Trabajarás
seis días, y harás todo el trabajo;
pero el séptimo día es el
reposo del Señor tu Dios; en
el que no debes trabajar,
ni tú, ni tu hijo, ni tu hija,
ni tu siervo, ni tu criada,
ni tu ganado, ni el extranjero
que esté dentro de tus puertas:
Porque el Señor hizo en seis días los cielos y la tierra,
el mar y todo lo que hay en ellos,
y el séptimo día descansó: por lo tanto,
el Señor bendijo el sábado,
y lo santificó.

El séptimo día, el Sabbath fue entregado a Moisés por Dios, es el Sábado.

La celebración del domingo como el Sabbath es la verificación de que las personas reconocen que el Papa ESTÁ POR ENCIMA DE DIOS. El único pueblo que EN SU TOTALIDAD no ha reconocido la autoridad del Papa es el pueblo judío, y es por eso que el Vaticano no ha reconocido ni reconocerá el estado de Israel. El Vaticano se niega incluso a llamarle Israel. En cambio, el Vaticano dice Palestina cuando habla de Israel. UNA VEZ MÁS DEBO RECORDAROS QUE VOSOTROS CREEIS QUE SOLO ES UNA PEQUEÑA DIFERENCIA. LO QUE ES IMPORTANTE QUE ENTENDÁIS ES QUE SI ELLOS CREEN ESTO, OS TRAERÁ PESADILLAS.

"El Papa tiene mucho carisma y en un sistema mundial unificado se necesita un jefe religioso para el poder. Khomeini lo ha demostrado. Este Papa tiene suficientes seguidores y carisma para realizar lo que consideramos una gran amenaza en este movimiento." [Cita del Informe Mantooth.]

"El Papa Juan Pablo II está ansioso por completar su objetivo. Su objetivo es reunir al mundo cristiano bajo el LIDERAZGO DEL PAPADO. A ser posible, espera llegar a su meta a finales de este siglo. Esta es la principal razón detrás de muchos de los viajes alrededor del mundo del Papa". [De un artículo de Gene H. Hogberg, noviembre / diciembre 1989, La Pura Verdad.]

¿Sabíais que Hitler y todo su personal eran católicos? ¿Sabíais que los nazis hacían incursiones en el ocultismo? ¿Sabíais que el New York Times del 14 de abril de 1990, cita a George Bush diciendo: "Dejadme perdonar a los criminales de guerra nazis." Me pregunto ¿por qué dijo eso? ¿Sabías que el diario Los Ángeles Times, del 12 de diciembre de 1984, citaba al Papa Juan Pablo II diciendo: "No vayas a Dios a pedir perdón por los pecados, ven a mí." El Papa blasfemó, cumpliendo así la profecía según el libro de Apocalipsis. ¡El Papa nos dice que ÉL ES Dios!

¡RECORDAD - NO ADORARÉIS NUNCA A NINGÚN LÍDER. SI ADORÁIS A UN LÍDER, YA NO TENDRÉIS LA CAPACIDAD DE RECONOCER QUE HABÉIS SIDO ENGAÑADOS!

El 21 de julio de 1773 el Papa Clemente XIV "anuló y extinguió a perpetuidad la Compañía de Jesús". Francia, España y Portugal independientemente se habían dado cuenta de que los jesuitas se estaban metiendo en los asuntos del Estado y por lo tanto eran enemigos del gobierno. La acción del Papa fue una respuesta a la presión aplicada por las monarquías. El rey José de Portugal firmó un decreto "mediante el cual los jesuitas debían ser denunciados como 'traidores, rebeldes y enemigos del reino..." El Papa Pío VII en agosto de 1814, reintegró a los jesuitas todos sus antiguos derechos y privilegios.

El ex-presidente John Adams escribió a su sucesor, Thomas Jefferson: "A mí no me gusta la reaparición de los jesuitas. Si alguna vez ha habido un grupo de hombres que merecen la condenación eterna en la tierra... es esta Sociedad..." Jefferson respondió: "Al igual que usted, yo desapruebo la restauración de los jesuitas, ya que significa un paso atrás de la luz hacia la oscuridad."

Los jesuitas aún tienen problemas hoy como los han tenido a lo largo de su existencia. El 28 de febrero de 1982, el Papa Pablo II dijo a los jesuitas "manténgase apartados de la política y honorad la tradición católica." El informe del News and World de EEUU afirma que los jesuitas se habían metido en los asuntos de las naciones.

El artículo decía: "los jesuitas han ejercido ciertos papeles principales en la revolución sandinista de Nicaragua. Algunos jesuitas se han sumado a partidos comunistas. Un sacerdote en El Salvador ha afirmado que su orden está trabajando para el progreso del marxismo y de la revolución, no para Dios...

...los jesuitas se han unido a los movimientos rebeldes de izquierda en América Central y las Filipinas, y han abogado por una fusión del marxismo y el catolicismo romano en lo que se denomina "teología de la liberación".

Cuando Estados Unidos quería utilizar las formas más repugnantes de la política de despoblación de Haig-Kissinger en América Central fueron los jesuitas los que organizaron y empujaron a la gente a una guerra civil. Allí donde van los jesuitas, rápidamente les sigue la revolución. Siempre me entristece ver o oír que la gente ha sido herida; pero según mi investigación, los sacerdotes jesuitas asesinados en América Central probablemente lo merecían.

La organización secreta más poderosa del mundo es el Grupo Bilderberg, fue organizado en 1952 y lleva el nombre del hotel donde tuvo lugar su primera reunión en 1954. El hombre que organizó el Grupo Bilderberg, el Príncipe Bernhard de los Países Bajos, tiene el poder de veto en la elección de cualquier Papa que seleccione el Vaticano. El Príncipe Bernhard tiene este poder de veto porque su familia, los Habsburgo, son descendientes de los emperadores romanos. El Príncipe Bernhard es el líder de las familias negras. Afirma que desciende de la casa de David y por lo tanto puede verdaderamente decir que está relacionado con Jesús. El príncipe Bernhard, con la ayuda de la CIA, llevó el cuerpo de gobierno oculto de los Illuminati al conocimiento público como el Grupo Bilderberg. Esta es la alianza oficial que constituye el órgano de gobierno mundial.

El núcleo de la organización es de tres comités compuestos cada uno por trece miembros. Así el corazón del Grupo Bilderberg consiste en total en 39 miembros de los Illuminati. Los tres comités están integrados exclusivamente por miembros de todos los diferentes grupos secretos que conforman los Illuminati, la masonería, el Vaticano, y la Nobleza Negra. Este comité trabaja durante todo el año en oficinas en Suiza. Se determina quién es invitado a la reunión anual y qué políticas y planes serán discutidos. Ninguna propuesta o plan que nunca se ha discutido en una reunión anual del Grupo de Bilderberg ha llegado a pasar en general dentro de uno o dos años después de la reunión. El Grupo Bilderberg es la dirección de la "guerra silenciosa" que se libra contra nosotros. ¿Cómo pueden hacerlo? Estos son los hombres que REALMENTE gobiernan el mundo.

Los números 3,7,9,11,13,39 y cualquier múltiplo de estos números tienen un significado especial para los Illuminati. Tened en cuenta que el Grupo Bilderberg tiene un núcleo de 39 miembros que se divide en 3 grupos de 13 miembros en cada grupo. Tened en cuenta que el núcleo de los 39 responde a los 13 que conforman el Comité Político. Prestad especial atención al hecho de que los 13 miembros del Comité Político responden a la Mesa Redonda de los Nueve. Ya sabéis que el número original de estados en los Estados Unidos de América era 13. La Constitución tiene 7 Artículos y fue firmada por los 39 miembros de la Convención Constituyente. Los Estados Unidos nacieron el 4 de julio de 1776. Julio es el séptimo mes del año. Agregad 7 (de julio) y 4 y que tiene 11; 1 + 7 +7 +6 = 21, que es múltiplo de 3 y 7. Añadid 2 +1 y obtendréis 3. Mirad las cifras de 1776 y veis dos 7 y un 6, que es múltiplo de 3. ¿Coincidencia, decís? Yo digo: "¡Tonterías!" y realmente me gustaría decir algo mucho más fuerte. Pero para aquellos que todavía digáis que es accidental, ofrezco la siguiente prueba. Podría escribir un libro sólo sobre enlaces numéricos, pero no lo haré.

Manly P. Hall, y masón de grado 33, probablemente el experto más famoso sobre estos temas, escribió en su libro El Destino Secreto de los Estados Unidos, "hace más de TRES MIL AÑOS [énfasis de WC], que las sociedades secretas trabajan para crear el fondo de conocimientos necesarios para el establecimiento de una democracia iluminada entre las naciones del mundo... todas han seguido... y aún existen, como la Orden de la Búsqueda. Ciertos hombres obligados por un juramento secreto a trabajar en la causa de la democracia mundial decidieron que en las colonias americanas planificarían las raíces de una nueva forma de vida. La Orden de la Búsqueda... se creó en América antes de mediados del siglo 17... Franklin hablaba en nombre del Orden de la Búsqueda, y la mayoría de los hombres que trabajaban con él los primeros días de la república estadounidense también eran miembros.... Muchos de los fundadores del Gobierno de Estados Unidos no sólo eran Masones, sino que recibían la ayuda de un cuerpo secreto y magno existente en Europa, que les ayudó a establecer este país para un fin determinado que sólo conocían unos pocos iniciados." Encontré estas citas en la página 133 de un libro, cuando se suman 1+3+3 da el número 7 - ¿coincidencia? Yo creo que no.

Podemos conseguir profundizar un poco en la Orden de la Búsqueda con el secretario de Agricultura de Franklin D. Roosevelt, Henry Wallace, el hombre directamente responsable de la impresión del reverso del Gran Sello de los Estados Unidos en el billete de un dólar. El Sr. Wallace, miembro de la Orden de la Búsqueda, escribió en una carta al místico y artista ruso Nicholas Roerich: "La búsqueda - ya sea por la palabra perdida de la Masonería, o el Santo Cáliz, o las potencialidades de la era que ha de venir - es el único objetivo supremamente valioso. Todo lo demás es deber kármico. Pero ¿seguro que todo el mundo es un Galahad en potencia? Así que podemos luchar por el Cáliz y la llama que hay encima." El Santo Grial aparece regularmente en los escritos del secreto en el Gran Sello de los Estados Unidos donde vemos el antiguo símbolo de la Hermandad de la Serpiente (o Dragón), que como ya sabéis es el ojo que todo lo ve en la pirámide que representa a Lucifer en forma de sabiduría.

Justo debajo de la pirámide veréis "Novus Ordo Seclorum", que significa "Nuevo Orden Mundial." hay

9 plumas de la cola al águila;
13 hojas en las ramas de olivo;
13 barras y rayas;
13 flechas;
13 letras en "E Pluribus Unum";
13 estrellas en el escudo verde de encima;
13 piedras en la pirámide;
13 letras en "Annuit Coeptis."

Trece es el número místico asignado a Satanás, según Stan Deyo en su excelente libro titulado Cosmic Conspiracy.

Todos estos números místicos también tienen un significado especial para los francmasones. Deberíais ser devotos escépticos para perderos la tremenda importancia de todas estas supuestas coincidencias. ¿Quién de vosotros puede decir aún que no existe ningún vínculo?

Mientras estaba en la Inteligencia Naval leí que al menos una vez al año, o quizás más, dos submarinos nucleares se encontraban bajo la capa de hielo polar y se acercaban el uno al otro dentro de una burbuja de aire. Los representantes de la Unión Soviética se reunían con el Comité de Políticas del Grupo Bilderberg. A los rusos se les daba el guión de su próxima actuación. Los temas del programa incluían los esfuerzos combinados del programa espacial secreto que debía regir Alternativa 3. Ahora estoy en posesión de fotografías oficiales de la NASA de una base lunar en el cráter Copérnico.

Este método de reunión es la única manera que está a salvo de detección y / o micrófonos ocultos. Si estas reuniones fuesen descubiertas la protesta pública que resultaría lo destruiría todo. Un programa documental de la BBC titulado "Informe sobre la Ciencia", reveló estos mismos hechos, pero posteriormente emitió una retractación. En su retracción señalaba que el show había sido ficción. Cabe señalar aquí que "Informe sobre la Ciencia" era un programa documental - no de ficción - muy respetado en Gran Bretaña. Nunca en su historia había emitido nada que fuera ficción. Este tema se analiza en profundidad en otro capítulo. No hay otro método, que yo conozca, de verificar estas breves reuniones a menos que alguien de alguna manera se convirtiera en miembro de la tripulación de uno de los submarinos. ¿Es verdadera la Alternativa 3, o es una parte del plan para recibir el Nuevo Orden Mundial? En realidad no importa, porque de cualquier manera estamos jodidos. Cuanto antes lo entendáis, más sabios os volveréis.

Los miembros del Grupo de Bilderberg son los financieros, industriales, hombres de Estado e intelectuales más poderosos, que se reúnen cada año para una conferencia privada de los asuntos mundiales. Las reuniones proporcionan una oportunidad informal, off-the-record, de mezclarse los líderes internacionales, y se caracterizan por llevarse a cabo bajo un manto secreto. La oficina central se encuentra en La Haya, en Suiza, el único país europeo que nunca ha sido invadido ni bombardeado durante las Guerras Mundiales I y II. Suiza es la sede del poder mundial. El objetivo del Grupo Bilderberg es un gobierno socialista totalitario de un único mundo y sistema económico. Id con cuidado, ya que el tiempo se acaba.

Debéis entender que el secreto es una equivocación. El mismo hecho de que una reunión sea secreta ya me avisa de que está pasando algo que no aprobaría. No volváis a creer que hombres adultos se reúnen de forma regular sólo para ponerse batas de lujo, aguantar velas, y hacerse apretones de mano unos a otros. George Bush, cuando fue iniciado en los Skull & Bones, no se tumbó desnudo en un ataúd con una cinta atada alrededor de los genitales y explicando a gritos los detalles de todas sus experiencias sexuales porque era divertido. Tenía mucho que ganar aceptando la iniciación en la Orden, como puede verse ahora. Estos hombres se encuentran por razones de peso, y sus reuniones son secretas porque lo que sucede durante las reuniones no sería aprobado por la comunidad. EL MERO HECHO QUE ALGO SEA MUY SECRETO SIGNIFICA QUE ALGO ESCONDE.

John Robison escribió Pruebas de una conspiración en 1798, y creo que él lo dijo mejor en el siguiente pasaje del libro. "Nada es tan peligroso como una asociación mística. El objeto sigue siendo un secreto en manos de los directivos, el resto se limita a ponerse el aro en su propia nariz, para que los puedan sacar a pasear a placer, y aún jadeando tras el secreto se sienten mejor, viendo menos su rutina.

Un objeto místico permite al líder cambiar sus motivos tanto como le plazca, y acomodarse a todas las modas o perjuicios del momento. Esto le vuelve a dar un poder casi ilimitado, porque es capaz de hacer uso de estos prejuicios para liderar a los hombres como tropas. Ya los encuentra asociados por sus prejuicios, y a la espera de un líder que concentre sus fuerzas y los ponga en marcha. Y en cuanto grandes cantidades de hombres se ponen en movimiento, con una criatura de su fantasía por guía, incluso el mismo ingeniero no puede decir: 'Debes llegar hasta aquí, y no más.' "

¿El hombre común es realmente tan estúpido como parece que la élite cree? Si lo es, entonces tal vez el ciudadano medio está mejor siendo ignorante, siendo manipulado de esta manera y siempre que las élites lo consideren necesario. Descubriremos la respuesta muy rápidamente cuando el hombre común vea que su entrada a la Tierra de la Fantasía acaba de expirar.

Espero haberos mostrado el papel de las sociedades y los grupos secretos dentro de la estructura de poder mundial. Espero que podáis ver cómo estos grupos aumentan y se mantienen en el poder. Debéis tener una cierta comprensión de la forma como los elegidos, operando en secreto e infiltrándose en todos los niveles del gobierno y la industria de vital importancia, incluyendo la prensa, manipulan a la gente y a las naciones del mundo hacia cualquier dirección que deseen. Espero que os deis cuenta del hecho que la estructura de poder secreto está yendo hacia un estado socialista totalitario (fascismo). No son los nazis, ya que eran un producto de esta estructura de poder. No son los judíos, aunque algunos judíos muy ricos están involucrados. No son los comunistas, ya que entran dentro de la misma categoría que los nazis. No son los banqueros, pero juegan un papel importante. También espero que estéis empezando a mirar dentro de vosotros para ver si se ajusta a vuestra realidad. ¿Estáis recibiendo el mensaje? Para una mejor comprensión de las sociedades secretas y su papel a través de los siglos, os recomiendo que leáis los libros citados como fuente de material al final de este capítulo.

El presidente de EEUU, Bush y el presidente soviético Gorbachov llegaron ayer a esta isla del Mediterráneo para asistir a una cumbre a partir de hoy en la que ambos esperan poder iniciar la búsqueda de un Nuevo Orden Mundial.

New York Times 1 de Diciembre de 1989

FUENTES

Alamo, Tony, *various writings*, Music Square Church, P.O. Box 710, Van Buren, Arkansas, 72956 (501) 997-8118.

Baigent, Michael, Richard Leigh, and Henry Lincoln, *Holy Blood, Holy Grail*, Delacorte Press, New York, 1982

Baigent, Michael, Richard Leigh, and Henry Lincoln, *The Messianic Legacy*, Dell Publishing, New York, 1989.

Bramley, William, *The Gods of Eden*, Dahlin Family Press, San Jose, California, 1989.

Cantwell, Alan Jr,. M.C., *AIDS and the Doctors of Death*, Aries Rising Press, 1988.

Carr, William Guy, *Pawns in the Game*, Omni Publications, Palmdale, California, date unknown.

Daraul, Arkon, *A History of Secret Societies*, The Citadel Press, New York, 1961

Epperson, Ralph, *The New World Order*, Publius Press, Tucson, Arizona, 1990.

Epperson, Ralph, *Unseen Hand, An Introduction to the Conspiratorial View of History*, Publius Press, Tucson, Arizona, 1985.

Hall, Manly P., *The Secret Teachings of All Ages*, The Philosophical Research Society, Inc., Los Angeles, 1988.

Hieronimus, Robert, Ph.D., *America's Secret Destiny, Spiritual Vision & the Founding of a Nation*, Destiny Books, Rochester, Vermont, 1989.

Howard, Michael, *The Occult Conspiracy*, Destiny Books, Rochester, Vermont, 1989.

Mantooth, Don, *The Mantooth Report* (newsletter), November 1989, New Haven, Indiana.

Mullins, Eustace, *The Curse of Canaan*, Revelation Books, Staunton, Virginia, 1987.

Robison, John, *Proofs of a Conspiracy*, The American Classics, Belmont, Massachusetts, 1967, originally published in 1798.

Robinson, John J., *Born In Blood, The Lost Secrets of Freemasonry*, M. Evans and Company, Inc., New York, 1989.

Sutton, Antony C, *America's Secret Establishment, An Introduction to the Order of Skull & Bones*, Liberty House Press, Billings, Montana, 1986.
Waite, Arthur Edward, *A New Encyclopaedia of Freemasonry*, Combined Edition, Weathervane Books, New York, 1970.
Whitmire, Richard, article on JASON, September 17, 1989, The Olympian (newspaper), Olympia, Washington.

CAPÍTULO 3

JURAMENTO DE INICIACIÓN
de una
ORDEN SECRETA NO IDENTIFICADA

De una madre que dice que su hijo hizo este juramento
(y que debe permanecer no identificado)
y
ACTA DEL CONGRESO - PARLAMENTO, 1913, pág. 3216.
(Proporcionada por el Dr. Ron Brown)

*Todavía no, ¡oh Libertad! cierres tus párpados
en el sueño, porque tu enemigo nunca duerme.*
Bryant

Nota del autor: El autor no afirma nada con respecto a este juramento. Me fue entregado por una mujer que afirmó que su hijo había hecho este juramento. Otra fuente, el Dr. Ron Brown, independientemente y sin conocimiento del primero, me proporcionó una copia del Registro del Congreso de la Cámara de Diputados de fecha 15 de febrero de 1913, donde aparece el mismo juramento, que pretendía ser de los Caballeros de Colón. El congresista puede haberse equivocado, pero el contenido indica que este juramento puede pertenecer tanto a la Compañía de Jesús (también conocida como los jesuitas) como a los Caballeros de Malta, que son la milicia del Papa. Incluyo este juramento sólo como ejemplo de que, de hecho, tales juramentos existen y son subversivos. Debido al nivel impecablemente correcto y difícil nivel de Inglés utilizado, el experto conocimiento obvio de la terminología y la forma religiosa, como el contenido y formato de este juramento, considero que es muy poco probable que se trate de una falsificación. Vosotros debéis ser los últimos jueces de su autenticidad. La verdad ganará.

EL JURAMENTO

Yo_____, ahora en presencia de Dios Todopoderoso, la Bienaventurada Virgen María, el bendito San Juan Bautista, los Santos Apóstoles, San Pedro y San Pablo, y todos los santos, anfitrión sagrado del cielo, a ti, mi padre espiritual, el superior general de la Compañía de Jesús fundada por San Ignacio de Loyola, durante el pontificado de Pablo III y continuando hasta el presente, por el vientre de la Virgen, la matriz de Dios, y la vara de Jesucristo, declaro y juro que Su Santidad el Papa, es vice-regente de Cristo y es el verdadero y único jefe de la Iglesia Católica o Universal en toda la tierra; y que en virtud de las claves para atar y desatar dadas a Su Santidad por mi Salvador, Jesucristo, que tiene poder para deponer reyes herejes, príncipes, estados, mancomunidades y gobiernos y que pueden ser destruidos de forma segura. Por lo tanto, hasta el límite de mis fuerzas defenderé esta doctrina y el derecho y la costumbre de Su Santidad contra todos los usurpadores de la autoridad herética o protestante que sea, sobre todo la Iglesia Luterana de Alemania, Holanda, Dinamarca, Suecia y Noruega y la ahora pretendida autoridad y las Iglesias de Inglaterra y Escocia, y las ramas de las mismas ahora establecidas en Irlanda y en el Continente de América y en otros lugares, y a todos los partidarios en tanto que pueden ser usurpadores y herejes, oponiéndose a la sagrada Madre Iglesia de Roma.

Yo ahora denuncio y reniego de cualquier lealtad debida a cualquier rey hereje, príncipe o estado, llamados protestantes o liberales, o a la obediencia de cualquiera de sus leyes, magistrados o agentes.

Yo además declaro que la doctrina de la Iglesia de Inglaterra y Escocia, los calvinistas, hugonotes, y otros con el nombre de protestantes o masones sean condenables, y ellos mismos sean condenados a no abandonarla.

Yo además declaro que ayudaré a asistir y asesorar a todos o a cualquiera de los agentes de Su Santidad, en cualquier lugar donde sea, en Suiza, Alemania, Holanda, Irlanda o América, o en cualquier otro reino o territorio iré y haré todo lo posible para extirpar las doctrinas protestantes o masónicas heréticas y destruir todos sus pretendidos poderes, legalmente o de alguna otra manera.

Yo además prometo y declaro que, a pesar de que prescindiré de asumir cualquier religión herética para la propagación de los intereses de la Iglesia Madre mantendré secretos y privados todos los consejos de sus agentes que de vez en cuando, me instruirán y no divulgaré, directa o indirectamente, por la palabra, la escritura o las circunstancias que sean sino que ejecutaré todo lo que me sea propuesto, dado a cargo o descubierto por mi padre Fantasmal, o cualquier otro de este orden sagrado.

Yo además prometo y declaro que no tendré opinión ni voluntad propia, o cualquier reserva mental, ni siquiera como difunto o cadáver (perinde ac cadaver), sino que obedeceré sin vacilar cada orden que pueda recibir de mis superiores en la milicia del Papa y de Jesucristo.

Que iré a cualquier parte del mundo donde sea enviado, a las regiones heladas del norte, a las selvas de la India, a los centros de civilización de Europa, o a los refugios silvestres de los salvajes bárbaros de América, sin murmurar ni quejarme, y me someteré a todas las cosas que me sean comunicadas.

Yo además prometo y declaro que quiero, cuando la oportunidad se presente, realizar y hacer la guerra incesantemente, secreta y abiertamente en contra de todos los heréticos, protestantes y masones, como se me ha ordenado para extirparlos de la faz de toda la tierra; y que no perdonaré ni la edad, sexo o condición, y que colgaré, quemaré, destrozaré, herviré, descuartizaré, estrangularé y enterraré vivos a esos infames herejes; destrozaré los estómagos y los vientres de sus mujeres, y aplastaré las cabezas de sus bebés contra las paredes para aniquilar su execrable raza. Que cuando no pueda hacer esto abiertamente, usaré secretamente la copa de veneno, el cable de estrangulación, el acero del puñal o la bala de plomo, independientemente del honor, rango, dignidad, o autoridad de las personas, sea cual sea su condición en la vida, ya sea pública o privada, ya sea que en cualquier momento pueda ser dirigido a hacerlo por cualquier agente de Papa o superior de la Hermandad del Santo Padre de la Sociedad de Jesús.

En confirmación a esto dedico mi vida, alma, y todos los poderes corporales, y con la daga que recibo ahora suscribiré mi nombre escrito con mi sangre como testimonio del mismo; y si mi determinación resulta ser falsa o se debilita, que mis hermanos y compañeros soldados de la milicia del Papa me corten las manos y los pies y la garganta de oreja a oreja, me abran el vientre y lo quemen con azufre con todo el castigo que pueda serme infringido sobre la tierra, y mi alma sea torturada por demonios para siempre en el infierno eterno.

Que cuando vaya a votar votaré siempre por un K. de C. con preferencia a un protestante, sobre todo masón, y que abandonaré mi partido si debo hacerlo; que si dos católicos están en la papeleta me aseguraré de cuál es el mejor defensor de la Iglesia Madre y votaré en consecuencia.

Que no haré negocios con ni emplearé a un protestante, si está en mi mano el tratar con o emplear a un católico. Que introduciré a chicas católicas en familias protestantes para que hagan un informe semanal de los movimientos internos de los herejes.

Que me proveeré de armas y municiones para que puedan estar a mi disposición cuando se me dé la orden, o me haya sido mandado defender la iglesia, ya sea como individuo o con la milicia del Papa.

Todo esto yo,_____, lo juro por la bendita Trinidad y el bendito sacramento que ahora recibo de hecho y en parte para mantener este mi juramento.

En testimonio de eso, tomo este Santísimo y bienaventurado Sacramento de la Eucaristía y el testimonio de la misma más allá con mi nombre escrito con la punta de esta daga sumergida en mi propia sangre y el sello en la frente de este santo sacramento.

CAPÍTULO 4

EL TRATADO SECRETO DE VERONA

Precedente y
Prueba positiva de la conspiración
del
Registro del Congreso - Senado, 1916, pág. 6.781
y
El Código Diplomático americano, vol. 2, 1778-1884, Elliott, pág. 179

1916 - REGISTRO DEL CONGRESO DEL SENADO

Sr. OWEN:

Desearía incluir en el Registro el tratado secreto de Verona del 22 de noviembre de 1822, mostrando lo que es este antiguo conflicto entre el gobierno de los pocos y el imperio de la mayoría. Desearía llamar la atención del Senado sobre este tratado, ya que es la amenaza de este tratado, lo que significó la base de la doctrina Monroe. Lanza una potente luz blanca sobre el conflicto entre el gobierno monárquico y el gobierno para el pueblo. La Santa Alianza bajo la influencia de Metternich, primer ministro de Austria, en 1822, emitió este notable documento secreto:

CÓDIGO DIPLOMÁTICO NORTEAMERICANO, 1778-1884

Los abajo firmantes, autorizados especialmente para hacer algunas adiciones al tratado de la Santa Alianza, después de haber intercambiado sus respectivas credenciales, han acordado lo siguiente:

ARTÍCULO 1 Los altos poderes adjudicadores, convencidos de que el sistema de gobierno representativo es igualmente incompatible con los principios monárquicos como la soberanía máxima del pueblo con el derecho divino, se comprometen mutuamente, de la manera más solemne, a utilizar todos sus esfuerzos para poner fin al sistema de gobiernos representativos, en cualquier país de Europa, y para evitar que sean introducidos en los países donde todavía no se conoce.

ARTÍCULO 2 Dado que no se puede dudar de que la libertad de prensa es el medio más poderoso utilizado por los partidarios de los pretendidos derechos de las naciones, en detrimento de los de los príncipes, las altas partes contratantes se comprometen recíprocamente a adoptar todas las medidas apropiadas para suprimirla, no sólo en sus propios Estados, sino también en el resto de Europa.

ARTÍCULO 3. Convencidos de que los principios de la religión contribuyen poderosamente a mantener a las naciones en un estado de obediencia pasiva, que deben a sus príncipes, las altas partes contratantes declaran que es su intención mantener en sus respectivos Estados las medidas que el clero pueda adoptar, con el objetivo de mejorar sus propios intereses, tan íntimamente relacionados con la preservación de la autoridad de los príncipes; y las potencias contratantes se unen para ofrecer sus gracias al Papa por lo que ya ha hecho por ellos, y solicitar la cooperación constante en sus puntos de vista de la presentación de las naciones.

ARTÍCULO 4. La situación de España y Portugal unen por desgracia todas las circunstancias por las que este tratado tiene especial referencia. Las altas partes contratantes, al confiar a Francia el cuidado de acabar con ellas, se compromete a ayudarla en la manera que pueda con el más mínimo compromiso [sic] con su propio pueblo y el pueblo de Francia a través de un subsidio por parte de los dos imperios de 20 millones de francos anuales a partir de la fecha de la firma de este tratado al final de la guerra.

ARTÍCULO 5. A fin de establecer en la península el orden de las cosas que existían antes de la revolución de Cádiz, y para asegurar toda la ejecución de los artículos del Tratado, las Altas Partes Contratantes se dan el uno al otro garantía recíproca que siempre mientras sus puntos de vista no se cumplan, de rechazar todas las demás ideas de utilidad o cualquier otra medida a tomar, se dirigirán con el menor retraso posible a todas las autoridades existentes en sus estados y para todos los agentes en países extranjeros, con la intención de establecer las conexiones que tiendan hacia el cumplimiento de los objetivos propuestos por este tratado.

ARTÍCULO 6. Este tratado se renovará con los cambios que las nuevas circunstancias puedan dar ocasión, ya sea en un nuevo congreso o en la corte de una de las partes contratantes, tan pronto como termine la guerra con España.

ARTÍCULO 7. El presente Tratado será ratificado y las ratificaciones cambiadas en Paris en el período de seis meses.

Realizado en Verona
el 22 de noviembre de 1822
por Austria: METTERNICH
por Francia: CHATEAUBRIAND
por Prusia: BERNSTET
por Rusia: NESSELRODE

Sr. OWEN:
Solicito publicar este tratado secreto en el REGISTRO DEL CONGRESO, porque creo que debería llamar la atención de la gente de Estados Unidos y del Mundo. Esta evidencia del conflicto entre el gobierno de unos pocos contra el gobierno popular debe ser enfatizado en la mente de la gente de los Estados Unidos, ya que el conflicto que ahora se está librando por todo el mundo se puede entender más claramente, porque en definitiva, viene a decir que la gran guerra pendiente nace de la debilidad y la fragilidad del gobierno de unos pocos, donde el error humano es mucho más probable que el error de muchos en que la guerra de agresión sólo se permite con la autorización del voto de aquellos cuyas vidas están en peligro en las trincheras de la guerra moderna.

Sr. SHAFROTH:
Sr. Presidente, me gustaría oír decir al Senador, si en este tratado ¿no había formada una coalición entre los países poderosos de Europa para restablecer la soberanía de España en las Repúblicas de América del Sur y Central?

Sr. OWEN:
Era exactamente lo que iba a comentar, pero lo haré dentro de un momento, porque comprendo la presión de otros asuntos. Esta Santa Alianza, después de haber puesto por la fuerza un príncipe Borbón en el trono de Francia, a continuación, utiliza Francia para suprimir, inmediatamente después, la constitución de España y por este mismo tratado le dio una subvención de 20 millones de francos anuales para que

pudiera hacer la guerra contra el pueblo de España y evitar el ejercicio de cualquier medida del derecho de autogobierno. La Santa Alianza hizo inmediatamente lo mismo en Italia, mediante el envío de tropas austriacas a Italia, donde la gente de allí intentaron ejercer una medida como de autonomía constitucional liberal; y no fue hasta que llegó la prensa impresa, que la Santa Alianza, tan resueltamente opuesta, enseñó, a la gente de Europa, el valor de la libertad que finalmente un país tras otro se fue apoderando de un mayor y mejor derecho de autogobierno hasta ahora, se podría decir que casi todas las naciones de Europa tienen un muy alto grado de autogobierno.

Sin embargo, me gustaría llamar la atención del Senado y del país sobre esta importante historia del crecimiento de un autogobierno popular constitucional. La Santa Alianza hizo notar sus poderes con la supresión drástica al por mayor de la prensa en Europa, a base de censura universal, matando la libertad de expresión y todas las ideas de los derechos populares, y suprimiendo completamente el gobierno popular. La Santa Alianza habiendo destruido el gobierno popular en España y en Italia, también tenía planes para destruir el gobierno popular en las colonias americanas que se habían rebelado contra España y Portugal en América Central y del Sur, bajo la influencia del exitoso ejemplo de los Estados Unidos. Fue debido a esta conspiración contra las Repúblicas Americanas por parte de las monarquías europeas que el gran estadista inglés, Canning, llamó la atención de nuestro Gobierno sobre ella, y entonces nuestros hombres de Estado, incluyendo a Thomas Jefferson, tomaron parte activa para lograr la declaración del presidente Monroe en su siguiente mensaje anual en el Congreso de Estados Unidos de que Estados Unidos consideraría como un acto de hostilidad hacia el Gobierno de los Estados Unidos y un acto poco amistoso, que esta coalición o cualquier potencia de Europa alguna vez se comprometiera a establecer en el Continente Americano ningún control de cualquier república americana o adquirir cualquier derecho territorial.

Esta es la llamada doctrina Monroe. La amenaza bajo el tratado secreto de Verona de suprimir el gobierno popular en las Repúblicas americanas es la base de la doctrina Monroe. Este tratado secreto expone claramente el conflicto entre el gobierno monárquico y el gobierno popular y el gobierno de unos pocos en comparación con el gobierno de la mayoría. En realidad es una parte, del desarrollo de la soberanía popular cuando exigimos para las mujeres igualdad de derechos a la vida, a la libertad, a la posesión de la propiedad, a una voz igual en la elaboración de las leyes y la administración de las leyes. Esta demanda por parte de las mujeres está hecha por hombres, y debería ser hecha por hombres y mujeres progresistas así como por el pensamiento, ya que promueve la libertad humana y la felicidad humana. Yo simpatizo con ella, y espero que todas las partes en las convenciones nacionales den su visto bueno a esta medida más amplia de libertad de la mejor mitad de la raza humana.

Nota del autor: Cualquier persona que crea que los monarcas, después de haber sido depuestos, perdonan y olvidan, no está jugando con toda la baraja. La mayoría de estas familias son increíblemente ricas y quizás más poderosas hoy que cuando se sentaban en los tronos. Hoy se les conoce colectivamente como la Nobleza Negra. El hecho de que el tratado secreto de Verona fuera firmado en 1822, no quiere decir que el tratado sea nulo. Es imprescindible que os deis cuenta que en privado, la Nobleza Negra siempre se niega a reconocer ningún gobierno que no sea su propio, heredado y divino, derecho a gobernar. Trabajan diligentemente entre bastidores para provocar las condiciones que les permitan recuperar sus coronas. Ellos creen que Estados Unidos pertenece a Inglaterra.

CAPÍTULO 5

ADIÓS U.S.A.
HOLA NUEVO ORDEN MUNDIAL

La columna vertebral del Gobierno Oculto
Subversión del equilibrio de poder
El plan para suspender la Constitución
y declarar la ley marcial

*Probablemente se podría demostrar con hechos y cifras que no es
claramente nativa Clase criminal estadounidense, excepciones del
Congreso,*
Mark Twain, 1885

El equilibrio de poder

Cuando nuestros antepasados escribieron la Constitución de estos Estados Unidos proporcionaron salvaguardas contra el despotismo, proporcionando un equilibrio de poder. La Constitución fue creada para dar una clara división de los poderes Legislativo, Judicial y Ejecutivo. Se creía que este sistema garantizaría que si una de las ramas se les iba de las manos las otras dos actuarían para mantener el control. Este equilibrio de poder se basaba en el supuesto de que ninguno de los tres poderes podría o querría atentar contra el poder de los demás.

La Constitución es clara sobre las funciones de cada una de las ramas. El Legislativo hará las leyes. El Judicial interpretará las leyes. El Ejecutivo decidirá la política y hará cumplir las leyes. Esto, por supuesto, es la explicación más simple, pero esto no es un libro de texto sobre el gobierno. Mi intención es que os familiaricéis con los conceptos básicos simples del equilibrio de poder de manera que podáis comprender cómo se ha subvertido.

La Asamblea Legislativa (El Congreso en forma de Cámara y Senado) tiene la obligación de publicar las leyes que se hacen, y esto se hace en el Registro del Congreso y el Registro Federal. Los ciudadanos pueden obtener la legislación pendiente de aprobación o ya aprobada a través de sus miembros del Congreso o de la Oficina de la Imprenta del Gobierno. Los ciudadanos no pueden hacerse responsables de la ley que no esté a su disposición.

Es paradójico que el organismo gubernamental más representativo del ciudadano norteamericano es el que ha sido más fácilmente subvertido. A través de los PAC *(Political Action Committee),* sobornos, políticas electoralistas, políticos profesionales, congresistas que son miembros de sociedades secretas y mediante la codicia y el miedo, nuestros representantes y senadores dejaron de representarnos hace mucho tiempo.

El Congreso tiene enormes poderes, pero falla en la mayoría de los casos al ejercer incluso por una cantidad simbólica. ¿Cómo es que a veces nuestra Legislatura ha permitido y alentado al Poder Ejecutivo a escribir las leyes? Vosotros probablemente no sabíais que el presidente y otros miembros de la rama ejecutiva del gobierno pueden y de hecho escriben las leyes. Esto se hace en forma de órdenes ejecutivas presidenciales, notas del Consejo de Seguridad Nacional, directivas de Decisión de Seguridad Nacional y las directivas de seguridad nacional.

Las notas del NSC eran documentos de política general en los días posteriores a la aprobación de la Ley de Seguridad Nacional. Las notas del NSC se han hecho más reducidas y más específicas los últimos años, y el nombre ha variado. Con Kennedy se llamaban memorandos de Acción Nacional de Seguridad. El presidente Bush les cambió el nombre por el de Directivas de Seguridad Nacional.

Hay una enorme diferencia entre las Órdenes Ejecutivas Presidenciales, las notas del NSC, y las directivas de Decisión de Seguridad Nacional. Las órdenes Ejecutivas Presidenciales están inscritas en el Registro Federal o Resultados Presidenciales, que se dan a conocer a los Comités de Inteligencia de la Cámara y del Senado. La diferencia más importante entre las órdenes Ejecutivas Presidenciales y todos los demás, sin importar cómo se llamen, es que los demás no deben ser registrados, revisados, ni puestos a disposición de ninguna persona, o incluso tener que reconocer que existen.

No hay ningún tipo de supervisión que pueda mantener un control sobre la legalidad de estas Directivas de Seguridad Nacional. El presidente y los demás dentro de la rama ejecutiva han utilizado estas directivas súpersecretas para bordear el equilibrio de poder y escribir leyes sin que nadie

lo sepa. La justificación de la facultad del Presidente para escribir leyes mediante órdenes ejecutivas se debe a la incapacidad del Gobierno de anular la declaración de la ley marcial durante la Guerra Civil. En efecto, los Estados Unidos han estado bajo la ley marcial desde el gobierno de Lincoln. Estas NDS *(Directivas de Seguridad Nacional)* son herramientas poderosas, ocultas y peligrosas. Proliferaron durante la administración Reagan: se escribieron más de 300, unas 50 nunca llegaron a ser sometidas al escrutinio del público. Sin embargo, la mayoría de americanos nunca han oído hablar de este tipo de armas subversivas. Están siendo utilizadas para destruir nuestra Constitución. Creo que todo el mundo debería conocer esta corrupción del gobierno.

El Congreso ha hecho la vista gorda ante estos abusos del poder ejecutivo. A las 03:30 del sábado, 4 de agosto de 1990, el Senado hizo que fuera aún más fácil para el Poder Ejecutivo subvertir la Constitución y podía haber convertido a George Bush en el primer rey de América. En ese momento ese día, una minoría de senadores de Estados Unidos, tal vez diez como máximo, aprobó la Ley de Autorización de la Inteligencia del Senado para el Año Fiscal 1991 (SB 2834). Este proyecto de ley cambiará fundamentalmente nuestro sistema constitucional y amenaza con destruir los mismos fundamentos de nuestra gran nación. Dado que la atención estaba centrada en la crisis de Oriente Medio, el público y la mayoría de los congresistas no saben absolutamente nada sobre este proyecto de ley.

El proyecto fue presentado fraudulentamente como una reforma para evitar futuros incidentes como los abusos sacados a la luz durante el escándalo Irán-Contra. En vez de prevenir futuros abusos, sin embargo, prácticamente autoriza esencialmente todos los abusos. El proyecto de ley fue cuidadosamente sometido a votación por el senador Sam Nunn en la oscuridad de la noche, cuando la oposición ya se había ido. Transfiere de manera efectiva más autoridad sobre el gobierno de los Estados Unidos directamente a las manos de George Bush y de esta manera directamente a las manos del Gobierno Secreto.

Al Presidente (en aquel momento George Bush) se le dio el poder de iniciar la guerra, apropiarse de fondos públicos, definir los objetivos de política exterior, y decidir qué era importante para nuestra seguridad nacional. En "Supervisión de las Actividades de la Inteligencia," Curso VII, SB 2834 se autoriza lo siguiente:

Otorgar al presidente el poder para iniciar acciones encubiertas (esto nunca antes se había otorgado al presidente); impedir que el Congreso detenga el inicio de acciones encubiertas de la Presidencia; permitir al presidente utilizar cualquier "departamento, organismo o entidad" federal para llevar a cabo o financiar una operación encubierta; facultar al presidente a utilizar cualquier otra nación o contratista privado o persona para financiar o llevar a cabo una acción encubierta; redefinir las acciones encubiertas como operaciones "necesarias para apoyar objetivos de política exterior de Estados Unidos", una definición que es tan vaga y amplia como para ser prácticamente ilimitada; por primera vez afirma oficialmente el derecho de los Estados Unidos a interferir en secreto en "asuntos políticos, económicos o militares" internos de otros países, violando directa y flagrantemente el derecho internacional; requerir que el Presidente prepare y entregue su resolución por escrito a los comités de inteligencia del Congreso, pero permitir que el presidente pueda omitir "asuntos muy sensibles" y autorizar al Presidente a reclamar el privilegio Ejecutivo si el Congreso hace demasiadas preguntas.

No hay sanciones en el proyecto de ley por violar cualquiera de sus disposiciones, incluida la disposición que exige una prueba. ¿Por qué existe? Este proyecto de ley ha entregado literalmente el poder de todos los poderes del Estado al Presidente en bandeja de plata. El presidente Bush es ahora verdaderamente el Rey George Primero de América. La S.B. 2834 da a Bush el poder de utilizar cualquier agencia o sucursal del gobierno y todos los fondos asignados de cualquier agencia o sucursal de gobierno para la acción encubierta, aunque nunca hayan sido asignados para este propósito. El proyecto de ley impide eficazmente cualquier tipo de supervisión y permite al Poder Ejecutivo eludir la ley y escapar de rendir cuentas. Esto se hará mediante Directivas de Seguridad Nacional. Algunos ejemplos de las anteriores directivas NSD que han salido a la luz os ayudarán a entender la gravedad del asunto. Serán enumeradas en los párrafos siguientes bajo la denominación de la materia objeto de las NSDD *(National Security Decision Directive)*:

NSDD 84: PROTEGER LA INFORMACIÓN DE SEGURIDAD NACIONAL [SECRETO], 03/11/83 (totalmente desclasificada). ASUNTO: Esta directiva amplía drásticamente las restricciones de libertad de expresión de los empleados del gobierno. Las personas con acceso a información clasificada estarán obligadas a firmar un acuerdo de confidencialidad; las que tengan acceso a una categoría especial de información clasificada deberán hacerlo de acuerdo a la revisión previa a la publicación de cualquiera de los futuros escritos. Se autoriza el uso de polígrafos. PROPÓSITO: Prevenir la divulgación de información que pueda dañar la seguridad nacional. CONSECUENCIAS: El requisito del polígrafo ha sido rescindido debido a la oposición del Congreso. Se impusieron restricciones de secreto a más de 4 millones de trabajadores y CONTRATISTAS del gobierno en más de cincuenta agencias ejecutivas. Muchos contactos con periodistas fueron suprimidos. Los sindicatos y miembros del Congreso pidieron que se protegieran los derechos de los denunciantes, y la Corte Suprema recientemente reenvió el caso a nivel de distrito para su revisión.

Nota del autor: La NSDD 84 indica que John Lear, Robert Lazar, Bruce Macabbee, Stanton Friedman, Clifford Stone, y muchos otros pueden ser agentes activos del gobierno. Todos trabajaban en empleos del gobierno o de contratistas gubernamentales y todos ellos estaban sujetos a esta orden ejecutiva. La NSDD 84 no se usó para silenciarles, lo que parece indicar que en todo caso tenían aprobación ejecutiva.

NSDD 17: DISUADIENDO LOS MODELOS DE ACCIÓN ENCUBIERTA DE CUBA EN NICARAGUA, 23/11/81 (Clasificado). TEMA: A la Agencia Central de Inteligencia se le dio autoridad para crear la contra y "trabajar con gobiernos extranjeros, según corresponda" para debilitar al gobierno sandinista de Nicaragua. PROPÓSITO: Para detener el flujo de armas a partir de fuentes cubanas y nicaragüenses hacia los rebeldes salvadoreños. CONSECUENCIAS: La C.I.A. recibió 19 millones de dólares para ensamblar y armar una fuerza de 500 contras para que se unieran a 1000 exiliados que ya estaban siendo entrenados por Argentina. A Honduras llegaron decenas de agentes; comenzaron los envíos de armas desde Miami. La guerra de los contras se puso en marcha.

NSDD 77: GESTIÓN DE LA DIPLOMACIA PÚBLICA RELATIVA A LA SEGURIDAD NACIONAL, 14/01/83 (totalmente desclasificado). TEMA: Esta directiva establecía diversos grupos de planificación para llevar a cabo "actividades públicas de diplomacia". Ordenó "apoyo organizativo para gobiernos extranjeros y grupos privados para fomentar el crecimiento de políticas y prácticas democráticas en las instituciones" OBJETIVO: Movilizar el apoyo nacional e internacional para "nuestros objetivos de seguridad nacional". CONSECUENCIAS: Crear ministerios de propaganda en el Consejo de Seguridad Nacional, el Departamento de Estado y la Casa Blanca que se concentraron en, según palabras del miembro del personal de la NSC a cargo del programa, "pegando sombreros negros a los sandinistas y sombreros blancos a los UNO" (los contras de la United Nicaraguan Opposition). Se infiltraron historias en la prensa; se presionó a periodistas. Después la Oficina General de Contabilidad descubrió que estas actividades violaban la ley que prohibía la "propaganda encubierta" dentro de Estados Unidos. ¿Cuántos programas de propaganda encubierta más creéis que están funcionando en contra de los ciudadanos norteamericanos? Os puedo asegurar que hay muchos más de los que nunca llegaríais a creer.

NSDD 138: TERRORISMO INTERNACIONAL, 04/03/84 (Clasificado). ASUNTO: Esta directiva aprobó el principio de los ataques preventivos y las incursiones de represalia contra los terroristas y pidió a 26 agencias federales que recomendaran medidas específicas de lucha contra el terrorismo. PROPÓSITO: Para disminuir el terrorismo internacional y liberar rehenes estadounidenses en el Líbano. Si bien esta directiva NSD pretende estar preocupada por el terrorismo internacional, en realidad es una autorización encubierta de ataques preventivos e incursiones de represalia contra los patriotas de este país. Cuando se active la FEMA (Federal Emergency Management Agency), los patriotas serán acorralados en medio de la noche, lo más probable es que sea un día de fiesta nacional, como el de acción de gracias. Los agentes del gobierno y los oficiales de las fuerzas del orden de todas las ciudades de todo el país han recibido entrenamiento antiterrorista en virtud de esta directiva NSDD, y os puedo asegurar que el objetivo son los patriotas. CONSECUENCIAS: Establecer el Grupo de Trabajo de Incidentes Terroristas bajo el mando de North en el Consejo de Seguridad Nacional. Su primera acción importante fue la interceptación y captura de los secuestradores del Achille Lauro, que dio un importante impulso a la carrera de North.

Cualquier NSDD 138 o directiva NSD posterior sobre terrorismo autorizaba la formación de tres unidades libanesas para ataques preventivos. Cuando surgieron los problemas, el Director de la Central de inteligencia William Casey eliminó de los libros esta operación y requirió la ayuda de Arabia Saudí para intentar asesinar al jefe de Hezbollah. Como resultado de un atentado con coche bomba murieron cerca de ochenta personas en Beirut; el jeque Fadlallah, que era el objetivo salió ileso. El ejército de EEUU, junto con los equipos de aplicación de la ley civil, llevaron a cabo el entrenamiento antiterrorista conjunto a través de América. Para disipar los temores públicos los participantes llevaban ropa civil.

Las directivas NSD se han convertido en el vehículo legislativo de facto del estado de seguridad nacional. Se han dado a conocer mediante la investigación de Susan Fitzgerald, asesora de investigación del Fondo para el Gobierno Constitucional en Washington que ha recogido directivas NSD desclasificadas, muchas fueron liberadas sin la cabecera de la Casa Blanca en la parte superior de la página y sin la firma del presidente en la parte inferior. Esto, según especulaba ella, trataba de ocultar el hecho de que las firmas en algunas de ellas podrían revelar que habían sido impresas, y no firmadas por la propia mano de Ronald Reagan. Esto os dará una idea de contra qué nos enfrentamos. Por favor, comprended que virtualmente todas pero muy pocas directivas NSD permanecen aún clasificadas, y salvo que la fuerza pública las divulgue sus efectos probablemente no se conocerán nunca.

En algún lugar dentro de los volúmenes de las directivas secretas NSD hay un plan para suspender la Constitución de los Estados Unidos de América. La existencia de este plan salió a la superficie durante las audiencias del Irán-Contra. El congresista Jack Brooks (D), de Texas, trató de sacarlo a la luz. Cuando preguntó directamente al Coronel North si él había ayudado a redactar un plan para suspender la Constitución, el presidente del comité el Senador Daniel K. Inouye (D), de Hawai, hizo callar a Brooks. El Senador Inouye dijo que el tema tratado enfrentaba la seguridad nacional, y cualquier pregunta relacionada con el asunto podría ser tratado en una sesión a puerta cerrada. Nunca supimos el resultado. Me gustaría saber quién dio a alguien, en cualquier rama del gobierno, con cualquier título, el derecho de suspender la Constitución ¿en cualquier momento, por cualquier razón, bajo cualquiera condiciones?

Creo que el plan de suspender la Constitución está ligado directamente a la instalación subterránea llamada Mount Weather y a la Agencia Federal de Gestión de Emergencias (FEMA). Mount Weather está tan rodeada de secreto que el 99,9% de los estadounidenses nunca han oído hablar de ella. La FEMA, sin embargo, es otra historia. ¿Os acordáis del huracán Hugo? ¿Recordáis que se envió a la agencia federal (FEMA) a gestionar la situación de emergencia y fue rechazada por los ciudadanos debido a su incompetencia? La FEMA fue incompetente, porque la "gestión de emergencias" sólo es un pretexto para su propósito real, que es hacerse cargo del gobierno local, del estado y federal en caso de una emergencia nacional. La única manera de que la FEMA pueda hacer tal cosa es si se suspende la Constitución y se declara la ley marcial. Por lo tanto su existencia es una prueba positiva de que de hecho existe un plan para suspender la Constitución.

MOUNT WEATHER

En las afueras de un pequeño y tranquilo pueblo llamado Bluemont, en Virginia, unas 46 millas al oeste de Washington DC, hay un área de desierto que cubre lo que se ha denominado la roca de granito más dura del este de los Estados Unidos. La zona está rodeada de carteles donde dice "Zona Restringida" y "Esta instalación ha sido declarada zona restringida... Prohibida la entrada al personal no autorizado." Otros carteles dicen: "Todas las personas y vehículos que entren aquí serán sometidas a registro.

Hacer fotos, tomar notas, hacer dibujos, mapas o representaciones gráficas de esta zona o de sus actividades está prohibido si dicho material se halla en poder de personas no autorizadas será confiscado. Ley de Seguridad Interna de 1950." La instalación está debajo de una montaña y su nombre es Oficina de Operaciones de Control de Conflictos de Virginia Occidental. Su apodo es Mount Weather. La hizo construir la Administración Federal de Defensa Civil, que ahora es la Agencia Federal de Preparación.

Mount Weather fue diseñado a principios de los años 50 como parte de un programa de defensa civil para albergar y proteger la rama ejecutiva del gobierno federal. El nombre oficial es "El Programa de Continuidad de Gobierno." El Congreso ha tratado repetidamente de descubrir el verdadero propósito de Mount Weather, pero hasta ahora no ha sido capaz de averiguar nada sobre la instalación secreta. El general retirado de la Fuerza Aérea Leslie W. Bray, director de la Agencia Federal de Preparación, dijo al Subcomité del Senado sobre Derechos constitucionales en septiembre de 1975: "No tengo libertad para describir con precisión cuál es el papel ni la misión ni la capacidad que tenemos en Mount Weather, o en cualquier otra ubicación precisa".

En junio de 1975, el senador John Tunney (D), de California, presidente del Subcomité de Derechos Constitucionales, acusó a Mount Weather de tener expedientes de al menos 100.000 Americanos. Más tarde alegó que de los ordenadores de Mount Weather, descritos como "los mejores del mundo", se podían obtener millones de recortes de información adicional sobre las vidas personales de los ciudadanos estadounidenses simplemente tecleando los datos almacenados en cualquiera de los otros 96 centros Federales de Reubicación.

Sé por mi estancia en la Oficina de Inteligencia Naval que estos expedientes se componen de información recopilada sobre los patriotas americanos, hombres y mujeres que tienen más probabilidades de resistirse a la destrucción de nuestra Constitución y la formación del estado policial totalitario bajo el Nuevo Orden Mundial. El banco de datos patriótico se actualiza constantemente para que cuando llegue la hora señalada se pueda acorralar a todos los patriotas con poco esfuerzo o ninguno. El plan prevé que esto se consiga en la oscuridad de la noche en una fiesta nacional. La fiesta más probable es la de Acción de Gracias, cuando todo el mundo, sin importar la religión, raza, o credo, estará en casa. Los objetivos estarán maduros para ser cosechados después de una comida pesada, quizás algunas bebidas alcohólicas, y profundamente dormidos. Hay un traidor en el movimiento patriota que ofrece al Gobierno Secreto nombres precisos y direcciones de los patriotas que lucharán para proteger y defender la Constitución.

MI RECOMENDACIÓN ES QUE NINGÚN PATRIOTA DEBERÍA ESTAR JAMÁS EN CASA O EN CASA DE NINGÚN FAMILIAR NUNCA MÁS NINGÚN DIA SEÑALADO HASTA QUE LOS TRAIDORES SEAN COLGADOS Y LA CONSTITUCIÓN RESTAURADA COMO LA LEY SUPREMA DE LA NACIÓN.

Algunas fuentes afirman que Mount Weather es prácticamente una ciudad subterránea completa con dormitorios, apartamentos privados, calles, aceras, cafeterías, hospitales, sistemas de purificación de agua, centrales eléctricas, edificios de oficinas, un lago alimentado por el agua fresca de los manantiales subterráneos, un sistema de transporte masivo, y muchas otras cosas sorprendentes.

Surgen varios hechos inquietantes cuando uno investiga Mount Weather. Uno de ellos es la conclusión de que hay un gobierno paralelo al completo en el lugar. Allí hay nueve departamentos federales - Agricultura, Comercio, HEW *(Healt, Education and Welfare)*, HUD *(Housing and Urban Development)*, Interior, Trabajo, Estado, Transporte, y el Tesoro. Al parecer, al menos cinco agencias federales también están en la residencia: FCC, el Servicio Selectivo, la Comisión Federal de Electricidad, la Comisión de Administración Pública y la Administración de Veteranos. Dos empresas privadas tienen oficinas en Mount Weather: la Reserva Federal y la Oficina de Correos de los Estados Unidos. También hay una oficina de la Presidencia. Lo que hace que todo esto sea molesto es que hay un presidente y un conjunto completo de miembros del gabinete residiendo en Mount Weather. ¿Quiénes son y quién los designó? ¿Dónde tal cosa está prevista en la Constitución de los Estados Unidos de América?

Mount Weather es el centro de operaciones - el corazón - de más de otros 96 centros de reubicación federales subterráneos repartidos por todos los Estados Unidos. La mayoría de ellos parecen estar concentrados en Pennsylvania, Virginia, West Virginia, Maryland y Carolina del Norte. Cada una de estas instalaciones contiene bancos de datos informáticos que poseen información - no de agentes enemigos, diplomáticos soviéticos, o sospechosos de terrorismo, sino de ciudadanos americanos, patriotas. Una lista de otros archivos que se guardan en las instalaciones fue suministrada a la Subcomisión de Derechos Constitucionales en 1975. La lista incluía "instalaciones militares, instalaciones gubernamentales, comunicaciones, transporte, energía y poder, agricultura, industria manufacturera, servicios al por mayor y al por menor, mano de obra, instituciones financieras, médicas y educativas, establecimientos sanitarios, población, refugios y arsenales."

El comité llegó a la conclusión de que estas bases de datos "operan con pocas, si alguna, salvaguarda o directriz." El senador James Abourzek (D), de Dakota del Sur, miembro del subcomité, dijo: "Me parece que la operación entera ha eludido la supervisión del Congreso o de los tribunales." El Presidente Tunney dijo: "Mount Weather está fuera de control." El Congreso no hizo nada para rectificar la situación, sin embargo, y Mount Weather permanece fuera de control.

Ex funcionarios de alto nivel de Mount Weather coinciden en que la base de Mount Weather es mucho más que cualquier instalación de espera del gobierno o centro de almacenamiento para la conservación de documentos; la describen como un ACTUAL GOBIERNO A LA ESPERA. "No sólo almacenamos información esencial, la instalación intenta duplicar las funciones vitales de la rama ejecutiva de la Administración." Como se ha indicado anteriormente, de acuerdo con mi investigación, esto quiere decir que en realidad incluye un presidente y todos los miembros del Gabinete en la residencia. Además el protocolo exige que los subordinados les den el tratamiento de "Sr. Presidente" o "Sr. Secretario." La mayoría de estos misteriosos responsables se han mantenido en el cargo a través de varias administraciones. "Sólo actuamos siguiendo las órdenes del presidente en casos de emergencia nacional", dijo un ex funcionario de Mount Weather.

La FPA *(Foreing Policy Association)* en su Informe Anual de 1974 declaró que "los estudios realizados en Mount Weather implican el control y gestión de la inestabilidad política interna, donde hay escasez de materiales (como los disturbios por la comida) o en situaciones de huelga en las que la FPA determina que hay interrupciones industriales y otras crisis de recursos domésticos. "El informe señala que la burocracia en Mount Weather invoca lo que llaman "gestión civil de crisis."

Los funcionarios que se encontraban en Mount Weather y que nos han suministrado los datos dicen que durante la década de 1960 el complejo estaba realmente preparado para asumir ciertos poderes gubernamentales en el momento de la crisis de los misiles cubanos de 1961 y el asesinato del presidente Kennedy en 1963. La fuente dijo que la instalación utilizó las herramientas de su programa "gestión civil de crisis" sobre una base de reserva durante los disturbios urbanos de 1967 y 1968 y durante una serie de manifestaciones contra la guerra nacional contra la administración por parte del pueblo norteamericano.

Daniel J. Cronin, que era director asistente de la APF, esbozó un programa masivo de vigilancia y manipulación dirigido contra la población estadounidense sobre una base continua. La FPA ha organizado un impresionante armamento de recursos y equipos. El Sr. Cronin describe en una entrevista la actitud de su agencia hacia su programa de vigilancia de gran alcance. "Intentamos monitorizar situaciones", ha dicho, "y llegar antes de que se conviertan en emergencias... No se repara en gastos en el monitoreo del programa." Citó los satélites de reconocimiento, informes de la inteligencia de las policías locales y estatales, y las fuerzas del orden del Gobierno Federal como ejemplos de los recursos disponibles para la FPA para la recopilación de información.

El único documento que he sido capaz de encontrar que intenta esbozar algo de la autoridad legal de Mount Weather es la Orden Ejecutiva 11490. Fue redactada por el general George A. Lincoln, ex director de la Oficina de Preparación para Emergencias (predecesora de la FPA) y fue promulgada por el presidente Nixon en octubre de 1969. La Orden Ejecutiva 11490 reemplazaba la Orden Ejecutiva 11051, firmada el 2 de octubre de 1962, por el presidente Kennedy. La orden de Kennedy utilizaba este vocabulario, "Considerando que la nación debe conseguir estar preparada - ya que puede ser necesario para hacer frente a los aumentos de tensión internacional con una guerra limitada, o con una guerra en general, incluyendo el ataque los Estados Unidos..." la orden de Nixon comenzaba así: "Mientras que la seguridad nacional depende de nuestra capacidad para asegurar la continuidad del gobierno, a cualquier nivel, en cualquier situación de tipo nacional de emergencia que pudiera concebiblemente enfrentar a la nación..." Nixon eliminó cualquier referencia a la "guerra", "ataque inminente" y "guerra general" de la orden y lo reemplazó con la frase "durante cualquier emergencia que pudiera CONCEBIBLEMENTE ocurrir".

La orden de Nixon, que es la que está hoy en vigor, permite al gobierno en forma de FEMA suspender la Constitución por, literalmente, cualquier razón por la que ellos decidan hacer una llamada a una emergencia nacional. NO HE ENCONTRADO EN NINGÚN SITIO NINGÚN PLAN NI ORDEN EJECUTIVA QUE ESBOZASE NINGÚN PROCEDIMIENTO O DOTACIÓN PARA LA RESTAURACIÓN DE LA CONSTITUCIÓN DESPUÉS DE QUE HUBIERA TERMINADO UNA EMERGENCIA NACIONAL. Esto lleva a la conclusión obvia de QUE EL PODER CONTEMPLA O DESEA LA NO RESTAURACIÓN DE LA CONSTITUCIÓN.

En 1975, el senador Tunney expresó su preocupación: "Sabemos, a partir de lo que hemos oído en la prensa, que el FBI tenía una lista de 15.000 nombres para detenerlos en caso de emergencia... también sabemos que el IRS tiene en sus archivos a los contribuyentes individuales. Sabemos que la CIA tenía su Operación CAOS y que la NSA tiene los registros de las conversaciones que han sido interceptadas electrónicamente. Mi pregunta es la siguiente: ¿Hay alguien como usted mismo, general Bray, que controle el acceso general a la información si ésta se mantiene en un lugar de reubicación?, y su respuesta, tal como la entendí, es no". Tunney continuó: "General Bray, debo decir que yo todavía no sé quién controla estos centros de reubicación... Usted dice que no lo sabe y aún no lo sabemos a pesar de los tres testigos... que hemos tenido hoy aquí, que tienen información sobre quién controla estos centros".

"No se me permite", respondió Bray, "describir con precisión cuál es el papel y la misión y la capacidad que tenemos en Mount Weather, o en cualquier otra ubicación precisa." Creo firmemente que nuestro programa de Continuidad de Gobierno no ha dado continuidad en absoluto, pero ha sido el instrumento para interrumpir un gobierno abierto y democrático, y que el mismo programa diseñado para proteger a los estadounidenses en realidad se ha vuelto contra nosotros.

A nivel ejecutivo estuvimos activos en la OSS *(Office of Strategic Services)*, el Departamento de Estado o en la Administración Económica Europea. Durante esos tiempos, y sin excepción, funcionábamos bajo las instrucciones emitidas por la Casa Blanca. Seguimos siendo guiados por estas directivas, la sustancia de las cuales van en el sentido de que deberíamos hacer el máximo esfuerzo para alterar la vida en los Estados Unidos como para hacer posible una fusión cómoda con la Unión Soviética.

H. Rowan Gaither
Presidente de la Fundación Ford 1953

FUENTES

"Bureaucrats Get Ready for a Presidential Order," Spotlight, Washington D.C, July 27,1987.
Pell, Eve, "*The Backbone of Hidden Government*," The Nation, June 19,1989.
Pollock, Richard P., "The Mysterious Mountain," The Progressive, March 12, 1976.
Sinkin, Lanny, "*Democracy at Risk If Covert Bill Passes*," ANOTHER VIEW, Los Angeles Daily News, September 19,1990.
Weekly Compilation of Presidential Documents, Office of the Federal Register, National Archives and Records Administration, Washington D.C, 1950 to present.
Witt, Howard, "*Lawyers Press U.S. on Martial Law Plan*," Chicago Tribune, August 15,1983.

CAPÍTULO 6

H. R. 4.079 y FEMA LA AGENCIA FEDERAL PARA LA GESTIÓN DE EMERGENCIAS

Herramienta que puede ser utilizada para establecer el estado policial

PATRIOTAS y MANIFESTANTES ANTI - IMPUESTOS: NO DEBÉIS ESTAR EN VUESTRA CASA NINGÚN DIA FESTIVO.
Vuestra vida depende de hasta qué punto podáis obedecer esta regla.

FEMA
(Agencia Federal para la Gestión de Emergencias)

A continuación la transcripción de una cinta de audio con un mensaje urgente de William Cooper para el pueblo sobre el tema HR 4.079. Debemos detener a los traidores ahora. William Cooper me dictó esta información por teléfono a principios de 1990 y grabé la información tal como me la dio. Hice muchas cintas y las envié exactamente como el señor Cooper me pidió que lo hiciera y los destinatarios han hecho lo mismo. Mi nombre es Richard Murray y creo que William Cooper es el único hombre en América aparte del Gobierno Secreto que realmente sabe lo que está sucediendo y qué significa para nosotros, los ciudadanos norteamericanos medios.

[Inicio de la grabación] Hay un tipo que se llama Buster Horton. Es miembro de FEMA, y es miembro de la unidad "interdepartamental" que está facultada, en caso de emergencia de seguridad nacional para convertirse en el gobierno nacional no elegido, una especie de gobierno secreto de FEMA, podríamos decir.

Un pretexto para invocar las medidas de emergencia se puede encontrar casi a diario en los periódicos. Puede ser cualquier cosa, desde la suspensión de pagos de la deuda por las más altas oficinas de los países de América, a las ventas masivas en los bancos comerciales de los Estados Unidos, - y esto es un problema, por cierto, que está siendo gestionado personalmente por el Consejo Nacional de Seguridad y Brent Scocroft - a la escasez de alimentos, a la guerra contra las drogas. Todo - cualquier cosa, cualquier desastre declarado de emergencia total, incluso incluyendo el derrame de petróleo del buque cisterna Exxon en Alaska. Si el presidente lo hubiera declarado una emergencia nacional, podría haberlo desencadenado. Cualquier inestabilidad en Oriente Medio-cualquier cosa, de hecho.

Y ya han probado sus capacidades en abril de 1984 con REX - 84A. Y esto se diseñó para poner a prueba la disposición de las agencias civiles y militares de los Estados Unidos para responder a una grave crisis de seguridad nacional.

Ahora, la orden ejecutiva que lo implementará, la Orden Ejecutiva 11051, detalla las responsabilidades de la Oficina de Planificación de Emergencias o FEMA. Autoriza la entrada en vigor de TODAS las órdenes ejecutivas en tiempos de emergencia nacional declaradas por el presidente, el aumento de la tensión internacional o una crisis económica o financiera. (Tened en cuenta que cubre todas las crisis domésticas concebibles, pero ni siquiera menciona la guerra o un ataque nuclear.)

Ahora, lo único que tiene que suceder para que la FEMA pueda poner en práctica todas las órdenes ejecutivas, decretos de urgencia, es que el Presidente declare una emergencia nacional de cualquier tipo, siempre que se trate de una emergencia nacional.

La Orden Ejecutiva 10.995 prevé la toma de control de los medios de comunicación.

La Orden Ejecutiva 10.997 prevé la toma de control de toda la electricidad, la energía, petróleo, gas, combustibles y minerales.

La Orden Ejecutiva 10.988 prevé la toma de control de los recursos alimentarios y las granjas.

La Orden Ejecutiva 10.999 prevé la toma de control de todos los medios de transporte, el control de las carreteras, los puertos, etc.

La Orden Ejecutiva 11000 prevé la movilización de todos los civiles en brigadas de trabajo bajo la supervisión del Gobierno.

La Orden Ejecutiva 11001 prevé la toma de control gubernamental de todas las funciones de salud, educación y bienestar.

La Orden Ejecutiva 11002 designa al director general de Correos para gestionar un registro nacional de todas las personas.

La Orden Ejecutiva 11003 prevé que el Gobierno se haga cargo de los aeropuertos y los aviones.

La Orden Ejecutiva 11004 prevé que la Autoridad de la Vivienda y las

Finanzas puedan reubicar a las comunidades, designar áreas para que sean abandonadas, y establecer nuevas ubicaciones para las poblaciones.

La Orden Ejecutiva 11005 prevé que el Gobierno se haga cargo de los ferrocarriles, las vías navegables y las instalaciones de almacenamiento público.

Ahora bien, todos estos se combinaron con Nixon en una orden ejecutiva enorme, que permite que pase todo esto si el presidente declara una emergencia nacional y pueda ser ejecutado por el jefe de la FEMA, NO POR EL PRESIDENTE. El presidente ya le ha dado este poder con todas estas órdenes ejecutivas.

Todas ellas se combinaron en la Orden Ejecutiva 11490, y fue firmada por el presidente Carter el 20 de julio de 1979, y de hecho, es ley.

Tanto si el HR 4.079 se aprueba y el presidente hace lo que allí dice y declara una emergencia nacional, debido a la situación de las drogas, ya sea por un año, cinco años, cinco minutos o para siempre, no hay ninguna diferencia. Entonces la FEMA puede poner en práctica todas estas órdenes ejecutivas, hacerse cargo de los gobiernos locales, estatales y el nacional, suspender la Constitución y hacer lo que quieran.

Ahora bien, recordad lo que dijo North durante las audiencias del Irán-Contra. Dijo que estaban dispuestos a suspender la Constitución de los Estados Unidos. Y dijo que si no le hubieran pillado eso es lo que habría pasado. Y eso lo único que ha hecho ha sido retrasarlo. Esto es lo que aún está por ocurrir.

Ahora, han nominado (y creo que lo han llamado) al general de división Calvin Franklin, que es el director de la FEMA. Fue nominado debido a las discusiones que proponían la eliminación de la aplicación de la Guardia Nacional en Washington, DC. Y el general de división Franklin es o era el Comandante General del Distrito de Columbia de la Guardia Nacional.

Ahora bien, debes saber que la Guardia Nacional no sería de ninguna ayuda en la lucha contra el tráfico de drogas en Washington, DC, o en cualquier otro lugar. La eficacia primaria de la Guardia Nacional está en el control de disturbios civiles masivos.

El 24 de marzo, el presidente Bush emitió una nueva orden ejecutiva delegando en el Director de la FEMA poderes que correspondían al Presidente por la Ley de 1988 de Asistencia de Emergencia y Socorro en Desastres. Y a pesar de que la orden es descrita por la Casa Blanca como una simple cuestión técnica de revisión, en realidad, se delega al director de FEMA, la responsabilidad directa de un gran número de artículos que eran anteriormente sólo prerrogativa del Presidente. Y esto incluye la responsabilidad de Asistencia Federal General, Asistencia Federal de Emergencias, la Mitigación de Riesgos, los Programas de subsidio familiar e individuales, y el poder de dirigir otras agencias federales para ayudar en caso de emergencia. Y AHÍ ESTÁ LA CLAVE. Todas las otras agencias federales quedarán sometidas a la FEMA.

Por supuesto, el presidente conserva la facultad de declarar realmente una emergencia, pero tan pronto como lo haga, la aplicación de las medidas utilizadas se transferirá directamente al director de la FEMA. Los cerebros detrás de este plan de contingencia para un estado policial fueron los miembros del Consejo de Relaciones Exteriores y la Comisión Trilateral, de las que Bush es miembro. Y Brent Scocroft, Asesor de Seguridad Nacional, que fue miembro del Consejo Asesor de la FEMA hasta que Bush lo nombró para dirigir el Consejo de Seguridad Nacional, es miembro de la Comisión Trilateral, y también socio de negocios de Henry Kissinger, que ha sido un traidor para este país desde hace muchos, muchos años. Y, por supuesto Scocroft se convertiría en el jefe supremo de la FEMA en la cadena de mando de la Seguridad Nacional de Emergencia cuando ésta se declarara.

El Consejo Consultivo de la FEMA está dominado por el profesor Samuel P. Huntington. En 1978 Huntington fue reclutado para el Memorando Presidencial 32 Jimmy Carter, que llevó a la creación de la FEMA en 1979. Y es profesor en Harvard.

Escribió la "Paz Seminal" para la Comisión Trilateral a mediados de la década de 1970, donde recomendaba que la democracia y el desarrollo económico fueran descartadas por ser ideas anticuadas. Escribió, como coautor en el libro Las crisis en la democracia: "Hemos llegado a reconocer que hay posibles límites deseables para el crecimiento económico. También existen límites potencialmente deseables para la extensión indefinida de la democracia política. Un gobierno carente de autoridad tendrá poca capacidad para imponer a su gente los sacrificios que sean necesarias en caso de una crisis catastrófica".

Todas las ideas de Huntington fueron reescritas en la Decisión Directiva 47 de Seguridad Nacional, que está en la NSDD 47, y que fue promulgada por el presidente Reagan el 22 de julio de 1982 Se identificaron áreas importantes que debían ser mejoradas, como la base industrial de la nación para mantener la defensa nacional, pero sin embargo - y esto es muy importante - sentó las bases para las opciones del gobierno secreto para instituir un estado policial, y su título es Preparación de la Movilización en caso de Emergencia. Ordenaba las medidas de preparación que implicaban la renuncia o modificación de reglamentos socioeconómicos que retrasaran las respuestas de emergencia y que debían recibir una atención prioritaria. También especificaba que identificaran las medidas de preparación que son o pueden ser obstaculizadas por restricciones legales en la tarea prioritaria que sienta las bases para la suspensión de la Constitución.

Haz copias de esta cinta si quieres. Incluso no tienes que transcribirla si no lo deseas. PERO HAZ LLEGAR ESTO A LA GENTE.

Es importante que entiendan que si se aprueba la HR 4.079 - son historia.

No la aprobarán si logramos hacer llegar esto a la gente y les decimos qué es lo que están haciendo. La mayoría de la gente ni siquiera lo sabe, y esto beneficia al Gobierno Secreto. Si lo conseguimos y le decimos a la gente lo que están haciendo, entonces la gente puede coger el teléfono y hundirlo y darle una patada en el culo al Congresista (que es lo que deberían haber hecho hace años) y hacer que esta cosa sea expulsada del Congreso. Y lo siguiente que tienen que hacer es echar del Congreso a los congresistas y a los senadores - y dejarlos fuera del Congreso. Y poner allí a sus vecinos, personas en las que puedan confiar, y que estén sólo durante un solo mandato. LA CONSTITUCIÓN CORRE SERIO PELIGRO.

Esto no tiene nada que ver con las derechas, las izquierdas, ni ninguna otra maldita cosa. Tiene que ver con que los Illuminati quieren hacerse cargo de este país y unirse al Nuevo Orden Mundial.

Cuando le hagas llegar esto a la gente, asegúrate de que están de acuerdo en hacer 10 copias y enviarlo a todos sus amigos. [Fin de la grabación]

Decidí que la transcripción de esta cinta lo decía todo. ¿Para qué escribirla de nuevo?

H.R. 4.079

Al escribir estas líneas la H.R. 4.079 aún está en la comisión y no ha sido sometida a votación. Es una de las piezas más engañosas y peligrosas de la legislación que han pasado ante el Congreso en muchos años. Esto debe ser detenido a cualquier precio. Deberíais llamar a vuestro representante y detener este proyecto de ley.

La H.R. 4.079 ha incluido en sus páginas dos disposiciones que tienen por objeto desviar la atención del hecho de que el proyecto de ley puede declarar el estado de emergencia nacional durante cinco años y permitir a la FEMA tomar literalmente los gobiernos locales, estatales y el federal. Esto quiere decir que se podría suspender la Constitución de los Estados Unidos.

Las distracciones utilizadas para permitir colarlo son terribles. Se trata de una cláusula que eliminaría la cuarta enmienda de la Constitución y la otra eliminaría la octava enmienda de la Constitución. La distracción provocaría una discusión acalorada sobre estas dos disposiciones, lo que acabaría con algún tipo de compromiso y al mismo tiempo haría colar la declaración del estado de emergencia nacional durante 5 años hasta el Congreso y acabar promulgada como ley. Si esto ocurriera, sería un adiós EE.UU., hola Nuevo Orden Mundial.

Telefonead a vuestro congresista y insistid en que él / ella os entregue una copia completa de la HR 4.079 inmediatamente. No aceptéis un no por respuesta. Leedla y rechazad-la.

[Añadido antes de ser impreso: La H.R. 4.079 se puede haber pasado en secreto tal como fue aprobada la SB 2834 y la H.R. 4.079 podría ser la Ley Pública 101-647 promulgada por el presidente Bush el 29 de noviembre de 1990. Si esto ha ocurrido, entonces ya estamos sujetos a una toma de control de la FEMA. Estoy tratando de conseguir una copia de la P.L. 101-647. Este dato de última hora ha sido proporcionado por un miembro del personal del Congreso y no se ha verificado a día 8 de enero de 1991]

FUNTES

"*Bureaucrats Get Ready for a Presidential Order,*" Spotlight, Washington D.C., July 27,1987. Codification of Presidential Proclamation and Executive Orders, Office of the Federal Register, National Archives and Records Administration, Washington DC, 1/20/61-1/20/85.
Murray, Richard, *transcript of phone conversation with William Cooper*, FEMA & HR 4.079, San Diego, California, Winter 1989.
Piel, Eve, *The Backbone of Hidden Government*, The Nation, June 19,1989.
Pollock, Richard P., *The Mysterious Mountain*, "The Progressive, March 12, 1976.
Quinde, Herbert, artículo from Executive Intelligence Report News Service, Washington DC, April (no year on document), uploaded to my computer BBS by anonymous user.
Sinkin, Lanny, "*Democracy at Risk If Covert Bill Pasos,*" ANOTHER VIEW, Los Angeles Daily News, September 19,1990.

Weekly Compilation of Presidential Documentos, Office of the Federal Register, National Archives and Records Administration, Washington DC, 1950 to present.
Witt, Howard, "Lawyers Press US donde Martial Law Plan," Chicago Tribune, August 15,1983.

Nota del autor: El siguiente informe del Dr. Pabst relativo a la FEMA y los campos de concentración en los Estados Unidos está fotografiado y se ha impreso exactamente como se escribió.

EN ESTADOS UNIDOS

Una emergencia nacional: Toma de poder total

Soy el Dr. William R. Pabst. Mi dirección es 1434 West Alabama Street, Houston, Texas 77006 Mi número de teléfono es: Código de área 713521-9896. Este es mi informe actualizado de 1979 sobre el programa de campos de concentración, del Departamento de Defensa de Estados Unidos.

El 20 de abril de 1976, tras una investigación rápida y exhaustiva, presenté una demanda en nombre del pueblo de los Estados Unidos contra varios personajes que habían tenido un papel clave en un programa de conspiración para acabar con los Estados Unidos tal como los conocemos. Se trata de un informe de situación para vosotros, los demandantes, vosotros, el Pueblo de los Estados Unidos. El número de la acción civil es 76-H-667. Se titula, "Queja contra el Programa de campos de concentración del Departamento de Defensa". La demanda fue presentada en el Tribunal de Distrito de EE.UU. para el Distrito del Sur de Texas, División de Houston. El juez encargado del caso fue el juez Carl Bue.

Sin duda habréis oído la historia: Había una vez, en el régimen nazi de Alemania, un hombre que trabajaba en una cadena de montaje de una fábrica de cochecitos para bebés. Su esposa esperaba un bebé, pero el gobierno nazi no dejaba que nadie comprara cochecitos para bebés. El hombre decidió que en secreto cogería una parte de cada departamento y montaría el cochecito por sí mismo. Una vez hecho esto, él y su mujer reunieron los trozos y los montaron. Cuando terminaron no tenían un cochecito para el bebé; tenían una ametralladora.

Y esta es exactamente la situación que les presentaré en este momento. El Centro para el Estudio de Instituciones Democráticas completó recientemente un proyecto de constitución para los "Nuevos Estados de América". El Centro está financiado por los Rockefeller. Para daros una indicación del tipo de proyecto propuesto, el término "emergencia nacional" se menciona 134 veces. El documento no tiene una Carta de Derechos y el derecho a poseer armas fue extraído. Asimismo, la Resolución Concurrente 28 # de la Cámara esperaba a que se convocara una convención constitucional el o antes del 4 de julio de 1976. El presidente de este evento habría sido Nelson Rockefeller. El Vice-Presidente y presidente pro mandato del Senado. Esta resolución en particular esperaba en la comisión. Obviamente el dinero no se gasta en estos programas masivos salvo que no exista la posibilidad de la aplicación efectiva de este sistema.

No obstante, en caso de que el pueblo estadounidense no adopte voluntariamente una nueva constitución menos molesta para los que quieren la dictadura, hay la Orden Ejecutiva # 11490 que incluirá a las predecesoras cuando sea citada en este documento. La Orden Ejecutiva autoriza a los secretarios de las diferentes agencias a prepararse para cualquier situación de tipo "emergencia nacional" - incluyendo, pero no limitándose a las especificadas en la propia Orden Ejecutiva. Si leéis la Orden, no deja absolutamente nada a la imaginación. Por cualquier pretensión concebible se puede declarar una emergencia nacional basada sobre este aterrador decreto, fechado en octubre de 1969. La misma Orden fue precedida en marzo del '69 por otro decreto que establecía las regiones federales y sus capitales. Todos los departamentos del gobierno estuvieron involucrados, incluyendo la LEAA (Administración de Asistencia de aplicación de la ley) y el HEW (Salud, Educación y Bienestar Social). El congresista Larry McDonald reveló en el Congreso que varios grupos guerrilleros y terroristas estaban siendo financiados por el gobierno federal. Si ellos (los grupos terroristas), comenzaran realmente las actividades insurgentes, la Orden Ejecutiva # 11490 sería activada.

Pero como se mencionó anteriormente, si vosotros leyerais la Orden Ejecutiva # 11490, veríais que una "emergencia nacional" se puede declarar por cualquier pretensión concebible sea la que sea. Si se activara la Orden, pasaría esto: Al día siguiente, tú y tu familia estaríais de pie delante de vuestra oficina de correos local con vuestros vecinos; hasta la puerta de entrada llegarían hileras de gente muy largas esperando para ser registrados. Después de esperar en la línea con tu familia durante horas, por fin te harían entrar. Una vez dentro, oirías a un empleado de correos con su arma reglamentaria soltándote una disuasión alarmante: "Mira, yo no puedo hacer nada. El camión que hay detrás del edificio te llevará al campo de trabajo al que se te ha asignado. Tu mujer ha sido asignada a una fábrica y tampoco puedo hacer nada". Después, tu hijo o hija te mirará y con voz temblorosa te preguntará: "Papá, ¿por qué estamos aquí?"

Implementando el Nuevo Gobierno

Bueno, veréis que hay mucho más en la vida en un "país libre" que pagar la hipoteca. Debéis ser conscientes de lo que está pasando y actuar en consecuencia y participar en el gobierno; es decir, involucraros. Examinad el organigrama de la Orden Ejecutiva # 11490 para descubrir cómo todos hemos ayudado a financiar (a través de nuestros impuestos) la mecánica del derribo de nuestra Constitución, la Orden Ejecutiva # 11490 designa ciertas autoridades de la Oficina de Preparación de Emergencias - que a su vez designa a la autoridad de los diferentes departamentos del gobierno federal.

Si se aplicara la Orden, el Departamento de Correos sería responsable de llevar a cabo un registro nacional. El Departamento de Estado sería responsable de la protección del personal de las Naciones Unidas o de una adecuada prevención de fuga de Estados Unidos. El Departamento de Defensa se encargaría de la expropiación de la industria; la dirección de los servicios y el sistema de producción nacional; el control de la censura; y la comunicación de la expropiación de las instalaciones no industriales. El Departamento de Comercio se encargaría de la expropiación, la selección y la distribución internacional de los productos básicos (que sería el saqueo actual de los Estados Unidos), la información del censo y de los recursos humanos.

El Departamento del Tesoro sería responsable de la recolección de efectivo y partidas no monetarias y la recreación de la evidencia de los activos y pasivos. El Departamento de Justicia tendría competencia concurrente con el Departamento de Estado para la prevención de fuga de Estados Unidos: para la reposición de las existencias de estupefacientes; para una fuerza de policía nacional: para las instituciones correccionales y penales; para la alimentación de las masas y la vivienda de los detenidos y para el uso de presos para aumentar la mano de obra que sería la mano de obra esclava.

El Banco Federal (que no es un banco FEDERAL) sería responsable de la regulación de la retirada de la moneda. El G.S.A. (General Services Administration) sería responsable de la confiscación de la propiedad privada para uso gubernamental. Salud, Educación y Bienestar Social se encargaría de la nacionalización de la educación (que el Departamento de Educación ya ha hecho), los servicios de salud, los hospitales y las instituciones mentales. El Departamento de Trabajo se encargaría del reclutamiento de mano de obra; selección de mano de obra; todo lo que hiciera referencia a la mano de obra; y la asignación de mano de obra por lo que a cada persona en particular que estuviera registrada en la oficina de correos en aquel registro nacional se le diría que él (o ella) debería ir a trabajar. Los H.U.D. (Housing and Urban Debvelopment) serían responsables del traslado de personas a una vivienda temporal o permanente según la planificación de emergencia y la cooperación regionales. El Departamento de Transporte sería responsable de la aplicación de la emergencia y del control y el movimiento de pasajeros y la operación de emergencia del ferrocarril de Alaska.

Hay dos agencias específicas aquí que tenemos que mirar y tener en cuenta. Ellas son: el H. E.W. y Justicia (Departamento), ya que estos dos organismos están relacionados con el Departamento de Defensa; Los diferentes departamentos militares forman parte del Departamento de Defensa. Debajo de él, tenemos al Secretario del Ejército, al Jefe de Estado Mayor, al Jefe Adjunto del Estado Mayor de Personal y a las fuerzas del orden, al mando de las fuerzas del Ejército de EEUU, y a la reserva del ejército continental y la Guardia Nacional. Y por debajo tenemos a los cuatro ejércitos dividiendo los Estados Unidos. En el marco del Quinto Ejército tenemos al jefe de la Policía Militar, que está conectado directamente con el jefe adjunto del Estado Mayor de las fuerzas del orden. Bajo el jefe de la Policía Militar del Quinto Ejército tenemos al 300 de la Policía Militar de Prisioneros de Guerra (POW) Comando de Livonia, Michigan.

En este punto cito el libro del almirante retirado Elmo Zumwalt, DE GUARDIA, Kissinger afirmó: "Creo que el pueblo estadounidense no tiene la voluntad de hacer las cosas necesarias para conseguir la paridad y para mantener la superioridad marítima. Creo que hay que obtener el mejor trato que podamos en nuestras negociaciones antes de que Estados Unidos y los soviéticos perciban estos cambios y el equilibrio que con ellos se produce. Cuando estas percepciones lleguen a un acuerdo, y ambas partes sepan que los EEUU son inferiores, deberíamos haber conseguido el mejor trato posible. Los estadounidenses entonces no serán felices habiendo quedado segundos, pero será demasiado tarde".

Zumwalt dijo: "Entonces, ¿por qué no hacérselo llegar al pueblo estadounidense? Ellos no aceptarán la decisión de convertirse en los segundos mientras nuestro Producto Nacional Bruto sea el doble que el de la URSS"

Kissinger respondió: "Esto es una cuestión de opinión. Yo opino que no obtendremos su apoyo, y si nos lo proponemos y se lo decimos, que es lo que deberíamos hacer, perderíamos la capacidad de negociación con los soviéticos."

Zumwalt dijo: "¿Pero en una democracia no es una inmoralidad fundamental, tomar una decisión de tal importancia para el pueblo sin consultarlo?

Kissinger dijo: "Quizás, pero dudo que haya 1 millón que pudiera incluso entender el problema."

Zumwalt respondió: "Incluso suponiendo que esta presunción sea correcta, ese millón podría influir en las opiniones de la mayoría. Creo que mi deber es tomar otro rumbo".

Kissinger respondió: "Deberías tener cuidado, no sea que tus palabras acaben reduciendo el presupuesto de la marina de guerra."

Vemos, pues, cuál es la intención del Departamento de Estado en relación con el pueblo. Otro dato: el 30 de diciembre de 1975, la Guardia Nacional de California, anunció en un comunicado de prensa (que poseo) que los batallones de la Policía Militar del estado habían sido organizados y capacitados para brindar respuesta inmediata a casi todos los desastres civiles y provocados por el hombre, así como para ayudar a los funcionarios encargados de hacer cumplir la ley en situaciones de emergencia; para llevar a cabo su aplicación de la ley, así como su misión militar. Cuando pregunté a cuatro de los acusados en este caso por su declaración de intenciones no contestaron - aunque decían que era información pública.

El adiestramiento oral de la Guardia Nacional de California cubre temas tales como tratar con las personas civiles / población civil, los procedimientos de detención, los derechos de los ciudadanos, y asuntos similares. Y vosotros sabéis tan bien como yo que, cuando hay ley marcial, o gobierno marcial, los ciudadanos no tienen derechos - ya que la Constitución es anulada. Incluso los uniformes de los guardias nacionales que participan en este programa son diferentes a los uniformes regulares. El portavoz del Ejército no revelará nada más sobre los uniformes. Sin embargo, las unidades paramilitares del Departamento del Sheriff de Los Ángeles, que también han recibido este entrenamiento, llevan un uniforme militar teñido de negro como uniforme.

Un dato adicional es el plan de preparación para casos de desastre del Centro de Suministros del Cuerpo de Marines en Barstow, California. Citando el documento "Según la Constitución y las leyes de los Estados Unidos, la preservación de la ley y el orden es responsabilidad del gobierno local y estatal. Y la autoridad para mantener la paz y hacer cumplir la ley recae en las autoridades de estos Gobiernos." Hay exenciones específicas al concepto anterior. Una de ellas se refiere a la intervención federal ante disturbios civiles en ciertas situaciones. Se considera que los comandantes militares tienen el poder inherente de tomar cualquier medida razonablemente necesaria para la protección de vidas y bienes en caso de una repentina calamidad pública inesperada que interrumpa el proceso normal de gobierno y presente una emergencia tan eminente como para que sea peligroso esperar instrucciones de las autoridades apropiadas. Esto incluye los derechos de aplicación de la ley. El manual menciona algo llamado "Fuerzas Garden Plot", que discutiremos en detalle en unos minutos.

Don Bell (que escribe un informe semanal) informó el 25 de julio de 1975, que en mayo de 1975, el 303 Civil Affaires un grupo de la Reserva del Ejército de EE.UU. de Kearny, Nueva Jersey, había llevado a cabo un ejercicio para afinar los planes para una ocupación militar del gobierno del estado de Nueva Jersey. Según el coronel Frances Clark, en los últimos años se habían llevado a cabo estudios similares sobre la manera de apoderarse del gobierno municipal y del condado. Pero esta era la primera vez que habían estudiado el gobierno ESTATAL. Estas unidades habían sido entrenadas durante la Segunda Guerra Mundial para gestionar gobiernos capturados en el extranjero. Nosotros no tuvimos nunca tropas federales entrenadas para hacerse cargo de los gobiernos de los Estados Unidos. Cuando había violencia local o una catástrofe, la Guardia Nacional - bajo el mando del gobernador - se ponía en acción. Definitivamente esta no es la situación en este momento............................

Control de Masas

El 16 de febrero de 1975, el SAN GABRIEL VALLEY TRIBUNE, informaba que el LEAA *(Law Enforcement Assistance Administration / Law Enforcement Alliance of America)* (Financiado por el Departamento de Justicia y la Fundación de la Policía (financiada por la Fundación Ford) eran los motores primarios hacia la aplicación de una fuerza de policía nacional. Ambas, sin embargo, sostienen que apoyan a las agencias de policía locales. La facturación total del programa de unidades militares tiene la función de hacerse cargo de la administración de los gobiernos locales y estatales. Este programa es la "Operación Cable Splicer" - los grupos de asuntos civiles del Ejército, otro sub-plan de la "Operación Garden Plot" (el programa de la Ley

Marcial).

El método por el cual el concepto de policía nacional se está presentando al público ha cambiado. Primero se disfrazó bajo la cobertura de la protección contra los disturbios civiles. Este programa era el siguiente:

A.   Mantener a la gente agrupada en las calles
B.   Aislar y neutralizar a los líderes de la revolución
C.   Dispersar las multitudes y las manifestaciones

A esto le sigue un enjuiciamiento exitoso con el fin de: (1) Validar la acción de la policía; (2) Negar los materiales de propaganda de los detenidos; y (3) Negar la oportunidad de recuperar dinero por daños y perjuicios contra la policía por haberlos detenido.

Permítanme citarles el escenario, que fue desarrollado para Cable Splicer Uno, Dos y Tres, para justificar la necesidad de hacer frente a los disturbios civiles: "Fase Uno: un arresto y disparos provocan disturbios multitudinarios y amenazas contra los funcionarios públicos y comienza a formarse un motín. Fase Dos: vehículos policiales son emboscados, se producen varios intentos de asesinatos de funcionarios públicos, se produce destrucción y saqueo en los arsenales, y miles de personas comienzan a reunirse y la policía pierde el control local. Fase Tres: se incrementa el movimiento de los manifestantes y la gente tiene que ser dispersada antes de que simpaticen con los amotinados. La Guardia Nacional y la policía local pierden el control."

Este escenario prevé una transición ordenada de un control estatal a uno federal. El fiscal general de California, comentó en una conferencia de Cable Splicer Tres, que cualquier persona que ataca al Estado - incluso verbalmente - se convierte en un revolucionario y un enemigo por definición. Son el enemigo y deben ser destruidos. Este programa se enseña en casi todos los estados al oeste del río Mississippi e incluye tanto a participantes activos de la milicia local, como a militares de reserva y a la policía civil. El nombre del curso era "Curso de Gestión de Emergencia Civil". La explicación oficial que debía darse, si es que se hacía alguna pregunta sobre el programa, era: "Esta actividad es un continuo, grupo de trabajo-militar de esfuerzos de enlace y una continuación de la coordinación establecida el año pasado."

En 1976, The OAKLAND TRIBUNE realizó la explicación más completa de lo que se estaba planeando. Se informó totalmente en el NATIONAL CHRONICLE que añadía un análisis de la historia. (El editor de The OAKLAND TRIBUNE murió repentinamente después de publicarse la historia.) Y cito:

El pasado sábado la Guardia Nacional de California dio a conocer una nueva Fuerza de Asistencia de Aplicación de la Ley - LEAF, una unidad de la Policía Militar especialmente entrenada y equipada, los miembros servirán de amortiguadores de las tropas en la guerra del Estado contra manifestaciones políticas y manifestantes.

Vi una exhibición de gala de lo que la Guardia Nacional de California había planeado para la próxima revolución americana. Helicópteros, equipos SWAT, policías militares civiles con botas y cascos, escopetas del calibre 12, pistolas del calibre 0,38 y 0,45, radios, walkie-talkies, y centros de inteligencia controlados eléctricamente por cable para comunicarse instantáneamente con cualquier cuerpo de policía del estado.

La L.E.A.F. es una unidad de 1000 miembros reclutados este año sólo para gestionar los problemas de la aplicación de leyes, como la desobediencia civil de masas, las manifestaciones de protesta y los disturbios. En otras palabras, rompiendo cabezas y tomando nombres. La L.E.A.F. cuenta con el apoyo del gobernador Brown, un cuarto de millón de dólares en subvenciones del gobierno federal, y la no oposición pública de los grupos de libertades civiles.

A pesar de su ineptitud, sin embargo, la L.E.A.F. tiene una posibilidad aterradora desde el punto de vista de la libertad civil. Es un producto directo de las conferencias "Cable Splicer" de California - una serie de reuniones secretas de alto nivel entre funcionarios gubernamentales, oficiales encargados de hacer cumplir las leyes y planificadores militares celebradas durante los años 60 y principios de los 70. Las reuniones se celebraron en una fecha tan tardía como 1975, tal como lo muestran muchos registros públicos. Estas fueron las conferencias que la revista COUNTER-SPY había identificado como el "Sub- Plan Garden Plot de California":

Gary Davis, mano derecha del gobernador Brown, dice que la LEAF está para ayudar a la policía civil no para reemplazarla. Gary dice: "Los civiles podían esperar un tipo de aplicación de la ley civil, en lugar de lo que se conoce comúnmente como la ley marcial." A pesar de esta seguridad, los ejercicios de la LEAF parecen inquietantemente similares al golpe militar que se describe en la novela, SIETE DÍAS DE MAYO.

Los soldados de la L.E.A.F. con porras situados en las intersecciones, parando coches con ocupantes sospechosos, comprobando carnés de identidad y generalmente intimidando a los espectadores con sus uniformes estilo SWAT, armas cortas y cascos. Quizás más ominosamente, varios de los participantes en los ejercicios de dramatización del sábado admitieron que, incluso bajo presión simulada, ya ha habido una serie de incidentes en que las tropas de la LEAF habían utilizado una fuerza excesiva para sofocar disturbios - aunque sus órdenes lo prohibían". (Fin de la cita.)

El ex-administrador de la LEAF, Charles Rosgovin, fue grabado declarando que la policía local había fracasado y que debía ser reemplazada por una fuerza de policía nacional. Patrick Murphy, el administrador de la Fundación de la Policía, afirmó: "No tengo miedo de una fuerza de policía nacional. Nuestros 40.000 departamentos de policía no son sagrados." El ex-fiscal general, William Saxby, advirtió que, si podemos seguir como estamos, la delincuencia nos invadirá y la policía nacional se hará cargo.

Para los policías que no cooperen y todavía quieran ser policías, está el programa de Investigación Contemporánea, Inc. - y la organización de psicólogos, sociólogos, especialistas en educación y expertos en economía - que trabajan hacia una solución de muchos de los problemas sociales de hoy en día. La misma organización desarrolla programas informáticos especializados para el nuevo mando y control militar en todo el mundo, así como los sistemas de base informática para los organismos encargados de hacer cumplir la ley en todos los niveles del gobierno.

Sólo la L.E.A.A. recibirá más de mil millones de dólares anuales durante los próximos 4 años - aunque ha sido ineficaz contra el crimen. Esto es porque la L.E.A.A. no está orientada a la lucha contra la delincuencia; está orientada al desarrollo de un sistema para la toma del poder de los Estados Unidos, con la ayuda del Departamento de Defensa.

El Estado policial previsto

Uno de los programas de la L.E.A.A. que trabaja en su lucha contra la delincuencia es la psicocirugía. Si no cooperas en sus programas, sencillamente eres operado de manera que seas más cooperativo que una máquina de sumar. O, la L.E.A.A. apoya la investigación de drogas para el mismo propósito - para neutralizar las fuentes neurológicas de la violencia. Por lo tanto, por ejemplo, si se aprobara una ley mediante la cual se declarara ilegal la propiedad de armas de fuego, deberíais ser colocados en uno de estos programas si no cooperaseis. El ejercicio de control de la L.E.A.A. (a nivel estatal) se hace desde la Oficina de Planificación de Justicia Criminal de la Oficina del Gobernador. Aquí en Texas, el Sr. Robert C. Flowers sigue siendo el director ejecutivo de esta oficina. Pero todos los estados tienen este departamento en particular.

En mayo de 1975, el BOLETÍN de la L.E.A.A. describía la función de una

HE AQUÍ UNCABALLO PÁLIDO

de las organizaciones: el Instituto Nacional de Aplicación de la Ley y la Justicia Penal. Esta organización financia algo llamado el "Centro de Información de las Naciones Unidas", en Roma, Italia. La función de esta organización es, entre otras cosas, el intercambio de información del Sistema de Justicia Penal con la Unión Soviética. Y no hace falta decir que no tenemos que aprender nada del Sistema de Justicia Penal de la Unión Soviética. Estos proyectos increíbles están siendo financiados con dinero de nuestros impuestos.

El nombre en clave de estos proyectos son: "Garden Plot" y "Cable Splicer". Garden Plot es el programa para el control de la población. Cable Splicer es el programa para una ordenada toma de poder de los gobiernos estatales y locales por parte del gobierno federal.

En noviembre de 1975 se completó una investigación por parte de cuatro fuentes: la publicación conservadora AMERICAN CHALLENGE; el izquierdista TIMES NEW; la fundación financiada por el FONDO PARA EL PERIODISMO DE INVESTIGACIÓN; y Don Wood de la fiable OZARK SUNBEAM. Se trataba de la posible creación de un Estado policial, utilizando al Pentágono y su expediente de inteligencia informática (alojado en el sótano del Pentágono), de miles de ciudadanos por parte de la Guardia Nacional, los departamentos de policía estatales y locales, la LEAA, fuerzas militares de paisano, equipos SWAT, y el Departamento de Justicia.

El General de Brigada J.L. Julenic alto oficial de la Oficina de la Guardia Nacional del Ejército del Pentágono, admitió: "No sé de ningún Estado que no tuviera algún tipo de estos ejercicios durante el último año."

Hoy el manual Cable Splicer se compone de 6 hojas sueltas en carpetas de 3 anillas que son meramente un esquema para la toma del poder y la destrucción inminente de nuestra Constitución. El Sexto Ejército utilizó el término "Cable Splicer" para el nombre de la operación, pero no ha revelado el nombre de la operación en las otras áreas militares dentro de EEUU.

En la página 4, párrafo 10, de la información pública, en las instrucciones dice: "Como medio para evitar la publicidad adversa o efectos psicológicos engañosos en cuanto a la coordinación, planificación y realización de este ejercicio, todos los participantes militares involucrados realizarán sus tareas con ropa de civil cuando las actividades orientadas de los ejercicios se lleven a cabo en instalaciones de las fuerzas del orden. A las posibles preguntas que se reciban con respecto a este ejercicio, la respuesta se ha de limitar a identificar la actividad como un continuo grupo de trabajo-militar de esfuerzos de enlace y una continuación de la coordinación establecida el año pasado." En la página 6, una guía de seguridad explica que si alguien hace preguntas, se debe limitar la información que se da sobre la base de que sea en interés del "interés nacional" (seguridad).

Ahora bien, en las festividades que celebran el éxito de la realización de los ejercicios, el general Stanly R. Larsen, general en jefe del Sexto Ejército declaró: "El desafío más serio al que nos enfrentamos todos nosotros será el reto de cumplir nuestras responsabilidades legítimas. Es probable que una parte significativa de la sociedad nos mire con sospecha y nos cuestione, incluso que desafíe nuestra autoridad en el supuesto básico de nuestra profesión. Parte de este reto es al que debemos estar preparados para hacer frente; una proporción potencialmente peligrosa de nuestra sociedad que, en realidad, podría convertirse en el enemigo interno."

El manual incluye instrucciones sobre el funcionamiento de las instalaciones de confinamiento, gestión y procesamiento de prisioneros - incluyendo la investigación, el transporte, la alimentación, la vivienda y gestión de la clase especial de personas llamadas "detenidos". El plan también incluye específicamente una propuesta para la confiscación de armas de propiedad privada y municiones.

Archivos sobre prisioneros potenciales

El Ejército cuenta con más de 350 centros de registro independientes que contienen información importante sobre las actividades cívico-políticas. Prácticamente todas las unidades principales del Ejército tienen su propio conjunto, aparte de éste. El quinto ejército de San Antonio cuenta con más de 100.000 archivos propios. El puesto de mando general de la operación es una habitación en el Pentágono. Hay 25 millones de tarjetas de personas y 760.000 de organizaciones sólo en la Lista Central de las investigaciones de Defensa. Y esta información incluye perfiles políticos, sociológicos, económicos y psicológicos. Todo este tipo de información de 25 millones de estadounidenses.

Desde 1970, las fuerzas locales del condado y de la policía estatal de todo el país han emprendido programas de choque para instalar diversos tipos de sistemas de información computarizados. Una gran parte de esto está siendo pagado por la LEAA. A principios de 1970, el Congreso y los jefes del Estado Mayor Conjunto ordenaron la destrucción de todos estos bancos de datos, pero no fueron destruidos. Toda la colección fuera de la ley se encuentra ahora en Mount Weather en el Condado de Clark en West Virginia e instalaciones similares del Pentágono fueron concebidas como complementos de los poderes de emergencia del presidente bajo las

Órdenes Ejecutivas.

El grupo de personas especializadas para hacer cumplir este plan se encuentran en la Reserva de prisioneros de guerra de la Policía Militar del Ejército de EE.UU. Mando de Livonia, Michigan. El Sr. Fenners, del Campamento de prisioneros de guerra de la Policía Militar 300, de Livonia, me dijo, cuando le llamé desde el Centro de Información Federal de Houston, que los campamentos eran para prisioneros de guerra extranjeros y para "enemigos de Estados Unidos". Le pregunté si los enemigos de Estados Unidos incluían ciudadanos norteamericanos. Se enfadó, no lo negaré, y me remitió a un individuo muy siniestro en las instalaciones de la Reserva del Ejército aquí en Houston con quien hablé; quien me explicó que a los prisioneros se les llama "inventario" y "internados". No negó que los campos fueran para ciudadanos norteamericanos.

Llamé al Pentágono, hablé con el demandante de allí, y luego con el jefe de la policía militar del Quinto Ejército, ¿y sabéis qué? Ninguna de estas personas negaron que el sistema fuera para los ciudadanos norteamericanos. El jefe de la policía militar del Quinto Ejército - cuando mencioné los nombres de todos los campamentos - dijo, "Bueno, al menos tienes ese derecho."

Los nombres de los centros de detención que le di era una lista que había conseguido de la OZARK SUNBEAM. Esta lista de nombres era la misma lista de las instalaciones designadas en virtud de la vieja Ley de detención de 1950 como "centros de detención de emergencia". Pero sólo había un problema: se suponía que esta ley había sido derogada en 1971 Después de algunas investigaciones, supe cuál era el problema. Un congresista - cuando se celebraron las audiencias para la derogación de la Ley de detención de emergencia - mencionó que había otros 17 fragmentos de ley que preveían lo mismo. Así que no importa si alguna vez derogaron la Ley de detención de emergencia. ¡El público fue, de hecho, engañado por el Congreso de los Estados Unidos!

Estos son los sitios designados: Escondido en las montañas Apalaches del centro de Pennsylvania es una bulliciosa ciudad de aproximadamente 10.000 personas. Hace quince o veinte años era un tranquilo pueblo de 400 habitantes. Allanwood, Pennsylvania está comunicado con la ciudad de Nueva York por la carretera interestatal 80. Ocupa aproximadamente 400 hectáreas y está rodeado por una valla de alambre de púas de 10 pies *(3 metros aprox.)*. Ahora tiene cerca de 300 prisioneros de seguridad mínimas para mantenerlo en forma. Se podrían retener a 12000 personas en 24 horas.

A treinta millas de la ciudad de Oklahoma, por la US 66, está El Reno,

Oklahoma, con una población aproximada de 12000 habitantes. Al oeste, a 6 millas de la ciudad, casi a la vista de la US 66, hay un complejo de edificios que podrían pasar por una pequeña escuela. Sin embargo, la instalación se ve oscurecida por una caseta de vigilancia, que parece ser una especie de torre de control del aeropuerto - excepto porque el vigilante es un guardia uniformado. Este centro es un campo de prisioneros federales o de detención. Estos campamentos están situados cerca de grandes autopistas o cerca de vías del ferrocarril o de ambas.

La prisión federal de Florence, Arizona podría contener 3.500 prisioneros. Actualmente se conserva en condiciones para unos 400 presos condenados legalmente. Wickenburg, Arizona es famoso por su aeropuerto municipal, que una vez fue propiedad del gobierno. Ahora está ocupado por un grupo privado. Se rumorea que es posible que sea puesto a disposición del gobierno federal sin previo aviso.

Ahora bien hay otro par de estas instalaciones que probablemente existen con las mismas normas. Este rumor en particular de ser encarcelado de nuevo sin previo aviso ha existido durante cerca de 9 o 10 años. La única manera en que realmente se podría saber es mirando el contrato local entre el propio aeropuerto Municipal de Wickenburg, y el grupo que tiene la posesión.

Como he mencionado anteriormente, estos nombres fueron ratificados por el jefe de la policía militar del Quinto Ejército, que está a cargo del Comando de prisioneros de guerra de la Policía Militar 300. Él es el que los verifica. Dijo, como he mencionado antes, "Bueno, al menos tienes ese derecho."

Algunos de los otros lugares son: Tule Lake, California - ahora en manos privadas. Puede ser retomado sin previo aviso. Algunos de los otros: tenemos Mill Point, West Virginia. No pude encontrar nada en Mill Point, pero en esta área tenemos todo tipo de prisiones. Entre ellos se encuentran: Alderson, West Virginia, reformatorio federal de la mujer; Lewisburg, West Virginia, una prisión federal; Greenville, Carolina del Sur, en el Condado de Greenville, está ahora ocupado por la División de delincuencia juvenil del Estado. Incluso esto es un misterio para la gente de la zona.

En Montgomery, Alabama, tenemos un campo de prisioneros civil federal en la Base de la Fuerza Aérea de Mazwell. ¿Correcto? Hay uno en Tucson, Arizona, en la base aérea David Munson. En Alaska, tenemos la Base de la Air Force Elmendorf en Eielson.

Y esto nos lleva a una instalación de Florida llamada Avon Park. Envié a un representante para ver qué había en Avon Park. Encontró el Campo de

Bombardeo de Avon y el Campo de Artillería, que también está catalogado como el 56º Escuadrón de Combate de Apoyo de la Fuerza Aérea de los EE.UU.; que también aparece en la lista como el Instituto Correccional de Avon Park. No se permite la entrada y, probablemente, no hay permiso para sobrevolarlo, porque es un campo de tiro y de bombardeo. Este fue uno de los lugares ratificados por el jefe de la policía militar del Quinto Ejército.

En 1976, al igual que el 20 de marzo de 1979, fui al Departamento del Sheriff de Houston para ver si nuestro Departamento local del Sheriff había sido infiltrado por estos planes. Pues bien, parece ser que sí. Me pusieron en contacto con un tal teniente Kiljan, que es quien está a cargo de alguna unidad secreta del departamento. Le pregunté si había participado en el entrenamiento militar o en el entrenamiento con el personal militar aquí en el Departamento del Sheriff. Lo negó, y cuando le pregunté si lo atestiguaría bajo juramento se enfadó y dijo: "Usted sólo es un ciudadano de a pie. No tengo que decirle nada." Más tarde hemos descubierto que el teniente Kiljan es el ex director de la sucursal de Houston del Servicio Secreto de EEUU. Ahora ¿de donde viene su dinero? El área está administrada por el Consejo del Área de Houston - Galveston.

En este plan del gobierno regional, cada región federal se divide en centros de información estatales, y cada centro de información estatal se divide en centros de información del área. Y en nuestra zona tenemos el Consejo del Área de Houston - Galveston. Se utiliza como conducto para los fondos federales en dos grandes áreas: la LEAA. y el HEW.

La mayoría piensa que esta organización (el Consejo del Área de Houston - Galveston) es para el desarrollo del área - la zona geográfica de Houston. Pero no es así. Es para el desarrollo de proyectos de la LEAA y el HEW. Ahora bien esto encuentra su contrapartida en cada comunidad por todo EEUU. Proporciona a estas agencias un enlace para la comunicación, la interacción y la coordinación intergubernamental.

Cooperación mental en los planes de la toma de poder

He examinado sus proyectos para ver lo que estaban haciendo. Este programa del gobierno regional distribuye los fondos federales para dos propósitos principales: (1) Conexiones de radio entre todas las agencias de policía en el estado con Fort Sam Houston, y (2) Programas de salud mental, incluyendo programas para enfermedades mentales teniendo prioridad de camas y hospitales.

Otro hecho interesante a tener en cuenta es que en el Arsenal Pine Bluff de Arkansas se almacena "BZ". Es un gas nervioso que crea somnolencia, mareos, estupor e incapacidad para moverse. De acuerdo con la Associated Press, el agente puede ser rociado por aerosol, inyectado o pulverizado sobre grandes áreas con una bomba. El ejército ha admitido que otro posible uso del gas es para el control civil. Así pues, lo que han planeado, es también una manera para que vosotros vayáis a vuestro destino en un estado de tranquilidad mental.

El HEW, por ley, está gestionado conjuntamente con las Naciones Unidas a través de la Organización Mundial de la Salud. Volviendo a 1948, el Congreso Internacional de Salud Mental - una organización de la ONU - declaró en su folleto, SALUD MENTAL Y CIUDADANÍA DEL MUNDO, que "el prejuicio, la hostilidad o el nacionalismo excesivo pueden llegar a incrustarse profundamente en la personalidad en desarrollo, sin conocimiento por parte de la persona que se trate. Para ser efectivos, los esfuerzos de cambio de las personas deben ser apropiados para las sucesivas etapas donde se desarrolla la personalidad. Mientras que en el caso de un grupo de la sociedad, el cambio será resistido fuertemente a menos que primero haya sido engendrada una actitud de aceptación."

"Los principios de salud mental no se pueden promover con éxito en ninguna sociedad a menos que tenga lugar la aceptación progresiva del concepto de ciudadanía mundial." dice el documento. "Los programas para el cambio social para ser eficaces requieren un esfuerzo conjunto de psiquiatras y especialistas en ciencias sociales, que trabajen conjuntamente en cooperación con los estadistas, los administradores y otras personas en posiciones de responsabilidad."

Las tres fases del desarrollo son: (1) Hospitales psiquiátricos para la segregación, la atención y protección de las personas con mentes irracionales; (2) Centros de Salud Mental de la Comunidad, de manera que las personas puedan ser tratadas en sus propios vecindarios; y (3) Centros de Cuidado Infantil para hacer frente a las dificultades iniciales del nacionalismo en la vida de un niño.

Dos años antes, el general de división G.B. Chisholm, viceministro de Salud de Canadá - que más tarde se convirtió en director de la Organización de la Salud Mundial de las Naciones Unidas - explicó: "La autodefensa puede implicar una reacción neurótica cuando se trata de defender la excesiva riqueza material propia de otros que tienen grandes necesidades. Esta actitud conduce a la guerra." Así pues su solución al problema es: Redistribuyamos la riqueza entre todos.

Además, la reinterpretación y la eventual erradicación de la concepción individual del bien y del mal - que ha sido la base de la formación del niño - son los objetivos tardíos de prácticamente todas las psicoterapias efectivas. Ahora bien, si aún divagamos más, en la Buria (ortografía fonética), el director de la policía secreta soviética, en la década de 1930, vemos que explicaba la estrategia política comunista a través del uso de las "curaciones mentales" de la psiquiatría:

"La Psico-política es el arte y la ciencia de afirmar y mantener un dominio sobre los pensamientos y las lealtades de los individuos, funcionarios, agencias, y masas. I efectuar la conquista de las naciones enemigas a través de la curación mental. Debéis trabajar" dijo, "hasta que todos los maestros de psicología, sin saberlo, o sabiéndolo enseñen sólo la doctrina comunista con el pretexto de la psicología."

Si nos fijamos en el manual de instrucciones de la guerra psico-política de Rusia, veremos en el capítulo 9, "las operaciones psico-políticas deben estar siempre alerta de las oportunidades de organizar la mejora de los centros de salud mental de la comunidad."

Ahora bien, con el nuevo programa nacional de salud mental en este momento hay más de 600 de estos centros comunitarios de salud mental en Estados Unidos. Todo el asunto fue promovido por el Dr. F. Stanly Yolles, que era director del Instituto Nacional de Salud Mental en 1969. Y, entonces declaró que la tendencia más reciente en el tratamiento de la enfermedad mental es la atención en los centros de salud locales, donde el (o la) paciente no está aislado/a de su familia y de los amigos. Han estado trabajando en este programa desde hace 46 años públicamente y, ahora a través de los EEUU - mediante sus impuestos - tienen 603 centros (para ser exactos); Centros Comunitarios de Salud que son parte de este programa.

Y esta es la forma en que son parte del programa. (Ya ha pasado): A mediados de la década de 1950, se puso en marcha una cadena de acontecimientos interesantes. Sobre 1956, se propuso y posteriormente se aceptó el Proyecto de Ley de Salud Mental de Alaska. Se concedieron aproximadamente 12 millones de dólares y 1 millón de acres de tierras públicas en Alaska para que pudiera desarrollar su propio programa de salud mental. Ahora bien, esto era algo anormal ya que Alaska ¡sólo tenía poco más de 400 personas que habían sido clasificadas como enfermos mentales!

Tras la aprobación del proyecto de ley, Alaska aprobó la suya propia, lo que permitía la legislación para hacerse con el negocio de la salud mental. Comenzaron con la adopción de los elementos centrales del Proyecto de Ley de Servicio de Salud Pública para la hospitalización de enfermos mentales en el antiguo "Pacto Interestatal para la Salud Mental" - que ahora se llama Ley de Salud Mental Uniforme. No hay disposiciones sobre juicios con jurado o ninguna cosa parecida. Sólo os recogerían y os llevarían al Asilo - Alaska - Siberiano - en régimen de incomunicación - y el Estado también os confiscaría todos vuestros bienes muebles e inmuebles. Y en realidad ya trataron de hacerlo en 1954 en el caso Ford versus Milinak, que declaró inconstitucional la ley adoptada en otro estado (el estado de Missouri).

Pero la ley en sí todavía existe - y modificada - pero esencialmente con la misma forma, la Ley de Salud Mental Uniforme, la cual han suscrito aproximadamente 6 estados. Y después de un mes las Constituciones Estatales - si desea comprobarlo a partir del período de 1935 - hicieron parte de su constitución la práctica de que una persona se someta a un examen mental de 90 días para determinar su cordura, sin ningún tipo de disposiciones relativas a un juicio con jurado. Esto formaba parte del programa nacional en ese momento.

En esta ley, el gobernador podía coger a cualquiera y enviarlo a la institución de Salud Mental de Alaska o de otros lugares. El resultado, según los rumores, allá por la década de 1950, era que en realidad en Alaska había una siniestra prisión de salud mental del tipo Frankenstein. Escribí a Alaska (a los funcionarios) y les pedí una descripción de las tierras de 1 millón de acres donde era posible que estuviera, en virtud de la Ley de Salud Mental de Alaska. Y también les pedí una copia del inventario que llevaban antes en sus instalaciones por aquellos tiempos. Bueno, hasta ahora no ha habido ninguna respuesta. Y probablemente nunca recibiré una respuesta sin una orden judicial.

Pero a través de los años, había un lugar en Alaska al que se referían continuamente como: Al sureste de Fairbanks; Al suroeste de Fairbanks; al noroeste de Fairbanks - en algún lugar cerca de Fairbanks. Entonces recibí información sobre un piloto que una vez había sobrevolado el área habiéndole sido revocada la licencia. Y así, a 1,85 dólares cada uno, compré los mapas de navegación de bajo nivel del gobierno federal de Alaska y localicé el Asilo Alaska-Siberiano para el tratamiento de los enemigos de los Estados Unidos. Está justo donde el rumor lo había colocado durante los últimos 20 años: En el sureste de Fairbanks. ¡Destaca como un dolor en el pulgar! Es el único con esta configuración geométrica dentro del estado de Alaska, y veréis una línea negra que corre a través de Fairbanks y baja cerca de esta zona del mapa. Es la línea del ferrocarril que el Departamento de Transporte utilizaría en la operación de emergencia, en virtud de la Orden Ejecutiva - si la Orden Ejecutiva entrara en vigor. Y el HEW se encargaría de tomar la determinación de si sois unos perturbados mentales o no a causa de vuestras tendencias nacionalistas, vuestro amor por los Estados Unidos, o vuestra adhesión a cualquier doctrina política o religiosa.

Pero veamos un poco más qué tipo de programa es la LEAA. La Oficina Federal de Prisiones está pagando por medio del Departamento de Justicia, - ubicada en los bosques de detrás de Carolina del Norte, cerca de un pequeño pueblo llamado Butner - la construcción de un complejo de investigación gigantesco de 42 acres para los presos de todo el Este. ¿Serán enviados para hacer experimentos para probar nuevos programas y técnicas del comportamiento? La fecha estimada de finalización de todo el sistema es, irónicamente, en 1984.

Y así, están usando en ese momento, bajo el programa de la LEAA, algo que se llama anectine. El comportamiento problemático dentro de la cárcel se está castigando a base de drogas y electrochoques, probablemente son los ejemplos más seleccionados de los programas que han hecho uso del anectine - un derivado del curare sudamericano. El anectine era utilizado originalmente como un factor inductor del choque electro-convulsivo. Estas simulaciones aplicadas en la cabeza son tan fuertes que pueden romper y hacer añicos los huesos bajo la presión de las contracciones musculares que provocan. Ya que el anectine paraliza los músculos sin amortiguar la conciencia o la capacidad de sentir dolor, inyectándoselo antes a los presos, los investigadores pueden subir el voltaje tan alto como quieran sin agrietar el esqueleto del recluso cuando su cuerpo es sacudido debido a las convulsiones.

Lo que hace el anectine, en definitiva, es simular la muerte después de 30 a 40 segundos de ser inyectado. Primero paraliza, con pequeños y rápidos movimientos musculares la nariz, los dedos y los ojos, y después el diafragma y el sistema cardiovascular. Como resultado, el paciente no puede moverse ni respirar y sin embargo sigue estando plenamente consciente, como si se estuviera ahogando y muriendo. Esto es de la publicación de 1974, EL COMPORTAMIENTO HUMANO.

El pueblo contra los conspiradores

El gobierno federal respondió a mi demanda, en junio (1976), mediante la presentación de una negación en general no jurada de todo lo que yo había alegado. Hablé con el ayudante del fiscal a cargo del caso y le pregunté si se había tomado la molestia de llamar a cualquiera de las partes mencionadas en la demanda - de las cuales les había proporcionado no sólo las direcciones, sino los números de teléfono para proporcionar medios de investigación más rápidos. Me dijo que no los tenía. Ni siquiera había hecho una mínima investigación del caso, pero sin embargo, presentaba una negación de mis acusaciones.

Presenté una moción, mientras tanto, para tomar declaración a la persona que escribe los programas de capacitación para los guardias de los campos de concentración, el Sr. Richard Burrage – del 75 Comando de Maniobras Aéreas del Centro de Reserva del Ejército en Houston, Texas - manifestando que, viendo toda la actividad reciente de los agentes del gobierno, uno de los organismos participantes podría intentar asesinar a este testigo clave, el autor del programa de entrenamiento del campamento. El juez federal rechazó mi moción, afirmando que no le había citado suficientes casos como para justificar mi petición. Sin embargo, también era consciente de que no había casos existentes en este conjunto de hechos, pero, como se verá a medida que avance con este informe, optó por ignorarlo.

Entonces hice un trato con el Ayudante del Fiscal de EE.UU. para tomar declaración al Sr. Burrage. Una vez hechos los arreglos, el Ayudante del Fiscal de EE.UU. voluntariamente se negó a ir conmigo a tomarle declaración. Es muy difícil encontrar justicia en nuestro sistema penal. La ley generalmente se practica por el "sistema de amigos", por lo tanto, las reglas de la corte se pasan por alto o no se siguen.

El 29 de julio, se celebró una audiencia en los juzgados de Norman Black, Tribunal de Distrito de EE.UU. en Houston. La sala estaba completamente llena de espectadores. Y aunque los medios de comunicación habían sido avisados, no había ningún representante de la prensa. Hubo una nueva censura informativa sobre este tema aquí en Houston.

Se presentaron unos breves argumentos orales. El Ayudante del Fiscal de EEUU explicó que yo no era la persona adecuada para llevar adelante la demanda, ya que, si bien el libre ejercicio de mis derechos constitucionales había sido amenazado por el programa de campo de concentración, tal como se alegaba, a mí no me perjudicaba. El magistrado quedó impresionado con la información que había recogido hasta entonces y dijo que lo haría llegar al juez federal. El Ayudante del fiscal de EEUU trató de detener mi investigación del caso, pero el magistrado no aceptó continuar con una decisión programada.

Como indicación adicional de a qué me enfrentaba, la audiencia en principio estaba programada para las 10:30 de la mañana. Sin embargo, el Ayudante del Fiscal de EE.UU. en secreto cambió la hora a las 2:30 de la tarde. El juez dio permiso al Ayudante del Fiscal de EE.UU. para solicitar una moción para desestimar la demanda porque creía que el programa de los campos de concentración - que sería utilizado para personas que ejercen su libertad de expresión - no representaba ningún perjuicio.

Ahora bien, el 23 de julio, yo había colocado en los periódicos HOUSTON POST y HOUSTON CHRONICLE el siguiente anuncio en la sección legal: "Solicitud de testigos para el Juicio Civil 78 - H - 667, de la Corte del Distrito Federal de Houston, el Pueblo Ex Rel. William Pabst vs Gerald Ford et al. en el proceso denominado: Queja contra el programa de campos de concentración del Departamento de Defensa. Atención: Si ha participado en la Operación Garden Plot, Operación Cable Splicer, en el comando número 300 de la Policía Militar de prisioneros de Guerra, o en el grupo de Asuntos Civiles de la Reserva del Ejército, podéis estar involucrados en un programa que hay que dar a conocer con este juicio. Para dar vuestro testimonio llamad o escribid, (y aquí puse mi nombre, dirección y número de teléfono)."

Como he mencionado anteriormente, hay una censura de los medios de comunicación en la historia aquí en Houston. Ambos periódicos se negaron a publicar el anuncio. Para empezar, al HOUSTON POST, tuve que amenazarle con una demanda judicial para qué me publicaran el anuncio, aunque yo lo estaba pagando. Y después en el HOUSTON CHRONICLE, tuve que reunirme con el presidente y varios vicepresidentes porque el rechazo de este diario había surgido de sus propios abogados. Ambos diarios finalmente lo publicaron, pero sólo después de dos días de protestas. La respuesta inicial de los dos periódicos fue, "No publicamos historias de estas" y "¿No crees que la gente que planea los campos de concentración tienen en mente nuestros mejores intereses?" Como podréis oír por vosotros mismos, las políticas definitivamente no reflejan nuestros mejores intereses.

El próximo evento que ocurrió fue que el Ayudante del Fiscal de EE.UU. presentó una "Declaración de Autoridad", mostrando las razones por las cuales él creía que no se debía permitir tomar declaraciones para obtener más información de la persona que estaba escribiendo el programa de formación para los guardias del campo de concentración. Sin embargo, su escrito estaba completamente lleno de citas de la ley erróneas en muchos casos. Mencionaba el caso y después inventaba lo que fuera que el caso debería decir. En mi informe a la Corte, en este punto, notifiqué al juez sobre la violación de la ley requiriendo honestidad en estos asuntos. Sin embargo, la notificación fue ignorada por el juez, quien al parecer sancionaba estos más que deshonestos actos comúnmente conocidos como "citados fuera de contexto".

La Convención de Ginebra

Mi escrito fue presentado el 31 de agosto, se establecieron los argumentos formales. La nueva sala del magistrado estaba de nuevo casi llena. Sin embargo, nadie de los medios de comunicación se presentó tampoco a la audiencia. A los pocos que fueron avisados les dijeron que no fueran; que perderían sus puestos de trabajo.

En la audiencia, presenté pruebas que hasta ahora nunca se habían presentado en ningún tribunal de justicia de EEUU. El Ayudante del Fiscal había negado, como recordaréis, todo de mi demanda sin haber hecho la más mínima investigación. Así que presenté como prueba la siguiente carta del Departamento del Ejército, de la Oficina del Jefe Adjunto del Estado Mayor de Personal, firmada por un tal B. Sergeant, Coronel GS, Director Interino de Desarrollo de Recursos Humanos.

La carta dice: "En nombre del presidente Ford, respondo a su carta del 27 de mayo de 1976, en relación con un nuevo artículo del DALLAS MORNING NEWS. Aunque a él le gustaría mucho, el presidente no puede responder personalmente todas las comunicaciones que recibe. Por lo tanto, se lo pide a los departamentos y organismos del gobierno federal en aquellos casos donde ellos tienen conocimientos especiales o una autoridad especializada.

Por esta razón su comunicación fue trasladada a los funcionarios del Departamento de Defensa. Dentro del Departamento de Defensa, el Ejército es responsable de la custodia y el tratamiento de los prisioneros de guerra enemigos y los internados civiles tal como se define bajo los términos de la Convención de Ginebra de 1949. Por lo tanto, el Ejército está preparado para detener a los prisioneros de guerra y hacer detenciones como se define en el Artículo IV de la Convención de Ginebra de 1949 relativo al trato de los prisioneros de guerra y la protección de las personas civiles.

Es política de EEUU que sus Fuerzas Armadas se adhieran a las normas del derecho internacional para dar ejemplo a otros países del mundo a seguir y respetar los derechos y la dignidad de las personas que se convierten en víctimas de los conflictos internacionales. Cabe señalar que el programa del Ejército está diseñado para su aplicación en condiciones de guerra entre EEUU y uno o más países extranjeros. el Ejército no tiene planes ni mantiene campos de detención para encarcelar ciudadanos norteamericanos durante las crisis nacionales."

El problema de esta carta es que lo que dice no es verdad, y es por eso que lo voy a discutir ahora. En primer lugar, en la verificación de la autenticidad de las reclamaciones de la carta, comprobé el texto de Ginebra. No hay ningún artículo en la Convención de Ginebra titulado como dice la carta. Hay, sin embargo, en cada una de las clasificaciones: "La protección de las víctimas de guerra / personas civiles" y un artículo aparte sobre "prisioneros de guerra". Esta era la primera discrepancia.

Después miré el Artículo IV de la Convención de Ginebra. Este artículo no establece ningún requisito ni autorizaciones para las unidades militares de ningún tipo y ni siquiera lo sugiere. Por tanto, segunda discrepancia.

El siguiente problema con la carta del representante del presidente Ford es que afirma que el programa de la guardia de los prisioneros de guerra está configurado para la implementación de las "condiciones de guerra entre uno o más países (extranjeros) y los EEUU". Sin embargo, el artículo III de la Convención de Ginebra dice que el tratado se aplica a (y cito) "en caso de un conflicto armado, no de índole internacional, que se produzca en el territorio de una de las altas Partes Contratantes." Obviamente un conflicto armado que tiene lugar dentro de su propio territorio no significa entre una o más partes del tratado, sobre todo si sólo se ve involucrada una. Ahora bien, los ejemplos de este tipo de conflictos son: guerra civil, insurrección armada y actividades guerrilleras. En otras palabras, están hablando de un conflicto interno.

Un elemento aún más chocante lo encontramos en las últimas páginas de la Convención de Ginebra de 1949 en "Protección de las víctimas de guerra / personas civiles". Encontraréis que la ficha, la tarjeta de identificación, las formas que se utilizarán para inscribir a vuestra familia, y todo lo necesario para la administración de un campo de concentración está contenido en este tratado que EEUU ha firmado y ratificado. Además, si hay un conflicto en los EEUU que sólo afecta a los EEUU este convenio o tratado puede ser aplicado - lo que incluye procedimientos para la creación de los campos de concentración.

El artículo LXVIII de la Convención dice (y parafraseo): Si cometéis un delito sólo destinado a hacer daño a la potencia ocupante, no dañando la vida ni la integridad física de los miembros de las fuerzas de ocupación, sino que se limite a hablar en contra de una fuerza - como la situación de la Ley Marcial - podéis ser encarcelados siempre que la duración del encarcelamiento sea proporcional a la infracción cometida. Bueno, el presidente Dwight Eisenhower no creía que esta disposición fuera lo suficientemente fuerte. Así que añadió las siguientes adiciones colocándolas en el tratado que establece: "EEUU se reserva el derecho de imponer la pena de muerte, de acuerdo con lo dispuesto en el artículo

LXVIII, sin tener en cuenta si los delitos contemplados se castigan con la muerte en virtud de la ley del territorio ocupado en el momento en que comience la ocupación..."

Así que uno no sólo puede ser encarcelado por ejercer la libertad de expresión; puede ser condenado a muerte en virtud de las disposiciones de la Convención de Ginebra de 1949, por haber ejercido o tratar de ejercer la libertad de expresión.

El siguiente punto que presenté como prueba fue un manual de campo: FM 41-10, OPERACIÓN ASUNTOS CIVILES. Recordaréis que desde el principio he mencionado grupos de Asuntos Civiles. Permitidme citaros que una de las funciones de las actividades de Asuntos Civiles que incluye el manual dice: "Artículo 4 Asunción total o parcial, del ejecutivo, de la autoridad legislativa y judicial de un país o zona." Así pues veamos qué es un "país o zona" tal como lo define el mismo manual. Incluye: "pequeñas ciudades en zonas rurales, municipios de diferentes tamaños de población, distritos, condados, provincias o estados, regiones del gobierno nacional".

En ninguna parte del manual se excluye que este programa pueda ser puesto en práctica aquí mismo en Estados Unidos. De hecho, en Kearny, Nueva Jersey, el grupo de Asuntos Civiles entró en esa zona y prácticamente se hizo cargo de esta unidad gubernamental. Y sin embargo, el ejército - en su carta de 16 de junio - indica que estos programas no son para nosotros. Sin embargo, se ponen en práctica aquí en los Estados Unidos en condiciones que sólo pueden pasar aquí en casa.

En el resumen del estudio del manual de campo, FM 41-10, en la página j-24, en "Instituciones Penales 1 - B," podéis ver que hay un programa de campos de concentración y campos de trabajo - número, ubicación y capacidad. Es importante señalar que un campo de concentración y un campo de trabajo siempre se encuentran cerca el uno del otro por razones obvias.

Una vez más, en la página D-4 del mismo manual, encontraréis una recepción de muestras de los bienes confiscados; un muestra de recibo escrito en inglés y conteniendo terminología aplicable únicamente en territorio de EEUU.

En la página 8-2 de este manual, bajo el título "Tablas de Organización y Equipamiento," nos encontramos con que hay 3 organizaciones más que estarían trabajando junto con la operación de Asuntos Civiles: La Organización del Servicio de Química, la Organización del Servicio Compuesto, y la Organización de Operaciones Psicológicas, junto con varias organizaciones de asuntos civiles.

En julio de ese año (1976), los grupos de asuntos civiles se reunieron con los grupos aéreos en una zona de concentración de Fort Chaffee, Arkansas. Un área de ensayo es donde se reúnen las unidades militares antes de entrar en acción. Se reunieron con la 32ª Aerotransportada y parte de la 101ª División Aerotransportada; el 321º grupo de Asuntos Civiles de San Antonio, con sede en Texas; la 362ª brigada de los asuntos civiles de Dallas, Texas; la 431ª compañía de Asuntos Civiles de Little Rock, con sede en Arkansas; el 306º grupo de Asuntos Civiles, y William Highlin. La 486ª compañía de Asuntos Civiles de Tilsit, Oklahoma; la 418ª compañía de Asuntos Civiles de Kansas City, Missouri; el 307º grupo de Asuntos Civiles de St. Louis, Missouri; el 490º grupo de Asuntos Civiles de Abilene, Texas; la 413ª compañía de Hammon, Louisiana; el 12ºgrupo SS, 2º Batallón (con sede desconocida).

Están preparados para entrar en acción. El problema era, parece ser, que estaban dispuestos a hacerse cargo de todo el gobierno de los Estados Unidos tal como establecía su misión. Un hombre que asistió a esta área de ensayo habló con un sargento de Asuntos Civiles y le preguntó cuál era su trabajo. El sargento le explicó que los civiles de este país se quedarán muy sorprendidos algún día, cuando los grupos de asuntos civiles comiencen a gestionar el gobierno.

Ahora bien, el Departamento del Ejército sigue manteniendo que todo esto no es para los Estados Unidos - sin embargo, este entrenamiento sigue aquí para nosotros. La evidencia es abrumadora; existe el plan para encarcelar a millones de ciudadanos norteamericanos. Y a pesar de que toda esta información fue presentada ante el juez federal, aún creía que nadie resultaría herido en un complot.

El segundo día de septiembre de 1976, el magistrado recomendó al juez federal que desestimara el caso. Y la única base de su razonamiento para desestimarlo fue que debemos estar realmente heridos físicamente antes de poder presentar una demanda de este tipo. No creía que, a pesar de existir toda esta planificación activa, preparación y entrenamiento, ningún ciudadano de los EE.UU. había sido herido - aunque el ciudadano pueda temer ejercer su libertad por miedo a ser detenido y encarcelado en un campo de concentración en una fecha posterior.

Haciendo caso omiso de la Constitución

El caso de Tatum contra Laird, que compareció ante el Tribunal Supremo en 1974, es un ejemplo de ello. Se trataba del servicio de inteligencia del Ejército que recogiendo aparatos, estaba desarrollando una lista de nombres de personas que el Ejército creía que eran problemáticas. La Corte Suprema sostuvo que la elaboración de listas de este tipo no representaba, ni era por sí misma, ningún perjuicio. La opinión de la minoría en este caso era que el perjuicio, en el caso de un programa como éste hacía que la gente tuviera miedo de hacer uso su libertad de expresión por miedo a ser enviado a la cárcel por haberlo hecho. Pero la mayoría no compró este argumento.

La diferencia entre aquel caso y este - aunque también tenemos el programa de ordenador - es que tenemos algo mucho más allá de este punto; el programa de guardia de un campo de concentración y el programa de Asuntos Civiles de hacerse cargo de todas las funciones de nuestro gobierno. En vista de ello, el juez federal dijo que no se trataba de ningún perjuicio. De hecho, el fiscal de EEUU alegó que, aunque la gente fuera internada en campos de concentración, si todos eran tratados de la misma manera aun no tendrían derecho a ir a la corte federal.

El día 20 de septiembre, redacté un memorando notificando al juez y al juez federal que había descubierto que el gobierno federal tenía un programa desde hacía varios años para suspender nuestro derecho constitucional del recurso de habeas corpus. Esta información fundamentada la demanda. El habeas corpus es el nombre del instrumento jurídico utilizado para llevar a alguien ante un juez cuando esa persona ha sido encarcelada o detenida de manera ilegal para que él (o ella) pueda recuperar la libertad. La Constitución dice que el recurso de habeas corpus no puede suspenderse nunca.

He hallado información perturbadora en un informe: 94-755, 94º Congreso, 2ª Sesión del Senado, 26 de abril de 1976, titulado "Las actividades del servicio de Inteligencia y los derechos de los estadounidenses libro II." En la página 17-d, el informe titulado "Primera Enmienda", señala que son más importantes, "las actividades de vigilancia del gobierno en su conjunto, tanto si están destinadas expresamente para ello, para impedir el ejercicio de los derechos de la primera Enmienda a los ciudadanos norteamericanos que tengan conocimiento del programa nacional de inteligencia del gobierno."

A partir de la página 54, se afirma que, a partir de 1946 - 4 años antes de que fuera aprobada la Ley de Detención de Emergencia de 1950 - el FBI informó a la Fiscalía General que había compilado a escondidas un índice secreto de personas potencialmente peligrosas. Después el Departamento de Justicia hizo planes tentativos para detenciones de emergencia basadas en la suspensión del privilegio del recurso de habeas corpus. Los funcionarios del Departamento evitaron deliberadamente ir al Congreso.

Cuando se aprobó la Ley de Detención de Emergencia de 1950, no autorizaba la suspensión del recurso de habeas corpus. Sin embargo, poco después de aprobarse esta ley, según un documento de la oficina, el fiscal general JH McGraf dijo al FBI que no la tuvieran en cuenta y siguieran adelante con el programa como se había indicado anteriormente.

Un par de frases después, en la página 55, se afirma: "Con el índice de seguridad, utilice, de las normas descritas en la ley, las más amplias para determinar el potencial de peligrosidad." Y, a diferencia de la ley, los planes del Departamento proporcionan la emisión de una orden maestra de registro y una orden maestra de arresto. Esto es de una importancia central; es lo mismo que estoy alegando en la corte federal. Y sin embargo, el magistrado también optó por ignorar estos hechos.

Tenemos que los funcionarios del gobierno no sólo ignoran la voluntad del Congreso, sino que hacen lo contrario de lo que establece la Constitución mediante la planificación de manera ilegal de la suspensión del recurso de habeas corpus. Además, como se ha mencionado antes, la orden maestra de registro y la orden maestra de detención son formas alimentadas por ordenador, que imprimen los nombres y las direcciones de las cintas previamente preparadas por el programa de recolección del servicio de inteligencia.

Cuando os arresten, vuestro hogar será registrado y todo lo que tengáis podrá ser confiscado. Este programa existe desde 1946 hasta 1973 incluido, y sin acceso adecuado a las técnicas de detección judiciales, no se puede determinar si el mismo plan ya existe ahora con el mismo o con otro nombre.

Este memorando fue presentado el 28 de septiembre para que el tribunal fuera consciente del peligro que corrían nuestros derechos de libertad de expresión y de asamblea legal. Pero el tribunal, el 30 de septiembre - después de recibir esta notificación - desestimó el caso. Sin embargo, de acuerdo con la práctica de los tribunales federales de Houston de participar activamente en la obstrucción de la justicia, no se me comunicó la desestimación hasta el 6 de Octubre - lo que sólo me dejaba 2 días hábiles para presentar cualquier petición adicional en un periodo de días 10 antes de que se pusiera en marcha la apelación.

Lo que acabo de decir respecto a las cortes federales de Houston no es sólo mi opinión; The HOUSTON CHRONICAL, sorprendentemente, publicó un extenso documento criticando severamente a los tribunales federales de Houston por hacer sobre la marcha sus propias reglas, junto con las actuaciones, así como comentando la actitud filo-comunista del Tribunal Supremo de los jueces y del personal de la corte. Mi experiencia aquí ha sido que el tribunal me ha devuelto casi todos los documentos que he presentado. Más tarde, después de un argumento cuña, volvían a aceptar el documento, diciendo que sólo habían cometido un error. En realidad, la estructura de poder no quiere este tipo de casos en un tribunal federal.

Resumen de la evidencia

El 8 de octubre había presentado una solicitud para una cuidadosa investigación de los hechos que habían sido establecidos por la evidencia presentada:

1. El Comando de prisioneros de guerra de la Policía Militar número 300 se encuentra en Livonia, Michigan.
2. El Departamento del Ejército ha declarado que este mando existe por la Convención de Ginebra de 1949, un tratado de EEUU, el artículo IV del cual bajo el título relativo al trato de los prisioneros de guerra y la protección de las personas civiles.
3. Pero este no existe en la Convención de Ginebra.
4. Sin embargo, hay títulos separados, uno de los cuales es: (a) La protección multilateral de víctimas de guerra / prisioneros de guerra; (b) La protección multilateral de víctimas de guerra / personas civiles.
5. Sin embargo, el artículo IV en ambos títulos no prevé la creación de todos los programas militares de los campos de concentración.
6. Así que el Sr. Fenners, del Comando de prisioneros de guerra de la Policía Militar número 300, ha declarado que el propósito del Comando es para la detención de prisioneros de guerra extranjeros y enemigos de los Estados Unidos.
7. Además, el artículo III, relativo a las personas civiles, hace que el tratado sea aplicable a los conflictos que ocurren sólo en territorio de los Estados Unidos que no son de índole internacional, que es capaz de incluir cualquier tipo de conflicto en su descripción, ya sea guerra civil o actividad guerrillera o cualquier otra cosa. El texto establece que: "En caso de conflicto armado que no sea de índole internacional y que surja en el territorio de una de las altas partes contratantes, cada una de las partes en conflicto tendrá la obligación de aplicar el mínimo de las disposiciones que siguen."
8. El Manual de Campo FM 41-10 del Departamento del Ejército, de Operaciones de asuntos civiles de las listas de la Organización de los asuntos civiles, tiene como una de sus funciones, la asunción del poder

ejecutivo, total o parcial, la autoridad legislativa y judicial de un país o una zona y no hay una exclusión específica de los Estados Unidos como país o área similar.

9. Este manual define el país siguiendo determinadas bases de población geográfica, condado, regiones estatales y gobierno nacional.

10. Esta organización, de hecho, ha llevado a cabo prácticas de toma de poder de gobiernos locales y estatales en el territorio continental de Estados Unidos, incluyendo, pero no limitándose al estado de Nueva Jersey.

11. Esta organización incluye en sus líneas de estudio, en la página j-24, una sección sobre campos de concentración y campos de trabajo.

12. Esta organización incluye en sus actividades operaciones mixtas y organizaciones de operaciones psicológicas.

13. Esta operación psicológica, en colaboración con el Servicio de Salud Pública de los EE.UU., está preparada para gestionar cualquier y / o todos los centros de salud mental de Estados Unidos como instrumentos de represión contra la conducta política franca, pero no violenta de los ciudadanos de Estados Unidos en conjunto con todo lo anterior, que es para ser utilizado para el mismo propósito.

14. Por otra parte, el Departamento de Justicia, junto con este programa, ha tenido planes para la suspensión del recurso de habeas corpus desde el año 1946; este plan priva totalmente a las personas que son detenidas bajo este programa de cualquier medio de protección contra la represión política tiránica.

El demandante solicitó que la corte extrajera cuestiones de hecho y de derecho, compatibles con éstas, como lo demuestra la evidencia sobre el expediente ante el tribunal. El efecto de esta demanda es que el caso debe volver al juez de distrito para su consideración. He mencionado que parecía que toda esta planificación para los campos de concentración parece ser dirigida contra cualquier persona, independientemente de su tendencia política o ideología, que ejercite la libertad de expresión en contra de la estructura de poder establecida por los banqueros internacionales y las corporaciones multinacionales. Pero, con la proposición de tipo 13 los movimientos amenazan con reducir los impuestos de toda nuestra nación. Preveo una activación de los programas de emergencia para que los parásitos de la federal puedan continuar recibiendo sus cheques.

El precio del patriotismo

En el mismo documento del Senado, sobre las actividades del servicio de inteligencia sobre los derechos de los estadounidenses a que se refiere en las páginas 166 y 167, descubriréis que el gobierno federal ha centrado sus actividades del servicio de inteligencia contra un grupo de estadounidenses. En la página 166, la primera clasificación de la lista es de grupos de derechas y anticomunistas. Y el primer grupo en la página 167 la vigilancia del Ejército enumera la John Birch Society como el objetivo número 1 y los Jóvenes Americanos para la Libertad como el número 2 Por lo tanto, los grupos de ciudadanos americanos de los Estados Unidos que son considerados los peores enemigos de los Estados Unidos, según el gobierno federal, en este momento, son los patriotas conservadores, y los que afirman la Constitución y los derechos individuales.

Aunque esta información ha estado disponible desde abril de este año (1979), nadie ha mencionado este increíble descubrimiento de que el gobierno federal considera que los conservadores patrióticos son sus peores enemigos. He recibido todo tipo de información respecto a este caso de todo Estados Unidos.

El precio de la apatía

Obtuve el informe de 1945 del O.S.S. (Oficina de Servicios Estratégicos) - precursora de la CIA - 7º Ejército, William W. Quin, Col. G.F.C.A.C. del G2, en la liberación de Dachau, un campo de concentración durante la liberación en Alemania. Contiene muchos grupos de información, pero la parte relevante del informe se ocupa de la sección dedicada a la población. Citando el informe, sobre por qué la gente de este pueblo no se quejó ni derrocó a los opresores sino que tan sólo lo aceptaron y se llevaron bien aunque habían perdido la libertad en el proceso, se indica:

Estas palabras surgen una y otra vez. Son la racionalización de un hombre que admite que era un miembro del partido nazi. "Me vi obligado a hacerlo por cuestión de negocios," afirman. Se nos mentía en todos los aspectos pero admitían que sabían que el campamento existía. Pero veían el destacamento de trabajo de los internos pasando por las calles bajo vigilancia y, en algunos casos, a las SS comportarse brutalmente incluso con la gente del pueblo.

Cuando se les preguntó si se habían dado cuenta de que en los últimos 3 meses antes de la liberación 13 000 hombres habían perdido la vida a un tiro de piedra de donde vivía la gente, alegaron que estaban conmocionados y sorprendidos.

Cuando se les preguntó si nunca habían visto transportar muertos y moribundos pasando por las calles a lo largo de la vía férrea, se referían únicamente al último. Insistían en que la mayoría de los trenes llegaban de noche y que los vagones estaban sellados.

¿Nunca se preguntaron qué pasaba con la interminable procesión de vagones que entraban llenos y salían siempre vacíos? Una respuesta típica era: "Nos decían que todo era material del ejército y el botín de Francia."

Se establece que cualquier persona que dijera que sólo había visto entrar un tren durante el día estaba diciendo una mentira. Hay un buen número de personas así en Dachau.

El análisis del elemento anti-nazi de la ciudad: (1) La gente sabía qué estaba pasando en el campo, incluso diez años antes de la liberación; (2) La ciudad tenía un próspero negocio con los guardias del campo de concentración; (3) El noventa por ciento son culpables y se han salpicado a sí mismos con la sangre de seres humanos inocentes; (4) El pueblo tiene la culpa de su cobardía - todos fueron demasiado cobardes. No querían arriesgarse en absoluto. Y así fue en toda Alemania.

Así que ya puede ver como todo el programa se relaciona aquí. Mi juicio era contra un solo aspecto de la totalidad del programa: El brazo ejecutor de la conspiración - las personas que componen el cuadro que ocupará los campos de concentración donde se colocarán a los enemigos de Estados Unidos. Recuerde las palabras de Solzhenitsyn en ARCHIPIÉLAGO GULAG: "La resistencia debía haber comenzado justo allí, pero no comenzó. No estáis amordazados, realmente podéis y realmente deberíais clamar que los arrestos se están realizando a base de acusaciones falsas. Si muchas de estas protestas se oyeran por toda la ciudad las detenciones habrían dejado de ser tan fáciles."

Ellos, los tiranos, no pueden trabajar a la vista del público. Aquellos que estaban apáticos, con la esperanza de que nada estuviera realmente mal, con que ni a ellos ni a sus bienes les pasaría nada, se pusieron cómodos y observaron. Los anarquistas, financiados por los intereses de las multinacionales, saquearon su país.

Si pensáis que todo lo que necesitáis es pagar la hipoteca, pagar las cuotas de la televisión, ir a votar cuando hay elecciones, y dar un paso atrás durante el resto del año y ver cómo vuestro país y vuestra forma de vida son sustituidos por un sistema en el que seréis esclavos en un campo de concentración, del cual - no los conspiradores - seréis culpables porque, por aquiescencia silenciosa, invitáis a la tiranía y a la opresión.

Y, cuando tengáis que robar comida para alimentaros porque nuestra producción se exporta al extranjero debido a que el Departamento de

Comercio - a través de la Orden Ejecutiva 11490 y sus predecesoras - es responsable de la distribución internacional de nuestros productos, no os sentéis en una alcantarilla escondida comiendo y preguntándoos qué ha pasado, porque vosotros habéis hecho que todo esto fuera posible.

Cuando vuestra familia sea dividida y esparcida por todo Estados Unidos para trabajar como esclavos y no volváis a ver nunca más a los que amáis, será culpa vuestra, porque vosotros no habréis hecho nada para evitarlo. Y, una vez hayamos perdido nuestra libertad, nunca la recuperaremos. Es por eso que debemos permanecer unidos para evitar perder nuestra libertad como ciudadanos de los Estados Unidos.

Muchas gracias.

(Conclusión del informe grabado.)

CAPÍTULO 7

LA LEY CONTRA EL ABUSO DE DROGAS de 1988

H.R. 5210
P.L. 100-690

PREPARACIÓN PARA EL ESTADO POLICÍAL
UN ANÁLISIS

H.R. 5.210 / P.L. 100-690

La Ley Pública 100-690, que fue presentada en el Congreso número 100 como HR 5.210, aprobada por el Congreso en septiembre de 1988 y firmada por el presidente el 18 de noviembre de 1988, es el ataque más grave a las libertades garantizadas a los ciudadanos de la República de los Estados Unidos de América en nuestra Constitución desde la formación de la Reserva Federal y el IRS.

La ley podrá ser citada como la Ley Contra el Abuso de Drogas de 1988. Los siguientes títulos figuran dentro de la ley.

Título I	Coordinación de políticas nacionales sobre drogas
Título II	Programas de tratamiento y prevención
Título III	Programas de educación sobre drogas
Título IV	Control Internacional de estupefacientes
Título V	Responsabilidad del usuario
Título VI	Enmiendas a la Ley Contra el Abuso de Drogas de 1988
Título VII	La pena de muerte y otros crímenes relacionados con la ley y el orden
Título VIII	Administración federal del alcohol
Título IX	Miscelánea
Título X	Asignaciones suplementarias

La Ley Contra el Abuso de Drogas de 1988 se puede encontrar en la mayoría de las bibliotecas universitarias o de ciudades que figuran en el Código del Congreso y Novedades Administrativas de EEUU, vol. 3,1988, con la enmienda y la información de la votación en el Almanaque Trimestral del Congreso, vol. XLIV, 1988.

A primera vista la ley parece bastante inocente, contiene nuevas sensibilizaciones sobre el problema de las drogas y programas de tratamiento, más aplicaciones de la ley y sanciones más estrictas - y todo ello financiado con un presupuesto de 2,1 mil millones de dólares. Tras un examen de cerca, sin embargo, he descubierto algunas cosas realmente aterradoras escondidas allí donde la mayoría de ciudadanos nunca mirarían.

La ley tiene unas 366 páginas finamente (muy finamente) impresas y muy pequeñas. Es una lectura tediosa, al igual que toda la legislación. De hecho, era imposible leerla hasta que Nancy Batchelder, una voluntaria de mi equipo de investigación, amplió las páginas con una fotocopiadora.

¿Podría ser que el Congreso no quisiera que los ciudadanos leyeran el contenido de su legislación? Creo que este es exactamente el caso.

Uno de los aspectos más alarmantes de esta legislación fue la propuesta de aceptar pruebas encontradas en un registro sin orden judicial. El Congreso dijo que "en casos de drogas es legal utilizar las pruebas obtenidas ilegalmente." Meses más tarde, el Senado dijo que no y parte de la legislación fue retirada - o al menos eso es lo teníamos que pensar.

La ley deja un resquicio para las decisiones del tribunal en algunos registros masivos / testes de drogas, tales como armarios de escuela, requisito para determinados puestos de trabajo, y un programa experimental para los que reciben su primera licencia de conducir. (Sec. 9.005) Las palabras clave aquí son "registros masivos / búsquedas de drogas", "trabajo", y "licencia de conducir". Los tribunales han sostenido que si los ciudadanos renuncian a cualquier derecho, dando lo que se llama un consentimiento implícito, entonces ya no pueden reclamarlo. Aquí la implicación peligrosa es que "el registro masivo" podría significar la búsqueda de cada persona, digamos, de Chicago, Los Ángeles o Nueva York.

¿Comprendéis?

El proyecto de ley contiene una sección que si se aprobara nos haría perder nuestro derecho a un juicio con jurado, y se especifica que podríais ser considerados culpables sin ir a juicio. ¿Cómo ha podido ningún ciudadano o representante o senador incluso haber tenido el valor de proponer que algo así se pasase como una ley en este país? Afortunadamente, fue eliminada con una enmienda, PERO, EN ALGUNOS

CASOS, UN JUICIO NO ES AUTOMÁTICO; DEBÉIS SOLICITAR UNA AUDIENCIA.

(Sec. 6.480) ¿Todavía tengo vuestra atención?

La multa máxima por posesión de cualquier cantidad de una droga es de 10.000 dólares, de cualquier tipo (incluso del tipo que un enemigo puede esconder en vuestro coche o casa) (Sec. 6.480).

El Congreso ha solicitado un estudio sobre la relación entre las enfermedades mentales y el abuso de sustancias (Sec. 2071).

El Congreso ha recomendado cambios para el internamiento involuntario por enfermedad mental que resuenan al modelo ruso NKGB (Sec. 2072). La estructura del poder secreto considera que el PATRIOTISMO y el NACIONALISMO son una enfermedad mental.

El Congreso ha solicitado una evaluación de la adecuación de la administración de los programas de servicios sanitarios, en relación con la investigación biomédica y conductual. EN OTRAS PALABRAS, CONTROL MENTAL A GRAN ESCALA (Sec. 2073).

El Congreso ordena en esta ley que "el fiscal general deberá estudiar la viabilidad de perseguir los delitos federales relacionados con drogas de una manera alternativa o complementaria al sistema de justicia penal en curso." ESTO ES EL INICIO DE UN ESTADO POLICIAL (Sec. 6.293).

La ley establece que cualquier persona que intente obstruir o acosar la tala de madera en tierras públicas podrá ir hasta 1 año a prisión o hasta 10 años si el daño resultante supera los 10.000 dólares. Clavar clavos en los árboles está específicamente mencionado. ¿QUÉ ESTÁ HACIENDO ESTO EN UNA LEY DE DROGAS? Está porque el Congreso quería acabar con los grupos ambientalistas y dejar la madera aparte (Sec. 6.254/1864).

Se utilizarán herbicidas para la erradicación aérea de la coca sin tener en consideración lo que puede significar para los seres humanos o los animales que sean rociados. Después de un año de la pulverización, el presidente deberá determinar si este uso es perjudicial para el medio ambiente o la salud y deberá presentar un informe (Sección 4.202).

La ley exige la creación de un" Control monetario mundial". Este sistema sería una base de datos internacional para analizar las transacciones monetarias presentadas por los países miembros para supervisar las grandes transferencias en dólares (10.000 dólares o más). Para alentar el "trabajo en equipo": Prohibir a los países extranjeros no cooperativos a participar en cualquier sistema de compensación o transferencia con dólares de los EE.UU., ni mantener cuentas financieras en EEUU (Sec. 4.701).

La ley da al Secretario de Hacienda la facultad de requerir CUALQUIER registro de transacciones de cualquier institución financiera doméstica (incluso las que no forman parte del sistema bancario / de ahorros y préstamos), así como información sobre todas las personas involucradas. ASEGURAOS DE ENTENDER QUÉ SIGNIFICA PERSONALMENTE PARA VOSOTROS. Esto ES un estado policial (Sec. 6.184/5.326).

ALERTA... ALERTA

La Constitución de los Estados Unidos, Artículo I, Sección 9, punto 2, establece:

"No se suspenderá el privilegio de habeas corpus, salvo cuando en casos de rebelión o invasión, lo exija la seguridad pública."

La Ley Pública 100-690, sec. 7.323, establece un Comité Especial para la revisión del habeas corpus en las sentencias capitales, designado por el presidente del Tribunal Supremo de los Estados Unidos. El propósito del Comité Especial es recomendar al presidente del Tribunal Supremo de los Estados Unidos, quien remitirá la recomendación al Presidente del Comité de Asuntos Judiciales del Senado, a propuesta de un proyecto de ley para modificar el procedimiento Federal de habeas corpus.

Citas de P. L. 100-690:

"Este proyecto de ley para modificar el procedimiento de habeas corpus debe ser comunicado con o sin recomendación del Comité de Asuntos Judiciales del Senado a finales de los 60 días de la sesión tras la presentación del informe o el proyecto de ley deberá ser colocado automáticamente en el calendario adecuado del Senado.

"Una vez que el proyecto de ley de habeas corpus esté en el calendario, no será discutible, ni objeto de una moción para posponerlo, la reconsideración de la votación con la que la moción fue aceptada o no, no estará sometida a esta ley. Sólo una moción en el Senado procederá la conformidad con el presente apartado, y este movimiento se decidirá mediante una votación nominal".

¡SENTAOS Y TOMAD NOTA! La sección 7.323 establece que esta legislación sobre habeas corpus la promulga el Congreso "como un ejercicio del poder de reglamentación del Senado y, como tal, se considera una parte de las reglas del Senado..." ¿OS PODÉIS CREER ESTA TRAICIÓN? El Capítulo 33 del Título 28, del Código de los Estados Unidos, se modifica añadiendo al final de la misma Sec. 540, que establece que el fiscal general y el Buró Federal de Investigaciones pueden investigar los homicidios criminales de funcionarios y empleados de un Estado o subdivisión política cuando el jefe de la agencia de empleo del funcionario o empleado muerto solicite una investigación y bajo las directrices que pueda establecer el fiscal general o quien él designe.

Observad que el párrafo anterior no dice a solicitud del Estado, sino que dice por la agencia empleadora. Una vez estén involucrados los federales siempre tendrán jurisdicción. ¡ESTO ES SERIO! Se podría establecer precedencia jurídica para la justificación de un estado policial, una vez gobiernen los tribunales ya que los Estados han renunciado a su derecho a la jurisdicción bajo esta ley. Obsérvese que sólo involucra delitos de carácter POLÍTICO.

Se pide a los negocios hacer constar todas las transacciones en efectivo de 10,000 dólares o superiores (Sec. 7.601/60.501-IRS). (Se me ha informado, pero no lo he verificado que este requisito se ha reducido a 3.000 dólares.) NO TIENE NADA QUE VER CON DROGAS, PERO TIENE TODO QUE VER CON EL IRS.

La ley establece la obligación de registrar y verificar la identidad de un comprador de una orden de pago u otro instrumento financiero de 3.000 dólares o más (Sec. 6.184/5.325). ¿POR QUÉ?

Esto es grande. La ley ordena que se haga un estudio sobre la conveniencia de retirar de la circulación los billetes de 100 y de 50 dólares (Sec. 6.187). ESTO PRACTICAMENTE NOS PROPULSA A UNA SOCIEDAD SIN EFECTIVO.

HAN SIDO ASIGNADOS 23 MILLONES DE DÓLARES PARA UN PROGRAMA DE DOCUMENTO DE IDENTIDAD DE LECTURA MECÁNICA. La excusa utilizada es ser capaces de identificar a los criminales conocidos que intentan cruzar las fronteras. El tipo de frontera no ha sido nombrado (obligatorio por ley) y podría ser la frontera de su ciudad, condado o estado. Además, se plantea la cuestión de cómo harán para que los criminales acepten el programa del documento de identidad sin PEDIR QUE PARTICIPEN TODOS LOS CIUDADANOS (Sec. 6.604.)

Este banco de datos será compartido por:
La Administración del control de drogas
La Oficina del Alcohol, Tabaco y Armas de Fuego
La Comisión Federal de Aviación
El Servicio de Alguaciles de EEUU
La Guardia Costera de EEUU

La ley requiere un estudio de la viabilidad de exigir que los aviones lleven transponedores operativos, para que puedan ser rastreados (Sec. 7.212), incluyendo la "INTERCEPTACIÓN" (se le supone en el uso de aviones militares debido a que el ejército es la única agencia que tiene esta capacidad) en cualquier aeronave que no esté en un corredor de vuelo adecuado (Art. 7.213). La ley exige que se haga un estudio para requerir dispositivos de vigilancia a bordo de los vehículos comerciales de motor para registrar la velocidad, el tiempo y otros datos de navegación (Sec. 9.101). Además, requiere la utilización de las instalaciones existentes de laboratorios del gobierno (Departamentos de Defensa, Justicia, Energía, Agencia de Seguridad Nacional, CIA, FBI) para desarrollar tecnologías para la aplicación de la ley Federal (sin limitarse a) del control de drogas) (Sec. 6.163 y 7.605).

Esto incluiría:

Visión nocturna (Fort Belvoir, Virginia);
Sensor de masa y Comunicaciones Electrónicas (Fort Mott, Jersey);
Seguridad Electrónica Física (Hanscom Field, Massachusetts);
Vigilancia electrónica mediante imágenes (CIA y NSA, Washington, DC);
Química / Investigación y Desarrollo de bio-sensores (Aberdeen, Maryland);
Química / Investigación Molecular (Albuquerque, Nuevo México);
Física / Vigilancia y Seguimiento Electrónico (FBI, Washington, DC)
Detección de artefactos explosivos (Indian Head, Maryland).

La ley exige un gasto de 120 millones de dólares para la Oficina de Estadísticas de Justicia, un centro nacional de datos de las agencias de justicia penal federales, estatales y locales (art. 6.092).

Se pondrán becas a disposición de las agencias estatales y locales para que se enlacen con el sistema de datos (Sec. 6.101/1301). Los vendedores de armas tendrán que comprobar si los compradores tienen antecedentes penales (Sec. 6.213).

La ley incluye una nota especial de la Procuraduría General para que incluya en el sistema INFORMACIÓN SOBRE VIOLENCIA DOMÉSTICA (Sec. 7.609).

Mis fuentes me han informado que el Nuevo Orden Mundial tiene previsto ejecutar a cualquier persona que haya mostrado cualquier grado de violencia durante su vida. Una pelea a puñetazos, mientras hacíais el servicio militar os calificaría. Creen que la violencia es hereditaria, y esto podría significar también la ejecución de los miembros de la familia.

Esta ley insta a hacer un estudio sobre la viabilidad de establecer una

CORTE PENAL INTERNACIONAL (Corte Mundial) (Sec. 4.108).

Una corte penal internacional no tendría jurisdicción ni autoridad sobre ningún ciudadano de los Estados Unidos de América, salvo que rindiéramos nuestra soberanía frente al Nuevo Orden Mundial.

Las armas no estarán permitidas en los edificios federales: hasta 1 año de prisión por llevar un arma en cualquier INSTALACIÓN FEDERAL. La única excepción es una navaja de bolsillo, pero sólo si la hoja hace de largo MENOS de 2-1/2 pulgadas *(6,35 cm)* (Sec. 6.215).

La ley ha autorizado a las autoridades postales a entregar órdenes judiciales, citaciones, hacer arrestos, portar armas de fuego, y hacer apoderamientos en asuntos relacionados con el uso del correo electrónico (Art. 6.251). El Departamento de Correos es una empresa privada y no es parte del gobierno federal. ¿Como pueden ser autorizados a funcionar como la policía federal si no son federales? ¿Los empleados de la oficina de correos están destinados a convertirse en una parte de la fuerza de policía nacional? Ahora es ilegal enviar por correo o enviar equipos de cerrajería a nadie que no sea cerrajero (Sección 3.002). MUCHAS HERRAMIENTAS COMUNES PUEDEN SER CLASIFICADAS COMO EQUIPO DE CERRAJERIA.

La ley legaliza el armamento de los aviones en otros países con fines defensivos, para el control de drogas (Art. 4.202). ¿LO REPITO? Si esto hubiera existido hace unos años, el ASUNTO IRAN- CONTRA HABRÍA SIDO LEGAL sólo declarando que las armas eran para fines defensivos para el control de drogas.

La ley exige que las instalaciones militares sean utilizadas como CENTROS DE TRATAMIENTO MENTAL O CAMPOS DE PRISIONEROS CON PROGRAMAS DE TRABAJO (Secciones 7.302 y 2081/561). ¿No os SUENA COMO EN RUSIA? Además, 200 millones de dólares se destinarán a nuevas prisiones (Art. 6.157). Además, el producto de los bienes incautados y decomisados se utilizarán para la construcción de cárceles, recompensas para obtener información o ayuda, o PARA OTRAS COSAS DE LAS CUALES EL PROCURADOR GENERAL NO SERÁ NECESARIO QUE INFORME (Sec. 6.072/924 Título 20 - CIA, H).

La Ley establece que las industrias penitenciarias pueden SOLICITAR PRÉSTAMOS Y INVERTIR LOS FONDOS (art. 7.093). Las industrias penitenciarias pueden DIVERSIFICAR SUS PRODUCTOS Y PRODUCIR PRODUCTOS SOBRE UNA BASE ECONÓMICA (Sec. 1096b) para proporcionar una fuerza laboral al ESTILO DE LA UNIÓN SOVIÉTICA se autoriza un estudio sobre la viabilidad de exigir que los PRESOS PAGUEN LOS COSTES DE SU ALIMENTACIÓN, VIVIENDA Y REFUGIO CON UN TRABAJO REMUNERADO ANTES, DURANTE O DESPUÉS DE SU ENCARCELAMIENTO

(Sec. 7.301).

En otras palabras, significa el encarcelamiento al estilo soviético presentado para que suene como una buena idea. UN CAMPO DE TRABAJO DONDE HOMBRES Y MUJERES TRABAJAN HASTA MORIR SOLO ES ESO NI MÁS NI MENOS, NO IMPORTA NI COMO LO LLAMEN NI COMO DE ATRACTIVO HAGAN QUE SUENE.

Hacer entrar las cárceles en el negocio de la producción sobre una base económica sólo puede servir para destruir los últimos restos de la pequeña empresa.

Esta ley tiene 366 páginas con la letra muy pequeña, estoy seguro de que aún con el cuidado con que lo leí, todavía me debo haber perdido muchas otras cláusulas terribles. Algunos congresistas han sido pillados negando que conocían esta ley y algunos han declarado que no existe porque les aterroriza que el público descubra lo que han hecho. La primera vez que advertí a la nación sobre esta legislación en la radio en todo el país, el Gobierno retiró todas las copias, ya no está en manos públicas. El Gobierno dice que no hay copias disponibles y que no habrá ninguna copia disponible. ESTA LEY ES DEMASIADO GRANDE COMO PARA INCLUIRLA EN ESTE LIBRO. La encontraréis en la biblioteca, pero, como ya he dicho al principio de este capítulo. Por favor, buscadlo vosotros mismos para comprobar que efectivamente es real.

FUENTES

Ley Pública 100-690.
Código del Congreso de EEUU y Noticias Administrativas, vol. 3,1988, con la enmienda y la información de la votación en el Almanaque Trimestral del Congreso Vol. XLIV, 1988.

CAPÍTULO 8

¿ESTÁN LAS OVEJAS A PUNTO PARA SER ESQUILADAS?

OKLAHOMA
H.B. 1750

La prueba de fuego para el Estado Policial

Gary North ha escrito recientemente sobre una de las piezas más aterradoras de la legislación socialista del estado policial que ha llegado a la escena hasta el día de hoy.

"El 1 de enero de 1991, entró en vigor una nueva ley estatal de 96 páginas: la HB 1750, aprobada en 1989." Requiere que todos los residentes de Oklahoma declaren todo lo que tienen a los recaudadores de impuestos, todo: armas, monedas, colecciones de arte, muebles, equipos de oficina, cuentas bancarias, muebles para el hogar, etc., se distribuyeron formularios a través de bancos. Cualquier contribuyente que se niegue a rellenar el formulario y enviarlo al recaudador de impuestos el 15 de marzo - los idus de marzo - recibirá la visita de un asesor. Os pedirá permiso para entrar en vuestro domicilio o lugar de trabajo. Si se rechaza esta solicitud, se emitirá una orden de registro. Para cualquier propiedad no mencionada anteriormente, o infravalorada, se impondrá una multa de hasta el 20% de su valor de mercado. Esto hará contribuyentes a los inquilinos y hará la vida más fácil a los agarradores de armas.

¿Cuáles son las implicaciones para invertir en esto? Invertir en una buena arma y estar de pie en el porche con el arma en la mano cuando vengan a visitaros.

Está claro hacia donde se dirigen los recaudadores de impuestos a continuación. Oklahoma será una prueba de fuego. Si son capaces de sacarlo adelante, los otros estados se añadirán. El Gran Hermano quiere saberlo todo y grabarlo todo. Finalmente, el Nuevo Orden Mundial eliminará toda propiedad privada, "redistribuirá la riqueza", y este inventario les dirá cuanto existe y exactamente donde se almacena. Por supuesto, el asesor de impuestos de Oklahoma compartirá su información con otras agencias federales y estatales.

¿Lo conseguirán con el flagrante desprecio por los derechos civiles y constitucionales? Esta es exactamente la razón de la ley, para saber si se encontrarán con una oposición fuerte o violenta. Si los ciudadanos de Oklahoma se van a dormir y permiten que esto ocurra, entonces podéis apostar que el resto de la nación será sometida a la misma ley o a una similar.

Es hora de ponerse en pie con un arma y gritar, "¡BASTA!" Es el momento de trazar la línea. Es el momento de tomar decisiones y llevarlas a cabo. Es hora de resistir a cualquier y todos los costos. El castigo por no hacerlo es la esclavitud.

NO ES TIEMPO DE REBELIÓN. ES HORA DE RESTAURACIÓN.

LA CONSTITUCIÓN DEBE SER DE NUEVO, COMO LO ERA ANTES, LA LEY SUPREMA DE LA TIERRA. EL FEDERALISMO ES UNA TRAICIÓN. LEVANTAOS Y LUCHAD.

FUENTES

HB 1750, legislación de la Cámara de Representantes del Estado de Oklahoma, Oklahoma City, Oklahoma, 1989.

North, Gary, "El Gran Hermano lo quiere ver todo en Oklahoma," The McAlvany Intelligence Advisor, julio de 1990.

CAPÍTULO 9

ANATOMÍA DE UNA ALIANZA

La lógica para el Nuevo Orden Mundial
El pegamento que une la alianza del poder
y las consecuencias

> *Todo lo necesario para que triunfe el mal es*
> *que los hombres buenos no hagan nada.*
> Edmund Burke, 1729 - 1797

LAS RAZONES PARA LA COOPERACIÓN ENTRE FUERZAS OPUESTAS

Doy conferencias por todo Estados Unidos. En algún momento, antes, durante, o después de cada conferencia, alguna alma bien intencionada pero equivocada, me dice que lo tengo todo mal y que son los judíos, los católicos, los comunistas, o los banqueros los que son la causa de todos nuestros males. Al grupo elegido se le culpa de todo lo que alguna vez ha ido mal. El poder sobre cualquiera y sobre cualquier cosa siempre se atribuye a este grupo - cualquier grupo resulta serlo en ese momento para esa persona. Esta pobre gente van por buen camino, en cuanto a que se ha producido y, ciertamente, es una conspiración para llevar a cabo un orden mundial totalitario. Están completamente equivocados al pensar que algún grupo étnico, religioso o económico por sí solo podría reunir alguna vez suficiente poder como para llevar su plan a buen puerto. Un grupo, veréis, siempre se opondrá a todos los demás grupos de intereses especiales que existen y han existido siempre a lo largo de la historia. Es decir, a menos que todos sean realmente del mismo grupo (los Illuminati) o por alguna razón se hayan unificado (Grupo Bilderberg).

El escenario de un solo grupo, a excepción de los Illuminati, se ha utilizado eficazmente para desviar vuestra atención alejándola de la verdad. Ha hecho que lucharais entre vosotros en una manipulación que siempre lleva a la conspiración REAL más cerca de su objetivo final, un

187

Nuevo Orden Mundial. Aquellos de vosotros que creéis que Hitler fue financiado por los judíos para que pudiera matar judíos tiene un déficit de lógica serio. Los fanáticos de izquierdas que pregonan que detrás de la conspiración están los nazis han ignorado el hecho de que ciertamente estaban involucrados judíos muy ricos, junto con muchos católicos, protestantes, comunistas, ateos, capitalistas, masones, etc., todos ellos diametralmente opuestos entre sí, al menos aparentemente.

Los de derechas que creen que son los comunistas han olvidado que los banqueros estadounidenses financiaron la creación de la Unión Soviética. La ayuda económica de MUCHOS y diferentes tipos de países, instituciones, y pueblos de creencias religiosas y políticas opuestas ha sido lo único que ha hecho flotar la inviable economía comunista durante todos estos años. La familia Rockefeller tiene una sucursal bancaria en el Kremlin. Los de derechas también deberían preguntarse por qué, cada vez que nos hemos propuesto detener el comunismo, los Estados Unidos sólo lo han fortalecido. La guerra moderna, no importa como se le llame, no se ha traducido nunca en una ganancia territorial para el ganador. No es porque nuestros líderes sean comunistas, como pretende la derecha. El comunismo fue una creación destinada a funcionar como la antítesis de los Estados Unidos. Muchos de nuestros líderes, sin embargo, son Illuminati.

La respuesta está en las muchas caras de los Illuminati y el hecho de que inmediatamente después de la Segunda Guerra Mundial surgieron varios motivos unificadores para lograr el Nuevo Orden Mundial.

Es posible, sin embargo, que una o dos o más de estas razones no sean reales, y por lo tanto sean manipulaciones. La evidencia indica que son reales y peligrosas, cada una a su manera, y deben ser tratadas con rapidez y en profundidad.

Si se hubiera descubierto en secreto que seres extraterrestres visitan la tierra, ciertamente tendría sentido que esto uniera a la humanidad en contra de la posible amenaza que pudiera conllevar. Si los extraterrestres no están visitando la tierra, entonces tendría sentido inventarlo para convencer a las fuerzas de la oposición a que se unieran contra la amenaza. Esto se ha hecho, existan o no los seres extraterrestres en cuestión; Sin embargo, hay peligros más creíbles y más inmediatos que pueden ser la razón de una alianza de muchos grupos tradicionalmente opuestos. De los extraterrestres discutiremos en detalle en un capítulo posterior.

La razón podría ser la amenaza de extinción de la raza humana por ningún otro enemigo que la propia raza humana. Esta amenaza puede ser, no es ninguna manipulación; puede ser real, y si no se toman medidas drásticas, puede materializarse en los próximos cien años.

Después de la Segunda Guerra Mundial pasó algo que tendría una enorme importancia para el futuro de toda la humanidad. Los intelectuales tomaron nota de que esto había pasado, y lo sometieron a la atención de la élite del poder mundial. La élite fue severamente sacudida por las repercusiones previstas de este evento. Se les dijo que hacia el año 2000 o poco después la civilización tal como la conocemos se derrumbaría totalmente y la posible extinción de la raza humana podría ser un hecho.

Podría tener lugar, siempre y cuando no destruyamos la tierra con armas nucleares antes de esa fecha. Se les dijo que lo único que podría detener estos predichos acontecimientos serían severos recortes de la población humana, la interrupción o el retraso del crecimiento tecnológico y económico, la eliminación de la carne en la dieta humana, el control estricto de la futura reproducción humana, un total compromiso con la preservación del medio ambiente, la colonización del espacio, y un cambio de paradigma en la conciencia evolutiva del hombre.

Los que estaban en el poder inmediatamente formaron una alianza y se dedicaron a llevar a buen puerto los cambios recomendados a través de propaganda, control mental y otras manipulaciones de masas. Las oraciones de los Illuminati habían sido escuchadas. ¿Cuál fue el evento que causó tanta consternación y cambió para siempre el futuro del mundo? Millones de soldados habían regresado de la guerra. Los soldados habían encontrado mujeres ardientes solitarias esperándolos. El mayor acoplamiento en la historia de la raza humana se había producido. El resultado fueron todos los nacidos entre 1941 y 1955 y los hijos que eventualmente producirían. Éramos vosotros y yo y todos los que vivimos en la actualidad. Fue el gran BABY BOOM mundial. Fue la culminación de todos los esfuerzos del hombre por sobrevivir a través de la historia. Fue la medicina moderna, una mejor alimentación, el calor en invierno, el agua corriente pura, y la disposición adecuada de las aguas residuales. Fue el momento histórico en que la tasa de natalidad superó la tasa de mortandad de modo que la población mundial se duplicó entre 1957 y 1990. Fue el momento más maravilloso en la historia del mundo, pero también fue el peor. Señaló el final de la ganancia más preciada del hombre. Una alianza entre todos los poderes de la tierra, abiertos y ocultos, decidió que las libertades individuales ya no podían ser toleradas en nombre de la preservación de la raza humana. Creían que no se podía confiar en el hombre común.

Lo que había sido el sueño incumplido de muchos grupos individuales se hizo realidad debido a la concentración de poder en la alianza conocida como el Grupo Bilderberg. Lo que había sido imposible hasta ahora que se había prometido como el Nuevo Orden Mundial que muchos habían imaginado ahora era una certeza.

El primer estudio se realizó durante la Segunda Guerra Mundial para determinar el impacto del regreso de los soldados a la economía. Los resultados movilizaron a la élite gobernante. Un segundo estudio secreto se llevó a cabo en 1957 por científicos reunidos en Huntsville, Alabama. Se confirmaron los resultados del primero. La conclusión fue que la civilización tal como la conocemos, se derrumbaría poco después del año 2000 a menos que la población se redujera seriamente. El estudio expresó una preocupación, como las armas atómicas ya existían pues, en última instancia, se utilizarían. Se instó al desarme total en todo el mundo. El Congreso aprobó el plan de desarme y creó la Agencia del Desarme de EEUU, el presidente Dwight David Eisenhower dijo lo siguiente en 1957: "Debido a la baja mortalidad infantil, una vida más larga, y la aceleración de la conquista del hambre, hay en curso una explosión demográfica tan increíblemente grande que en poco más de otra generación se espera que la población mundial se duplique".

Un tercer estudio fue realizado por el Club de Roma que terminó en 1968 determinando los límites del crecimiento. El resultado fue el mismo. El Club de Roma fue el encargado de desarrollar un modelo informático del mundo para predecir el resultado de las correcciones introducidas en las estructuras sociales y económicas de los elegidos. También se pidió al Club de Roma que desarrollara un modelo informático de un Nuevo Orden Mundial. Ambas tareas se llevaron a cabo.

Se realizaron estudios para determinar un método para detener la explosión demográfica antes de alcanzar el punto de no retorno. Se determinó que un ataque inmediato al problema implicaría dos puntos de intervención. El primero era bajar la tasa de natalidad y el segundo era aumentar la tasa de mortalidad.

Para reducir la tasa de nacimientos se pusieron en marcha varios programas. El primero fue el desarrollo de métodos de control de natalidad positivos utilizando, procedimientos mecánicos (el diafragma y el condón), químicos (espuma espermicida y pastillas para el control de la natalidad) y médicos (esterilizaciones, abortos y histerectomías). Todo esto fue desarrollado e implementado. El Movimiento de Liberación de la Mujer se inició con la demanda de abortos libres, utilizando el "derecho a elegir" como su grito de guerra. La homosexualidad fue alentada y nació la Liberación Gay. Los homosexuales no tienen hijos. El crecimiento cero de la población se convirtió en un tema caliente en los encuentros sociales. La libertad individual, "el debate en caliente," la religión, y las tristes viejas leyes sabotearon estos esfuerzos, y mientras que el crecimiento cero de la población se convertía en una realidad en algunas áreas, la población aumentaba rápidamente en otras.

La única alternativa que le quedaba a la élite gobernante del mundo era aumentar la tasa de mortalidad. Esto era difícil de hacer, ya que nadie quería escoger gente de entre una multitud y alinearlos para ejecutarlos. Tampoco querían saborear las posibles consecuencias de un público enfurecido al descubrir que estaban siendo sistemáticamente asesinados. Por supuesto, una guerra global usando armas nucleares sobre concentraciones seleccionadas de población, muy corta pero muy mortal, fue contemplada y, de hecho, no fue descartada. El hecho de que se contemplara este control de la población incluso confirmó los peores temores de los que habían participado en el estudio de 1957. Dejaron la guerra a fuego lento en un segundo plano, pero puede llegar a ser una realidad. Mientras había que hacer algo para absolver las culpas de los tomadores de decisiones y echarle la culpa a los que no llevaran una vida limpia.

Algo de lo que se pudiera culpar a la madre naturaleza. Lo que se necesitaba era la peste bubónica o alguna otra enfermedad horrible, pero natural. La respuesta vino de Roma. El Dr. Aurelio Peccei del Club de Roma hizo varias recomendaciones Top Secret. Abogó porque se introdujera una plaga que tuviera los mismos efectos que la famosa Muerte Negra de la historia. La principal recomendación fue desarrollar un microbio que atacara el sistema autoinmune y por lo tanto hiciera imposible el desarrollo de una vacuna. Se dieron órdenes para desarrollar el microbio y desarrollar un profiláctico y un remedio. El microbio se utilizaría en contra de la población en general y se introduciría mediante la vacuna. El profiláctico debía ser utilizado para la élite gobernante. El remedio se administraría a los supervivientes cuando se decidiera que ya habían muerto suficientes personas. El remedio se daría a conocer como un nuevo desarrollo, cuando en realidad había existido desde el principio. Este plan forma parte de Global 2000. El profiláctico y el remedio se suprimirían. "El hombre ha pasado de una posición defensiva, en gran medida subordinada a las alternativas de la naturaleza, a una nueva y dominante. Desde ella no sólo puede e influye en todo el mundo sino que, voluntaria o involuntariamente, puede y de hecho ha de determinar las alternativas de su propio futuro y en última instancia, debe elegir sus opciones. En otras palabras, su nueva condición de poder prácticamente le obliga a asumir nuevas funciones reguladoras que, se quiera o no, ha debido cumplir en cuanto a los sistemas mixtos humano-naturaleza del mundo. Después de haber penetrado en varios misterios antiguos y ser capaz de influir en los acontecimientos de forma masiva, ahora está investido con enormes responsabilidades sin precedentes, y lanzado a su nuevo papel de moderador de la vida en el planeta - incluso de la suya propia". Las palabras anteriores las escribió el Dr. Aurelio Peccei y están extraídas textualmente de la página 607 del Informe Global 2000 para el Presidente.

La financiación se obtuvo del Congreso de EEUU en virtud de la HB 15.090 (1969), donde recibió 10 millones de dólares del presupuesto del Departamento de Defensa de 1970. Un testigo ante el Comité del Senado reveló que tenían la intención de producir "un agente biológico sintético, un agente que no existe de forma natural y para el cual no se podría conseguir ninguna inmunidad natural. Dentro de los próximos 5 a 10 años, probablemente sería posible hacer un nuevo microorganismo infeccioso que podría diferir en ciertos aspectos importantes de cualquiera de los organismos que causan enfermedades conocidas. El más importante de ellos es que podría ser refractario a los procesos inmunológicos y terapéuticos de los que dependemos para mantenernos relativamente al margen de enfermedades infecciosas".

Sir Julian Huxley dijo: "La superpoblación es, en mi opinión, la amenaza más grave para todo el futuro de nuestra especie." El proyecto, llamado MK-NAOMI, se llevó a cabo en Fort Detrick, Maryland. Debían ser diezmadas grandes poblaciones, la élite gobernante decidió apuntar hacia los elementos "indeseables" de la sociedad. Las poblaciones negra, hispana y los homosexuales fueron los objetivos específicos. Los pobres homosexuales por un lado fueron alentados y programados para extinguirse los unos a los otros.

El continente africano fue infectado a través de la vacuna contra la viruela en 1977. La vacuna fue administrada por la Organización Mundial de la Salud. Según el Dr. Robert Strecker, "Sin una cura la totalidad de la población negra de África moriría en 15 años. Algunos países están mucho más allá del estatus de epidemia."

La población de los EE.UU. fue infectada en 1978 con la vacuna contra la hepatitis B. El Dr. Wolf Szmuness, el ex-compañero de piso del Papa Juan Pablo II, fue el cerebro detrás de los ensayos experimentales de vacunas contra la hepatitis B llevados a cabo de Noviembre del 78 a Octubre del 79 y de Marzo del 80 a Octubre del 81 por los Centros para el Control de Enfermedades en Nueva York, San Francisco y cuatro ciudades más de Estados Unidos. Fue él quien soltó la plaga del SIDA en el pueblo estadounidense. La población gay fue infectada. Los anuncios para los participantes solicitaban específicamente a voluntarios que fueran hombres homosexuales promiscuos. La causa del SIDA fue la vacuna. La vacuna se fabricaba y se embotellaba en Phoenix, Arizona.

La orden la dio el COMITÉ DE POLÍTICAS del Grupo Bilderberg con sede en Suiza. También se ordenaron otras medidas.

Lo que vosotros seréis capaces de revisar más fácilmente es la Política de Despoblación Haig-Kissinger, que es administrada por el Departamento de Estado. Esta política establece que las naciones del Tercer Mundo adopten medidas positivas y eficaces para disminuir sus poblaciones y mantenerlas a raya o se quedarán sin la ayuda de los Estados Unidos. Si las naciones del Tercer Mundo se niegan, normalmente se declara una guerra civil y los rebeldes generalmente son entrenados, armados y financiados por la Agencia Central de Inteligencia. Es por ello que muchos más civiles (especialmente hembras jóvenes fértiles) que soldados han sido asesinados en El Salvador, Nicaragua, y otros lugares. Estas guerras han sido instigadas en los países católicos por los jesuitas (ver capítulo 2).

La política de despoblación Haig-Kissinger se ha apoderado de varios niveles del gobierno y de hecho es quien determina la política exterior de EEUU. La organización de la planificación opera desde el exterior de la Casa Blanca y dirige la totalidad de sus esfuerzos a reducir la población mundial a 2 mil millones de personas mediante la guerra, el hambre, la enfermedad y cualquier otro medio necesario. Este grupo es el Grupo Ad Hoc sobre Políticas Demográficas del Consejo de Seguridad Nacional. El personal que planifica las políticas se halla en la Oficina de Asuntos Demográficos (OPA) del Departamento de Estado, fundada en 1975 por Henry Kissinger. Este mismo grupo redactó el Informe Global 2000 para el Presidente que se le entregó a Carter.

Thomas Ferguson, el oficial del caso de la América Latina de la Oficina del Departamento de Estado de Asuntos Demográficos (OPA) hizo las siguientes declaraciones: "Sólo hay un tema detrás de todo nuestro trabajo, debemos reducir los niveles de población. No importa cómo lo hagamos, mediante buenos métodos de limpieza o consiguiendo el tipo de desastre que tenemos en El Salvador, o Irán, o Beirut. La población es un problema político. En cuanto la población está fuera de control se requiere un gobierno autoritario, incluso el fascismo, para reducirla... Los profesionales", declaró Ferguson, "no están interesados en la reducción de la población por razones humanitarias. Esto suena bien. Nos fijamos en los recursos y las limitaciones ambientales. Miramos hacia nuestras necesidades estratégicas, y decimos que este país debe reducir su población, o en caso contrario tendremos problemas. Así que se toman medidas. El Salvador es un ejemplo donde nuestro fracaso en reducir la población por medios simples ha creado la base para una crisis de seguridad nacional. El gobierno de El Salvador fracasó al utilizar nuestros programas para reducir su población. Ahora tienen una guerra civil debido a esto. Habrá dislocación y escasez de alimentos. Todavía tienen demasiada gente allí. Las guerras civiles son de alguna manera herramientas para reducir la población. La forma más rápida de reducir la población es a través del hambre, como en África o a base de ENFERMEDADES, como la Muerte Negra, lo que PODRÍA PASAR en El Salvador "Su presupuesto para el año fiscal 1980 fue de 190 millones de dólares. Para el año fiscal 1981 fue de 220 millones. El Informe Global 2000 exige que se duplique esta cifra.

Henry Kissinger creó este grupo después de discutir con los líderes del Club de Roma durante las conferencias demográficas de 1974 en Bucarest y Roma. El Club de Roma está controlado por la Nobleza Negra europea. Alexander Haig es un firme creyente del control demográfico. Fue Haig quien apoyó a Kissinger y empujó a la OPA a actuar.

Ferguson dijo: "Vamos a entrar en un país y diremos: ahí tienes tu maldito plan de desarrollo. Tirarlo por la ventana. Empezad por tomar la medida de vuestra población y averiguad qué hay que hacer para reducirla. Si esto no os gusta, si no deseáis optar por hacerlo mediante la planificación, entonces tendréis un El Salvador o un Irán, o peor, una Camboya".

La verdadera razón por la que fue derrocado el Sha de Irán fue que sus mejores esfuerzos para instituir "programas limpios" de control de natalidad no consiguieron hacer efectos significativos en la tasa de natalidad del país. La promesa de puestos de trabajo, a través de un ambicioso programa de industrialización, alentó la migración hacia ciudades superpobladas como Teherán. Con el ayatolá Jomeini, los programas de limpieza han sido desmantelados. El gobierno puede continuar porque tiene un programa "para inducir a reubicar la mitad de los 6 millones de habitantes de Teherán. La guerra de Irán con Irak gustó realmente a la OPA." Ahora ya sabéis qué pasó con el Sha y ahora ya sabéis parte de la razón de porque tenemos tropas en Oriente Medio. Marcos fue víctima de la misma política.

Daniel B. Lutens dijo lo siguiente: "...una organización no puede tener una política de conservación sin tener una política demográfica... la prueba de cordura - en la que el candidato, enfrentado a un lavabo que derrama, se le clasifica de acuerdo a si recoge el agua o cierra el grifo".

Cada año miles de personas, la mayoría civiles, mueren en la guerra civil de El Salvador. "Para conseguir lo que el Departamento de Estado considera un adecuado "control demográfico," la guerra civil debería ser ampliada en gran medida", según Thomas Ferguson, el oficial de la OPA encargado de América Latina.

El Salvador fue el blanco del control demográfico y de la guerra en un informe sobre la población publicado en abril de 1980 por el Consejo Nacional de Seguridad. "El Salvador es un ejemplo de país con serios problemas demográficos y políticos", dice el informe. "El rápido crecimiento demográfico - la tasa de natalidad se ha mantenido sin cambios en los últimos años - agrava su densidad de población, que ya es el más alto en la parte continental de América Latina. Si bien hay un programa demográfico sobre el papel, no ha sido acompañado de un fuerte compromiso, y los anticonceptivos siguen sin estar disponibles". El programa demográfico "en realidad no funcionaba", dijo Ferguson de la OPA. "No había una infraestructura para apoyarlo. Había demasiada maldita gente. Para controlar un país, debéis hacer disminuir la población. Un exceso de gente reproduce el malestar social y el comunismo".

"Algo se tenía que hacer", dijo el funcionario de la OPA. La tasa de natalidad es del 3,3 por ciento, una de las más altas del mundo. Su población, se quejó, se duplicará en 21 años. "La guerra civil puede ayudar, pero debería ampliarse en gran medida."

Velaremos para que se reduzca la población en El Salvador, dijo Ferguson, la OPA aprendió mucho de sus experiencias en Vietnam. "Estudiémoslo. Aquella área también estaba superpoblada y era un problema. Pensábamos que la guerra haría disminuir la población y nos equivocamos." Ahora ya sabéis qué estábamos haciendo realmente en Vietnam y por qué no se nos permitió ganar. Según Ferguson, la población de Vietnam aumentó durante la guerra, a pesar del uso de la defoliación por EEUU y una estrategia de combate que animaba a hacer víctimas civiles. Ahora ya sabéis por qué los que lo sabemos consideramos que el teniente Calley fue utilizado como cabeza de turco.

Para reducir la población "rápidamente", dijo Ferguson "debéis enviar a todos los hombres a luchar y matar a un número significativo de mujeres fértiles en edad de procrear." Criticó la actual guerra civil en El Salvador: "Estáis matando pocos hombres y no hay suficientes hembras fértiles para hacer el trabajo de la población. Si la guerra sigue así entre 30 a 40 años, entonces será posible conseguir algo. Lamentablemente, no tenemos demasiados casos de estos para estudiar".

Para ayudaros en vuestra investigación de esta farsa, los nombres de los informes importantes son LA BOMBA DEMOGRÁFICA del DR. PAUL R. EHRLICH (su esposa Anne es miembro del Club de Roma), INFORME GLOBAL 2000 PARA EL PRESIDENTE, Y LOS LÍMITES DEL CRECIMIENTO, UN

INFORME PARA EL PROYECTO DEL CLUB DE ROMA SOBRE LA DIFÍCIL SITUACIÓN DE LA HUMANIDAD.

En abril de 1968 el estudio se hizo público en la Academia dei Lincei en Roma, Italia. El estudio se había prolongado en secreto desde los primeros resultados de la reunión de Huntsville de 1957. Se conocieron a instigación del Dr. Aurelio Peccei. La primera indicación pública real de sus resultados y la solución que se había decidido fue la publicación del libro La bomba demográfica en mayo de 1968. Observe cuán próximas están las fechas. En la página 17 de La bomba demográfica, un revelador párrafo revela todo lo que hay que saber.

"En resumen, la población mundial seguirá creciendo, siempre y cuando la tasa de natalidad sea superior a la tasa de mortalidad, es tan simple como eso. Cuando deje de crecer o comience a encogerse, significará que, o bien la tasa de natalidad se ha reducido o bien la tasa de mortalidad ha aumentado o una combinación de ambas. Básicamente, a continuación, sólo hay dos tipos de soluciones al problema demográfico. Una es la "solución de la tasa de natalidad," en la que encontramos la manera de reducir la tasa de natalidad. la otra es la "solución de la tasa de mortalidad," en la que encontramos formas de aumentar la tasa de mortalidad - la guerra, el hambre, la peste. El problema se podría haber evitado con el control demográfico, con el cual la humanidad conscientemente hubiera ajustado la tasa de natalidad para que la "solución de la tasa de mortalidad no tuviera lugar".

Las recomendaciones de los resultados del estudio fueron hechas por el Dr. Aurelio Peccei, que se comprometió a no utilizar el tratamiento profiláctico ni a tomar el remedio aunque se desarrolle el microbio y en caso de que contraiga la enfermedad. El Dr. Peccei fue considerado un héroe por haber decidido correr el mismo riesgo que la población en general. Los resultados públicos del estudio fueron publicados en 1968 y de nuevo en 1972 Los miembros del equipo del proyecto del MIT que desarrolló el estudio del modelo informático se enumeran a continuación:

Dr. Dennis L. Meadows, director, Estados Unidos
Dra. Alison A. Anderson, Estados Unidos (contaminación)
Dr. Jay M. Anderson, Estados Unidos (contaminación)
Ilyas Bayar, Turquía (agricultura)
William W. Behrens III, Estados Unidos (recursos)
Farhad Hakimzadeh, Irán (demografía)
Dr. Steffen Harbordt, Alemania (tendencias sociopolíticas)
Judith A. Machen, Estados Unidos (administración)

Dra. Donella H. Meadows, Estados Unidos (demografía)
Peter Milling, Alemania (capital)
Nirmala S. Murthy, India (demografía)
Roger F. Naill, Estados Unidos (recursos)
Jorgen Randers, Noruega (demografía)
Stephen Shantz, Estados Unidos (agricultura)
John A. Seeger, Estados Unidos (administración)
Marilyn Williams, Estados Unidos (documentación)
Dr. Erich K. O. Zahn, Alemania (agricultura)

Cuando se completó el estudio en 1969 el secretario general de la ONU, U Thant, hizo la siguiente declaración:

"No quiero parecer melodramático, pero sólo puedo concluir a partir de la información de que dispongo como Secretario General, que los miembros de las Naciones Unidas tienen por delante unos diez años en los que subordinar sus antiguas rencillas y poner en marcha una asociación mundial para frenar la carrera armamentista, para desactivar la explosión demográfica, y para proporcionar el impulso necesario para los esfuerzos de desarrollo. Si tal asociación global no se forja en la próxima década, a continuación, mucho me temo que los problemas que he mencionado habrán alcanzado proporciones tan sorprendentes que estarán más allá de nuestra capacidad de control".

El MK-NAOMI fue desarrollado por científicos de la División de Operaciones Especiales (SOD) de Fort Detrick, Maryland, bajo la supervisión de la CIA.

Una referencia al proyecto MK-NAOMI se puede encontrar en La comunidad de la inteligencia de Fain et al., Bowker, 1977.

El teniente Coronel James "Bo" Gritz fue miembro de la División de Operaciones Especiales del Departamento de Defensa, era comandante de las Fuerzas Especiales de los Estados Unidos en América Latina, el principal agente de la súper-secreta Actividad de Apoyo de los servicios de Inteligencia (ISA) del Consejo de Seguridad Nacional, que gestó los grupos ilegales conocidos como Yelow Fruit (Fruta Amarilla) y Seaspray (Spray marino), y jefe de Relaciones con el Congreso para el Pentágono. El teniente coronel Gritz afirma que no conocía ninguna ilegalidad en el ejército o el gobierno hasta que se lo contó un señor de la droga en un país del Tercer Mundo. Lo siento, pero no se me engaña tan fácilmente. Recomiendo apoyar sus esfuerzos, siempre que sus esfuerzos nos ayuden, también recomiendo mirarlo con mucho cuidado. Hay una pequeña posibilidad de que Gritz sea legítimo, pero yo no pondría mi vida en sus manos.

Lowell Sumner expresó su opinión: "Como biólogo la explosión de la población humana, y el descenso en espiral de los recursos naturales, es para mí la más grande de todas las amenazas. Ha llegado el momento, incluso es peligrosamente demasiado maduro, con respecto al problema del control demográfico. Tendremos que hacer frente o en última instancia morir, y qué manera tan monótona, estúpida, desagradable de morir, en un globo en ruinas despojado de su belleza primigenia." Se han promulgado muchos otros controles demográficos. La reducción de la población mundial a niveles viables ha sido prácticamente asegurada. Sólo es cuestión de tiempo. El problema será el de reducir aún más la reproducción humana más allá de los niveles aprobados. Para gestionar el problema el Nuevo Orden Mundial aprobará el modelo comunista chino de control demográfico. Es el único programa de control demográfico que ha funcionado. Los viejos y los enfermos han sido periódicamente asesinados y a las parejas se les prohíbe tener más de un hijo. Los castigos son tan graves que en China las familias con dos niños son extremadamente raras. Las familias con tres niños son inexistentes. Un sorprendente subproducto es que los niños chinos, como grupo, son tratados mejor que cualquier otro grupo nacional de niños en el mundo, incluyendo a Estados Unidos.

En EEUU los campos de tabaco han sido fertilizados con abonos radiactivos provenientes de minas de uranio, dando lugar a un enorme aumento en la incidencia de cáncer de labio, boca, garganta y pulmón. Si no os lo creéis, sólo hay que ver la incidencia de cáncer de pulmón per cápita antes de 1950 y compararlo con el cáncer de pulmón por habitante en la actualidad. Los que fuman ¿se suicidan, o están siendo asesinados?

El malatión, un gas nervioso desarrollado por los nazis durante la Segunda Guerra Mundial para matar a la gente, se está fumigando abundantemente en los centros poblados de California.

La excusa utilizada es que están matando la mosca mediterránea de la fruta. La cuestión es que no están rociando los huertos, sólo rocían a la gente. Los helicópteros vienen desde Evergreen en Arizona, una conocida base del gobierno y se sospecha que de la CIA. Los pilotos son pilotos contratados proporcionados por Evergreen. Evergreen ha sido nombrada como una de las bases donde llegan las drogas desde América Central. La ciudad de Pasadena aprobó una ley que ilegaliza rociar malatión dentro de los límites de la ciudad. La ley fue ignorada y la ciudad no tomó ninguna medida. Cuando el pueblo de California, literalmente, se rebeló contra la fumigación de malatión, el gobernador de California declaró que no tenía poder para detener la operación. ¿Qué poder superior hay que pueda impedir a un gobernador de un estado detener la fumigación de

HE AQUÍ UNCABALLO PÁLIDO

insecticida? Se emitió un aviso para que la gente cubriera los automóviles y sus pertenencias ya que el malatión podía destruir la pintura, algunos plásticos, y otros bienes. A la gente, dijeron, no la perjudica. Es mentira.

Las enfermedades del corazón solían ser enfermedades muy raras. Ahora, son una epidemia. Id y ved las estadísticas. No sé qué es lo que está causando esto, pero hace 80 años la gente consumía más sal, grasa, colesterol, y todo el resto de lo que dicen que son los culpables de la enfermedad cardíaca, pero la enfermedad era rara. ¿Por qué es ahora una de las principales causas de muerte?

En el estado de Colorado y en otros lugares se está encontrando dioxina en el agua potable en niveles alarmantes. No debería estar presente en ninguna cantidad. ¿De dónde viene? La dioxina es uno de los químicos más letales conocidos por el hombre. Los ciudadanos de Colorado que intentan luchar contra la contaminación por dioxinas se encuentran con puertas cerradas, negación y ataques a sus personas.

Hemos visto en las noticias, con horror, como historia tras historia destapada se revelaba que el Ejército y la CIA habían liberado gérmenes y virus entre la población para poner a prueba su capacidad de guerra biológica. A la vista de lo que habéis aprendido en este capítulo ahora ya sabéis que en realidad era para reducir la población.

Es público y notorio que las investigaciones sobre el encubrimiento de fugas radiactivas en la atmósfera y en las aguas subterráneas han revelado que algunas fugas no fueron accidentales, sino que se habían hecho expresamente. Algunas zonas del país ahora tienen una tasa tan alta de cáncer que casi todos los que viven en aquellas áreas morirán pero no de muerte natural. El verdadero alcance de gases radiactivos, desechos y materiales tóxicos, sobre todo cesio-137, estroncio-90, uranio-de mina y molido, torio-230, radio-226, y radón-222 que se ha escapado o ha sido depositado a propósito en la atmósfera, en el agua del suelo, y en el suelo está mucho más allá de cualquier cosa que vosotros o yo podamos imaginar. Cada investigación ha revelado que las verdaderas cifras de la fuga radiactiva son mucho mayores que las cifras oficiales y los números reales nunca se conocerán. El encubrimiento se ha convertido en SOP (procedimiento operativo estándar) en todos los niveles y en todos los departamentos del gobierno. ¿Soñamos la realidad o la realidad es un sueño?

Según la Dra. Eva Snead, el área de la bahía de San Francisco tiene una de las tasas más altas de cáncer del mundo. El área de la bahía de San Francisco se ha revelado como uno de los lugares principales de los programas de pruebas biológicas y químicas de la Agencia Central de

Inteligencia. Podéis recordar que la enfermedad del legionario fue una bacteria experimental liberada al viento en la bahía de San Francisco desde un barco del gobierno. San Francisco es también uno de los seis puntos de inoculación conocidos del Proyecto de la CIA MK-NAOMI (SIDA). El área de la Bahía era la sede del Dr. Timothy Leary, quien introdujo la cultura de las drogas en la juventud americana con el Proyecto MK-ULTRA de la CIA. Se sospecha que el área de la bahía de San Francisco también fue sometida a grandes dosis de radiación para probar los efectos sobre una población durante un período prolongado de tiempo. ¿Por qué odian San Francisco? La respuesta es que en San Francisco vive la mayor población homosexual de Estados Unidos y que han sido objeto de exterminio.

Una razón para el Nuevo Orden Mundial, o una racionalización, según sea el caso, es la posibilidad muy real de que algún terrorista desencadene una guerra nuclear mundial mediante la detonación de una bomba atómica para hacerlo una cuestión política. Creo que se puede decir que con seguridad cualquier intercambio de armas atómicas o de hidrógeno a gran escala se traducirá en la destrucción total de la civilización, y podría precipitar la escalada de la embestida de una edad de hielo. La conclusión obvia sería que cualquier tipo de compromiso que lleve a la convivencia será mejor que cualquier tipo de intercambio nuclear. En otras palabras, "mejor Rojo que muerto." Esto es exactamente lo que la jerarquía ha decidido, sólo que el Nuevo Orden Mundial no será Rojo. Será fascista. Será, de hecho, un estado socialista totalitario.

Se espera que con el tiempo se producirá una metamorfosis natural. Los Illuminati esperan que el resultado será un cambio de paradigma de la conciencia evolutiva del hombre. Esto podría causar la formación de un estado en el que no se necesitara ningún gobierno, en el que no habría que temer la anarquía. Sueñan que el resultado final sea el mundo que Cristo enseñó, pero lo impide la religión cristiana. Es irónico que los Illuminati realmente crean que esto puede evolucionar a partir de un plan integrado a partir de este sufrimiento. Cristo sufrió, si el Nuevo Testamento es cierto, para conseguir su mundo; y si él sufrió quizás también debamos sufrir nosotros. No soy lo suficientemente sabio como para saber la respuesta.

Me las apañé para encontrar una referencia de los Protocolos de Sion fechada en la década de 1700 (véase el capítulo 15, página 269). Este plan para la subyugación del mundo describe correcta y exactamente lo que ha pasado desde que se descubrieron los protocolos, y eso es todo lo que se necesita para confirmar la autenticidad de la información contenida en el documento. Está claro que los Illuminati han planeado gobernar el mundo desde hace siglos.

Han seguido el plan esbozado en los Protocolos de Sion. Los Illuminati no podrían haber tenido éxito, sin embargo, de no haber formado la alianza con las otras estructuras de poder mundial. ¿Es la crisis demográfica mundial un engaño perpetrado para llevar a cabo esta alianza? Es posible. Todo lo que puedo decir es que mis propios cálculos, utilizando el conocimiento a mi disposición, realizados en mi ordenador 386, confirman que la crisis es real, y de hecho, es muy grave. Si se trata de una manipulación, el mundo entero ha sido engañado.

TODOS LOS INTELECTUALES, GOBERNANTES Y ÓRGANOS DE GOBIERNO ESTAN DE ACUERDO EN QUE LA POBLACIÓN ES LA AMENAZA MÁS GRANDE DE LA CIVILIZACIÓN QUE CONOCEMOS HOY. No importa lo que vosotros creáis. Si ELLOS lo creen, vosotros os veréis afectados por el hecho de que son ellos los que tienen el poder.

El Nuevo Orden Mundial eliminará la amenaza de la población de varias maneras. El control total de la conducta individual se puede establecer utilizando implantes electrónicos o químicos. A nadie se le permitirá tener un hijo sin permiso; los que ignoren la ley recibirán castigos severos. Los violentos, los viejos, los enfermos, los discapacitados y los improductivos serán asesinados. La propiedad privada será abolida. Dado que la religión ayudó a crear el problema de la población, no se tolerará a excepción de la religión aprobada y controlada por el Estado que evolucionará de acuerdo con las necesidades del hombre. Joseph Campbell explica este concepto de una manera excelente en su serie con Bill Movers llamada "El poder del mito." El dinero en efectivo desaparecerá y con él también desaparecerá la mayor parte del crimen; pero el precio que pagaremos será el control total de cada individuo.

No se puede confiar en el hombre para proteger lo poco que queda de los recursos naturales. El desarrollo tecnológico y el crecimiento económico se verán seriamente recortados. El hombre deberá vivir como sus antepasados. Los que aprendan a ser autosuficientes y puedan adaptarse a la ausencia de muchas de las cosas que damos por sentado hoy en día, como los automóviles, estarán bien. Otros sufrirán terriblemente. El hombre volverá a ajustarse a la ley de la supervivencia del más apto.

No gustará a nadie la pérdida de las libertades individuales que nos garantiza la Constitución y la Declaración de Derechos. No me gusta ni estoy de acuerdo con lo planeado. Intelectualmente sé que la gente no resolverá los problemas a los que nos enfrentamos, a menos que se pongan a ello. Este es un triste comentario sobre el hombre común, pero sin embargo es cierto. El Nuevo Orden Mundial es malvado, pero muy necesario si el hombre debe sobrevivir el tiempo suficiente como para sembrar su semilla entre las estrellas. Un cambio de paradigma y semillas estelares son las únicas legítimas respuestas a largo plazo.

ES POR ESO QUE TODOS HEMOS ESTADO TAN MAL DURANTE TANTO TIEMPO. Nunca ha sido lo que pensábamos que era. No lo es ni nunca lo será hasta que aprendamos a vivir en la realidad en vez de en el país de la fantasía. Debe haber un cambio de paradigma en la conciencia evolutiva del hombre. Bien o mal, el mundo está cubierto con agentes de los Illuminati que están tratando de hacer este salto evolutivo. No han confiado en nosotros. Como se ha visto en el capítulo uno, han creído que éramos demasiado estúpidos para entenderlo.

Es cierto que si no fuera por la población o por el problema de la bomba los elegidos utilizarían alguna otra excusa para conseguir el Nuevo Orden Mundial. Tienen planes para provocar cosas como terremotos, la guerra, el Mesías, un aterrizaje extraterrestre, y el colapso económico. Podrían provocar todas estas cosas sólo para estar absolutamente seguros de que funcionan. Harán lo que sea necesario para tener éxito. Los Illuminati tienen todas las bases cubiertas y vosotros deberéis estar alerta para hacerlo durante los próximos años.

SEGÚN LOS PLANES, MORIRÁ MUCHA GENTE ENTRE AHORA Y EL AÑO 2000; PERO SI ESTOS PLANES NO TIENEN ÉXITO LA RAZA HUMANA PODRÍA EXTINGUIRSE. Nada en la tierra puede cambiar esto excepto una tremenda reducción y estabilización de la población. Sin semillas- estelares *(starseed)* esta reducción y estabilización sólo retrasaría lo inevitable, ya que finalmente todas las materias primas estarán completamente agotadas. A continuación, se necesitaría una fuente inagotable de energía libre. Esto puede ser posible, pero es poco probable que resuelva el problema.

Sin una necesidad común central que haría que el hombre se uniera, una fuente de energía libre lo más probable es que acabara en la anarquía total. Así que ya veis, lo que se necesitaba en un principio sigue siendo necesario al final. Un cambio de paradigma en la conciencia evolutiva del hombre junto con las semillas-estelares es la respuesta más lógica para la raza humana.

Debemos aprender a aceptar la responsabilidad individual de los problemas del mundo o estar dispuestos a vivir de acuerdo con los términos de los que lo hacen. Debemos aprender a amarnos unos a otros, compartir, deplorar la violencia, y trabajar con la naturaleza, no en contra. Debemos hacer todo esto mientras colonizamos el Universo. Debemos estar preparados en el proceso de reunirnos pacíficamente y hacer frente a una inteligencia extraterrestre. Yo creo que existe. ¿Os imagináis qué pasaría si Los Ángeles fuera golpeado con un terremoto de 9.0, la ciudad de Nueva

York fuera destruida por una bomba atómica colocada por terroristas, estallara la tercera guerra mundial en el Medio Oriente, colapsaran los bancos y el mercados de valores, los Extraterrestres aterrizaran en el jardín de la Casa Blanca, desapareciera la comida de los mercados, desaparecieran algunas personas, el Mesías se presentara ante el mundo, y todo en un periodo muy corto de tiempo? ¿Os lo imagináis? La estructura de poder mundial podría, si lo creyera necesario, hacer que alguna o todas estas cosas pasaran para lograr el Nuevo Orden Mundial.

PATRIOTAS NO DEBERÍAIS ESTAR EN CASA NINGÚN DÍA DE FIESTA NACIONAL NI DE DIA NI DE NOCHE NUNCA MÁS HASTA QUE EL PELIGRO HAYA PASADO. HACED CASO OMISO DE ESTA ADVERTENCIA Y OS VERÉIS METIDOS EN UN CAMPO DE CONCENTRACIÓN. En el campo seréis tratados de una enfermedad llamada nacionalismo mental, común en los patriotas. Esta enfermedad no interesa al Nuevo Orden Mundial. Los que no puedan ser curados serán exterminados. Cuando se le preguntó qué había en el almacén para el mundo en la próxima década, Henry Kissinger dijo esto: "Todo será diferente. Muchos sufrirán. Emergerá un nuevo orden mundial. Será un mundo mucho mejor para los que sobrevivan. A la larga la vida será mejor. El mundo que hemos querido será una realidad".

CAPÍTULO 10

LECCIONES DE LITUANIA

Una milicia bien regulada es necesaria para la seguridad de un Estado libre, el derecho del pueblo a poseer y portar armas, no será infringido.

II ENMIENDA
Constitución de los EEUU

No sé qué pueden hacer los demás. Pero en cuanto a mí, dadme la libertad o dadme la muerte.

Patrick Henry

EXPLICACIÓN

Tenía la intención de escribir un capítulo largo y lleno de referencias sobre la Segunda Enmienda de la Constitución de los Estados Unidos, el derecho del pueblo a poseer y portar armas. Tuve que reconocer mi error cuando leí el siguiente texto titulado "Lecciones de Lituania" de Neal Knox. Fue la aportación de un miembro de la Agencia de Ciudadanos para una Inteligencia Conjunta. Me quedé impresionado por su sencillez y su capacidad de ofrecer con muy pocas palabras el mensaje exacto que yo tenía intención de transmitir en veinte páginas. Como creo que a veces menos es más, y ya que mi ego no tiene nada que ver con este libro y su mensaje, "Lecciones de Lituania" se ha impreso en su totalidad, sin cambios, como el capítulo completo sobre la Segunda Enmienda. Por mucho que lo hubiera intentado, nunca hubiera podido mejorar la simple declaración de Neal .

Mi agradecimiento más profundo a Neal Knox y a La Coalición de Armas de Fuego por el permiso para utilizar "Lecciones de Lituania."

LECCIONES DE LITUANIA de Neal Knox

Todos aquellos que evitan y evaden el motivo de la Segunda Enmienda de la Constitución de los EE.UU. seguramente admitirán que si Lituania hubiera tenido una segunda enmienda, Mikhail Gorbachov la habría violado el 22 de marzo de 1990 - cuando las tropas rusas se apoderaron de las armas de la milicia lituana. O de hecho "el derecho del pueblo a poseer y portar armas" había sido violado dos días antes, cuando el primer ministro Gorbachov ordenó a los ciudadanos privados que entregaran sus armas de caza y deportivas al ejército ruso durante una semana "para su custodia temporal" ¿o serían confiscadas y sus dueños encarcelados? ¿O "el derecho del pueblo a poseer y portar armas" fue violado inicialmente muchos años antes, cuando a la gente, primero se le prohibió poseer armas de fuego sin permiso del gobierno y se aprobaron leyes que requerían que cada arma fuera registrada? De hecho, la Constitución Soviética garantiza al pueblo el derecho a poseer y llevar armas, y Lituania es parte de la Unión Soviética - o eso afirma Gorbachov. Pero, obviamente, el gobierno soviético no presta más atención a la garantía constitucional de la libertad de lo que lo hacen la mayor parte del gobierno de los EE.UU., la Asociación Internacional de Jefes de Policía, o la CBS y The Washington Post. ¿Cuál es la diferencia, precisamente, entre la incautación de armas de fuego privadas en Lituania y la incautación ordenada por la S. 166, el proyecto de ley Graves ahora pendiente en el Senado de Nueva Jersey? ¿Cuál es la diferencia, precisamente, entre la ley de registro en Lituania - que hace que sea posible la incautación - y el registro de armas de fuego de tipo militar requerido por la ley Roberti-Roos de California, que entró en vigor el 1 de enero de 1990? ¿Cuál es la diferencia, precisamente, entre la ley de Lituania que prohíbe al pueblo poseer armas de fuego de tipo militar y la llamada prohibición del "rifle de asalto" ahora pendiente en ambas cámaras del Congreso y en muchos estados? La diferencia es que el pueblo de los Estados Unidos son hombres y mujeres libres que pueden confiar en su benevolente gobierno. ¿SIEMPRE?

NOTA: Nada ha demostrado tan claramente las razones de la Segunda Enmienda y las razones por las cuales hay que defenderla cuando el 14 de diciembre de 1981, el general Jaruzelski declaró la ley marcial en Polonia, puso a toda la prensa bajo control total del gobierno, y anuló todas las licencias de armas y certificados de registro de armas - obligando a los propietarios autorizados a entregar sus armas de fuego registradas en 48 horas. Por supuesto, como el gobierno sabía dónde estaba cada arma - excepto las que estaban en manos de los criminales - no tuvieron más remedio que obedecer.

Por favor, descargad este archivo, imprimidlo y enviadlo a vuestro periódico local - poned vuestro nombre si creéis que esto hará llegar más cartas a los editores para que las publique. Por favor subidlo también a tantos tablones de anuncios y redes como sea posible.

Neal Knox
La Coalición de Armas de Fuego
Box 6.537
Silver Spring, MD 20906

Nota del autor: Esta es una lección que esperamos aprender sólo leyéndola y no en la forma en que la aprendieron polacos y lituanos. Después de leer esto, espero que estaréis de acuerdo conmigo en que cualquier persona que intenta subvertir la segunda enmienda o cualquier otra sección o modificación legal de la Constitución es un traidor y debe ser detenido y juzgado por traición. Espero que copiaréis este capítulo y lo distribuiréis lo más ampliamente posible, al mayor número de personas posible. La educación es más de la mitad de la batalla.

En caso de que aún no lo hayáis adivinado, el hecho de que la mayoría de los estadounidenses sean dueños de al menos un arma de fuego es lo único que ha mantenido a raya el Nuevo Orden Mundial.

Un rayo de esperanza: El 8 de enero de 1991, menos del 10% de todos los propietarios de armas de California habían registrado sus armas de fuego. Muchos californianos salieron a las calles con armas en la mano y públicamente quemaron los formularios de inscripción. Las noticias de los canales no cubrieron estas manifestaciones, ni la televisión se hizo eco de que los propietarios de armas de California han ignorado esta inconstitucional ley de registro de armas.

CAPÍTULO 11

COUP DE GRACE

Grandes crímenes y delitos menores
de traición cometidos por el Conjunto del Estado Mayor

Conversación telefónica con Randall Terpstra

ANTECEDENTES

Cuando terminé "El Gobierno Secreto", en mayo de 1989 estuve tentado de retirar el material que había escrito sobre la dimisión de Nixon. Pensé que nadie creería que en Estados Unidos había habido un golpe de estado. Además, no tuve ninguna esperanza de que alguien pudiera dar un paso adelante y justificara mi afirmación. Estaba equivocado. La gente lo creía, y después de la presentación del documento, el 2 de julio de 1989, tres personas se han presentado para confirmar que, en efecto, había tenido lugar un golpe de estado. Este capítulo es la transcripción de la conversación telefónica que mantuve con una de estas personas, Randall Terpstra.

A los miembros de la Junta de Jefes de Estado Mayor que estaban de servicio en el momento de la renuncia de Nixon, se les preguntó si habían dado instrucciones a sus mandos de ignorar las órdenes de la Casa Blanca. Respondieron que el tema había surgido, pero que no se había hecho. Mentían.

CONFIRMACIÓN DE UN GOLPE DE ESTADO

Randy: Soy Randy.
Bill: Hola, Randy?
Randy: Sí ...
Bill: Soy Bill Cooper.
Randy: Hola, Bill.

Bill: Dejaste un mensaje en mi teléfono. No llegué a escucharlo porque mi mujer coge los mensajes del teléfono y toma nota. No tengo ni idea de para qué has llamado. Cuéntame de qué va...

Randy: Bueno, tengo una copia de tus documentos que me proporcionó un amigo, y eh... dos cosas: Una, que de uno me falta una página. Del que has titulado "Operación Mayoría", la versión final. Me parece que he perdido la página 3, porque en la... tengo la página 2 que dice: "MJ - 12 es el nombre de la" dah-da dah-da dah-da, "bajo la dirección del director" y luego giras la hoja y la primera línea de la página siguiente que tengo dice "significa MAJI controlada". Me parece que en este me falta una página.

Bill: Hmmm. Okay.

Randy: La segunda es... debería cerrar la puerta de la oficina. Un momento.

Bill: Claro... [Se oye como cierra la puerta]

Randy: Seré franco contigo. Cuando lo empecé a leer, mi primera reacción fue: "Caramba, esto es material del National Enquirer, hasta un punto en que me encontré con algo que me sorprendió un poco... en el mismo documento el último documento definitivo utilizas dos términos que sólo he visto en otro lugar, y que son MAJESTAD y MAYORÍA. Cuando estaba en la Armada, era operador de radio, y a mediados de los años setenta - el año se me escapa ahora mismo, ha pasado mucho tiempo, y sólo tengo los papeles desde anoche - y estuve involucrado en un lanzamiento a la luna del Apolo - Soyuz. Yo a bordo era un operador de cifrado, lo que básicamente significa que todo el tráfico de mensajes de una cierta naturaleza, que se conoce como Species o categoría especial, era cifrado fuera de línea. Durante el lanzamiento del Apolo - Soyuz se estableció lo que se conoce como una terminación en un lugar desconocido. Aquel lugar se identificó sólo como CONTROL MAYORÍA.

Bill: Bueno...

Randy: Todo el tráfico de mensajes que enviábamos hacia y desde esta ubicación estaba cifrado fuera de línea, que era bastante raro porque... En primer lugar, permíteme explicarlo. En la Marina, cuando se envía un SPECAT, o mensaje de Categoría Especial, entras en lo que se llama un medio ambiente limpio. El mensaje es elaborado por el autor o en un trozo de papel. Este trozo de papel se traslada directamente a un operador designado SPECAT - alguien que tiene una autorización SPECAT o superior - que entra al teletipo en una cinta de papel perforado para su transmisión.

Bill: Así es. [Randy no sabía que uno de mis deberes como suboficial de la Guardia en el Centro de Mando CINCPACFLT era hacer de operador SPECAT para el Centro de Mando.]

Randy: En este momento el operador SPECAT va al circuito, notifica al otro extremo que tiene un tráfico SPECAT para transmitir. En el otro extremo... un operador SPECAT autorizado debe entrar en el circuito por el otro extremo. Debe identificarse de nuevo con su número de código SPECAT, su nombre y su número de servicio. Ahora, para mí en ese momento en particular en el tiempo y en el espacio – esto sería a mediados de los años setenta - era probablemente el medio más aislado de transmitir información de un punto a otro en el ejército, porque sabías quien había escrito el mensaje, quien lo había visto transmitir, quien lo había recibido, todo el proceso hasta el final.

Bill: Uh huh...

Randy: Bueno, en este caso en particular, todo el tráfico de mensajes estaba pasando por mis manos y me dieron instrucciones para codificar a través de una máquina llamada una KL-47, que coge material de texto estándar y lo convierte de salida en bloques de cinco letras de caracteres aleatorios. Y en el origen... ellos ... éramos cinco a bordo del USS Mount Whitney, y los cinco éramos operadores SPECAT. Hacíamos un turno rotatorio absoluto durante la misión Apolo - Soyuz. Nos pusieron en un ambiente controlado que era una habitación con un teletipo y un catre - y nos dijeron que mantuviéramos el término circuito a control MAYORÍA. Cada hora un tal señor Logan de la NASA bajaba a la habitación, introducía un código porque la puerta tenía una cerradura cifrada, miraba todo el tráfico de mensajes que entraban, y luego los grababa, allí mismo en la habitación. Redactaba las respuestas, las que se debían entrar en la KL-47, cogía la cinta, las transmitía y luego también grababa los mensajes salientes.

Bill: Uhhuh.

[**Nota**: La cinta se hacía para la KL - 47. Se trata de una cinta de papel que contiene el cifrado de los cinco caracteres agrupados. La cinta se coloca sobre una rueda dentada del teletipo y envía automáticamente el mensaje al destinatario. Lo envía el otro extremo encriptado y debe ser decodificado. Al menos esa es la forma como me entrenaron para operador designado SPECAT para hacerlo en el Centro de Mando CINCPACFLT.]

Randy: No recuerdo mucho de lo que se envió porque siempre iba muy, muy atareado. Teníamos un montón de civiles a bordo del barco... se

realizaba una increíble cantidad de trabajo.
Bill: Me lo puedo imaginar.
Randy: Sé que cada hora recibíamos un informe que en la cabecera ponía CONTROL MAYORÍA - ahora bien, esto era después de haberlo descodificado... la cabecera siempre era ASESOR MAJESTAD, una vez y otra y otra.
Bill: Muy bien.

[**Nota**: los mensajes de aviso MAJESTAD se enviaban por CINCPACTLT para actualizar o informar personalmente al presidente al inicio, la finalización o en las operaciones en curso que podrían acabar con graves consecuencias para los Estados Unidos, por ejemplo, el bombardeo de Vietnam del Norte, después de que el presidente hubiera informado al pueblo de los Estados Unidos que no se producirían más bombardeos.]

Randy: Pues después de hacer esto yo estaba cuatro horas, y luego me iba durante cuatro horas y después volvía cuatro horas más. Hacíamos turnos así durante toda la misión Apolo - Soyuz. De la otra cosa que me di cuenta que me desconcertaba un poco era el término "IAC." *(Identified Alien Craft)*
Bill: Nave Alien Identificada!
Randy: Ellos... nunca... nunca decían que significaban las siglas. Sólo era IAC.
Bill: ¡Fantástico!
Randy: Era recurrente en medio de todo aquel tráfico de mensajes que yo enviaba. Bill: Randy, eres un regalo del cielo... ¿Dónde has estado escondido todos estos años?
Randy: Bueno, es... también es una larga historia como he conseguido obtener tu documento, pero cuando lo leí, fue como si se abriera una compuerta y volvieron todos esos recuerdos.
Bill: Eso es.
Randy: Ahora bien, hacia el final, después de que terminara la misión Apolo - Soyuz, a los cinco operadores, yo mismo incluido, nos dieron 50 días de permiso, que en la Armada quería decir que dejaban que te fueras y ya está.
Bill: Claro. Sí.
Randy: No te echaban por ello.
Bill: Ve a casa, emborráchate, olvida todo eso. Randy: Exactamente!
Bill: Eso es.
Randy: Y cuando volví me sacaron de tercera clase para promoverme a

segunda, y me trasladaron a la tienda de reparación del teletipo, que era bastante prestigiosa en ese momento.

Bill: Eso es. Si es bastante normal cuando has estado expuesto a este material. O bien se te sacan de encima o te promueven.

Randy: Bueno, he perdido el contacto con los demás - Bueno, quiero decir que tuvimos alguna reunión hace un par años, y nunca se me ocurrió con estos chicos. Pero yo no... no tengo un recuerdo consciente de haberlos visto. Pero, como te he dicho cuando leí sobre eso, fue bastante sorprendente ver cosas que eh, de las que soy consciente.

Bill: Uhhuh.

Randy: Yo, estoy muy interesado en esta página que falta, realmente.

Bill: Eso es. Había algo más que recuerdes

Randy: No, es así, quiero decir, en el momento en que esto no significaba una mierda para mí. Quiero decir, siendo un operador de radio, que bombea tanto tráfico a través de esta nave. El Mount Whitney es un buque anfibio de mando de comunicaciones.

Bill: Sí, estoy familiarizado con él. ¿Estabas en la Marina cuando Nixon renunció?

Randy: No, no estaba.

Bill: Hmmmm.

Randy: Aunque hacía de consultor para una compañía que estaba haciendo un trabajo para el Cuerpo de Marines de EE.UU.

Bill: Uh huh. ¿Estabas en comunicaciones en ese momento? Randy: Sí, lo estaba.

Bill: ¿Te acuerdas de un mensaje que llegó a los mandos militares? Déjame ver si puedo recordar las palabras exactas. Creo que el mensaje decía... uh.

Randy: "Después de la recepción se le indica que ya no aceptará órdenes directas de la Casa Blanca."

Bill: Muy bien!

Randy: En realidad, no utilizaban el término Casa Blanca. Utilizaban el término "TOP HAT."

Bill: TOP HAT. Lo recuerdo "Casa Blanca", es lo que vi. Yo estaba a bordo del Oriskany cuando
vi esto.

Randy: Yo estaba trabajando como consultor civil con el teniente coronel A.P. Finlon en un
dispositivo llamado el MCC - 20, que es un dispositivo multiplexor.

Bill: ¿Se llamaba Finland o Fin..?

Randy: Finlon... FINLON, y él era el destinatario del mensaje. Era director de operaciones de la S- 3 para la sexta Brigada Anfibia de la Marina.

Bill: Bueno, te das cuenta de las implicaciones de todo esto, ¿verdad, Randy? Sabes qué estaba pasando.

Randy: Sí, me he tomado la libertad de reenviar a otra persona la documentación que me enviaste.

Bill: Bueno, tengo una necesidad urgente... Estoy tratando de hacer esto tan rápido y limpio como puedo para llegar a hacer que la gente de este país despierte, o perderemos. Y si... estoy haciendo la guerra más o menos por mi cuenta. Hay gente reuniéndose a mi alrededor y me están ayudando, y estoy metiendo trozos de información aquí y allá. Necesito gente que tenga las pelotas de ponerse de pie conmigo y decir lo que vieron. Y entiendo que, ya sabes, cuando alguien hace esto se está poniendo en peligro. Pero yo no veo ningún peligro más grande que perder nuestra Constitución y lo que tienen guardado en la tienda de al lado. Literalmente la pueden haber tirado a la basura, de todos modos. Así que, supongo que lo que te estoy preguntando es si me ayudas. ¿Estarías dispuesto a hacer público lo que acabas de decir?

Randy: Yo ya lo he hecho.

Bill: ¿En serio?

Randy: Envié tu manuscrito junto con exactamente lo que te acabo de decir al teniente coronel Robert Brown, el director de la revista Soldier of Fortune.

Bill: ¡Fantástico!

Randy: Hablé por teléfono con su secretaria, le expliqué de qué iba, ella a su vez se lo contó a él. Él dijo: "Envíamelo rápido."

Bill: ¡Fantástico!

Randy: Si alguien... la revista Soldier of Fortune tiene el mayor número de seguidores militares que ninguna otra publicación en el mundo. Si alguien vio esto estando de servicio, fueron ellos.

Bill: ¡Fantástico! Perfecto. ¿Te importa si uso la información que me has dado? ¿Puedo decir que alguien ha corroborado lo que he dicho?

Randy: ¡Por supuesto!

Bill: ¿Puedo usar tu nombre? Randy: ¡Sí!

Bill: ¿Cuál es tu apellido? Randy: Terpstra.

Bill: Dame tu dirección.

Randy: 130 Foothill Court, Morgan Hill, California, 95037.

Bill: ¿Te llamas Randy?

Randy: De hecho me llamo Randall Wayne.

Bill: Bueno, Randy. Eres un regalo del cielo. Si te tuviera enfrente te daría un beso. Lo juro por Dios, he estado buscando tanto que la gente saliera del anonimato, porque sé que hay un montón de gente ahí fuera que saben cosas.

Randy: Ellos no saben que la - quiero decir, tú has cogido una gran cantidad de fragmentos sueltos y piezas que yo he tenido. Quiero decir, este es el problema. Sí, hay un montón de gente que sabe cosas, pero no saben qué saben.

Bill: Sí, estoy seguro de ello. Y si lo que saben está muy dividido, ellos no creen que sea nada malo.

Randy: Bueno, una de las cosas que realmente me está generando una cierta controversia es, quiero más información sobre la NRO, y de la única persona que lo puedo conseguir es del coronel Brown. Si es que existe...

Bill: Bueno, la NRO es la Organización Nacional de Reconocimiento que primero reunió a los equipos Delta que estaban asignados específicamente a la seguridad de los proyectos que se encargaban de los alienígenas. Los utilizaban para todo tipo de cosas. Ahora bien, hay una NRO diferente con la que tienes que tener cuidado de no liarte, y esta es la Oficina Nacional de Reconocimiento, que se encarga de los satélites espías.

Randy: Incluso para lanzar un poco más de humo, ¿conoces al Coronel Charles Beckwith de Florida?

Bill: No.

Randy: El Coronel Charles Beckwith fue a quien se le ocurrió el término DELTA FORCE. ¿Aquellos de los rescates, el grupo de rescate de rehenes, la unidad de los Boinas Verdes?

Bill: Uh huh.

Randy: Ahora bien, originalmente él quería llamarlo de otra manera, y la Casa Blanca hizo que tragara el DELTA FORCE.

Bill: ¿Sabes que he hablado con Barbara Honegger? ¿Has leído October Surprise?

Randy: No, no lo he hecho. De hecho, tengo tu bibliografía aquí y estaba a punto de llamar a un amigo que administra una librería para hacerle un pedido bastante grande.

Bill: Bueno, Barbara Honegger escribió October Surprise y se negaron a imprimir un capítulo. La conocí en una de las charlas que doy y nos liamos a charlar. Ella terminó viniendo a mi casa y estuvimos hablando cara a cara. Allí había unos cuatro testigos que escucharon lo que me dijo. Me dijo: "En el DESERT ONE, la primera nave que hubo fue un disco anti-gravedad realizado por el personal DELTA. Después llegaron los aviones y los helicópteros" Y me dijo que el propósito de las naves

WILLIAM COOPER

alienígenas, o la nave que construíamos a partir de tecnología alienígena, o la nave alienígena que estamos usando son para asegurar el sabotaje de la operación.

[**Nota**: Un tiempo después Barbara Honnegger relató la misma historia en el programa de radio de Anthony Hilden "Diciendo las cosas como son, guste o no". Durante la transmisión, dijo que la nave anti- gravedad era de un proyecto denominado RED-LIGHT. La Sra. Honegger era miembro del personal de la Casa Blanca durante las administraciones Reagan y Bush.]

Randy: Esto tiene sentido, porque tengo algunas fotos de 8x10 de aquel Jolly Green Giant que se incendió y incineró.
Bill: Uh huh.
Randy: Tengo algunos problemas reales con esto. Soy un militar fanático. Pasé mucho tiempo en la Marina, y ya he estado asociado con muchos grupos militares muy diferentes.
Bill: Ya.
Randy: Tengo algunas imágenes de esta foto, de este helicóptero que eran... son fotos en blanco y negro de la A.P. Y se ve un patrón de quemado que comienza en el morro de la aeronave y se remonta a través de los tanques de combustible. El origen no está en los tanques de combustible. Entonces, ¿cómo demonios consiguió este helicóptero incendiar la cabina del piloto y el exterior de la cabina, fuera del fuselaje?
Bill: Esta es una buena pregunta. Las armas de rayos alienígenas harían esto sin duda.
Randy: Ahora hago una pregunta nueva.
Bill: Uh huh.
Randy: ¿Las armas de rayos a las que te refieres, no dejan un patrón en el material, una ondulación, un patrón rizado?
Bill: Eso no lo sé. Todo lo que sé sobre las armas de rayos es eso. Que sólo son eficaces a corta distancia; que pueden paralizar a un ser humano; que pueden hacer levitar un ser humano; pueden quemar algo que tengas en las manos sin hacerte daño, como un M-16; y carbonizarte y dejar sólo cenizas. Pueden quemarte como el sol. Depende de hasta qué grado deseen utilizar esa cosa así será exactamente lo que hará. Eso es lo que recuerdo, y eso es lo que mi investigación también ha confirmado. En la Base Aérea de Ellsworth, de hecho, un aviador de una patrulla de seguridad encontró una nave

214

extraterrestre y extraterrestres en el suelo. Les apuntaron con la M-16, y aquella arma, aquel rayo golpeó la M-16 y, literalmente, la vaporizó. Tenía quemaduras en las manos, pero sin embargo estaba ileso.

Randy: ¿Has leído o escuchado los informes sobre algo a lo que se llama combustión espontánea en humanos?

Bill: ¡Sí! Esto es causado por... de hecho, se puede, se puede hacer y es un arma que usamos. La comunidad de inteligencia puede deshacerse de algunos...

Randy: Te respeto mucho. Sabes cosas que no deberías saber, pero tienes razón.

Bill: Sí, sé cosas que no debería saber, y espero que pueda esparcir todo antes de que me pase algo. Pero ya sabes, yo sólo, quiero tanto a este país, me gusta tanto la Constitución. Lo que han sido capaces de hacer, y la forma en que han sido capaces de engañar a los ciudadanos de este país... No me importa lo que me pase. Tengo que parar esto. Tengo que hacer todo lo que pueda para detener esto.

Randy: Bueno, yo no soy uno de - no sé, a falta de un término mejor, no soy uno de esos locos con ojos de pirado que corre por ahí haciendo el resto. Como le dije al coronel Brown, "Mira, sólo soy un tipo que trabaja en la industria informática; fabrico módems. Viajo por todo el mundo, hablando de sistemas informáticos. Quiero decir, eso es todo. ¿De acuerdo? Es decir, sí, me gusta ir al campo de tiro a disparar con mi arma, y soy un comando de salón y me gusta leer la revista Soldier of Fortune y vivir aventuras a través de otras personas. Así que no soy un buen feligrés. Quiero decir, tengo mi propia creencia en Dios, pero yo no voy por el mundo abrazando a todos. Y no soy uno de esos esotéricos que corren por ahí hablando de Maitreya y los hinduismos y todo eso, de los chacras y todo lo demás. Sé que estas personas están por ahí, sé que existen. de hecho, yo estoy saliendo con una de ellos, pero es su creencia y si ella quiere creer eso, pues está bien"

Bill: Claro.

Randy: Cuando de repente llegó esto, pasaron por mi cabeza un montón de pensamientos. Me has impulsado a muchos de ellos, sobre todo el texto en el que hablabas de la repentina afluencia de medios de comunicación y la televisión en una presencia extraterrestre entre nosotros, en nuestra sociedad. Lo he notado durante casi dos años, y en realidad nunca podía verbalizarlo.

Bill: Oh sí, nos están desensibilizando para que cuando suceda, todas las cosas que ellos temían al principio que llevarían hacia todas las mentiras que habían llevado a todos los crímenes no causara lo que ellos temían.

No derrumbará la sociedad ni la cultura ni las religiones. Afectará a la economía, pero sólo un poco.

Randy: La economía está saliendo por la puerta, de todos modos...

Bill: Sí, y esto puede ser lo que están esperando, para cambiar hacia una sociedad sin dinero en efectivo para no poder tener este tipo de efecto.

Randy: Sí, hay mucho de eso, ya lo ves. Tengo a mi hermana y a mi madre son dos, digamos Boinas Verdes de Dios. Ya sabes, son del tipo súper religiosas - "Dios te bendiga, vamos a la iglesia" cosa de este tipo y, de tanto insistir cogí la Biblia y la leí. La he leído cuatro o cinco veces, y cada vez que volvía veía cosas diferentes. Y tengo mis propios puntos de vista sobre la vida y sobre muchas otras cosas. Y hasta que leí tu material, en realidad nunca me había visto impulsado a pensar en las cosas. Ahora, como ya he dicho, lo único que puede realmente relacionarme contigo es lo que experimenté durante el lanzamiento del Apollo - Soyuz.

Bill: ¡Eso es genial! Porque lo que experimentaste allí sólo es la confirmación de lo que yo le he estado diciendo a todo el mundo. Hay un programa espacial secreto. Hay un grupo de control llamado MAYORÍA. El presidente se llama MAJESTAD en relación con estas cosas. Lo que estabas haciendo, los mensajes de aviso a MAJESTAD, eran para mantener actualizado al Presidente.

Randy: Ya sabes, la parte divertida de verdad de todo esto es el tipo que venía y utilizaba nuestras instalaciones. Se llamaba Logan, el Sr. Logan. Se suponía que su cargo era coordinador de comunicaciones, pero nunca le vi hacer absolutamente nada, excepto entrar en esta habitación, leer el tráfico, elaborar la respuesta, y después volver a subir a la CIC. Ahora bien, estábamos en lo que se llamaba la nada, el servicio general al lado de comunicaciones. Nosotros no éramos los fantasmas. Los fantasmas tenían sus propios pequeños cuartos al otro lado de la nave.

Bill: Claro.

Randy: Pero tenemos la KL-47 y el resto de los tipos de la NASA. Los tipos de civil llegaban - teníamos una ventana para los mensajes en el pasillo y ellos venían y nos entregaban sus mensajes salientes en la ventana y salían de los circuitos de servicios generales. El único material que usábamos era el, era el tráfico de CONTROL MAYORÍA con avisos a MAJESTAD y eso era todo. Y mucho de esto, como he dicho, era una gran cantidad de datos de texto. Quiero decir, que había un montón de texto, y todo estaba redactado en palabrería techno que yo realmente no entiendo. Pero sí recuerdo el acrónimo IAC por todas partes. Quiero decir repitiéndose constantemente.

Bill: Oh, sí.

Randy: Ya sabes, eso es todo lo que puedo ofrecer.

Bill: ¿Recuerdas a donde se le enviaban los mensajes a CONTROL MAYORÍA?

Randy: No. La ubicación de CONTROL MAYORÍA nunca se reveló. Lo único que puedo suponer es que estaba en algún lugar al norte. El barco estaba anclado - bueno, no estábamos anclados, estábamos en lo que se llama ancla flotante, que estoy seguro que sabes lo que es. Estábamos en un eje este-oeste para que todas nuestras antenas pudieran ejercer sobre el horizonte occidental, porque esa es la manera en que la nave debía colocarse. La antena asignada a mi circuito era una antena llamada RLPA o Rotating Log Periodic Antenna, que es una antena muy, muy direccional, y apuntaba hacia el norte.

Bill: ¿Qué había al norte de donde estabais en ese momento?

Randy: Thule, Groenlandia.

Bill: ¡Thule, Groenlandia! Bueno, hmmmm, muy interesante. Además, me alegro de que vieras el mensaje sobre Nixon, porque todo el mundo estaba seguro de que si algo era demencial, era la locura que yo había dicho.

Randy: En realidad, no. Esto hace que tenga sentido, porque entonces alrededor del anuncio de Nixon - tú has dicho que el mensaje se envió cinco días antes de anunciar su renuncia. Este período de cinco días, si recuerdo correctamente mi historia, fueron extremadamente confusos, y si tomas el New York Times y lees en profundidad los comentarios políticos de aquellos días, descubrirás que hubo una gran cantidad de turbulencias. Quiero decir, que cinco días antes se estaban adoptando una gran cantidad de medidas. No me sorprendería que fuera ese mensaje - que el mensaje hubiera sido promulgado y enviado exactamente cinco días antes del anuncio público, porque el público siempre es el último en enterarse. Así que me di cuenta de que aquí había cosas muy realistas.

Bill: ¡Fantástico! Dios está respondiendo a mis oraciones. Vaya, esto me hace tan feliz. Escucha Randall, he estado grabando toda esta conversación telefónica. Si quieres que destruya esta cinta, lo haré. Lo hago por la razón de que nunca sé cuando alguien me dirá algo que puede ser importante o no.

Randy: No tengo nada que esconderte, Bill.

Bill: Está bien, sólo quiero que sepas que nunca he traicionado una fuente ni he utilizado el nombre de nadie cuando me lo han pedido.

Nunca he usado una cinta si me han pedido que no lo hiciera. Cuando me han pedido que la destruyera, siempre lo he hecho. Trato de trabajar con todos de una manera que se sientan a gusto trabajando, porque mi objetivo no es avergonzar ni herir a nadie, es para detener lo que está pasando.

Randy: Bueno, tienes otro recluta.

Bill: ¡Fantástico!

Randy: ¿Puedo hacerte una pregunta?

Bill: Por supuesto.

Randy: ¿Quién es Linda Howe?

Bill: Linda Moulton Howe es una productora de televisión que - no recuerdo cuando fue, en el 78 o algo así, hizo una película llamada "A Strange Harvest" *("Una cosecha extraña"),* sobre las mutilaciones de animales, las mutilaciones de ganado...

Randy: Sí, porque haces referencia en tu declaración ante notario.

Bill: Sí, se puso en contacto conmigo junto con un montón de otras personas, pero traté de elegir a los que pensaba eran más profesionales y más propensos a resistir un escrutinio o intentos de desacreditación y pensé que ella era una de estas personas, así que...

Randy: Creo, creo que donde estás ahora con los datos que tienes - Quiero decir que, es el momento de intentar hacérselo llegar a la gente.

Bill: Sí, eso es lo que trato de hacer.

Randy: Ahora estaba - de hecho, cuando me has llamado estaba redactando la portada de un fax que estoy enviando a la Radio KGO, que es una emisora de radio local de opinión. Es una emisora libre; que se escucha a lo largo de toda la costa oeste.

Bill: ¡Genial! ¡Fantástico!

Randy: Allí hay un moderador llamado Ron Owens que - le estoy enviando esto con una declaración: "Esto no es ninguna broma. Se le envía porque creo que debería dedicarle un minuto y como mínimo leerlo." Y le he pedido que se ponga en contacto contigo. Y, básicamente, le he dicho: "Ron, si el diez por ciento de eso es cierto, entonces tenemos problemas."

Bill: Eso es. Por supuesto. Y hay un montón... ya sabes, cuando doy una charla o algo así, alguien siempre se pone de pie y dice: "¿Cómo sabemos que no nos estás dando sólo desinformación?" y yo digo: "Sólo hay que pensar en lo que estás diciendo. Lo que yo busco es la verdad. Te estoy diciendo lo que vi en aquellos documentos y a donde me ha llevado mi búsqueda transcurridos 17 largos años. Esto es lo que comparto con vosotros. Quiero que vayas y verifiques si es así o no, que demuestres que es erróneo o lo que podáis hacer por vuestra cuenta. Y estoy perfectamente dispuesto a escuchar cualquier cosa que me tengáis que decir, pero piensa sólo en lo que acabas de decir. Si, de hecho te diera desinformación, entonces estarías peor de lo que nunca habías pensado. Sería mejor que hubiera extraterrestres, porque si no hay querrá decir que todo esto ha sido perpetrado por el gobierno con algún propósito que ni siquiera conocemos. Lo que significa en realidad es que tenemos a casi toda la humanidad en contra nuestra". Y eso si que hace abrir los ojos porque es verdad.

Randy: Acabas de hacerme venir otro recuerdo...

Y esta es otra historia.

Nota: Randy Terpstra dos días más tarde llamó al Billy Goodman Happening, durante la semana que finalizó el 4 de noviembre de 1989 y repitió en vivo en las ondas lo que me dijo durante la conversación telefónica grabada. El domingo 5 de noviembre de 1989, hice que una audiencia de aproximadamente 800 personas escuchase la cinta en la Hollywood High School.

Cuando el presidente Nixon hizo su discurso de despedida, dijo que diría al pueblo estadounidense la verdad sobre los ovnis. Al igual que James Forrestal, Richard Nixon acabó encarcelado en la sala psiquiátrica del Hospital Naval de Bethesda. A diferencia de Forrestal, Nixon sobrevivió. Sigue en silencio.

CAPÍTULO 12

EL GOBIERNO SECRETO

El origen, identidad y propósito del MJ-12
23 de mayo de 1989
Actualizado el 21 de noviembre de 1990

> *Los signos están aumentando.*
> *En el cielo aparecerán luces rojas,*
> *azules, verdes, rápidamente.*
> *Alguien viene de muy lejos y quiere*
> *conocer a la gente de la Tierra.*
> *Las reuniones ya han tenido lugar.*
> *Pero los que realmente*
> *lo han visto guardan silencio.*
> El Papa Juan XXII, 1935

PERSPECTIVA

Se utilizaron muchas fuentes de información para la investigación de este capítulo. Originalmente escribí esta pieza como un trabajo de investigación. Fue entregado por primera vez en el Simposio MUFON el 2 de julio de 1989, en Las Vegas, Nevada. La mayor parte de este conocimiento proviene directamente de, o es el resultado de mi propia investigación del material TOP SECRET / MAJIC que vi y leí entre los años 1970 y 1973 como miembro del Equipo de Información de los servicios de Inteligencia del Comandante en Jefe de la flota del Pacífico. Dado que parte de esta información se obtuvo a partir de fuentes que no puedo divulgar por razones obvias, y de fuentes publicadas de las que no puedo dar fe, este capítulo debe ser considerado una hipótesis. Creo firmemente que si los extraterrestres son reales, esa es la verdadera naturaleza de la Bestia. Es el único escenario que ha sido capaz de enlazar todos los elementos diferentes. Es el único escenario que responde a todas las preguntas y pone los diferentes misterios fundamentales en un escenario que tiene sentido.

Es la única explicación que muestra la cronología de los hechos y demuestra que las cronologías, cuando se acoplan, se adaptan perfectamente. Creo que la mayor parte de esto es verdad si es que el material que vi en la Armada es auténtico. En cuanto al resto, no lo sé, y por eso este trabajo debe ser considerado una hipótesis. La mayoría de las evidencias históricas y actuales disponibles apoyan esta hipótesis.

EL GOBIERNO SECRETO

Durante los años posteriores a la Segunda Guerra Mundial, el gobierno de los Estados Unidos se vio enfrentado a una serie de acontecimientos que tenían que cambiar su futuro más allá de cualquier predicción y con él el futuro de la humanidad. Estos acontecimientos fueron tan increíbles que desafiaban cualquier creencia. Un aturdido Presidente Truman y sus altos mandos militares se vieron virtualmente impotentes justo después de acabar de ganar la guerra más devastadora y costosa de la historia.

Los Estados Unidos habían desarrollado, utilizado, y eran la única nación en la tierra que poseían la bomba atómica. Esta nueva arma tenía el potencial de destruir a cualquier enemigo, e incluso a la propia Tierra. En ese momento los Estados Unidos tenían la mejor economía, la tecnología más avanzada, la calidad de vida más alta, ejercían la mayor influencia, y conducían las fuerzas militares más grandes y poderosas de la historia. Sólo podemos imaginar la confusión y preocupación de la élite informada del Gobierno de los Estados Unidos cuando se descubrió que una nave extraterrestre pilotada por seres parecidos a insectos de una cultura totalmente incomprensible se había estrellado en el desierto de Nuevo México.

Entre enero de 1947 y diciembre de 1952, se estrellaron o cayeron al menos 16 naves extraterrestres, fueron recuperados 65 cuerpos de extraterrestres, y 1 alienígena vivo. Una nave extraterrestre adicional había explotado y no se recuperó nada de este incidente. De estos eventos, 13 ocurrieron en territorio de Estados Unidos, sin incluir la nave que se desintegró en el aire. De estos 13, 1 fue en Arizona, 11 en Nuevo México, y 1 en Nevada. Tres ocurrieron en países extranjeros. De ellos, 1 fue en Noruega y los 2 últimos en México. Los avistamientos de OVNIS eran tan numerosos que hacía imposible una investigación seria y desacreditar cada informe, utilizando los recursos de los servicios de inteligencia existentes.

El 13 de febrero de 1948 se encontró una nave extraterrestre, en una meseta cerca de Aztec, Nuevo México. El 25 de marzo de 1948 se encontró otra nave, en White Sands Proving Ground. Tenía 100 pies de diámetro. Se recuperaron un total de 17 cuerpos de extraterrestres de las dos naves. Aún más importancia tuvo el descubrimiento de un gran número de partes de cuerpos humanos almacenados dentro de dos de estos vehículos. Un demonio había sacado la cabeza y la paranoia se apoderó rápidamente de todos y cada uno, de los que "sabían de qué iba". El sello Secret se convirtió inmediatamente en Top Secret y se selló con firmeza. Las medidas de seguridad fueron aún más fuertes que las impuestas al Proyecto Manhattan. En los próximos años, estos eventos se convirtieron en los secretos mejor guardados de la historia del mundo.

Un grupo especial de científicos de alto nivel de los Estados Unidos, se organizaron bajo el llamado proyecto SIGN en diciembre de 1947 para estudiar el fenómeno. Todo el negocio sucio se contuvo. El proyecto SIGN se convirtió en el Proyecto GRUDGE en diciembre de 1948. Amparado en GRUDGE se formó un proyecto de recolección y desinformación de bajo nivel llamado LIBRO AZUL *(BLUE BOOK)*. De GRUDGE salieron dieciséis volúmenes. Se constituyeron "Equipos Azules" para recuperar los discos estrellados y a los extraterrestres muertos o vivos. Los Equipos Azules más tarde se transformarían en los Equipos Alpha del Proyecto POUNCE. Durante aquellos primeros años la Fuerza Aérea de los Estados Unidos y la Agencia Central de Inteligencia ejercían un control total sobre el "secreto extraterrestre." De hecho, la CIA fue creada por decreto presidencial por primera vez como el Grupo Central de Inteligencia con el expreso propósito de hacer frente a la presencia extraterrestre. Más tarde, fue aprobada la Ley de Seguridad Nacional, estableciéndola como la Agencia Central de Inteligencia.

El Consejo de Seguridad Nacional fue creado para supervisar la comunidad de inteligencia y sobre todo la cuestión alienígena. Una serie de memorandos del Consejo de Seguridad Nacional y de órdenes ejecutivas retiraron a la CIA de la tarea exclusiva de recoger inteligencias extranjeras y poco a poco pero en profundidad la "legalizaron" para la acción directa en forma de actividades encubiertas tanto en el país como en el extranjero.

El 9 de diciembre de 1947, Truman aprobó la emisión del NSC-4, titulado "Coordinación de las medidas de información de inteligencia extranjera", a instancias de los Secretarios Marshall, Forrestal, Patterson, y el director del Gabinete de Planificación de Políticas del Departamento de Estado, George Kennan.

El Libro 1 de la Inteligencia Militar y de Exteriores, "Informe Final de la Comisión Especial para Estudiar las Operaciones del Gobierno con respecto a Actividades de Inteligencia," Senado de Estados Unidos, 94 Congreso, segundo período de sesiones , informe N º 94-755, del 26 de abril de 1976, p. 49, dice: "Esta Directiva faculta al Secretario de Estado para coordinar las actividades de información en el extranjero destinadas a contrarrestar el comunismo."

Un anexo Top Secret del NSC-4, NSC-4A, da órdenes al director de la inteligencia central para llevar a cabo actividades psicológicas secretas en busca de los objetivos establecidos en el NSC-4. La autoridad inicial dada a la CIA para operaciones encubiertas bajo el NSC-4A no establecía procedimientos formales, ya fuera para coordinar o aprobar aquellas operaciones. Simplemente dirigía a la DCI a "emprender acciones encubiertas y garantizar, a través de los enlaces con Estado y Defensa, que las operaciones resultantes fueran consecuentes con la política estadounidense".

Después el NSC-10/1 y el NSC-10/2 reemplazarían al NSC-4 y al NSC-4A y ampliarían aún más las posibilidades de los encubrimientos. Crearon la Oficina para la Coordinación de Políticas (OPC) para llevar a cabo un programa ampliado de actividades encubiertas. El NSC-10/1 y el NSC-10/2 validan las prácticas y los procedimientos ilegales y extra-judiciales como querían los líderes de seguridad nacional. La reacción no se hizo esperar. A ojos de la comunidad de inteligencia "todo valía." Al amparo del NSC- 10/1 se estableció un Grupo de Coordinación Ejecutiva para revisar, pero no para aprobar, las propuestas de los proyectos encubiertos. El ECG hacía, en secreto, la tarea de coordinar los proyectos alienígenas. El NSC-10/1 y / 2 fueron interpretados en el sentido de que nadie de arriba quería saber nada hasta que todo hubiera terminado y con éxito.

Estas acciones establecieron un parachoques entre el Presidente y la información. Se pretendía que este amortiguador sirviera de medio para que el Presidente negara tener conocimiento en caso de haber fugas divulgando la verdad de la cuestión. Este parachoques fue utilizado en los últimos años para aislar con eficacia a los sucesivos presidentes de cualquier conocimiento de presencia extraterrestre que no fuera la que el Gobierno Secreto y la comunidad de inteligencia querían que supieran. El NSC-10/2, estableció un grupo especial de estudio, que se reunió en secreto y que fue formado por las mentes científicas de la época. Al panel de estudio no se le llamó MJ-12 Otro memorando del NSC, el NSC-10/5 detallaría las funciones del panel de estudio. Estos memorandos del NSC y las órdenes ejecutivas secretas prepararon el terreno para la creación del MJ-12 sólo cuatro años más tarde.

El Secretario de Defensa James Forrestal se opuso a la clandestinidad. Era un hombre muy idealista y religioso. Creía que el público debía ser informado. James Forrestal fue también uno de los primeros abducidos conocidos. Cuando empezó a hablar con los líderes del partido de la oposición y los líderes del Congreso sobre el problema alienígena Truman le invitó a renunciar. Expresó sus temores a mucha gente. Con razón, creía que estaba siendo vigilado. Los que no conocían los hechos lo interpretaron como una paranoia. Más tarde se dijo que Forrestal había sufrido un desequilibrio mental. Se ordenó su ingreso en la sala psiquiátrica del Hospital Naval de Bethesda. A pesar de que la Administración no tenía autoridad para hacerlo, la orden se cumplió. De hecho, se temía que Forrestal empezara a hablar de nuevo. Tenían que aislarle y desacreditarle. A su familia y amigos se les negó el permiso para visitarlo. Finalmente, el 21 de mayo de 1949, el hermano de Forrestal tomó una decisión fatídica. Notificó a las autoridades que el 22 de mayo, tenía la intención de llevarse a James de Bethesda. En algún momento de la madrugada del 22 de mayo de 1949, agentes de la CIA ataron una sábana alrededor del cuello de James Forrestal, sujetaron el otro extremo a un elemento de su habitación, y luego lanzaron a James Forrestal por la ventana. La sábana se rompió y él cayó y murió. Los diarios secretos de James Forrestal fueron confiscados por la CIA y estuvieron guardados en la Casa Blanca durante muchos años. Debido a la demanda del público los diarios fueron reescritos y finalmente publicados en una versión aséptica. La información del verdadero diario fue posteriormente suministrada por la CIA en forma de libro a un agente que publicó el material como ficción. El agente se llama Whitley Strieber y el libro se titula Majestic. James Forrestal se convirtió en una de las primeras víctimas del encubrimiento.

Al alienígena que fue encontrado vivo vagando por el desierto en 1949 del accidente de Roswell se le llamó EBE. El nombre fue sugerido por el Dr. Vannevar Bush y era la abreviatura de Entidad Biológica Extraterrestre. El EBE tenía tendencia a mentir, y durante más de un año sólo dio las respuestas deseadas a las preguntas formuladas. Aquellas preguntas que habrían dado lugar a una respuesta no deseada quedaban sin respuesta. En algún momento durante el segundo año de cautiverio comenzó a abrirse. La información derivada del EBE fue sorprendente, por decirlo suavemente. La compilación de sus revelaciones se convirtieron en los cimientos de lo que más tarde sería el llamado "Libro Amarillo". Se tomaron fotografías del EBE, que, entre otros, yo vería años más tarde en el Proyecto Grudge. A finales de 1951 el EBE enfermó. El personal médico no pudo determinar la causa de la enfermedad del EBE y no tenían ninguna base con la que trabajar. El sistema del EBE era a base de clorofila y procesaba la energía de los alimentos de la misma manera que las plantas. Excretaba el material de desecho de la misma manera que las plantas. Fueron llamados varios expertos para estudiar la enfermedad. Estos especialistas incluían médicos, botánicos y entomólogos. Un botánico, el Dr. Guillermo Mendoza, fue contratado para tratar de ayudar a recuperarlo. El Dr. Mendoza trabajó para salvar al EBE hasta el 2 de junio de 1952, que fue cuando el EBE murió. El Dr. Mendoza se convirtió en el experto en, al menos, ese tipo de biología extraterrestre. La película ET es la historia ligeramente disimulada del EBE.

En un intento de salvar al EBE y para ganarse el favor de esta raza tecnológicamente superior, los Estados Unidos comenzaron a emitir una llamada de auxilio a principios de 1952 en las vastas regiones del espacio. La llamada no obtuvo respuesta, pero el proyecto, denominado SIGMA, continuó como una señal de buena fe.

El Presidente Truman creó la súper-secreta Agencia Nacional de Seguridad (NSA) con una orden ejecutiva secreta el 4 de noviembre de 1952 Su principal objetivo era descifrar las comunicaciones extraterrestres, el lenguaje y establecer un diálogo con los extraterrestres. Esta tarea más urgente era una continuación del esfuerzo anterior. El objetivo secundario de la NSA fue monitorear todas las comunicaciones y las emisiones de cualquier y todos los dispositivos electrónicos en todo el mundo con el propósito de reunir inteligencia, tanto de humanos como de extraterrestres, y guardar el secreto de la presencia alienígena. El proyecto SIGMA fue un éxito.

La NSA también mantiene comunicación con la base de la Luna y otros programas espaciales secretos. Por orden ejecutiva del presidente, la NSA está exenta de cumplir ninguna ley que no la nombre específicamente en su texto como sujeta a ella. Esto quiere decir que si la agencia no sale en el texto de todas y cada una de las leyes aprobadas por el Congreso pues no está obligada a cumplir ninguna de ellas. La NSA ahora realiza muchas otras funciones y, de hecho, es la principal agencia de inteligencia dentro de la red. Hoy la NSA recibe aproximadamente el 75% de los fondos asignados a la comunidad de inteligencia. El viejo dicho "el poder reside allí donde va el dinero" es cierta. La DCI es hoy una figura decorativa mantenida como un ardid público. La tarea principal de la NSA siguen siendo las comunicaciones extraterrestres, pero ahora también incluye otros proyectos extraterrestres.

El Presidente Truman había estado manteniendo a nuestros aliados, incluyendo a la Unión Soviética, informados del desarrollo del problema alienígena. Esto se había hecho para el caso de que los extraterrestres resultaran ser una amenaza para la raza humana. Los planes fueron formulados para defender la Tierra en caso de una invasión. Se encontraron con grandes dificultades a la hora de mantener el secreto internacional. Se decidió que era necesario un grupo externo para coordinar y controlar las actividades internacionales para ocultar el secreto del escrutinio normal de los gobiernos mediante la prensa. El resultado fue la formación de un órgano de gobierno secreto que se conoció como el Grupo Bilderberg. El grupo se formó y se reunió por primera vez en 1952 Recibió el nombre del primer lugar donde se encontraron con conocimiento del público, el Bilderberg Hotel. Esta reunión pública se llevó a cabo en 1954. Fueron llamados Los Bilderberger. La sede de este grupo está en Ginebra, Suiza. Los Bilderberger evolucionaron hacia un gobierno secreto mundial que ahora lo controla todo. Las Naciones Unidas eran entonces, y todavía lo son, una broma internacional.

A partir de 1953 un nuevo presidente ocupó la Casa Blanca. Era un hombre acostumbrado a una organización personal estructurada con una cadena de mando. Su método consistía en delegar autoridad y gobernar a base de comités. Tomaba decisiones importantes, pero sólo cuando sus consejeros no podían llegar a un consenso. Normalmente su método era leer o escuchar diversas alternativas y luego aprobar una. Los que han trabajado estrechamente con él han declarado que su comentario favorito era: "Sólo haz lo que tengas que hacer." Pasaba mucho tiempo en el campo de golf. Esto no era inusual para un hombre que había hecho carrera en el Ejército en la última posición de comandante supremo aliado durante la guerra, un lugar que le había hecho ganar cinco estrellas. El presidente era el general del Ejército Dwight David Eisenhower.

Durante su primer año de gobierno en 1953, fueron recuperados al menos 10 discos que se habían estrellado junto con 26 muertos y 4 alienígenas vivos. De los 10, 4 se encontraron en Arizona, 2 en Texas, 1 en Nuevo México, 1 en Luisiana, 1 en Montana y 1 en Sudáfrica. Había cientos de avistamientos.

Eisenhower sabía que tenía que luchar y vencer el problema alienígena. Sabía que no podía hacerlo revelando el secreto en el Congreso, a principios de 1953, el nuevo presidente se dirigió a su amigo y también miembro del Consejo de Relaciones Exteriores Nelson Rockefeller. Eisenhower y Rockefeller comenzaron a planificar la estructura secreta de la supervisión de la cuestión alienígena, que se convertiría en una realidad al cabo de un año. Así nació la idea del MJ - 12

Había sido el tío de Nelson, Winthrop Aldrich quien fue crucial al convencer a Eisenhower a optar a la presidencia. Toda la familia Rockefeller y con ellos, el imperio Rockefeller, habían apoyado sólidamente a Ike. Eisenhower pertenecía en cuerpo y alma al Consejo de Relaciones

Exteriores y a la familia Rockefeller. Recorrer a Rockefeller para que le ayudara con el problema alienígena sería el mayor error que Eisenhower nunca cometió para el futuro de los Estados Unidos y quizás para la humanidad.

Al cabo de una semana de ser elegido, Eisenhower ya había nombrado a Nelson Rockefeller presidente de un Comité Asesor Presidencial para la Organización de la Administración. Rockefeller fue el responsable de la planificación de la reorganización del gobierno, lo que soñaba desde hacía muchos años. Los programas del Nuevo Pacto se incluyeron en un solo gabinete llamado Departamento de Salud, Educación y Bienestar. Cuando el Congreso aprobó el nuevo gabinete en abril de 1953, Nelson fue nombrado para el cargo de subsecretario del Oveta Culp Hobby.

En 1953 los astrónomos descubrieron grandes objetos en el espacio, que avanzaban hacia la Tierra. Primero se pensó que eran asteroides. Más tarde, las pruebas demostraron que los objetos sólo podían ser naves espaciales. El proyecto SIGMA interceptó las comunicaciones de radio extraterrestres. Cuando los objetos llegaron a la Tierra se colocaron en una órbita geo sincrónica muy alta alrededor del ecuador. Había unas cuantas naves enormes, y su intención real era desconocida. El proyecto SIGMA y un nuevo proyecto, PLATO, mediante comunicaciones de radio utilizando el lenguaje binario de ordenador, fueron capaces de organizar un aterrizaje que llevó al contacto cara a cara con seres alienígenas de otro planeta. Este desembarco tuvo lugar en el desierto. La película, Encuentros en la tercera fase es una versión novelada de los hechos reales. El proyecto PLATO se encargaba de la tarea de establecer relaciones diplomáticas con esa raza de extraterrestres. Se quedó con nosotros un rehén como promesa de que volverían y formalizarían un tratado.

Mientras tanto, una raza de alienígenas humanoides aterrizaba en la base aérea de Homestead en Florida y se ponía en contacto con el gobierno de los EEUU. Este grupo nos advirtió en contra de la raza que orbitaba alrededor del ecuador y se ofreció a ayudarnos con nuestro desarrollo espiritual. La condición más importante que exigían era que desmontásemos y destruyéramos nuestras armas nucleares. Se negaron a ningún tipo de intercambio de tecnología alegando que espiritualmente éramos incapaces de manejar la tecnología que ya poseíamos. Estas propuestas fueron rechazadas con el argumento de que sería una locura desarmarse de cara a un futuro tan incierto. No había antecedentes a donde recurrir. Puede que fuera una decisión desafortunada.

En 1954 en Muroc, ahora la Base Aérea Edwards, tuvo lugar un tercer aterrizaje. La base se cerró durante tres días, y durante ese tiempo no se permitió que nadie entrara ni saliera. El evento histórico había sido planeado con antelación. Se habían acordado los detalles de un tratado. Eisenhower dispuso pasar las vacaciones en Palm Springs. En el día señalado, el Presidente estaba muy animado, en la base.

La excusa que se dio a la prensa era que tenía visita en el dentista. Testigos del suceso han declarado que 3 ovnis sobrevolaron la base y después aterrizaron. Las baterías antiaéreas hicieron una demostración con fuego real y el personal quedó realmente sorprendido cuando dispararon por encima de las naves. Por suerte, los proyectiles pasaron por encima y nadie resultó herido.

El presidente Eisenhower se reunió con los extraterrestres el 20 de febrero de 1954, y se firmó un tratado formal entre la nación extraterrestre y los Estados Unidos de América. Después recibimos nuestro primer embajador extraterrestre. Era el rehén que se había quedado del primer aterrizaje en el desierto. Su nombre y título era Su Alteza Omnipotente CrIII o KrIII, se pronuncia Crill o Krill. Siguiendo la tradición americana de desdeñar los títulos reales, en secreto, se le llamaba el Rehén Original CrIII o KrIII. Poco después de esta reunión, el presidente Eisenhower sufrió un infarto.

En la reunión estaban presentes cuatro personas Franklin Allen de los periódicos Hearst, Edwin Nourse del Brookings Institute, Gerald Light un famoso investigador en metafísica, y el obispo católico MacIntyre de Los Ángeles. Su reacción fue juzgada como un microcosmos de lo que podría ser la reacción del público. Basándose en esta reacción, se decidió que no se le podía explicar al público. Estudios posteriores confirmaron que la decisión había sido la acertada.

Una emocionalmente reveladora carta escrita por Gerald Light lo explica con detalles escalofriantes: "Estimado amigo: Acabo de volver de Muroc. El informe es cierto - ¡desastrosamente cierto! Hice el viaje en compañía de Franklin Allen de los periódicos Hearst y Edwin Nourse del Brookings Institute (antiguo asesor financiero de Truman) y el obispo MacIntyre de L.A. (los nombres son confidenciales por el momento, por favor.) Cuando se nos permitió entrar en la sección restringida (después de casi seis horas en las que se nos registró cada posible artículo, evento, incidente y aspecto de nuestra vida personal y pública), tuve la clara sensación de que el mundo había llegado a su fin con el realismo fantástico. Porque nunca he visto a tantos seres humanos en un estado de colapso y confusión total, ya que se habían dado cuenta de que su mundo de hecho había terminado tan definitivamente como para describir las ruinas. La realidad de "otras-aeronaves" aeriformes ha sido ahora y para siempre borrada de los reinos de la especulación y forma una parte bastante dolorosa de la conciencia de cada responsable científico y grupo político. Durante los dos días de visita vi cinco tipos de aviones diferentes que nuestros oficiales de la Fuerza Aérea están estudiando y pilotando - con la ayuda y el permiso de los Etéreos!

No tengo palabras para expresar mis reacciones. Finalmente ha sucedido. Ahora ya es historia. El Presidente Eisenhower, como ya sabes, estaba muy animado, recientemente en Muroc una noche durante su visita a Palm Springs. Y estoy convencido de que pasará por alto el terrible conflicto entre las diferentes "autoridades" e irá directamente a decírselo a la gente mediante la radio y la televisión - si es que el punto muerto continúa por mucho tiempo. Por lo que pude ver, se está preparando una declaración oficial para entregarla al país a mediados de mayo".

Sabemos que no se hizo ningún anuncio. El grupo que defendía el silencio ganó la partida. También sabemos que dos aeronaves más, de las que no hemos podido encontrar ningún testigo, habían aterrizado en algún momento después de las otras tres o ya estaban en la base antes de que aterrizaran. Gerald Light establece específicamente que había presentes cinco aeronaves y que fueron sometidas a estudio por la Fuerza Aérea. Su experiencia metafísica es evidente cuando a las entidades les llama "Etéreos". Gerald Light aprovechaba el término "Etéreos", para llamar la atención sobre el hecho de que estos seres podrían haber sido vistos como dioses por el señor Light.

El emblema extranjero era conocido como la "insignia Trilateral", y aparecía en la nave y los alienígenas la llevaban a los uniformes. Ambos desembarques y la segunda reunión fueron filmados. Estas películas hoy en día todavía existen.

El tratado declaraba que los alienígenas no interferirían en nuestros asuntos y nosotros no interferiríamos en los suyos. Su presencia en la tierra sería mantenida en secreto. Ellos nos proporcionarían tecnología avanzada y nos ayudarían en nuestro desarrollo tecnológico. No harían ningún tratado con ninguna otra nación de la Tierra. Podrían secuestrar seres humanos en un lugar delimitado y periódicamente para hacerles exámenes médicos y supervisar nuestro desarrollo, con la condición de que los seres humanos no se verían perjudicados, serían devueltos a su punto de secuestro, no tendrían ningún recuerdo del evento, y que la nación alienígena proporcionaría a Majestad Doce, de una forma regular, una lista de todos los humanos contactados y secuestrados.

Se acordó que cada nación recibiría al embajador del otro durante el tiempo que el tratado se mantuviera vigente. Se acordó, además, que la nación alienígena y Estados Unidos intercambiarían personal, 16 en total, con el propósito de aprender unos de otros. Los alienígenas "invitados" se mantendrían en la tierra. Los humanos" invitados" viajarían hasta el punto de origen extranjero por un periodo determinado de tiempo, y luego volverían, momento en que se haría un cambio a la inversa. Una recreación de este evento fue dramatizada en la película Encuentros en la tercera fase. Una señal para saber quién trabaja para quién se puede ver en el hecho de que el Dr. J. Allen Hynek hizo de asesor técnico en la película. Me di cuenta que el informe Top Secret que contenía la versión oficial de la verdad sobre la cuestión extraterrestre, titulado Proyecto Grudge, que había leído mientras estaba en la Armada, había sido coescrito por el teniente coronel Friend y el Dr. J. Allen Hynek, que había sido declarado un activo de la CIA Perteneciente al Proyecto Grudge. El Dr. Hynek, fue quien desacreditó muchos incidentes legítimos de ovnis cuando participaba como científico en el muy público proyecto LIBRO AZUL. El Dr. Hynek es responsable de la infame declaración "sólo eran gases de los pantanos".

Se acordó que las bases que utilizaría la nación alienígena serían construidas bajo tierra y que se construirían dos bases para el uso conjunto de la nación alienígena y el Gobierno de los Estados Unidos. El intercambio de tecnología se llevaría a cabo en las bases ocupadas conjuntamente. Estas bases alienígenas serían construidas bajo las reservas indígenas del área de las Cuatro Esquinas de Utah, Colorado, Nuevo México y Arizona, y una se construiría en una zona conocida como Dreamland. Dreamland se construyó en el desierto de Mojave, cerca de, o en un lugar llamado Yucca. No recuerdo si era Yucca Valley, Yucca Flat, o Yucca Proving Ground, pero lo que siempre me ha parecido oír es Yucca Valley. En el desierto de Mojave de California es donde ocurren más incidentes y avistamientos de ovnis que en cualquier otro lugar del mundo. Tantos, de hecho, que nadie se molesta en hacer informes. Cualquier persona que se aventure en el desierto para hablar con los residentes se sorprenderá con la frecuencia de actividad y con el grado de aceptación demostrada por aquellos que han llegado a considerar los ovnis como la cosa más normal.

Según los documentos que leí, todas las áreas alienígenas estaban totalmente bajo control del Departamento Naval. Todo el personal que trabaja en estos complejos reciben sus cheques de la Armada a través de un subcontratista. En los cheques no había ninguna referencia al gobierno o a la Marina. La construcción de las bases comenzó inmediatamente, pero el progreso era lento. En 1957 había disponibles grandes cantidades de dinero. Se seguía trabajando en el Libro Amarillo.

Se creó el proyecto REDLIGHT y la experimentación con tests de vuelo de naves extraterrestres se inició en serio. En Groom Lake, Nevada se construyó una instalación súper-Top Secret, en medio de un campo de tiro para probar armas. Su nombre en código fue Área 51 La instalación se puso bajo control del Departamento de la Marina y todo el personal necesitaba una autorización Q así como la aprobación ejecutiva presidencial, (llamada MAJESTIC). Esto era irónico, debido a que el Presidente de los Estados Unidos no tenía autorización para visitar el sitio. La base alienígena y el intercambio de tecnología en realidad se llevaba a cabo en la superficie en un área con el nombre en código de Dreamland, y la parte subterránea recibió el apodo de "el lado oscuro de la Luna". De acuerdo con la documentación que he leído, al menos, en realidad 600 seres extraterrestres residían a tiempo completo en ese lugar junto con un número desconocido de científicos y personal de la CIA. Debido al temor a la implantación, sólo a ciertas personas se les permitió interactuar con los seres extraterrestres, y este personal eran y son vigilados y monitorizados continuamente.

Al Ejército se le encargó crear una organización súper-secreta que proporcionara seguridad para los proyectos que se encargaban de los alienígenas. Esta organización terminó siendo la Organización Nacional de Reconocimiento con sede en Fort Carson, Colorado. Los equipos específicos entrenados para la seguridad de los proyectos fueron llamados Delta. El teniente coronel James "Bo" Gritz era el Comandante de la Fuerza Delta.

Se promulgó un segundo proyecto con el nombre en código SNOWBIRD para explicar cualquiera de los avistamientos de las naves del REDLIGHT como si fueran experimentos de la Fuerza Aérea. Las naves del SNOWBIRD se fabricaban utilizando tecnología convencional y salieron a la prensa en varias ocasiones. El proyecto SNOWBIRD también se utilizó para desacreditar avistamientos públicos legítimos de naves extraterrestres (OVNIS para el público, IACS para los que saben de qué va). El proyecto SNOWBIRD tuvo mucho éxito, y los informes del público fueron disminuyendo de manera constante hasta hace pocos años.

La Oficina Militar de la Casa Blanca organizó y mantuvo un fondo secreto multimillonario. Este fondo se utilizó para construir más de 75 instalaciones subterráneas profundas. A los presidentes que hacían preguntas se les decía que el fondo se utilizaba para construir refugios subterráneos profundos para el presidente en caso de guerra.

Sólo unos cuantos se construyeron para el presidente. Se canalizaron millones de dólares a través de esta oficina para Majestad Doce y luego para los contratistas. Se utilizaban para construir bases alienígenas Top Secret, así como Dumb Top Secret (Bases Militares Subterráneas

Profundas) e instalaciones promulgadas por la Alternativa 2 en toda la nación. El presidente Johnson utilizó este fondo para construir una sala de cine y allanar el camino de su rancho. No tenía ni la menor idea de su verdadero propósito.

El fondo secreto para la construcción del subterráneo de la Casa Blanca fue creado en 1957 por el presidente Eisenhower. La financiación se obtuvo del Congreso con el pretexto de la "construcción y mantenimiento de sitios secretos donde el Presidente podría ir en caso de un ataque militar: Sitios Presidenciales de Emergencia." Los sitios son, literalmente, agujeros en el suelo, a suficiente profundidad como para soportar una explosión nuclear, y están equipados con equipos de comunicaciones de última generación. Hasta ahora hay más de 75 lugares repartidos por todo el país que fueron construidos con el dinero de este fondo. La Comisión de Energía Atómica ha construido al menos unos 22 sitios subterráneos adicionales. Véase el capítulo sobre Mount Weather.

La ubicación y todo lo relacionado con estos sitios fue y es considerado y tratado como Top Secret. El dinero estaba y está bajo control de la Oficina Militar de la Casa Blanca, y fue y es blanqueado a través de una web tan sumamente tortuosa que incluso el más experto de los espías o contables no podría seguir. A partir de 1980 sólo unos cuantos al principio y al final de esta red sabían para qué era el dinero. Al principio estaba el Representante George Mahon de Texas, el presidente de la Cámara de Asignaciones del Comité y de su Subcomité de Defensa; y el Representante Robert Sikes de Florida, presidente del Subcomité de la Cámara de Asignaciones de Construcciones Militares. Hoy se rumorea que el portavoz de la Cámara, Jim Wright controlaba el dinero en el Congreso y que una lucha por el poder lo destituyó. Al final de la línea se encuentra el presidente, Majestad Doce, el director de la Oficina Militar y el comandante de la Navy Yard de Washington.

El dinero lo autorizaba el Comité de Asignaciones, que lo asignaba el Departamento de Defensa como un elemento de alto secreto en el programa de construcciones del ejército. El Ejército, sin embargo, no podía tocarlo y, de hecho, ni siquiera sabía para qué era. La autorización para gastar el dinero, en realidad, se la habían otorgado a la Armada. El dinero se canalizaba a la División de Ingenieros de la Armada de Chesapeake, que tampoco sabían para qué servía. Ni siquiera el oficial al mando, que era un almirante, sabía qué era aquel fondo ni para qué se utilizaría. Sólo un hombre, un comandante de la marina de guerra que estaba asignado a la División de Chesapeake, pero que en realidad sólo era el responsable de la Oficina Militar de la Casa Blanca, conocía el verdadero propósito, la cantidad y el destino final del dinero de alto secreto. El hermetismo total que rodeaba al fondo quería decir que casi todo rastro de él se podría hacer desaparecer con las pocas personas que lo controlaban. Nunca se ha hecho y probablemente nunca se hará una auditoría de ese dinero secreto.

Se transfirieron grandes cantidades de dinero desde el fondo de alto secreto a un puesto de Palm Beach, Florida, denominado Peanut Island que pertenece a la Guardia Costera. La isla se encuentra al lado de la propiedad que pertenecía a Joseph Kennedy. El dinero se decía que se utilizaba para la jardinería y embellecimiento en general. Hace algún tiempo, en un programa especial de la televisión sobre el asesinato de Kennedy se hablaba de un oficial de la Guardia Costera que hacía transferencias de dinero con un maletín a un empleado de Kennedy a través de los límites de esta propiedad. ¿Podría haber sido un pago secreto a la familia Kennedy por la pérdida de su hijo John F. Kennedy? Los pagos continuaron hasta el año 1967 y luego se detuvieron. La cantidad total transferida se desconoce y el uso real del dinero también es desconocido.

Mientras tanto, Nelson Rockefeller, cambiaba de nuevo su posición. Esta vez tomaba la antigua posición de C.D. Jackson, que había sido nombrado Asistente Especial para la Estrategia Psicológica. Con el nombramiento de Nelson cambiaron el nombre por el de Asistente Especial para la Estrategia de la Guerra Fría. Este cargo se desarrollaría con los años en la misma posición que Henry Kissinger mantendría en última instancia con el presidente Nixon. Oficialmente, se trataba de dar "asesoramiento y asistencia en el desarrollo de una mayor comprensión y cooperación entre todos los pueblos." La descripción oficial era una cortina de humo, porque en secreto era el Coordinador Presidencial de la Comunidad de Inteligencia. En su nuevo puesto Rockefeller informaba directa y exclusivamente, al presidente. Asistía a las reuniones del Consejo de Ministros, el Consejo de Política Económica Exterior, y el Consejo Nacional de Seguridad, que es el órgano que formula las más altas políticas del gobierno.

A Nelson Rockefeller también se le dio un segundo trabajo importante como jefe de la unidad secreta llamada el Grupo de Coordinación de Planificación, que se formó al amparo de la NSC 5.412/1 en Marzo de 1955. El grupo estaba formado por diferentes miembros ad hoc, en función del tema en la agenda. Los miembros básicos eran Rockefeller, un representante del Departamento de Defensa, un representante del Departamento de Estado, y el director de la Central de Inteligencia. Pronto fue llamado el Comité 5.412 o el Grupo Especial. La NSC 5.412/1 establece la regla de que las operaciones encubiertas estaban sujetos a la aprobación de un comité ejecutivo, mientras que en el pasado estas operaciones se iniciaban únicamente con la autoridad del Director de la Central de Inteligencia. Con el memorando secreto Ejecutivo NSC 5.510, Eisenhower había precedido el NSC 5.412/1 para establecer un comité permanente (no ad hoc) conocido como Majestad Doce (MJ-12) para supervisar y llevar a cabo todas las actividades encubiertas que se ocupaban de la cuestión extraterrestre. El NSC 5.412/1 se creó para explicar el propósito de estas reuniones cuando el Congreso y la prensa sentían curiosidad. El Majestad Doce estaba formado por Nelson Rockefeller, el director de la Central de Inteligencia Allen Welsh Dulles, el Secretario de Estado John Foster Dulles, el Secretario de Defensa Charles E. Wilson, el presidente de los jefes del Estado Mayor conjunto almirante Arthur W. Radford, el director de la oficina Federal de Investigaciones J. Edgar Hoover, seis hombres de la comisión ejecutiva del Consejo de Relaciones Exteriores conocido como los "Wise Men" ("Reyes Magos" o "Sabios"), seis hombres de la comisión ejecutiva del Grupo JASON, y el Dr. Edward Teller.

El Grupo JASON es un grupo científico secreto formado durante el Proyecto Manhattan y administrado por la Mitre Corporation. El núcleo interno del Consejo de Relaciones Exteriores recluta a sus miembros de las sociedades Skull & Bones y Scroll & Key de Harvard y Yale. Los Sabios eran miembros clave del Consejo de Relaciones Exteriores y también miembros de la secreta Orden de la Búsqueda conocida como la Sociedad JASON.

En Majestad Doce había 19 miembros. La primera regla de Majestad Doce era que no se podía dar ninguna orden ni emprender ninguna acción sin el voto a favor de los doce, de ahí el Mayoría de los Doce. Las órdenes emitidas por Majestad Doce eran conocidas como las directivas Mayoría Doce.

Este grupo estuvo formado durante años por los altos oficiales y directores del Consejo de Relaciones Exteriores y después, de la Comisión Trilateral. Gordon Dean, George Bush y Zbigniew Brzezinski estaban entre ellos. Los más importantes e influyentes de los Sabios fueron John McCloy, Robert Lovett, Averell Harriman, Charles Bohlen, George Kennan y Dean Acheson. Sus políticas llegaron a durar hasta bien entrada la década de los años 70. Es significativo que el presidente Eisenhower, así como los seis primeros miembros del Gobierno de Majestad Doce también eran miembros del Consejo de Relaciones Exteriores. Esto dio el control del grupo más secreto y poderoso del gobierno a un club especialmente interesado que estaba controlado por los Illuminati.

Los investigadores minuciosos pronto descubrirán que no todos los Sabios fueron a Harvard o a Yale, y que no todos fueron elegidos por Skull & Bones o Scroll & Key durante sus años universitarios. Seréis capaces de ver rápidamente el entramado consiguiendo el libro Los Sabios de Walter Isaacson y Evan Thomas, Simon and Schuster, Nueva York. Al pie de la ilustración nº 9 en mitad del libro se encuentra la leyenda: "Lovett con la Unidad de Yale, arriba a la derecha, y en la playa: Su iniciación en Skull and Bones tuvo lugar en una base aérea cerca de Dunkirk." He descubierto que los miembros eran elegidos permanentemente con una invitación basada en el mérito post Colegial y no se limitaba a asistentes sólo de Harvard o Yale, nunca se ha podido compilar una lista completa de los miembros de Skull & Bones a partir de los catálogos o direcciones del segmento de la universidad Russell Trust, también conocido como la Hermandad de la Muerte, o los Skull & Bones. Ahora ya sabéis por qué ha sido imposible determinar el número de miembros, ya sea por número o por nombre. Creo que la respuesta se encuentra oculta en los archivos del CFR, si es que hay archivos.

Más tarde a unos pocos elegidos se les inicia en la rama secreta de la Orden de la Búsqueda conocida como la Sociedad JASON. Todos ellos son miembros del Consejo de Relaciones Exteriores y en ese momento eran conocidos como el Sistema del Este. Esto debería daros una pista sobre la naturaleza de largo alcance y grave de estas muy secretas sociedades universitarias. La sociedad está viva y bien a día de hoy, pero ahora también incluye a miembros de la Comisión Trilateral. Los "Trilateralistas" ya existían en secreto antes de 1973. El nombre de la Comisión Trilateral lo sacaron de la bandera alienígena conocida como la Insignia Trilateral. Majestad Doce tenía que sobrevivir hasta nuestros días. Con Eisenhower y Kennedy fue erróneamente denominado Comité 5.412, o más correctamente, el Grupo Especial. En el gobierno de Johnson se convirtió en el Comité 303, porque el nombre 5.412 había sido comprometido en el libro El Gobierno Secreto. En realidad, el NSC 5.412/1 fue filtrado al autor para ocultar la existencia del NSC 5.410. Con Nixon, Ford y Carter se llamaba la Comisión 40, y con Reagan se convirtió en el Comité IP-40. Durante todos estos años, sólo cambió el nombre.

En 1955 se hizo evidente que los extraterrestres habían engañado a Eisenhower y habían roto el tratado. En Estados Unidos se encontraron seres humanos mutilados junto con animales también mutilados. Se sospechaba que los alienígenas no estaban presentando una lista completa de los contactos humanos y los secuestrados a Majestad Doce y se sospechaba que no todos los secuestrados habían sido devueltos. La Unión Soviética era sospechosa de interactuar con ellos, y esto resultó ser cierto. Los extraterrestres declararon que habían sido ellos y además, habían manipulado masas de gente mediante sociedades secretas, brujería, magia, ocultismo y religión. Debéis entender que esta afirmación podría ser también una manipulación. Después de varios enfrentamientos en combates aéreos de la fuerza aérea con naves extraterrestres también se hizo evidente que nuestras armas no podían competir contra ellos.

En noviembre de 1955 se emitió el NSC-5.412/2 estableciendo un comité de estudio para explorar "todos los factores que intervienen en la elaboración e implementación de la política exterior en la era nuclear" Esto sólo era un manto de nieve que cubría el tema real del estudio, la cuestión extraterrestre.

En el Memorando Ejecutivo secreto NSC 5.511, de 1954, el presidente Eisenhower había encargado un grupo de estudio para "examinar todos los hechos, las pruebas, la mentira y el engaño, y descubrir la verdad de la cuestión extraterrestre." El NSC 5.412/2 sólo fue una cubierta que se había vuelto necesaria cuando la prensa comenzó a indagar sobre el propósito de las reuniones regulares de hombres tan importantes. Las primeras reuniones se iniciaron en 1954 y fueron denominadas las reuniones de Quantico, ya que se hacían en la Base Naval de Quantico. El grupo de estudio estaba compuesto únicamente por 35 miembros del grupo de estudio secreto del Consejo Relaciones Exteriores. El Dr. Edward Teller fue invitado a participar. El Dr. Zbigniew Brzezinski fue el director del estudio durante los primeros 18 meses. El Dr. Henry Kissinger fue elegido como director del estudio del grupo para los segundos 18 meses, comenzando en noviembre de 1955. Nelson Rockefeller era un visitante frecuente mientras duró el estudio.

LOS MIEMBROS DEL GRUPO DE ESTUDIO

Gordon Dean, Presidente
Dr. Henry Kissinger, director del estudio
Dr. Zbigniew Brzezinski, director del estudio

Dr. Edward Teller	Frank Altschul
General de División Richard C. Lindsay	Hamilton Fish Armstrong
Hanson W. Baldwin	General de División James McCormack, Jr.
Lloyd V. Berkner	Robert R. Bowie
Frank C. Nash	McGeorge Bundy
Paul H. Nitze	William A. M. Burden
Charles P. Noyes	John C. Campbell
Frank Pace, Jr.	Thomas K. Finletter

James A. Perkins	George S. Franklin, Jr.
Don K. Price	I.I. Rabi
David Rockefeller	Roswell L. Gilpatric
Oscar M. Ruebhausen	N.E. Halaby
Teniente General James M. Gavin	General Walter Bedell Smith
Caryl P. Haskins	Henry DeWolf Smyth
James T. Hill, Jr.	Shields Warren
Joseph E. Johnson	Carroll L. Wilson
Mervin J. Kelly	Arnold Wolfers

Las reuniones de la segunda fase también se llevaron a cabo en la base de la Marina de Quantico, Virginia, y el grupo era conocido como Quantico II. Nelson Rockefeller construyó un refugio en algún lugar en Maryland para Majestad Doce y el comité de estudio. Se puede llegar volando. De esta manera podrían reunirse fuera de la vista del público. Este lugar de encuentro secreto es conocido por el nombre en código de "Country Club" *("Club de Campo")*. Hay instalaciones equipadas para vivir, alimentarse, de recreo, biblioteca y salas de reuniones. (El Instituto Aspen no es el Club de Campo.)

El grupo de estudio se dio por terminado públicamente en los últimos meses de 1956.

Henry Kissinger escribió lo que se denominó oficialmente como los resultados en 1957, Las armas nucleares y la política exterior, editado por el Consejo de Relaciones Exteriores en Harper & Brothers, New York. En realidad, el 80% del manuscrito ya había sido escrito mientras Kissinger estaba en Harvard. El grupo de estudio continuó, encubierto por el secreto. Un indicio de la seriedad que Kissinger adjunta en el estudio se puede encontrar en las declaraciones de su esposa y amigos. Muchos de ellos afirmaron que Henry tenía que salir de casa temprano cada mañana y volver tarde cada noche sin hablar con nadie ni responder a nadie. Parecía como si estuviera en otro mundo donde no hubiera lugar para los forasteros.

Estas declaraciones son muy reveladoras. Las revelaciones de la presencia y las acciones alienígenas durante el estudio deberían haber sido un gran shock. Henry Kissinger definitivamente estaba fuera de lugar durante ese tiempo. Nunca volvería a verse afectado de esa manera, sin importar la gravedad de ninguno de los hechos posteriores. Muchas veces trabajaba de noche hasta muy tarde después de haberlo estado haciendo durante todo el día entero. Finalmente este comportamiento le llevó al divorcio.

Un hallazgo importante del estudio extraterrestre fue que no se podía hacer público. Se creía que esto seguramente conduciría al colapso económico, al colapso de la estructura religiosa, y al pánico nacional, lo que podría conducir a la anarquía. Por lo tanto, el secreto continuó. Una consecuencia de este hallazgo fue que si no se podía hacer público, se podía no explicar en el Congreso. La financiación de los proyectos y la investigación debería venir de fuera del Gobierno. Mientras el dinero debería obtenerse del presupuesto militar y de la CIA confidencialmente, de fondos no asignados.

Otro hallazgo importante fue que los alienígenas estaban usando seres humanos y animales como fuente para obtener secreciones glandulares, enzimas, secreciones hormonales, plasma sanguíneo y posiblemente para experimentos genéticos. Los alienígenas dieron la explicación que debían hacer estas acciones por una cuestión de supervivencia. Afirmaron que su estructura genética se había deteriorado y que ya no eran capaces de reproducirse. Declararon que si no mejoraban su estructura genética, su raza pronto dejaría de existir. Observamos sus explicaciones con una suspicacia extrema. Dado que nuestras armas eran literalmente inútiles contra los alienígenas, Majestad Doce decidió continuar las relaciones diplomáticas amistosas hasta que fuéramos capaces de desarrollar una tecnología que nos permitiera desafiarles a nivel militar. Deberían abrirse negociaciones con la Unión Soviética y otras naciones para unir fuerzas de cara a la supervivencia de la humanidad. Mientras los planes se desarrollaban investigando y construyendo dos sistemas de armas mediante tecnología convencional y nuclear, que esperábamos nos llevarían a la paridad.

Los resultados de la investigación fueron los Proyectos JOSHUA y EXCALIBUR.

El JOSHUA era un arma capturada a los alemanes, que era capaz de destrozar un blindaje de 4 pulgadas de espesor a dos millas de distancia. Funcionaba apuntando con ondas sonoras de baja frecuencia, y se creía que esta arma sería eficaz contra las naves y las armas de rayos de los alienígenas. El EXCALIBUR era un arma transportada por misil que no se elevaba por encima de los 30.000 pies sobre el nivel del suelo (AGL), no se desviaba del objetivo designado más de 50 metros, capaz de penetrar "1000 metros de suelo de turba compactada - como la que se encuentra en Nuevo México," llevaba una cabeza nuclear de un megatón, y sería destinado a ser utilizado en la destrucción de los alienígenas dentro de sus bases subterráneas. El JOSUÉ se desarrolló con éxito, pero nunca fue utilizado, que yo sepa. El EXCALIBUR no fue impulsado hasta hace pocos años y ahora, se nos dice, que se está haciendo un esfuerzo sin precedentes para desarrollar esta arma. Al público se le tendrá que decir que el EXCALIBUR será necesario para atacar puestos de mando soviéticos subterráneos. Sabemos que no es cierto porque una regla de la guerra es que no tienes que destruir a los líderes. Son necesarios, ya sea para que se rindan incondicionalmente o para negociar los términos. También se necesitan líderes para garantizar una transición pacífica del poder y la conformidad de la población frente a todos los términos negociados o dictados.

Se examinaron los acontecimientos de Fátima de primera parte de siglo. Sospechando que se trataba de una manipulación alienígena, se puso en marcha una operación de inteligencia para penetrar en el secreto que rodeaba al evento. Los Estados Unidos utilizaron sus topos del Vaticano y pronto obtuvieron el estudio completo del Vaticano, que incluía la profecía. Esta profecía declaraba que si el hombre no daba la espalda al mal y se colocaba a los pies de Cristo, el planeta se autodestruiría y los acontecimientos descritos en el libro del Apocalipsis serían los que sucederían en la realidad. La profecía exigía que Rusia fuera consagrada al Sagrado Corazón. Afirmaba que nacería un niño que uniría el mundo con un plan para la paz mundial y una falsa religión. La gente se daría cuenta de que era malvado y que en realidad era el Anti-Cristo. La Tercera Guerra Mundial comenzaría en Oriente Medio, con una nación de estados árabes unidos invadiendo Israel mediante armas convencionales, que culminaría en un holocausto nuclear. La mayor parte de la vida de este planeta sufriría horriblemente y acabaría muriendo. Poco después tendría lugar el retorno de Cristo.

Cuando los extraterrestres fueron enfrentados con este hallazgo se confirmó que era verdad. Los alienígenas explicaron que nos habían creado a base de manipulación genética en un laboratorio. Declararon que habían manipulado la raza humana a través de la religión, el satanismo, la brujería, la magia y el ocultismo. Explicaron además que eran capaces de viajar en el tiempo, y que los acontecimientos de hecho sucederían si no se cumplían las condiciones. Más tarde la explotación de la tecnología alienígena por Estados Unidos y la Unión Soviética, utilizando viajes en el tiempo en un proyecto denominado RAINBOW, confirmó la profecía. Los extraterrestres mostraron un holograma, que según ellos era la crucifixión de Cristo. El Gobierno filmó el holograma. No sabían si creerles. ¿Estaban usando nuestras religiones GENUINAS para manipularnos? ¿O de hecho eran el origen de nuestras religiones con las que nos habían estado manipulando todo el tiempo? ¿O era el escenario genuino del inicio del FINAL DE LOS TIEMPOS y el RETORNO DE CRISTO que había sido predicho en la Biblia? NO TENGO NINGUNA RESPUESTA.

En 1957 se celebró un simposio al que asistieron algunas de las grandes mentes científicas que vivían entonces. Llegaron a la conclusión de que hacia el año 2000, o poco después, el planeta se destruiría debido al aumento de la población y la explotación del hombre del medio ambiente SIN LA AYUDA DE DIOS O LOS EXTRATERRESTRES.

Con la orden ejecutiva secreta del presidente Eisenhower, los eruditos de la JASON recibieron la orden de estudiar esta situación y hacer recomendaciones a partir de sus hallazgos. La Sociedad JASON confirmó el hallazgo de los científicos e hizo tres recomendaciones llamadas ALTERNATIVAS 1, 2, y 3. La alternativa 1 era utilizar dispositivos nucleares para abrir huecos en la estratosfera por los que podrían escapar al espacio el calor y la contaminación. Con ello pretendían cambiar las culturas humanas de la explotación de cultivos a la protección del medio ambiente. De las tres ésta se decidió a sería la menos propensa a tener éxito debido a la naturaleza inherente del hombre y el daño adicional de las explosiones nucleares por sí mismas. La existencia de un agujero en la capa de ozono puede indicar que la Variante 1 se podría haber intentado. Esto, sin embargo, sólo es una conjetura.

La alternativa 2 era construir una vasta red de ciudades subterráneas y túneles en la que sobreviviría una selecta representación de todas las culturas y ocupaciones y daría continuidad a la raza humana. El resto de la humanidad sería dejada a su suerte en la superficie del planeta. Sabemos que estas instalaciones se han construido y están preparadas y esperando a los pocos elegidos que reciban las notificaciones.

La alternativa 3 era explotar la tecnología alienígena y convencional para que un grupo selecto abandonara la tierra y estableciera colonias en el espacio exterior. No estoy en condiciones de confirmar ni negar la existencia de las "expediciones por lotes" de esclavos humanos, que serían utilizados para el trabajo manual como parte del plan. La Luna, con el nombre en código de ADAM, fue objeto de interés primario, seguido por el planeta Marte, con el nombre en código de EVA. Ahora tengo las fotografías oficiales de la NASA de una de las bases de la luna. Creo que la colonia de Marte también es una realidad.

Como acción dilatoria, las tres alternativas incluían el control de la natalidad, la esterilización y la introducción de microbios mortales para controlar o reducir el crecimiento de la población de la Tierra. El SIDA es sólo uno de los resultados de estos planes. LA ÉLITE decidió que como la población debía ser reducida y controlada, sería mejor, en interés de la raza humana, liberarnos de elementos indeseables de nuestra sociedad. Las poblaciones que eran objetivos específicos incluían a los NEGROS, a los HISPANOS y a los HOMOSEXUALES. El liderazgo conjunto de EEUU y soviético descartaba la

Alternativa 1, pero prácticamente al mismo tiempo ordenaron comenzar a trabajar en las alternativas 2 y 3.

En 1959, la Rand Corporation organizó un Simposio de construcción a gran profundidad. En el informe del simposio, las máquinas que se representan y describen podían perforar un túnel de 45 metros de diámetro a una velocidad de 5 metros por hora en 1959. También muestra imágenes de túneles y bóvedas subterráneas enormes que contienen lo que parecen ser complejas instalaciones y, posiblemente, incluso ciudades. Parece ser, que los cinco años anteriores de construcción subterránea sin cuartel habían hecho progresos importantes en ese momento.

Los poderes gobernantes decidieron que uno de los medios de financiación de los proyectos que tenían que ver con los alienígenas y otros en "negro" sería a base de acaparar el mercado de drogas ilegales. Los ingleses y los franceses ya habían establecido un precedente histórico cuando explotaron el comercio de opio en el Lejano Oriente y lo utilizaron para llenar sus arcas y ganar un punto de apoyo sólido en China y en Vietnam, respectivamente.

Se contactó con un miembro joven y ambicioso del Consejo de Relaciones Exteriores. Su nombre es George Bush, quien en ese momento era presidente y consejero delegado de la división marina de la Zapata Oil, con sede en Texas. La Zapata Oil estaba experimentando con una nueva tecnología de perforación en alta mar. Se pensó que las drogas podrían ser perfectamente enviadas desde América del Sur a las plataformas de alta mar mediante barcos de pesca, para luego llevarlas desde allí hasta la costa utilizando el transporte normal para los suministros y el personal. Con este método la carga no sería sometida a ninguna inspección ni aduanera ni por ninguna agencia del orden público.

George Bush accedió a ayudar, y organizó la operación conjuntamente con la CIA. El plan funcionó mejor de lo que nadie podía haber soñado. Desde entonces se ha expandido por todo el mundo. Actualmente hay muchos otros métodos para hacer entrar drogas ilegales en el país. Hay que recordar siempre que fue George Bush quien comenzó a vender drogas a nuestros hijos. La CIA ahora controla la mayor parte de los mercados de drogas ilegales del mundo.

El programa espacial oficial se vio impulsado por el discurso inaugural del presidente Kennedy cuando ordenó que Estados Unidos tenían que hacer llegar un hombre a la Luna antes del final de la década. Aunque inocente en su concepción, este mandato habilitó a los encargados a canalizar grandes cantidades de dinero hacia proyectos negros y ocultar el VERDADERO programa espacial al pueblo estadounidense. En la Unión Soviética un programa similar sirvió para el mismo propósito. De hecho, mientras Kennedy pronunciaba aquellas palabras en la Luna había una base conjunta de los alienígenas, los Estados Unidos, y la Unión Soviética.

El 22 de mayo de 1962, una sonda espacial aterrizó en Marte y confirmó la existencia de un ambiente que podía sustentar la vida. No mucho tiempo después comenzó en serio la construcción de una colonia en el planeta Marte. Hoy creo que hay una colonia en Marte habitada por personas especialmente seleccionadas de diferentes culturas y ocupaciones cogidas de toda la Tierra. A lo largo de todos estos años ha mantenido una farsa pública de antagonismo entre la Unión Soviética y los Estados Unidos con el fin de financiar proyectos en nombre de la defensa nacional, cuando en realidad son aliados muy cercanos.

En algún momento el presidente Kennedy descubrió partes de la verdad en relación con las drogas y los extraterrestres. Dio un ultimátum en 1963 a Majestad Doce. El presidente Kennedy les aseguró que si no acababan con el problema de las drogas, lo haría él. Informó a Majestad Doce que tenía intención de revelar la presencia de los extraterrestres a los estadounidenses al año siguiente, y ordenó un plan elaborado para poner en práctica su decisión, el presidente Kennedy no era miembro del Consejo de Relaciones Exteriores y no sabía nada de la Alternativa 2 o la Alternativa 3. (Aunque algunos investigadores afirman que JFK era miembro del CFR, no he podido encontrar ninguna lista legítima con su nombre.) A nivel internacional, las operaciones estaban supervisadas por el comité de élite Bilderberg conocido como el Comité de Política. En Estados Unidos eran supervisadas por el comité ejecutivo del CFR y la Unión Soviética por su organización hermana. La decisión del presidente Kennedy infundió miedo en los corazones de los responsables. Su asesinato fue ordenado por el Comité de Políticas y la orden fue llevada a cabo por los agentes en Dallas. El presidente John F. Kennedy fue asesinado por el agente del Servicio Secreto que conducía su coche en la caravana y el acto es claramente visible en la película de Zapruder. MIRAD AL CONDUCTOR Y NO A KENNEDY CUANDO VEÁIS LA PELÍCULA. Todos los testigos que estaban lo suficientemente cerca del coche como para ver a William Greer disparar a Kennedy fueron todos ellos asesinados en los dos años siguientes al evento. La Comisión Warren fue una farsa, y la mayoría de sus miembros formaban parte del panel del Consejo de Relaciones Exteriores. Tuvieron éxito engañando al pueblo estadounidense. Muchos otros patriotas que intentaron revelar el secreto extraterrestre también han sido asesinados en los últimos años. En la actualidad más de 200 testimonios materiales o personas realmente involucradas en el asesinato están muertos. Las probabilidades de que esto ocurra son tan altas que nadie ha sido capaz de calcularlas. Las probabilidades de que los primeros 18 murieran dentro de los dos años después del asesinato se calcularon en cien mil billones a uno. Podéis pedir una copia de la película mediante el envío de $ 30 + $ 4 de franqueo y gastos de envío a William Cooper, 19.744 Beach Blvd., Suite 301, Huntington Beach, California 92648.

En diciembre de 1988 tuve una conversación telefónica en la que le dije a John Lear lo que había visto en la Marina sobre el asesinato de Kennedy. Le dije que los documentos Top Secret afirmaban que el acto era claramente visible en una película escondida al público. Le dije a John que yo había estado buscando durante 16 años una película que mostraba que Greer disparaba a JFK, pero no había encontrado ninguna. Me quedé de piedra y muy agradablemente sorprendido cuando John me preguntó: "¿Quieres verla?" Por supuesto, respondí afirmativamente y John nos invitó a Annie y a mí a su casa en Las Vegas. Pasamos cuatro días con John. No sólo me mostró la película, sino que me dio una copia del vídeo. Muestro el vídeo cada vez que hablo con un grupo de personas. La película se titula Dallas Revisited, John me dijo que la había obtenido de un conocido de la CIA de quien no podía darme el nombre. Más tarde descubrí que el autor de aquella película de Zapruder era Lars Hansson. John Lear mostraba la película en todas las reuniones que llevaba a cabo.

Poco después de que Lear me diera una copia de la película, me llamó Lars Hansson y me preguntó si podía pasar para reunirse conmigo en mi casa en Fullerton, California. Yo le dije que podía y le pedí que trajera una copia mejor de la película si es que tenía alguna. Lars dijo que lo haría. Dijo que también traería una película sobre un hombre llamado Bo Gritz, del que yo nunca había oído hablar. El Sr. Hansson me informó que él había hecho el vídeo de Bo Gritz y John Lear y que ambos lo estaban utilizando en sus conferencias. Mucho después supe que Bo Gritz estaba vendiendo la cinta a 10 dólares la copia.

Lars llegó a casa, trajo las películas en cintas de vídeo y estuvimos hablando durante una hora aproximadamente. Su propósito principal era decirme que quería que yo expusiera la película a la gente, pero no quería que de ninguna manera le conectara con la película. Estuve de acuerdo en no divulgar la fuente y cumplí mi palabra. Empecé a usar la cinta en mis conferencias. Cuando supe que Bo Gritz la ponía a disposición del público, cedí ante la presión de la gente y también la puse a su disposición.

Tiempo después leí en un boletín de noticias con sede en Los Ángeles (he olvidado el nombre) que Lars Hansson había dicho que no sabía que yo tuviera la película y que la estuviera mostrando en las conferencias. Según el boletín de noticias Hansson había asistido a la conferencia del Hollywood High del 5 de noviembre de 1989, y por el hecho de utilizarla había tratado de protestar durante el turno de preguntas y respuestas, pero que en ningún momento tuvo la posibilidad de ser reconocido. Este evento lo teníamos grabado, y al final yo preguntaba que si alguien quería hacer preguntas o comentarios se acercara a un micrófono que habíamos colocado en el pasillo. He examinado cada centímetro de este vídeo y Lars Hansson nunca se levantó de su asiento, ni llegó a levantar la mano, ni intentó de ninguna manera ser reconocido.

Después Lars me llamó de nuevo y me pidió que no usara su voz en la cinta, cuando dice sin vacilar ni reserva alguna, tal como lo narra en el vídeo, "El conductor del coche se gira con el brazo izquierdo sobre el hombro derecho con una pistola en la mano y dispara. Véase el arma automática niquelada del calibre 45 en su mano izquierda, está disparando por encima de su hombro derecho, mirad esto con detalle. Mirad como la cabeza mira hacia atrás, hacia el presidente. En este primer plano mejorado se ve el impacto de la bala sobre el Presidente. La fuerza del disparo le empuja violentamente hacia atrás contra el respaldo del asiento. Véase como la señora Kennedy reacciona con horror." Luego, más adelante en la película Lars Hansson hace esta declaración: "Se puede ver claramente cómo [el conductor] gira la cabeza y el brazo, y el arma queda a la vista por encima del hombro derecho." Estuve de acuerdo en no utilizar su voz. En charlas posteriores mostré la cinta sin audio. Al final resultó que, la gente era capaz de verlo mejor sin la narración. Es importante que entiendan esto, porque a finales del verano de 1990, después de haber estado mostrando la película durante más de un año y medio, Lars Hansson comenzó a aparecer en la radio proclamando que Greer, el conductor, no había disparado al presidente. Lars Hansson se presentó en la conferencia que di en la Beverly Hills High School en otoño de 1990 e interrumpió la charla, insultando a gritos y claramente fuera de sí mismo. Cuando terminó la conferencia abordaba a la gente en el vestíbulo y junto a David Lifton, intentaba convencer a los miembros de la audiencia de que en realidad no habían visto a Greer disparando a Kennedy. Hay que reconocer que la mayor parte de la audiencia le dijeron a Hansson y Lifton que caminaran por la sombra. Una vez que la gente lo ve con sus propios ojos ya no pueden ser engañados. A Hansson, Lifton, Grodin, y a los otros agentes del Gobierno Secreto se les está acabando el tiempo. Los estadounidenses le están ganando terreno a la estafa. Me estremezco al pensar qué pasará con esta gente cuando los estadounidenses finalmente se enojen. No hay que olvidar que Lear me informó que su fuente de la película era un agente de la CIA que más tarde resultó ser Lars Hansson. Hansson más tarde afirmó que había violado sus derechos de autor. No tenía ningún derecho de autor. El propio Hansson había violado los derechos de autor de otra persona al hacer la película y dármela a mí, a Lear, y a Gritz. Ni me importó ni me importan un carajo los derechos de autor de esta película en particular. Si me importaran, nadie podría saber quién mató realmente a nuestro presidente. Bueno Gritz declaró en la radio que se sentía de la misma manera. Hansson nunca atacó ni a Lear ni a Gritz, que todavía muestra la cinta y Gritz aún la pone a disposición de la gente. ¿Me pregunto por qué? ¿Quizás Lear, Hansson y Gritz trabajan juntos?

Entonces entró en escena Robert Grodin. Me retó a aparecer y debatir con él públicamente. Afirmaba que tenía una copia de la película de Zapruder mostrando que Greer no apartaba las manos del volante del coche. Grodin es un agente secreto del gobierno activo, su trabajo es confundir al público y perpetuar el encubrimiento.

Llamé a Bob Grodin y acepté su reto. Le invité a aparecer conmigo en la Beverly Hills High School y que mostrara su película. Yo mostraría mi película. Que decidiera la audiencia. Se negó. Se negó porque él sabe que yo sé, que el público le abroncaría echándole de la ciudad. Grodin sabe que Greer disparó a Kennedy, porque es parte del encubrimiento.

Este Bob Grodin es el mismo Bob Grodin que dice ser el mejor experto en fotointerpretación independiente del mundo. Bob Grodin NO tiene ningún tipo de educación fotográfica. Nunca ha trabajado en fotografía. Bob Grodin nunca ha sido intérprete fotográfico en su vida. Ha estado mintiendo a la opinión pública sobre sus credenciales durante todos estos años y nadie lo ha comprobado; NI siquiera el Congreso revisó sus credenciales cuando lo contrataron. ¿De verdad crees que fue un accidente? TENGO UNA LICENCIATURA EN FOTOGRAFÍA.

Este Bob Grodin es el mismo Bob Grodin que fue contratado por el Comité Selecto de la Cámara sobre Asesinatos en 1976. Es el mismo Bob Grodin que descaradamente mintió al comité y les dijo que el conductor, William Greer, nunca apartó las manos del volante. Su trabajo es escribir libros y confundiros. Su trabajo es mantener la posición que el gobierno mintió y que había una conspiración. Su trabajo también es evitar que sepáis la verdad sobre quién hizo matar al presidente. No podéis dar la bienvenida al Nuevo Orden Mundial, si tenéis fe en vuestro gobierno. ¿TENDRÍAIS fe en vuestro gobierno si os enteraseis de que Greer mató a Kennedy por orden de los Illuminati y que no tenía nada que ver con el gobierno legal, Constitucional? ¿Sabíais que el hombre que estaba a cargo del Servicio Secreto en el momento del asesinato se convirtió en el hombre a cargo de la seguridad de la familia Rockefeller cuando se jubiló? Bueno, ahora ya lo sabéis. También tendríais que saber que Bob Grodin es amigo de Leslie Watkins, y es el nombre de Bob Grodin el que utiliza Watkins como un alias del astronauta citado en Alternativa 003. ¿Sabíais que cuando Ricky White hacía apariciones en programas de radio por todo el país diciendo que su padre había matado a Kennedy, le acompañaba Bob Grodin?

¿Sabíais que cada vez que alguien le hacía una pregunta a Ricky White, era Grodin quien respondía por él? ¿De verdad creéis que es una coincidencia? El padre de Ricky White no mató a Kennedy.

Durante años he estado hablando a la gente y al público sobre las discrepancias entre los informes de los médicos en Dallas y el informe de la autopsia realizada en el Hospital Naval de Bethesda. He revelado que las heridas fueron manipuladas y cambiadas. Le he estado diciendo al mundo que el cuerpo fue sacado de su ataúd en el avión y que lo sacaron por la puerta de la cocina y lo metieron en un helicóptero de la marina, y que el cuerpo llegó al Hospital naval de Bethesda unos 30 minutos antes de que la urna oficial vacía. He dicho que el cerebro del presidente había desaparecido y por qué había desaparecido.

De repente en 1990 David Lifton aparece en la radio y la televisión diciendo al mundo que tenía nuevas pruebas que había descubierto. Cada pedacito de su nueva evidencia era exactamente lo que yo había estado diciendo a la gente durante años. Era la misma información que yo le había dicho a Bob Swan en 1972 Lifton se presentó en mi conferencia en la Beverly Hills High School. Después de hacer una escena en la taquilla porque tenía que pagar, Lifton abordaba a cualquier persona que se aventuraba a pasar por el vestíbulo, y junto con Lars Hansson, intentaban convencerlos de que ellos no habían visto a Greer disparando a Kennedy. Personas legítimas nunca habrían recurrido a este tipo de comportamiento vergonzoso y al descrédito. Mi testimonio y la indignación del público después de ver el asesinato del presidente Kennedy con sus propios ojos, ha dañado seriamente el encubrimiento. El comportamiento de Grodin, Lifton, y Hansson revela el grado de daño. El público ahora puede ver sin ningún tipo de duda que son o bien parte del encubrimiento o que son unos investigadores totalmente incompetentes, y en el caso de Grodin, un mentiroso descarado que puede haber cometido traición. En medio de todo esto, me llaman del programa de TV "Hard Copy", y me dicen que quieren ver la película. Les mostré la película y se sorprendieron, se emocionaron y querían una exclusiva. Se la di, pero les dije que dudaba que nunca se emitiera. Cuando fue el momento se dispusieron a filmar un episodio para emitirlo, pero justo antes de llegar la fecha de grabación un ejecutivo de la NBC llamó a los estudios de "Hard Copy" de Los Ángeles, y les dijo que no emitieran la película. Traté de averiguar el nombre del ejecutivo, pero no hubo suerte. Este fue el final de todo esto. El productor que había tratado de airear mi historia y la película de Kennedy ya no está en "Hard Copy". Se llama Bubs Hopper.

Me acerqué a otro productor (no recuerdo el nombre) de "Inside Edition", otro programa de televisión, que me dijo que era necesario que los estadounidenses vieran la película. Estuve de acuerdo en ir al show, pero le dije lo mismo, que no creía que se emitiera. Una semana más tarde estaba escuchando a David Lifton en un programa de radio. Alguien llamó y le preguntó si sabía quién era yo y David Lifton dijo: "Sé quién es y tenemos una sorpresa para el Sr. Cooper. Le echaremos definitivamente de un programa de televisión nacional. Pasaremos cuentas totalmente con este tipo".

Hice que alguien llamase al productor y lo cancelara por haberme mentido.

Me suplicó que fuera. Le transmití a través de ese intermediario que sólo aparecería si podía tener el control editorial para asegurarme de que no editarían el segmento para ridiculizar la película. Él se negó, y entonces yo ya sabía que su intención desde el principio había sido desacreditarme. Cuando se emitió el segmento, utilizaron a Lars Hansson para sustituirme. Hansson, el hombre que me había estado atacando, diciendo que Greer no había disparado a Kennedy, ¡estaba ahora en la televisión diciendo que Greer había matado a Kennedy! La razón se hizo evidente, ya que tenían a Bob Grodin en el siguiente segmento. Grodin ridiculizó y desacreditó a Hansson y a la película. Tenían la intención de hacer una crítica feroz sobre mí, pero cuando me cancelaron podían atacar la película sólo haciendo que Hansson ocupara mi lugar. Tenía todos los números de ser una operación de la agencia. No funcionó.

Descubrí la siguiente estratagema cuando Grodin declaró en la radio que pronto (por fin) sacaría un video de su supuesta copia prístina de la película de Zapruder sobreexpuesta para resaltar los detalles en las sombras. La sobreexposición había hecho desaparecer completamente el brazo de Greer y la pistola, que estaban los dos a plena luz del sol y que el efecto los había hecho invisibles para el espectador. Por suerte la gente no es tan estúpida como Grodin piensa. Debatiré con cualquier persona en cualquier momento, siempre que sea frente a una audiencia en directo y no se edite nada. He visto lo que puede hacer un editor con una película para que a la gente le parezca que se han dicho y hecho cosas que nunca se han dicho ni hecho.

Durante los inicios de la exploración del espacio de los Estados Unidos y los alunizajes cada lanzamiento fue acompañado por una nave alienígena. El 20 de noviembre de 1990, el Canal 2 de Los Ángeles TV anunció que un objeto diferente, rojo, brillante, redondo acompañó al transbordador espacial Atlantis en su última misión militar clasificada. Esta fue la primera admisión pública.

El Lunar Orbiter fotografió y los astronautas del Apolo filmaron una base en la Luna, la Luna. En las fotografías oficiales de la NASA aparecen cúpulas, torres, estructuras circulares de gran altura similares a silos, grandes vehículos de la industria minera en forma de T, que dejan huellas como pistas sobre la superficie lunar, y naves extraterrestres muy grandes, así como pequeñas. Es una base conjunta de Estados Unidos y la Unión Soviética: El programa espacial es una farsa y un increíble desperdicio de dinero. La Alternativa 3 es una realidad. No es ciencia ficción.

Los astronautas del Apolo quedaron severamente tocados por esta experiencia, y su vida y sus declaraciones posteriores reflejan la profundidad de la revelación y el efecto de la orden de bozal que vino a continuación. Se les ordenó permanecer en silencio o sufrir la pena extrema, la muerte, que se denomina "la conveniencia". En realidad un astronauta habló con productores británicos para exponer por TV "Alternativa 003." El documental se emitió, en el programa no de ficción llamado "Informe Científico," restringiendo muchas acusaciones.

En el libro Alternativa 003 se utilizó el seudónimo "Bob Grodin" en vez de la identidad de los astronautas. (El verdadero Bob Grodin es amigo de Leslie Watkins y forma parte del encubrimiento del asesinato de Kennedy.) También se afirma que el astronauta se suicidó en 1978. Esto no puede ser validado por ninguna fuente, y creo que varios hechos nombrados en el libro en realidad son desinformación. Creo firmemente que esta desinformación es resultado de la presión sobre los autores y está destinada a anular el efecto de la televisión británica sobre la población al exponer "Alternativa 3". La sede de la conspiración internacional está en Ginebra, Suiza. El órgano de gobierno está formado por tres comités compuestos por trece miembros cada uno, y los tres juntos comprenden los 39 miembros del comité ejecutivo del organismo conocido como el

Grupo Bilderberg. El más importante y poderoso de los tres comités es el Comité de Política. (Es más que interesante observar que los Estados Unidos originalmente tenían trece colonias, y que fueron 39 los delegados de las colonias que firmaron la Constitución después de ser escrita y aprobada en la primera Convención Constitucional. ¿Creéis que es una coincidencia?) Las reuniones del Comité de Política se celebran en un submarino nuclear bajo la capa de hielo polar. Un submarino soviético y uno americano se encuentran en una burbuja de aire y se lleva a cabo la reunión. El secretismo es tal que este era el único método que garantizaba que las reuniones no pudieran ser espiadas. Puedo decir que el libro Alternative 003 al menos en un 70% es verdad debido a mi propio conocimiento y al conocimiento de mis fuentes. Creo que la desinformación intenta poner en peligro las exposiciones de la televisión británica, con información que se puede probar que es falsa, al igual que el "documento Resumen Eisenhower", que fue esparcido por los Estados Unidos en el marco del plan de contingencia Majestic Doce , también se puede demostrar que es falso. Desde el inicio de la interacción con los extraterrestres hemos entrado en posesión de tecnología más allá de nuestros sueños más salvajes. Actualmente, en Nevada tenemos, y volamos, con naves alimentadas con energía atómica que generan anti-gravedad. Nuestros pilotos han realizado viajes interplanetarios en estas naves y han estado en la Luna, Marte y otros planetas. Nos han mentido sobre la verdadera naturaleza de la Luna, los planetas Marte y Venus, y el estado real de la tecnología que tenemos hoy en día, en este mismo momento. Hay zonas en la Luna, donde crece vegetación e incluso cambia de color con las estaciones. Este efecto estacional se da porque la Luna, al contrario de lo que se dice, no presenta siempre exactamente la misma cara a la Tierra o al sol. La Luna tiene varios lagos y estanques artificiales en la superficie, y se han observado y filmado nubes en su atmósfera. Posee un campo gravitatorio, y el hombre puede caminar sobre su superficie sin un traje espacial, respirando de una botella de oxígeno después de someterse a descompresión, ¡igual que cualquier buzo! Tengo las fotografías oficiales de la NASA. Algunas de ellas se publicaron en los libros Hemos descubierto bases alienígenas en la Luna de Fred Steckling y Hay alguien más en la Luna. En 1969 hubo un enfrentamiento entre soviéticos y norteamericanos en la base lunar. Los soviéticos intentaron tomar el control de la base y retuvieron a científicos estadounidenses y a personal como rehenes. Fuimos capaces de restablecer el orden, pero no antes de que 66 personas perdieran la vida. Los soviéticos fueron suspendidos del programa durante dos años. Finalmente se llevó a cabo una conciliación y una vez más se comenzó a interactuar.

Hoy la alianza continúa. El escenario de confrontación subterránea en la base de Archuleta Mesa es pura desinformación esparcida para crear confusión. Yo sabía que había tenido lugar una confrontación, pero no podía recordar los detalles. John Lear me había convencido de que los alienígenas y las fuerzas Delta habían luchado en la base de Archuleta. (El Nuevo Orden Mundial tiene que tener un enemigo viniendo desde el espacio exterior.) Más tarde, cuando utilicé la hipnosis regresiva para mejorar mi memoria, surgieron los hechos verdaderos. Que yo sepa, la única hostilidad entre extraterrestres y humanos fue provocada por los militares de EEUU cuando se les ordenó disparar a los ovnis a fin de capturar tecnología.

John Lear también dice que nosotros inventamos el SIDA para matar a los alienígenas que chupan sangre y que sólo somos recipientes para almas. ¡Eso es una tontería! Se trata de un voto claro a favor de la teoría "los extraterrestres no existen".

Cuando estalló el escándalo del Watergate, el presidente Nixon estaba seguro de que no se le podía someter a juicio político. Majestad Doce tenía una agenda diferente. Ordenó a Nixon que dimitiera, la comunidad de inteligencia concluyó legítimamente que un juicio político abriría los archivos y sacaría los secretos a la luz de la mirada pública. Él se negó. El primer golpe militar que nunca ha tenido lugar en los Estados Unidos se llevó a cabo. Los jefes de Estado Mayor enviaron un mensaje Top Secret a los comandantes de todas las fuerzas armadas de los Estados Unidos alrededor del mundo. Decía: "Al recibir este mensaje, no obedezca ninguna orden más de la Casa Blanca. Con acuse de recibo." Este mensaje se envió unos cinco días antes de que Nixon cediera y anunciara públicamente que renunciaría.

Yo vi este mensaje. Cuando le pregunté a mi oficial en jefe que haría, ya que obviamente la orden violaba la Constitución, dijo: "Creo que esperaré a ver si las órdenes vienen de la Casa Blanca, y después decidiré". No vi que llegara ninguna comunicación de la Casa Blanca, pero eso no quiere decir que no hubieran enviado alguna. Tengo confirmación de tres fuentes adicionales, todos ex militares, que me escribieron o llamaron para decirme que ellos habían visto la misma orden. Estas personas son Randall Terpstra, ex-Navy, David Carrera, ex-Air Force, y Donald Campbell, ex-Navy. La transcripción de una conversación telefónica grabada entre este autor y el Sr. Terpstra se presenta como el capítulo 11 de este libro, y las declaraciones firmadas de los otros se pueden encontrar en el apéndice.

Durante todos los años que esto ha estado pasando el Congreso y el pueblo estadounidense ha parecido que sabían instintivamente que algo no iba bien. Cuando el escándalo Watergate salió a la superficie se subieron al carro y todo el mundo pensaba que se limpiarían los organismos. El Presidente Ford organizó la Comisión Rockefeller para hacer el trabajo. Su verdadero propósito era detener al Congreso y mantener la cobertura. Nelson Rockefeller, que encabezó la comisión investigadora de la comunidad de inteligencia, era miembro del Consejo de Relaciones Exteriores y quien ayudó a Eisenhower a construir la estructura de poder de Majestad Doce. Rockefeller sólo descubrió lo suficiente como para mantener a los perros a raya. Lanzó varios huesos al Congreso y el encubrimiento continuó tan alegremente como siempre.

Más tarde el senador Church llevaría a cabo las famosas audiencias Church. También era un miembro destacado del Consejo de Relaciones Exteriores, y se limitó a repetir la ley Rockefeller. Una vez más prevaleció el encubrimiento. Cuando surgió el escándalo Irán-Contra, pensábamos que esta vez saldría a borbotones. Otra equivocación. A pesar de las montañas de documentos que apuntaban hacia el tráfico de drogas y otros monstruos ocultos, el encubrimiento siguió navegando. El Congreso aún parecía que saldría al paso para evitar los verdaderos problemas. Como ya se ha mencionado anteriormente, uno de los hechos más graves descubiertos fue que North estaba involucrado en la preparación de un plan para suspender la Constitución de los Estados Unidos de América. Cuando el congresista de Texas Jack Brooks, trató de investigar el asunto fue silenciado por el presidente del comité. ¿Podría ser que el Congreso lo supiera todo y no hiciera nada? ¿Estarían entre los seleccionados que habían sido escogidos para ir a la colonia de Marte cuando empezara a destruirse la Tierra, si es que la Tierra debía ser destruida?

No puedo ni empezar a describir todo el imperio financiero controlado por la CIA, la NSA, y el Consejo de Relaciones Exteriores, que a su vez controlan y blanquean el dinero de las drogas y de otras empresas propiedad de la comunidad de inteligencia; pero os puedo hacer un resumen. La cantidad de dinero está más allá de cualquier cifra que podáis imaginar y se esconde en una vasta red de bancos y sociedades de valores. Primero debéis comenzar por mirar en la J. Henry Schroder Banking Corporation, la Trust Company Schroder, Schroders Ltd (Londres), Helbert Wagger Holdings Ltd., J. Henry Schroder - Wagger & Co. Ltd., Schroder Gerbruder and Company (Alemania), Schroder Münchmeyer Gengst and Company, el Castle Bank y sus sociedades de valores, el Banco Asiático de Desarrollo y el Nugan Hand el pulpo de los bancos y las sociedades de valores.

Majestad Doce formuló un plan de contingencia para sacar del camino a cualquiera en caso de que se acercara a la verdad. El plan se conoce como MAJESTIC DOCE. Fue implementado esparciendo el supuesto documento Resumen Eisenhower de Moore, Shandera y Friedman. El documento es un fraude, ya que lleva el número 092447, un número que no existe ni existirá durante mucho tiempo al ritmo actual. Truman escribió órdenes ejecutivas en el rango del 9.000; Eisenhower estaba en el rango del 10.000; Ford subió hasta el nivel 11000; y Reagan sólo llegó al 12000. Las órdenes ejecutivas están numeradas consecutivamente, independientemente de quien ocupe la Casa Blanca, por razones de continuidad, mantenimiento de registros, y para evitar la confusión. Esta cortina de humo ha dejado fuera del camino a toda la comunidad de investigación durante varios años y ha dado como resultado el gasto de dinero desperdiciado en busca de información que no existe.

El Fondo para la Investigación OVNI con sede en Washington DC encabezado por Bruce Maccabee ha cometido lo que creo que es un fraude criminal en relación con el documento Resumen Eisenhower, Stanton Friedman, y el equipo de investigación de Moore, Shandera y Friedman. Maccabee solicitaban fondos del pueblo, con la promesa de utilizar estos fondos para investigar las afirmaciones de Moore, Shandera, y Friedman y demostrar que el documento Resumen Eisenhower era auténtico o falso.

En vez de esto, le dio los 16.000 dólares a Stanton Friedman y le asignó la tarea de establecer o destruir su propia validez. ¡Qué tomadura de pelo! La gente de la comunidad OVNI cayeron en la trampa y esperaban con impaciencia los resultados de Stanton Friedman. Por supuesto, Friedman descubrió que los documentos eran auténticos. ¿Qué pensaba la gente que encontraría? ¡LE DIERON 16.000 DÓLARES PARA QUE SE INVESTIGASE SI MISMO! ESTO NO ES ÉTICO. ES UN CLARO CONFLICTO DE INTERESES. CREO, SINCERAMENTE, QUE ES UN FRAUDE CRIMINAL, ya que el dinero desapareció en el proceso. Los que dieron dinero de buena fe deben poner inmediatamente una demanda contra Stanton Friedman, Bruce Maccabee y el Fondo para la Investigación OVNI. Esta farsa se tradujo en la pérdida de un total de 16.000 dólares. Muchos miles de horas de hombres colándose hacia un nido de ratas. Si dudáis de la capacidad del gobierno secreto para meteros en un jardín de rosas, sería mejor que os lo repensarais.

Otro plan está en vigor. Es el plan para preparar a la opinión pública para una eventual confrontación con una raza alienígena. También podría tener la intención de haceros creer en una raza alienígena que quizá ni exista. El público está siendo bombardeado con películas, radio, publicidad y programas de televisión que representan casi todos los aspectos de la verdadera naturaleza pretendida de una presencia extraterrestre. Esto incluye el bueno y el malo. Mirad a vuestro alrededor y prestad atención. Alguien tiene la intención de dar a conocer su presencia y el gobierno os está preparando para ello. No quieren que haya pánico. El número de avistamientos en todo el mundo sin precedentes indica que la exposición pública no está lejos. Nunca en la historia ha habido tantos incidentes con ovnis y nunca en la historia ha habido tantos reconocimientos oficiales.

Durante muchos años el Gobierno Secreto ha importado drogas y se las ha vendido a la gente, sobre todo a los pobres y a las minorías. Se han puesto en marcha programas de bienestar social para crear elementos dependientes no laborables en nuestra sociedad. Entonces, el gobierno comenzó a eliminar estos programas para obligar a la gente a crear una clase criminal que no existía en los años 50 y 60.

El gobierno alentó la fabricación y la importación de armas de fuego militares para que las utilizaran los delincuentes. Con ello se pretende fomentar un sentimiento de inseguridad, lo que llevaría al pueblo estadounidense a desarmarse voluntariamente con la aprobación de leyes contra las armas de fuego. Con el uso de drogas y hipnosis en pacientes mentales en un proceso llamado Orion, la CIA inculcó el deseo a estas personas de abrir fuego en los patios escolares y así inflamar al grupo que está en contra de las armas. Este plan está en marcha, y hasta ahora está funcionando perfectamente. La clase media está pidiendo al gobierno que acabe con la segunda enmienda.

Nota del autor: He descubierto que estos acontecimientos han sucedido en todo el país. En todos los casos que he investigado - el incidente en la escuela de mujeres en Canadá, el incidente en el centro comercial en Canadá, la masacre de Stockton, California, y el asesinato del rabino Meir Kahane - todos los tiradores habían sido ex-pacientes mentales o eran enfermos mentales que ¡TODOS ELLOS SE ESTABAN TRATANDO CON PROZAC! Este fármaco, cuando se toma en ciertas dosis, aumenta el nivel de serotonina del paciente, causando violencia extrema. Asociad esto con una sugerencia post- hipnótica o el control a través de un implante electrónico en el cerebro o microondas o intrusión de ELF y obtendréis un asesino de masas, acabando en cada caso con el suicidio del perpetrador. Exhumad los cuerpos de los asesinos y comprobad si tenían un implante en el cerebro. Creo que os sorprenderíais. En todos los casos el nombre del médico o el de las instalaciones del tratamiento mental del asesino no se ha revelado. Creo que seríamos capaces de establecer conexiones con la comunidad de inteligencia y / o conexiones con los conocidos programas experimentales de control mental de la CIA cuando finalmente descubriéramos quiénes son en realidad estos médicos de la muerte.

Debido a la ola de delincuencia que está arrasando la nación, los medios de comunicación quieren convencer al pueblo estadounidense de que dentro de las grandes ciudades hay un estado de anarquía. Ahora están construyendo su caso casi todas las noches en la televisión y en los periódicos. Cuando con esta idea se hayan ganado la opinión pública, se proponen afirmar que un grupo terrorista armado con un arma nuclear ha entrado en los Estados Unidos y que planean detonar este dispositivo en una de nuestras ciudades. (Esto está siendo creado mediante la crisis en Oriente Medio.) El Gobierno entonces suspenderá la Constitución y declarará la ley marcial. El ejército alienígena secreto de seres humanos implantados y todos los disidentes, que se puede traducir en quienes ellos quieran, serán detenidos y metidos en campos de concentración de una milla cuadrada que ya existen. ¿Son estas personas a las que se proponen internar en estos campos de concentración los destinados a formar parte de los conocidos "envíos de lotes" del trabajo esclavo que necesitan a las colonias del espacio?

Los medios de comunicación - las redes de radio, televisión, periódicos, y de ordenadores - serán nacionalizados y confiscados. Cualquiera que se resista será encarcelado o asesinado. Toda esta operación fue ensayada por el gobierno y los militares en 1984 con el nombre en código REX-84A y funcionó sin problemas. Cuando hayan ocurrido estos acontecimientos, el GOBIERNO SECRETO y / o la absorción ALIEN estará completada. Nunca os devolverán vuestra libertad y viviréis en esclavitud para el resto de vuestra vida. ¡Sería mejor que despertaseis y aún sería mejor si lo hicierais ahora!

Philip Klass es un agente de la CIA. Así consta en los documentos que he visto entre 1970 y 1973. Una de sus tareas como experto en aviación era desacreditar todo lo relacionado con los ovnis. Todos los comandantes militares recibieron órdenes de telefonear para informarse sobre la manera de desacreditar y / o explicar los contactos y / o avistamientos de ovnis al público y / o a la prensa, siempre que fuera necesario. Alguna gente parece que amen a Klass. Le animan y depositan grandes dosis de atención en él. Le invitan a hablar en eventos de ovnis y es citado en documentos, libros y periódicos como el experto sobre "lo que realmente sucedió."

Philip Klass no está trabajando para un mejor interés nuestro. Sus desacreditaciones y explicaciones de los avistamientos de ovnis tienen tantos agujeros que un niño de seis años, debería ser capaz de discernir su verdadero propósito. He visto a pobres gentes realmente engañadas pidiendo a Klass un autógrafo, un acto similar en magnitud al que Elliot Ness pidiera un autógrafo a Al Capone. He descubierto que en muchos casos los elegidos en secreto tienen toda la razón cuando afirman que "la gente que no utiliza su inteligencia no son mejores que los animales que no tienen inteligencia. Estas personas son animales de carga y filetes en la mesa por elección y consentimiento". (Cita de "Armas silenciosas para guerras secretas" capítulo dos). Tenemos exactamente lo que merecemos en la mayoría de casos.

William Moore, Jaimie Shandera y Stanton Friedman son conscientemente (con pleno conocimiento, comprensión y consentimiento) agentes del Gobierno Secreto. William Moore declaró que usaba una tarjeta de identificación del Servicio de Investigación de Defensa y la confesión que hizo a Lee Graham confirmó que es un agente del gobierno. (Lee Graham me llamó a casa, y cuando le pregunté, confirmó que de hecho Moore le había mostrado un documento de identidad del Servicio de Investigación de Defensa.) La posterior confesión de Moore lo demostró sin lugar a dudas.

Nota del autor: El 1 de Julio de 1989, la noche antes de presentar este trabajo en el simposio MUFON de Las Vegas, William Moore admitió que era agente del gobierno, que había diseminado desinformación entre los investigadores, que había falsificado documentos, que había espiado a investigadores y pasado información relativa a investigadores de la comunidad de inteligencia, que había ayudado en una operación de contra-inteligencia contra Pablo Bennewicz que terminó con el internamiento del Sr. Bennewicz en una institución mental, y que había hecho todo esto con pleno conocimiento de lo que estaba haciendo. O bien es un traidor o en el mejor de los casos un manipulador con el corazón de piedra.

Algunos de los autoproclamados "ufólogos" todavía miran hacia arriba para ver a Moore, y aún citan sus investigaciones en su correspondencia, documentos y libros. Esto refleja un grado de ignorancia y estupidez en la comunidad OVNI. Bruce Maccabee escribió una carta en Caveat Emptor citando los artículos de la publicación de William Moore, Focus, como prueba de que estoy desacreditado. Sigue soñando. No es ningún misterio para mí por qué la sociedad convencional norteamericana a los ufólogos les llama dementes, lunáticos y chalados. En algunos casos lo son.

Jaimie Shandera es el hombre responsable de haberme hecho perder el trabajo de Director Ejecutivo del Colegio Técnico Nacional. Poco después de hablar públicamente, Shandera se presentó en la universidad vestido con un traje marrón y un maletín. Hizo caso omiso de los intentos de la recepcionista de atenderle. Ella me informó que había entrado un hombre en la universidad y que parecía inspeccionar el edificio y las aulas. Me encontré al señor Shandera escudriñando el aula de procesamiento de textos. Le pregunté si podía serle de alguna ayuda. Dijo que no y me ignoró. Le expliqué que yo era el Director Ejecutivo y de nuevo le pregunté si podía ayudar de alguna manera. Una vez más, dijo que no, pero me hizo algunas miradas muy duras y parecía haber sido cogido por sorpresa. Se le veía muy nervioso y salió del edificio inmediatamente. Le seguí hasta más allá de la puerta, y un hombre en el otro lado de la calle me hizo una foto con una cámara de 35 mm. Vi como Jaimie Shandera se dirigía a su coche, me echó un último vistazo y luego se alejó. Unos días más tarde, repitió la actuación, sólo que esta vez, me dijo que había visto en un anuncio que el colegio estaba en venta y que estaba echando un vistazo a la propiedad. Le volví a ver, saliendo de las oficinas corporativas. Cuando me vio, volvió a parecer ponerse muy nervioso y corrió hacia su coche, antes de entrar se quitó la chaqueta y luego se marchó. Unos minutos más tarde me llamaron de la oficina del presidente y me dijo que la universidad no podía tener contratado a nadie que pudiera poner en peligro el estado de la ayuda del gobierno al involucrarse con platillos voladores. Yo sabía lo que había pasado y presenté la renuncia a partir del 15 de abril de 1989. No tenía ninguna intención de detener mis actividades y no quise hacer ningún daño a la universidad o a los estudiantes que dependían tanto de los programas de ayuda del gobierno. Shandera siempre ha creído que lo había conseguido de una manera anónima, pero yo y varios otros siempre hemos sabido que había sido él. Ahora ya lo sabéis. Jaimie Shandera fue identificado positivamente por mí, por el Jefe del Departamento de Seguridad, y por la recepcionista. Más tarde obtuve otra identificación positiva del vicepresidente encargado de las admisiones. En ese momento John Lear era la única persona que sabía el nombre y la dirección de mi lugar de trabajo. Más tarde supe por los análisis de comparación las proporciones del cuerpo y el análisis del tipo de impresión de voz que John Lear es el agente llamado "Cóndor" en la producción de televisión con apoyo de la CIA de "Encubrimiento OVNI en directo." Este tal Cóndor, en realidad es un agente del gobierno que ha estado trabajando siempre con Moore, Shandera, Friedman, John Grace, Bob Lazar y otros. Son CIA de pies a cabeza.

Stanton Friedman me ha dicho a mí y a otros que hace años "ayudó a desarrollar un reactor nuclear para propulsar una aeronave que era del tamaño de una pelota de baloncesto, era limpio, desprendía hidrógeno, y trabajaba de ensueño" (son sus palabras, no las mías). Otros me han escrito para decirme que el Sr. Friedman a ellos también les había dicho lo mismo. Roger Scherrer es uno de los que recuerda a Stanton relatándole esta misma historia. El único combustible que podría manejar un motor de este tipo y producir hidrógeno como subproducto es el agua, y esto es precisamente lo que al menos un tipo de nave extraterrestre utiliza - la energía nuclear y el agua, de acuerdo con la documentación que leí mientras estaba en el servicio de Inteligencia Naval. ¿Él no era consciente? Tengo serias dudas sobre ello. Era miembro del equipo de investigación de Moore, Shandera y Friedman, y fueron ellos los que implementaron el plan de contingencia MAJESTIC DOCE.

En los documentos que leí entre 1970 y 1973, se enumeraban los nombres de los individuos que habían sido contratados. Estos documentos indicaban que estas personas debían ser coaccionadas, utilizando el patriotismo como una fuerza motivadora siempre que fuera posible. Si fuera necesario, se les proporcionaría asistencia financiera dándoles trabajo en una empresa de fachada propia o por medio de subvenciones. Es decir, casualmente, el método por el cual Friedman consiguió sus 16,000 dólares de otro agente, Bruce Maccabee. También hemos descubierto que Moore ha recibido dinero para la investigación de al menos dos empresas de fachada de la CIA. Esto ha sido confirmado por la investigación de Grant Cameron. Otros de los mencionados en la lista fueron citados como activos de inteligencia de las agencias activas. La primera vez que presenté este trabajo sólo di una lista parcial de las personas citadas en los documentos de Inteligencia Naval. A continuación presento el mayor número de nombres que puedo recordar. (Puede haber más, pero estos son todos los que puedo recordar en este momento.)

Stanton Friedman, CIA; John Lear, CIA (al padre de Lear se le nombra por haber participado en la investigación de la anti-gravedad); William Moore; John Keel; Charles Berlitz; Bruce Maccabee, ONI (Oficina de Inteligencia Naval); Linda Moulton Howe; Philip Klass, CIA; James Moseley, CIA (el padre de Moseley fue tratado de manera muy elogiosa); Virgil Armstrong, CIA (que aparece como Postlethwaite); Wendelle Stevens, CIA; J. Allen Hynek, CIA.

Esta es la lista tal como la recuerdo. Puede que haya habido otros, pero no los puedo recordar. Sé de otros agentes que no estaban en la lista. Debéis recordar que cuando escribí este artículo pensé que Bruce Maccabee no podía haber sido reclutado, pero luego más tarde se demostró que estaba equivocado cuando le dio 16.000 dólares a Stanton Friedman para que se investigara a sí mismo.

Había un código de dos palabras que estas personas utilizaban para identificarse entre ellos. La primera palabra era un color y la segunda palabra un pájaro. El código era "Gold Eagle". Cuando Stanton Friedman me contactó por primera vez utilizó el código. Fingí ignorarlo pero él me preguntó varias veces si había visto u oído hablar de Gold Eagle. John Lear también me preguntó si alguna vez había oído hablar de Gold Eagle. Él también me estaba poniendo a prueba. Ellos sabían que yo tenía acceso a la información correcta y estaban tratando de determinar si yo era uno de ellos. Como decía George Bush: "Léeme los labios". Nunca he sido uno de los vuestros. Nunca seré uno de vosotros.

Cuando hablé por teléfono con Stan Deyo en Australia, me dijo que el código que le dieron era "Blue Falcon". Stan fue víctima de la experimentación del control mental, mientras era cadete en la Academia de la Fuerza Aérea. Él y más de 80 cadetes más sometidos a control mental renunciaron a la academia en señal de protesta. Desde entonces ha estado en una cruzada para descubrir la verdad. Stan ha escrito dos libros excelentes, The Cosmic Conspiracy, y Los pergaminos Vindicadores. Os recomiendo que os leáis los dos.

Creo que Linda Moulton Howe puede ser inocente de participar conscientemente. Linda, en particular, parece haber tenido un cuidado extremo en lo que ha presentado al público. Su búsqueda es excelente. Me impresionó cuando me confió que el sargento Richard Doty de la División de Contra- inteligencia de la Oficina de Investigaciones Especiales de la Fuerza Aérea le había llevado a la oficina de inteligencia de la Base de la fuerza Aérea Kirtland en Nuevo México y le mostró exactamente los mismos documentos que había visto, mientras estaba en la Armada. Incluso vio la misma información sobre el asesinato de Kennedy donde se decía que Greer era el asesino. La Sra. Howe también es la única persona en el mundo fuera de la comunidad de inteligencia que sabe la verdad tal como yo la conozco respecto a la Operación MAYORÍA. Ha tenido sensatez y una gran moderación al no revelar al público el contenido de estos documentos. Es por esta razón por la que creo que han intentado utilizarla. Afortunadamente, Linda no nació ayer y no cayó en la trampa. Os recomiendo leer su libro titulado Cosecha Extraterrestre. Podéis pedirlo en cualquier buena librería.

He descubierto que Whitley Strieber es un activo de la CIA, al igual que Budd Hopkins. El libro de Strieber, Majestic le ha condenado ante aquellos de nosotros que sabemos lo que hay. Es la verdadera historia del accidente de Roswell sacada de los diarios confiscados de James Forrestal. Es decir, en caso de que los documentos que vi en la Marina no fueran un engaño. Y no creo que lo fueran. En el libro de Strieber se han cambiado los nombres de las personas y los nombres de los proyectos y las operaciones, pero aparte de eso la información y la documentación es cierta. Los informes de la autopsia son exactamente los mismos que vi hace 18 años en el Proyecto GRUDGE.

Recientemente he conseguido una declaración jurada firmada ante notario y jurada bajo pena de perjurio de un médico de Nueva York donde dice que el médico fue reclutado por un agente de la CIA llamado Budd Hopkins para que ayudara trabajando con los secuestrados por la CIA. La declaración está incluida en el Apéndice. Yo sabía que Hopkins no era de fiar cuando le conocí en Modesto. No podía mirarme a los ojos, y quien no me puede mirar a los ojos no es de fiar. Estuvo todo el rato, incluyendo su discurso, intentando convencer a la gente de la inocencia de la experiencia de ser abducido y de la ausencia de malevolencia en los alienígenas, lo que era un total disparate. Fue un insulto para cualquier persona que hubiera investigado a los secuestrados.

Sé que todas y cada una de las principales organizaciones de investigación de ovnis fueron infiltradas y controladas por parte del Gobierno Secreto, al igual que fue infiltrado y controlado el NICAP *(Comité Nacional de Investigaciones de los Fenómenos Aéreos)*. De hecho, el NICAP finalmente terminó siendo destruido desde dentro. Sé que estos esfuerzos han tenido éxito.

La MUFON *(Mutual UFO Network)* es un gran ejemplo de ello. Cientos de miembros de todo el mundo realizan investigaciones y envían las pruebas físicas a la sede de MUFON, de donde desaparecen rápidamente. Todos claman que haya evidencias físicas como pruebas. Recientemente se recogieron muestras de un líquido que había goteando de un platillo volador en el patio de la escuela de Gulf Breeze, Florida. Las muestras fueron enviadas a MUFON, donde inmediatamente se desvanecieron. Walt Andrus ha declarado que fue un accidente. ¡TONTERÍAS! Esta no es la primera vez que MUFON ha "perdido" la evidencia. Considero a MUFON como el gran agujero negro de la comunidad OVNI. El control de la información es tan fuerte que nada escapa. A cualquier persona que diga las cosas como son en realidad, se le desacredita y se le prohíbe acudir a simposios. A los miembros se les dice qué creer y qué no creer. Los miembros parece que no sepan que están siendo controlados. Los miembros de la junta directiva de MUFON y los miembros de la junta asesora de consultores tienen, la mayoría, el apoyo del Gobierno en forma de sueldos, subsidios, o cheques de jubilación. ¿Quién puede creer que esto no constituye un conflicto de intereses? ¿Quién puede investigar y exponer la mano que le da de comer? ¿Cómo se puede creer que el Gobierno no puede controlar a la gente a la que canaliza el dinero? EL DINERO ES EL MÉTODO BÁSICO DE CONTROL.

Las principales publicaciones de ovnis están sin duda controladas y están, muy probablemente, como en el caso de los OVNI, apoyados financieramente o controlados por la CIA. Vicki Cooper (sin parentesco), directora y editora de UFO, ha estado diciendo a sus amigos y familiares durante al menos dos años que la CIA estaba impulsando su revista. Ron Regehr y Lee Graham todavía recuerdan el verano de 1988, cuando Vicki les entrevistó en la residencia del Sr. Graham en Huntington Beach. Después de terminar la entrevista cuando Vicki Cooper iba hacia su coche, se giró, y misteriosamente gritó: "Sabéis, mi revista podría estar financiada por la CIA."

He hablado con amigos y conocidos de la Sra. Cooper que juran que ha declarado en muchas ocasiones que "la CIA controla la revista UFO". El tío de Vicki Cooper, Grant Cooper, fue el abogado defensor de Sirhan Sirhan, el cual no hizo nada para defender a su cliente. Para el Gobierno Secreto y la CIA era importante que Sirhan fuera clasificado como un "asesino solitario". Grant Cooper tiene amplios vínculos con la CIA y con el mafioso Johnny Rosselli.

Hemos descubierto que el hijo de Vicki asiste a la Academia Militar de West Point. ¡Qué maravillosa manera de controlar una revista! "Si no juegas a pelota, tu hijo no se graduará." Me enteré que la persona que buscó un apartamento para Vicki Cooper cuando llegó a Los Ángeles fue Barry Taff, empleado de muchos de los organismos de inteligencia (sí, en plural) y desde hace mucho tiempo un protegido del Dr. John Lilly y del Dr. J. West, los primeros expertos del gobierno en control mental. Estos hombres han estado involucrados en lo más terrible, la experimentación dirigida siempre a tener un control total de los individuos. Yo creo que no es inocente casualidad que el apartamento de Taff estuviera directamente encima del de Vicki. Todo esto fue confirmado de forma independiente en una carta escrita por el Sr. Martin Cannon, un investigador con sede en Los Ángeles. La carta se puede encontrar en el apéndice.

La evidencia más condenatoria para el control de la revista UFO y de Vicki Cooper viene de Don Ecker. En la Conferencia de la MUFON de 1989 Don Ecker se desinhibió tanto que se lo montó para contarnos la siguiente historia a mí y a dos más.

Según Don Ecker, Vicki Cooper solía trabajar para la infame Madam Mayflower. Los federales estaban tratando de pillar a la Madam y descubrieron a Vicki. La Sra. Cooper fue arrestada y amenazada con pasar el resto de su vida en prisión si no cooperaba. Vicki cambió de bando, según Ecker, y delató a su jefa. Luego como que aparentemente Vicki había tenido algo que ver con la operación de la contabilidad, se convirtió en testigo clave. Madam Mayflower fue apartada del negocio y encarcelada, gracias al testimonio de la Sra. Cooper. Es decir, en el caso que el señor Ecker estuviera diciendo la verdad. No tenemos ninguna razón para creer que mintiera. No sé por qué Don nos lo dijo. Quizás Vickie no le gustaba. O quizás, como Lear y Friedman, pensó que yo era uno de ellos. (Cuando haga frío en el infierno.)

Según Ecker, a Vicki Cooper le dijeron que saliera de la ciudad y permaneciera fuera. Se le dio dinero y le dijeron que pusiera en marcha la revista UFO en Los Ángeles. Se le dijo que imprimiera la información que se le hiciera llegar. En efecto, en UFO leéis información UFO supuestamente filtrada por el gobierno, siempre escrita por alguien con quien no se puede contactar. Siempre detrás de un alias; nadie puede verificar la información. Vicki es inflexible a la hora de imprimir sólo las noticias y la información que ella considera las mejores para los lectores, ya que así no es necesario que ellos tengan mente propia. Se dedica a difamar.

Don Ecker afirma haber sido miembro de los servicios de Inteligencia del Ejército, los Boinas Verdes, y más tarde oficial de policía en Boise, Idaho. Don dice poseer un total de diez años de experiencia como investigador criminal. El Departamento de Policía de Boise, cuando se le preguntó por teléfono, negó cualquier conocimiento del Sr. Ecker. He solicitado que Don suministre una copia de su expediente del Ejército, pero él se ha negado. Ecker dice de sí mismo que es un experto en ovnis y dice de sí mismo (sí, lo habéis adivinado) que es "ufólogo". Rocía sus artículos con términos tales como "ufológica", y ni siquiera Don sabe qué demonios quiere decir. Confirma la mayor parte de la información que he divulgado cuando habla con grupos. Él es quien ha proporcionado las bases de datos con una gran cantidad de archivos que confirman todo lo que yo he dicho. Ecker probablemente los creó él mismo, ya que todos ellos son anónimos. Afirma que los extraterrestres mutilan a los seres humanos como si fueran ganado. Don Ecker, como Vicki Cooper, se dedica a difamar.

Según fuentes policiales legítimas, Ecker está mintiendo a la opinión pública. Fue guardia de la prisión estatal de Idaho desde septiembre de 1981 hasta septiembre de 1982, cuando renunció para entrar en el Departamento de Narcóticos del condado de Canyon como Aprendiz de Adjunto del Sheriff. Después de sólo seis semanas Donald Francis Ecker II fue despedido por "conducta impropia". El Sr. Ecker regresó a la prisión del estado de Idaho, donde fue contratado como guardia hasta julio de 1987 cuando con una escopeta se disparó en su propia pierna izquierda durante un ejercicio de entrenamiento.

Las fuentes también revelan que Donald Francis Ecker II es un fugitivo de la justicia. Las autoridades de Idaho tienen varias órdenes de arresto para detener al Sr. Ecker.

Debéis entender que el gobierno no permitirá nunca que ninguna persona o ningún grupo de personas descubra el secreto más altamente clasificado del mundo - si es que pueden evitarlo. Siempre tendrán agentes controlando a los grupos, publicaciones e información de ovnis. Si los extraterrestres no son reales y todo resulta ser el mayor engaño jamás perpetrado, ¿quien creéis que lo ha perpetrado?

Si la historia subterránea es correcta, los alienígenas han manipulado y / o gobernado a la raza humana mediante diversas sociedades secretas, religiones, la magia, la brujería y el ocultismo. El Consejo de Relaciones Exteriores y la Comisión Trilateral tienen un control total de la tecnología alienígena y también tienen un control total de la economía de la nación. Eisenhower fue el último presidente que tuvo una visión general del problema alienígena. A los sucesivos presidentes se les dijo sólo lo que Majestad Doce y la comunidad de inteligencia querían que supieran. Creedme, no era la verdad.

Majestad Doce ha presentado a los nuevos presidentes recientes una imagen de una cultura alienígena perdida tratando de renovarse a sí misma, construyendo un hogar en este planeta, y duchándonos con regalos tecnológicos. En algunos casos, al presidente ni siquiera se le dijo nada. Cada Presidente de turno se ha tragado el cuento anzuelo (o el anzuelo directamente), la línea y la plomada. Mientras gente inocente siguen sufriendo en manos de científicos alienígenas y humanos. No he sido capaz de determinar exactamente qué es lo que están haciendo. Muchas personas son secuestradas y están condenados a vivir con el daño psicológico y físico el resto de sus vidas. ¿Podría ser esto una operación de control mental de la CIA?

En los documentos que he leído, 1 de cada 40 seres humanos habían sido implantados con dispositivos, con alguna finalidad que no he descubierto. El Gobierno cree que los extraterrestres están construyendo un ejército de seres humanos implantados que pueden ser activados y volverse contra nosotros a voluntad. También debéis saber que hasta el día de hoy ni siquiera hemos empezado a acercarnos a la paridad con los alienígenas.

Envié 536 copias de una "Petición de procesamiento" a cada uno de los miembros del Senado y de la Cámara de Representantes el 26 de abril de

1989. A partir de esta fecha, 23 de noviembre de 1990, he recibido sólo un total de seis respuestas, sólo cuatro más de las que había recibido en mayo de 1989.

LAS CONCLUSIONES SON INELUDIBLES:

(1)   La estructura de poder secreta puede creer que debido a nuestra propia ignorancia o por decreto divino, el planeta Tierra se autodestruirá en algún momento en un futuro cercano. Estos hombres creen sinceramente que están haciendo lo correcto intentando salvar a la raza humana. Es terriblemente irónico que se hayan visto obligados a elegir como socios a una raza alienígena que está dedicada a una lucha monumental por su propia supervivencia. Se pueden haber realizado muchos compromisos morales y jurídicos en este esfuerzo conjunto. Estos compromisos se tomaron erróneamente y deben corregirse. A los responsables se les deben pasar cuentas de sus acciones. Puedo entender el miedo y la urgencia que puede haber sido determinante en la decisión de no informar al público. Obviamente no estoy de acuerdo con esta decisión.

A lo largo de la historia pequeños pero poderosos grupos de hombres constantemente han sentido que sólo ellos eran capaces de decidir el destino de millones de personas. A lo largo de la historia han estado equivocados. Esta gran nación debe su existencia a los principios de libertad y democracia. Creo con todo mi corazón, que en Estados Unidos no puede y no tendrá éxito ningún esfuerzo que haga caso omiso de estos principios. Se debe hacer una divulgación completa al público y juntos debemos proceder para salvar la raza humana.

(2)   Estamos siendo manipulados por una estructura de poder conjunta de humanos / alienígenas que se traducirá en un gobierno mundial y la esclavitud parcial de la raza humana. Esto se ha considerado necesario para resolver la cuestión elemental: "¿Quién hablará por el planeta Tierra?" Se ha decidido que el hombre no tiene un desarrollo evolutivo suficientemente maduro como para fiarse para interactuar correctamente con una raza alienígena. Ya tenemos suficientes problemas entre las diferentes razas humanas, de modo que ¿qué pasaría si se introdujera una raza extraterrestre totalmente alienígena? ¿Los lincharían, les escupirían, les dispararían? ¿La discriminación daría como resultado encuentros desagradables que condenarían a la humanidad a causa de la tecnología obviamente superior de los alienígenas? ¿Nuestros dirigentes decidirían

encerrarnos en el corral? La única manera de evitar que tenga lugar este escenario es un salto evolutivo en la conciencia, un cambio de paradigma para toda la raza humana. No tengo ni idea de cómo se puede hacer, pero sé que necesita hacerlo desesperadamente. Es lo que hay que hacer muy rápidamente y con mucha calma.

(3) El gobierno ha sido totalmente engañado y estamos siendo manipulados por un poder alienígena, lo que acabará en la esclavitud y / o la destrucción total de la raza humana. Debemos usar todos y cada uno de los medios disponibles para evitar que esto suceda.

(4) Si ninguno de los puntos anteriores son ciertos, puede estar pasando algo un poco más allá de nuestra capacidad de entenderlo en este momento. Debemos forzar la divulgación de todos los hechos, descubrir la verdad y actuar en consecuencia. La situación en la que nos encontramos se debe a nuestras propias acciones o inacciones de los últimos 44 años. Como es nuestra culpa, somos los únicos que podemos cambiar los acontecimientos futuros. La educación me parece que sería una parte importante de la solución. La parte restante es la abolición del secreto.

(5) Siempre existe la posibilidad de que yo esté siendo utilizado, que todo el escenario alienígena sea el engaño más grande de la historia diseñado para crear un enemigo extraterrestre con el fin de acelerar la formación de un gobierno mundial. He encontrado pruebas de que esto podría ser cierto. He incluido esta evidencia en el apéndice. Os aconsejo que consideréis este escenario como probable.

Por ignorancia o falta de confianza hemos renunciado, como pueblo, a nuestro papel como organismo de control de nuestro gobierno. Nuestro gobierno fue fundado "del pueblo, por el pueblo, para el pueblo." No ha habido nunca ninguna mención ni intención de abdicar de nuestro rol y depositar nuestra total confianza en un puñado de hombres que se reúnen en secreto para decidir nuestro destino. De hecho, la estructura de nuestro gobierno se ha diseñado para evitar que vuelva a suceder. Si hubiéramos hecho nuestro trabajo como ciudadanos nunca habríamos llegado a este punto. La mayoría de vosotros incluso ignoráis totalmente las funciones más básicas de nuestro gobierno. Realmente nos hemos convertido en una nación de ovejas - y a las ovejas siempre las acaban llevando al matadero. Es hora de levantarnos como lo hicieron nuestros antepasados y caminar como hombres. Os recuerdo que los judíos de Europa iban obedientemente hacia los hornos después de haber sido advertidos, creyendo en todo momento que los hechos no podían ser ciertos. Cuando al resto del mundo se le explicó el holocausto que tenía lugar en la Europa de Hitler, al principio no se lo creían.

Debe entenderse que, sea real o no, la supuesta presencia de extraterrestres se ha utilizado para neutralizar ciertos segmentos muy diferentes de población: "No te preocupes, los benévolos hermanos del espacio nos salvarán." También puede ser utilizado para llenar la necesidad de una amenaza extraterrestre para justificar la formación de un Nuevo Orden Mundial: "Los extraterrestres se os están comiendo." La información más importante que necesitáis para determinar vuestras futuras acciones es que este Nuevo Orden Mundial llama a la destrucción de la soberanía de las naciones, incluyendo los Estados Unidos. El Nuevo Orden Mundial no puede, y no permitirá que siga existiendo nuestra Constitución. El Nuevo Orden Mundial será un sistema socialista totalitario. Seremos esclavos encadenados a un sistema de control económico sin dinero en efectivo.

Si la documentación que yo veía cuando estaba en el servicio de inteligencia de la marina es cierta, entonces lo que acabas de leer es probablemente lo más cercano a la verdad que cualquier otra cosa que jamás se haya escrito. Si los extraterrestres son un engaño, entonces lo que acabas de leer es exactamente lo que los Illuminati quieren que creáis. Os puedo asegurar sin ninguna sombra de duda de que, incluso si los extraterrestres no son reales, la tecnología si es real. Existen naves con anti-gravedad y las hacen volar pilotos humanos. Yo y millones más las hemos visto. Son de metal; son máquinas; tienen diferentes formas y tamaños; y están obviamente guiadas inteligentemente.

Si de repente este mundo recibiera una amenaza de alguna otra especie de otro planeta, nos olvidaríamos de todas las pequeñas diferencias locales que tenemos entre nuestros dos países y nos enteraríamos de una vez por todas que realmente todos somos seres humanos de esta Tierra.

Ronald Reagan
a Mikhail Gorbachov

FUENTES

Andrews, George C, *Extra-Terrestrials Among Us*, Llewellyn Publications, St. Paul, Minnesota.
Bamford, James, *The Puzzle Palace*, Houghton Mifflin, Boston.
Borklund, C. W., *The Department of Defense*, Frederick A. Praeger, New York.
Collier, Peter and David Horowitz, *Rockefellers: An American Dynasty*, Holt. Rinehart and Winston, New York.
Cooper, Vicki and Sherie Stark, eds., *UFO* (magazine — several issues

since Spring 1988), Los Angeles, California.

Cooper, William, *Operation Majority*, Final Release/ Fullerton, California.

Corson, William R., *The Armies of Ignorance*, The Dial Press/James Wade, New York.

Curry, Richard O., ed., *Freedom at Risk*, Temple University Press, Philadelphia.

Deyo, Stan, *The Cosmic Conspiracy and The Vindictor Scrolls*, West Australian Texas Trading, Perth, Australia.

English, Bill, "*Report on Grudge/Blue Book #13*," John A. Lear, Las Vegas Nevada.

Friend, Lt. Col. and Dr. J. Allen Hynek, "*GRUDGE/Blue Book Report #13*" (Top Secret). Last seen at the headquarters of the Commander in Chief of the Pacific Fleet (CINCPACFLT), Hawaii.

Graubard, Stephen, *Kissinger, Portrait of a Mind*, W.W. Norton & Co., New York.

Gulley, Bill with Mary Ellen Reese, *Breaking Cover*, Simon & Schuster, New York.

Hawking, Stephen W., *A Brief History of Time: From the Big Bang to Black Holes*, Bantam Books, New York.

Isaacson, Walter and Evan Thomas, *The Wise Men*, Simon & Schuster, New York.

Kissinger, Henry, *Nuclear Weapons and Foreign Policy*, Harper & Brothers, New York.

Kwitny, Jonathan, *The Crimes of Patriots*, W.W. Norton & Co., New York.

Lear, John A., "*The John Lear Hypothesis*," Las Vegas, Nevada. Parcialment és cert; la resta és desinformació.

Lear, John A. and John Grace, "*The Krill Papers Hoax*."

Ledeen, Michael A., *Perilous Statecraft*, Charles Scribner & Sons, New York.

"*MAJIC/Operation Majority*" (Top Secret). Presidential briefing document by Majesty Twelve. Last seen at the headquarters of the Commander in Chief of the Pacific Fleet (CINCPACFLT), Hawaii.

Mickus, Tom, '*The Larry Fenwick Interview*," Canada.

Moscow, Alvin, *The Rockefeller Inheritance*, Doubleday & Co., New York.

"*Operation MAJESTIC TWELVE*," Eisenhower Briefing Document. Author unknown, released by the research team of Moore, Shandera, and Friedman.

Pea Research, Government Involvement in the UFO Cover-up: Chronology, Pea Research, California.

Ranelagh, John, *The Agency: The Rise and Decline of the CIA*, Simon &

Schuster, New York.
Schulzinger, Robert D., *The Wise Men of Foreign Affairs*, Columbia University Press, New York.
Shoup, Laurence H. and William Minter, *Imperial Brain Trust: The Council on Foreign Relations & United States Foreign Policy*, Monthly Review Press, New York.
Steckling, Fred, *We Discovered Alien Bases on the Moon*, G.A.F. International, California.
Steiger, Brad, *The UFO Abductors*, Berkley Books, New York,
Stienman, William, *The Crash at Aztec*, William Stienman, La Mirada, California,
Strieber, Whitley, *Communion and Majestic*, Avon, New York.
Valerian, Valdamar, *The Matrix*, Arcturus Book Service, Stone Mountain, Georgia.

CAPÍTULO 13

TRAICIÓN EN LOS PUESTOS ALTOS

El Tratado de las Naciones Unidas
y La Ley de Participación de las Naciones Unidas contra
La Soberanía de los Estados Unidos de América

Al terminar la Convención Constitucional
en septiembre de 1787, a Benjamin Franklin se le preguntó,
"¿Qué has forjado?"
Y él respondió:
"... Una república, si es que podéis mantenerla."

La Constitución de los Estados Unidos
Artículo VI

Todas las deudas contraídas y los compromisos adquiridos antes de la adopción de esta Constitución serán tan válidos contra los Estados Unidos bajo esta Constitución, como bajo la Confederación.

Esta Constitución, y las leyes de los Estados Unidos que de acuerdo con esta sean creadas, y todos los tratados celebrados o que se celebren bajo la autoridad de los Estados Unidos, serán la Ley Suprema de la Nación; y los jueces de cada Estado estarán obligados a observarlos, sin consideración de nada contrario a la Constitución o a las leyes de cualquier Estado.

Los Senadores y Representantes ya mencionados, los miembros de las diferentes legislaturas locales y todos los funcionarios ejecutivos y judiciales, tanto de Estados Unidos como de los diversos estados, se comprometerán bajo juramento o promesa a sostener esta Constitución; pero nunca será requerida ninguna prueba religiosa como condición para ocupar ningún empleo o mandato público de los Estados Unidos.

¿YA OS HABÉIS SUMADO A

UN GOBIERNO MUNDIAL?

La soberanía de los EEUU - ¿Realidad o Ficción?

Las ramas Ejecutiva, Judicial y Legislativa del Gobierno de EEUU han seguido la política que aprobó el Tratado de las Naciones Unidas en virtud de la Ley de participación de las Naciones Unidas de 1945, en nombre de los Estados Unidos de América por Harry S. Truman y el Senado de los Estados Unidos, que reemplaza los tratados la Constitución de los Estados Unidos bajo los términos del artículo VI de la Constitución de los Estados Unidos.

El Consejo de Relaciones Exteriores creó las Naciones Unidas. Sus agentes miembros, Alger Hiss y Leo Pasvolsky hicieron el papeleo, pero los honores fueron para un comité especial designado por el presidente Roosevelt para dibujar el primer borrador de la Carta.

Los miembros del Comité eran: Sumner Wells, Isaiah Bowman, Hamilton Fish Armstrong, Benjamin Cohen, y Clark Eichelberger - todos ellos miembros del Consejo de Relaciones Exteriores y miembros de una secreta Orden de la Búsqueda llamada la Sociedad JASON.

La Carta fue trasladada de urgencia a través del Senado de EEUU, sin copias impresas para guiar a los senadores: Se la EXPLICÓ el revolucionario ruso-de nacimiento Leo Pasvolsky.

La Carta no confiere ningún poder real a la Asamblea General; todo el poder era para el Consejo de Seguridad, que era donde estaba el VETO. El Senado no hubiera ratificado la Carta salvo que la delegación estadounidense tuviera derecho a VETO si nuestros intereses estuvieran amenazados por la acción de otros miembros.

En esta Carta se ha incluido y es el artículo 25: "Los países miembros se comprometen a aceptar y cumplir las decisiones del Consejo de Seguridad de conformidad con la PRESENTE CARTA.

Sin restricciones, sin reservas. Este es el artículo 25, ENTERO. Nótese que la palabra "presente", lo que indica es que podría haber OTRAS cartas. El VETO era un obstáculo para el Gobierno Mundial - debía ser eludido.

En 1950 la Asamblea General, sin ninguna autoridad legal, se reunió y adoptó lo que llamaron la RESOLUCIÓN "UNIÓN POR LA PAZ". Esto, ampliado en gran medida desde entonces, permitió que LA ASAMBLEA GENERAL EJERCIERA LAS FUNCIONES DEL CONSEJO DE SEGURIDAD. Me juego lo que queráis que esto no lo sabíais. El Gobierno de Estados Unidos reconoce la Carta reformada de manera ilegal como la "ley mundial", anulando nuestra Constitución. La Asamblea General ha venido haciendo uso durante años de la ley mundial mediante la RATIFICACIÓN DE ACUERDOS CON 2/3 DEL VOTO MAYORITARIO. Cuando se ratificó la Resolución se envió al JEFE DEL EJECUTIVO DEL ESTADO MIEMBRO y el EJECUTIVO TIENE LA OBLIGACIÓN DE ACEPTAR Y CUMPLIR las disposiciones de la resolución.

Los gobiernos interesados deben IGNORAR, SUPRIMIR, REVISAR Y ABOLIR LEYES en sus territorios que entren en conflicto con las resoluciones de la Asamblea General, y APROBAR OTRAS LEYES QUE ESTAS RESOLUCIONES PONGAN EN VIGOR. "Un hombre, un voto" viene a través de la Resolución N º 1760.

Actualmente hay en vigor más de 2000 resoluciones de estas. ELLAS SON LA LEY DE LA TIERRA. Nuestras leyes de derechos civiles (las secciones ex post facto que provienen de las Resoluciones de Núremberg), nuestras leyes agrícolas, nuestras leyes de salud y de asistencia social, la legislación laboral, nuestras leyes de ayuda externa - todas vienen de las resoluciones de la Asamblea General o de los tratados de las Naciones Unidas ratificados por nuestro Senado.

Cualquier ley aprobada en vuestro estado será anulada o abolida si entra en conflicto con las resoluciones de la Asamblea General.

Puedo deciros, sin ninguna reserva, que todos los organismos de inteligencia de Estados Unidos trabajan directamente para las Naciones Unidas conjuntamente con el Gobierno Secreto con el único propósito de destruir la soberanía de los Estados Unidos de América y contribuir el gobierno mundial. La autoridad citada por sus esfuerzos es el artículo VI de la Constitución, el Tratado de las Naciones Unidas, y la Ley de Participación de las Naciones Unidas de 1949 firmada por Harry S. Truman con el consejo y consentimiento del Senado de EEUU.

¡Esto os ayudará a entender cómo se hacen nuestras leyes y quien las está haciendo! PREGUNTAD A VUESTROS SENADORES, CONGRESISTAS Y LEGISLADORES ESTATALES SI SON CONSCIENTES DE ESTOS HECHOS.

La siguiente declaración la hizo el Sr. Carl B. Rix de Milwaukee, ex presidente de la Asociación de Abogados de Estados Unidos, ante un subcomité del Senado que estaba escuchando testimonios sobre la propuesta de la enmienda Bricker. La entró en el Registro del Parlamento el Excmo. Lawrence H. Smith, de Wisconsin, el 11 de mayo de 1955.

REGISTRO DEL CONGRESO (página A3.220)

Declaración de Carl B. Rix, Milwaukee, Wisconsin: Comparezco a favor de las enmiendas.

El Congreso ya no es vinculante debido al sistema constitucional de poderes delegados. Su única prueba está bajo el poder obligatorio de promover los derechos humanos en estos campos de actividad: civil, político, económico, social y cultural. Estos se encuentran en los artículos 55 y 56 de la Carta de las Naciones Unidas, un tratado ratificado y aprobado. Las Naciones Unidas los están promoviendo en todo el mundo.

El Congreso ahora podrá legislar como un cuerpo sin inhibiciones, sin ataduras a las competencias delegadas en virtud de la Constitución. Todo nuestro sistema de gobierno de poderes delegados del Congreso se ha cambiado a un sistema de poderes no delegado sin enmiendas para el pueblo de los Estados Unidos.

La autoridad de éstas declaraciones se encuentra en un volumen titulado Constitución de los Estados Unidos de América, Anotada, publicado en 1953, preparado bajo la dirección del Comité Judicial del Senado de los Estados Unidos y bajo la presidencia del Prof. Edward S. Corwin de Princeton, ayudado por el personal legal de la Biblioteca del Congreso. Esta es la conclusión en la página 427 de las anotaciones: "En una palabra, el poder de un tratado no puede pretender enmendar la Constitución mediante la adición de la lista de poderes enumerados del Congreso, pero actuando, a menudo la consecuencia será que ha proporcionado al Congreso la oportunidad de establecer medidas que, independientemente de un tratado, el Congreso no podía pasar, y la única pregunta que se puede plantear con respecto a este tipo de medidas será si se trata de medidas "necesarias y apropiadas" para la realización del tratado del que se trate en la operación".

Cabe señalar que uno de los principales casos citados es el del caso de las Aves Migratorias.

Estas conclusiones son también las de un comité de la Asociación de Abogados del Estado de Nueva York, de la que el ex fiscal general Mitchell y el Sr. John W. Davis eran miembros prominentes.

Ahora bien, para tener alguna ilustración práctica de los poderes recién descubiertos bajo tratados de lo que el Congreso puede hacer:

1. Puede promulgar un proyecto de ley de educación integral, que contemple la educación en cualquier Estado que no la proporcione. De hecho, puede tomar el control de toda la educación pública ahora proporcionada por los Estados y municipios.
2. Puede promulgar una ley de prohibición sin una enmienda de la Constitución.
3. Puede promulgar una ley de divorcio uniforme.

4. Puede hacerse cargo de todos los servicios sociales y de bienestar prestados por o a través de los Estados o sus agencias.
5. Puede hacerse cargo de todo el comercio, de todas las tarifas de servicios públicos y de servicios, de la mano de obra. La lista se puede multiplicar ampliamente a voluntad.

El nuevo test de constitucionalidad se aplicará a todas las legislaciones del Congreso desde 1945, sobre cualquiera de los cinco campos de actividad. Cualquier juez que deba decidir sobre la validez de la legislación deberá tener dos libros delante de él - uno, la Constitución de los Estados Unidos, y el otro, la Carta de las Naciones Unidas. Si no encuentra la autoridad para actuar en la Constitución, deberá encontrarla en la Carta. Esta es la situación exacta en la que se encontró el juez Holmes y otros miembros de la Corte Suprema cuando se decidió el caso de las Aves Migratorias. La autoridad no se encontró en la Constitución - se encontró en el tratado con Gran Bretaña.

La pregunta que se debe responder es: ¿Bajo qué forma de gobierno prefiere vivir el pueblo de los Estados Unidos? Evidentemente, no podemos operar con ambas.

Senadores, el pueblo de los Estados Unidos ha renunciado a sus hijos; ha renunciado a miles de millones de su esencia. No debería ser la única nación en el mundo en renunciar a su forma de gobierno - la maravilla del mundo - para cumplir con sus obligaciones para con los pueblos del mundo.

LA ENMIENDA BRICKER, QUE HABRÍA CAMBIADO ESTO, NO FUE APROBADA.

UNA CARTA AL EDITOR

Borger, *Texas News Herald*
domingo, 11 de noviembre de 1962
Estimado Sr. Newby:

En respuesta a su carta del 12 de octubre, también CUESTIONADA en noviembre de 1961: citando a Patrick Henry en los tratados. En primer lugar, Patrick Henry ni ha sido ni es NINGUNA AUTORIDAD en ninguno de los tratados ni en la Constitución, y se opuso, SI es demasiado tarde para hacer algo para reinstalar nuestra Constitución, entonces ¿por qué no aceptar la traidora Carta-Tratado de las Naciones Unidas sin más? ¿Por qué no piensan los revolucionarios norteamericanos que es demasiado tarde o demasiado difícil defender su libertad? Y SI los redactores tan sumamente inteligentes de la Constitución "eran muy conscientes de la trampa mortal incorporada en el Artículo VI" entonces ¿por qué lo enmarcan? ¿No esperaban PATRIOTAS, sino más bien "Traitores" *(Juego de palabras mezclando Tratado-Traidores)* como nuestros funcionarios electos, para HONRAR Y HACER CUMPLIR el espíritu, la letra y la intención de la Constitución?

Observo que usted dice que de acuerdo a un diccionario legal, los términos "legales" y "legítimos" son casi lo mismo. ¡De acuerdo! "Casi", pero no del todo. Creo que hay un pequeño punto de diferencia. Hacer que entráramos en la ONU puede PARECER que se haya hecho legalmente (por el Presidente y el Senado), pero el acto sigue siendo ilegal, porque es inconstitucional, y la CONSTITUCIÓN ES LA LEY SUPREMA DEL PAÍS. Todos los reconocidos y auténticos expertos constitucionales (como Thos. M. Cooley, Thos. Jas. Norton, y Harry Atwood, por nombrar algunos) siempre han sostenido que cualquier cosa que vaya en contra, disminuya, o pervierta la Constitución es nula y no tiene ningún efecto.

Ni el Presidente ni el Senado tienen autoridad ni poder para cambiar, disminuir o destruir la Constitución "por usurpación", con ningún tratado, ni de ninguna otra manera: legalmente sólo puede cambiarla una enmienda constitucional.

La Constitución es un contrato que NOSOTROS EL PUEBLO de EEUU hacemos con alguien, que es quien configura la maquinaria de gobierno para llevar a cabo este contrato, principalmente con el propósito de proteger los derechos individuales, así como los DERECHOS DE ESTADO, CONTRA LOS PODERES DEL GOBIERNO, y ningún funcionario público tiene el derecho de anular las disposiciones de este contrato. Para citar a Thos. Jas. la Constitución de Norton de los Estados Unidos, su aplicación, etc., "Una ley del Congreso pasa a ser una de las leyes supremas siempre que sea realizada en virtud de las mismas y no entre en conflicto con la Constitución. Cuando no se hacen en virtud de las mismas es, por supuesto, inconstitucional y no tiene efecto". Y esto sería igualmente aplicable a una maravillosa decisión dictada por la Corte Suprema o a un tratado ilegal.

Y de Socavando la Constitución de Norton, que cita Alexander Hamilton en el número 33 de El Federalista: "Supongo que no se os habrá escapado la observación que limita expresamente la supremacía de las leyes hechas de conformidad con la Constitución" (subrayado por Hamilton). Y a partir de la página 21, "El Gobierno General no puede reclamar ningún poder que no se le confiera en la Constitución, y los poderes concedidos realmente deben ser tales que se den de forma expresa, o sean dados por implicación necesaria."

Cualquier persona con la presunta inteligencia como para ser presidente de EEUU debe saber que legalmente no puede hacer ningún tratado de amplio alcance con las Naciones Unidas, ni con ninguna otra potencia extranjera, como podéis imaginar en vuestro idioma, sin exponerse a ser acusado de TRAICIÓN en virtud del Artículo III, sección 3 de la Constitución. Sólo hay un sentido común normal para saber que nuestro supuesto Tratado con la ONU y la aceptación de los términos 'todo incluido' de su Carta por nuestros presidentes (empezando por el FDR, que en connivencia con Stalin en Yalta crearon la ONU en EE.UU.) y nuestro Senado, es una violación del sagrado juramento del cargo, según el ARTÍCULO III, Sección 2 de la Constitución.

Este Tratado constituye una burla de cualquier lealtad genuina a nuestra bandera y Constitución. Un americano genuino, Abraham Lincoln, dijo: "Los hombres que, fingiendo lealtad a la bandera, festejan y engordan las desgracias de la nación, son peores que los traidores en tiempo de guerra." ¿Creéis que haya alguna VERDAD más aplicable en la actualidad?

Un gran número de nuestros funcionarios, entre ellos el ex secretario de Estado Dean Acheson, el difunto John Foster Dulles, y los miembros de nuestra actual comitiva mundial Kennedy están de acuerdo con la afirmación de que ahora los EEUU no tienen NINGÚN asunto "doméstico": ¡se ha producido una fusión entre nuestros asuntos internos y externos! (Fundir significa combinar.)

La provincia de Katanga en el Congo pensaba que tenía algunos asuntos y derechos privados, pero la ONU pronto la desilusionó. Cita del S.L. Tribune del 14 de septiembre de 1961: "Los soldados de la ONU asumen el control en Katanga. Las tropas de la ONU tomaron la capital de Katanga, Elisabethville, el miércoles con una enérgica batalla, y el gobierno central del Congo proclamó el retorno de esta provincia secesionista." No hay duda de que el presidente de EEUU y el Senado han renunciado a algunos de nuestros derechos y soberanía ante la ONU, y el plan aún continúa.

Cualquier norteamericano informado es consciente de que el ARTÍCULO IV, Sección 4, de la Constitución anula automáticamente cualquier lealtad hacia la ONU y su alienígena internacionalismo mundial, la antítesis del americanismo Constitucional fundamentado en "NINGUNA intervención del exterior" de Washington. Y esto quiere decir que esta representativamente republicana forma de gobierno es exactamente lo contrario a las modificaciones, restricciones y reservas de la Carta de las Naciones Unidas iniciadas por la Unión Soviética, en sus diversas "Convenciones", que anularía nuestra Declaración de Derechos. Stalin, su protegido, Alger Hiss, y el ruso comunista Pasvolsky aparecen en gran parte de la redacción de la Carta de la ONU.

Suponer que un cuerpo heterogéneo compuesto por representantes designados por gobiernos extranjeros (algunos llamados "Estados" claramente caníbales y otros, de Estados Comunistas virulentamente ateos) - cuyos gobiernos NO NOS REPRESENTAN a "Nosotros, el pueblo estadounidense" - puedan ejercer el dictado y el control de EEUU es monstruoso en extremo. Legal o constitucionalmente, no pueden hacernos cumplir las disposiciones de la Carta de las Naciones Unidas, ni realizar ninguna acción que afecte a los derechos soberanos de los ciudadanos norteamericanos.

Además, las Naciones Unidas no son un gobierno legítimo en el sentido aceptado del término, y no es un órgano adecuado con el que hacer un tratado. En realidad, la ONU NO tiene poder para firmar tratados vinculantes válidos - excepto cuando los subversivos del mundialismo tratan de hacerlo así. Citando la Constitución de los Estados Unidos de Norton, en la página 14: "Un tratado es un contrato escrito entre ambos gobiernos (no un conjunto heterogéneo de tribus inestables, o de pueblos esclavizados que se hacen llamar "gobierno") respetando las cuestiones de bienestar mutuo, como la paz, la adquisición de territorio, la definición de las fronteras, las necesidades del comercio, los derechos de la ciudadanía... ", etc.

Y estos tratados, aunque "legalmente establecidos," PUEDEN derogarse por alguna causa. Citando íbidem, p. 115: "Un precedente para derogar así un tratado hecho por el presidente y aprobado por el Senado puede encontrarse ya el 7 de julio de 1789, cuando el Congreso aprobó "una Ley para declarar que los Tratados hasta ahora firmados con Francia ya no obligan a los Estados Unidos, ya que han sido violados repetidamente por parte del gobierno francés"". ¿Qué pasa con todas las violaciones de los tratados o acuerdos firmados por la Unión Soviética, dominando la ONU? EEUU está en considerable minoría en esta agregación variada llamada Naciones Unidas, al igual que los contribuyentes estadounidenses al pagar la mayoría de las deudas, lo que constituye la confiscación constitucionalmente prohibida de dinero de los ciudadanos (propiedad) sin una compensación justa a cambio. Esto es simplemente confiscación comunista.

Un Tratado firmado "de acuerdo con la Constitución" se convierte en UNA PARTE de la LEY DEL PAÍS, y debe ser honrado; pero NO se convierte en "Supremo" ni tiene prioridad, ni reemplaza la Constitución. NO es la "Ley del País" por sí sola. Y NINGÚN Tratado o Acuerdo Ejecutivo es vinculante para EEUU si lo firma el Presidente por sí solo (como se ha hecho) con el consejo y consentimiento del Senado, ni si viola la Constitución.

En realidad, el ARTÍCULO VI, en lugar de establecer tratados de alto nivel o ser una "trampa mortal", es una declaración de la supremacía de la Constitución y del gobierno nacional. Los Tratados legales son una parte de, pero subordinados a la Constitución por la simple disposición establecida en ella de que TODAS las leyes y los tratados deben hacerse "de conformidad con ella."

¿Puede la "criatura" (o una parte) devenir mayor que su CREADOR, o del todo??? Es necesario cierto sentido común americano en toda esta charla sobre la supremacía de los tratados, promulgada en gran medida por el mundialismo para desacreditar o disminuir la Constitución para ellos poder alcanzar sus propios fines.

El lenguaje y la intención de la Constitución y del artículo VI es clara y directa, y no admite, de buena fe, ninguna otra interpretación. Pero tristemente, es bien sabido que muchos de nuestro más alto sistema judicial y los funcionarios electos - en esta era de TRAICIÓN, no de RAZÓN - no actúan de buena fe, ni "conforme a la Constitución."

En relación con el cuarto párrafo de su carta del 12 de octubre, Sr. Newby, en la que "la elaboración de tratados no tiene límites, excepciones ni reservas" y que "ningún tratado ha sido nunca declarado inconstitucional o invalidado o derogado por los tribunales o el Congreso en la historia de esta nación," creo que lo dicho invalida su declaración. Y en cuanto a que el Artículo VI sea una "trampa mortal" sobre la que la Constitución no ofrece ningún control ni recurso sacado de su lenguaje explícito en relación con la ley y los tratados: ¿se le ha ocurrido que la Corte Suprema tiene poder y autoridad para decidir sobre la constitucionalidad de los tratados igual que sobre la constitucionalidad de cualquier otra ley - los tratados son simplemente "parte de la ley del país"? El ARTÍCULO III, Sección 2 declara explícitamente: "El poder judicial se extenderá a todos los casos, en Derecho y Equidad, que surjan con esta Constitución, las leyes de los Estados Unidos, y los tratados firmados o que se firmen bajo su autoridad." Citando la Constitución de los Estados Unidos de Norton, página 137: "Cuando se presenta un caso ante un tribunal del Estado e implica una cuestión de la Constitución o una ley del Congreso, o un tratado, el tribunal tiene el deber de seguir y hacer cumplir la ley [Constitucional] nacional; la Constitución exige de forma explícita y enfáticamente que los jueces de cada Estado estarán obligados a observarlas, ni la Constitución ni las leyes de ningún estado dicen nada en sentido contrario." Cada vez que el presidente y el Senado firman un tratado con una potencia extranjera (como la ONU) que infringe o anula los derechos de los ciudadanos de EE.UU. garantizados en virtud de la Constitución, el Tribunal Supremo puede declarar dicho tratado inconstitucional, nulo y sin efecto. Por supuesto, la actual Corte Suprema, que se compone de radicales políticos en lugar de expertos judiciales constitucionales, no es probable que tome ninguna medida - a menos que se vea obligada por la opinión y la demanda del público. Y así, en relación a su declaración impresa de IMPUGNACIÓN de noviembre de 1961, según la cual, "en virtud del Artículo II, sección 2, inciso 2 de la Constitución... este tratado (como con la ONU) puede firmarse sin restricciones, limitaciones, excepciones ni reservas, con independencia de que contraviene, viola, infringe o aliena todos los artículos de la Constitución. Todo lo que hace falta es que el Presidente y el Senado ratifiquen CUALQUIER tratado y ya entra en vigor". El artículo y la cláusula anteriores igualmente no vienen solos, sino que deben ser interpretados a la luz de toda la Constitución. SU interpretación no sólo hace parecer idiotas a los Padres Fundadores y autores de la Constitución, sino que dice que a pesar del solemne juramento presidencial de lealtad exigido por el Artículo III, Sección 2 ª, con independencia de la SOBERANÍA SUPREMA de la Constitución de los EEUU, y violando explícitamente el lenguaje contenido en el Artículo VI, por ejemplo, "ESTA CONSTITUCIÓN, y las leyes de los Estados Unidos que se expidan con arreglo a ella, y todos los tratados... bajo la autoridad de los Estados Unidos...", así como todas las resoluciones válidas de autoridades constitucionales genuinas en el sentido de que cualquier cosa que vaya en contra de la Constitución de los EEUU es nula y sin efecto, incluyendo cualquier tipo de actos por parte del Congreso; a pesar de todo lo anterior. Reitero que SU interpretación afirmaría que no hay absolutamente NINGUNA garantía constitucional para el pueblo estadounidense contra los tratados traidores (que "ayudan y consuelan a nuestros enemigos", según el ARTÍCULO III, Sección 3).

SU interpretación daría INMUNIDAD completa al firmante... de estos tratados y constituiría "cambiar la Constitución por usurpación", violando la intención, el espíritu Y el texto de la Constitución en su conjunto.

El presidente, obviamente, NO es un "agente libre", en virtud del Artículo II, sección 2, apartado 2, para hacer cualquier tipo de tratado que le guste, sino que está LIMITADO por las cadenas de toda la Constitución. Ninguna otra cosa tiene sentido. El hecho de firmar tratados está sujeto a ser revisados por los tribunales.

Es cierto que DEBEMOS EXIGIR la anulación de la actuación tanto del Senado como de Harry S. Truman de la firma de la Ley de Participación de las Naciones Unidas de 1945, en nombre de los EEUU. Esto pondría al mundo sobre aviso de que una vez más nos honra nuestra PROPIA CONSTITUCION (LA CARTA DE LA LIBERTAD) COMO LA LEY SUPREMA DEL PAÍS, Y LA HEMOS RESTABLECIDO EN SU ANTIGUA ADECUADA POSICION SUPREMA: además de recuperar nuestra soberanía como república independiente de acuerdo con nuestra Declaración de Independencia.

Ni hay ni nunca habrá verdadera Paz, Libertad, Seguridad ni Protección para el pueblo estadounidense en virtud de la alienígena Carta de las Naciones Unidas.

No es "NINGÚN SUSTITUTO" de la independencia americana. Muchos hombres han muerto y "los gusanos se los han comido" por Causas mucho menores.

Por lo tanto, Sr. Newby, usted y yo tenemos un objetivo principal a la vista: ¡SACAR A LOS EEUU DE LA ONU, Y A LA SUBVERSIVA ONU FUERA DE LOS EEUU!

Sinceramente suya, Marilyn R. Allen

Supongo que esto casi abarca el engaño de la Carta de las Naciones Unidas contra la soberanía de los EEUU. Nadie debería ser capaz de engañaros de nuevo respecto a este tema. Vuestro trabajo ahora es aseguraros de que vuestros congresistas y senadores sean educados sobre el tema.

¡PONGÁMONOS A TRABAJAR - PERO YA!

CAPÍTULO 14

UNA PROPUESTA DE MODELO CONSTITUCIONAL PARA LOS NUEVOS-ESTADOS DE AMERICA

Preparado durante un periodo de 10 años por el
Centro de Estudios Democráticos
de Santa Bárbara, California,
con un coste total a cargo de
los contribuyentes estadounidenses
de más de
25 millones de dólares

PREÁMBULO

De manera que podamos juntar esfuerzos comunes, dar la bienvenida al futuro con un buen orden, y crear un gobierno adecuado y auto-reparador - nosotros, el pueblo, estableceremos los Nuevos-Estados de América, dispuestos a que sean nuestros, y promulgaremos la presente Constitución, que será la ley suprema hasta que haya terminado el tiempo establecido para ello.

ARTÍCULO I
Derechos y responsabilidades
A. Derechos

SECCIÓN 1 La libertad de expresión, de comunicación, de circulación, de reunión, o de petición no podrá ser limitada, salvo en situaciones que se declare una emergencia.

SECCIÓN 2 El acceso a la información en poder de organismos gubernamentales no podrá ser negado, excepto en interés de la seguridad nacional; pero las comunicaciones necesarias entre funcionarios para la toma de decisiones serán privilegiadas.

SECCIÓN 3. Los comunicadores públicos podrán negarse a revelar sus fuentes de información, pero serán responsables del daño que hagan sus revelaciones.

SECCIÓN 4. Se respetará la privacidad de los individuos; los registros i confiscaciones sólo se realizarán con mandato judicial; las personas deberán ser perseguidas o interrogadas sólo para la prevención de la delincuencia o la detención de los presuntos delincuentes, y sólo de acuerdo a las reglas establecidas en la legislación.

SECCIÓN 5. No habrá discriminación por motivos de raza, credo, color, origen o sexo. El Tribunal de Derechos y Responsabilidades podrá determinar si la selección para los diversos puestos de trabajo ha sido discriminatoria.

SECCIÓN 6. Todas las personas deben tener la misma protección de las leyes, y en todos los procesos electorales el voto de todos los ciudadanos elegibles deberá contar igual que los de los demás.

SECCIÓN 7. Será política pública promover la discusión de los asuntos públicos y fomentar las reuniones públicas pacíficas para este propósito. El permiso para celebrar este tipo de reuniones no podrá negarse, ni nunca podrá ser interrumpido, salvo en caso de que se declare una emergencia o quede demostrado que es un peligro inminente para el orden público o haya una orden judicial.

SECCIÓN 8. La práctica de la religión tendrá carácter reservado; pero ninguna religión será impuesta por nadie sobre ningún otro, ni tendrá apoyo público.

SECCION 9. Cualquier ciudadano podrá comprar, vender, arrendar, poseer, transmitir y heredar bienes muebles e inmuebles, y beneficiarse por igual de todas las leyes de seguridad en este tipo de transacciones.

SECCIÓN 10. Los que no puedan contribuir a la productividad, tendrán derecho a una participación en el producto nacional; pero la distribución deberá ser justa y el total no podrá ser superior a la cantidad dispuesta para este propósito en el Fondo Nacional de Intercambio.

SECCIÓN 11 La enseñanza se impartirá con coste público por aquellos que cumplan con las pruebas adecuadas de elegibilidad.

SECCIÓN 12 Ninguna persona puede ser privada de la vida, la libertad o la propiedad sin el debido proceso legal. No se expropiará ninguna propiedad sin compensación.

SECCIÓN 13. Las legislaturas definirán los delitos y las condiciones requeridas para la retención, pero el encarcelamiento no será un castigo; y, cuando sea posible, se procederá a la preparación para el retorno a la libertad.

SECCIÓN 14. Ninguna persona podrá ser juzgada dos veces por el mismo delito.

SECCIÓN 15. El recurso de habeas corpus no se podrá suspender, excepto en caso de que se declare una emergencia.

SECCIÓN 16. Los procesados deberán ser informados de los cargos que haya contra ellos, tendrán un juicio rápido, tendrán una fianza razonable, se les permitirá confrontar a los testigos o llamar a otros, y no podrán ser obligados a declarar contra sí mismos; en el momento de la detención se les informará de su derecho a guardar silencio y a contar con un abogado, proporcionado, en caso necesario, a costa del erario público; y los tribunales tendrán en cuenta el argumento de que el enjuiciamiento podría estar bajo una ley inválida o injusta.

B. Responsabilidades

SECCIÓN 1 Toda libertad del ciudadano prescribirá una responsabilidad correspondiente a no disminuir la de los demás: de expresión, comunicación, reunión y petición, para conceder a los demás la misma libertad; de religión, respetando las de los demás; de intimidad, no invadiendo la de los demás; de explotación y enajenación de bienes, la obligación de extender el mismo privilegio a los demás.

SECCIÓN 2 Las personas y empresas que se dediquen al servicio público deberán servir a todos por igual y sin intenciones de tergiversar, de acuerdo con las normas que puedan mejorar la salud y el bienestar.

SECCIÓN 3. La protección de la ley debe ser reintegrada con la asistencia en su ejecución; esto incluirá tener respeto a los procedimientos de la justicia, la aprehensión de los infractores de la ley y dar testimonio en los juicios.

SECCIÓN 4. Todo ciudadano debe participar en los procesos de la democracia, asistir en la selección de funcionarios y en el seguimiento de su conducta en el cargo.

SECCIÓN 5. Todos prestarán estos servicios a la nación cuando de manera uniforme sean requeridos por la ley, la objeción por razones de conciencia se dirimirá como se dispone más adelante; y nadie tendrá que esperar ni podrá recibir privilegios especiales a menos que sean debido a una utilidad pública definida por la ley.

SECCIÓN 6. Todos pagarán la parte de los costes gubernamentales consecuentes con justicia para todos.

SECCIÓN 7. Todos rechazarán premios o títulos de otras naciones o de sus representantes con excepción de los que sean autorizados por la ley.

SECCIÓN 8. Se establece una responsabilidad para evitar la violencia y mantener la paz; por esta razón, se limitará el portar armas o la posesión de armas letales se limitará a la policía, los miembros de las fuerzas armadas, y a quienes se autorice por ley.

SECCION 9. Todos prestarán asistencia en la preservación de los dotes de la naturaleza y la ampliación de la herencia de las generaciones futuras.

SECCIÓN 10. A aquellos que se les conceda el uso de tierras públicas, aire o aguas tendrá la responsabilidad del uso de estos recursos para que, si son insustituibles, se conserven y, si son reemplazables, los vuelvan a dejar tal como estaban.

SECCIÓN 11 Los oficiales retirados de las fuerzas armadas, de la administración pública de alto nivel, y del Senado considerarán su servicio como una obligación permanente y se abstendrán de intervenir en empresa alguna en busca de obtener beneficios del gobierno .

SECCIÓN 12 La concepción o control de dispositivos para la gestión o tecnológicos deberá establecer una responsabilidad por los costes resultantes.

SECCIÓN 13. Todos los derechos y las responsabilidades definidas en el presente documento serán aplicables a ese tipo de asociaciones de ciudadanos que puedan ser autorizadas por ley.

ARTÍCULO II
Los Nuevos-Estados

SECCIÓN 1 Habrá Nuevos-Estados, cada uno de ellos comprenderá no menos del 5 por ciento del total de la población. Los estados existentes podrán continuar y obtener la condición de Nuevo Estado si la Comisión de Fronteras, la cual se dispone más adelante, así lo decide. La Comisión se guiará para sus recomendaciones en la probabilidad de establecer las condiciones para un gobierno eficaz. Los estados podrán elegir por referéndum si continúan en caso de que la Comisión recomiende lo contrario, deberán, sin embargo, exceptuar todas las obligaciones de los Nuevos-Estados.

SECCIÓN 2 Los Nuevos-Estados tendrán constituciones formuladas y aprobadas por los procesos prescritos más adelante.

SECCIÓN 3. Tendrán Gobernadores; legislaturas, y planificación de los sistemas administrativos y judiciales.

SECCIÓN 4. Sus procedimientos políticos serán organizados y supervisados por Supervisores electorales; pero no habrá elecciones en años de elección presidencial.

SECCIÓN 5. El aparato electoral de los Nuevos-Estados de América estará disponible para ellos, y podrán asignarse fondos según las normas acordadas por el Supervisor nacional; pero ningún candidato podrá realizar gastos si no son aprobados por el Supervisor; y los requisitos de residencia en un distrito electoral serán de sólo treinta días.

SECCIÓN 6. Podrán establecerse gobiernos subsidiarios, urbanos o rurales, y se podrán delegar los poderes adecuados a sus responsabilidades.

SECCIÓN 7. Se podrán establecer, o delegar la imposición de impuestos; pero estos deberán ajustarse a las restricciones establecidas más adelante para los Nuevos-Estados de América.

SECCIÓN 8. Se podrá no gravar las exportaciones, podrán no grabarlas con la intención de impedir las importaciones, y podrán no exigir ningún impuesto prohibido por las leyes de los Nuevos- Estados de América; pero los objetos adecuados para los impuestos deberán estar claramente designados.

SECCION 9. Los impuestos sobre la tierra pueden tener tasas más altas en proporción a sus mejoras.

SECCIÓN 10. Serán responsables de la administración de los servicios públicos no reservados al gobierno de los Nuevos-Estados de América, estas actividades serán concertadas con las de los correspondientes organismos nacionales, cuando existan, en virtud de acuerdos comunes a todos.

SECCIÓN 11 Los derechos y responsabilidades que se indican en la presente Constitución entrarán en vigencia en los Nuevos-Estados y serán suspendidos sólo en caso de emergencia cuando se declaren por los Gobernadores y no se desaprueben por el Senado del Nuevos-Estados de América.

SECCIÓN 12 Los poderes de la policía de los Nuevos-Estados se extenderán a todos los asuntos que no estén reservados a los Nuevos-Estados de América; pero los poderes reemplazados no se verán perjudicados.

SECCIÓN 13. Los Nuevos-Estados no podrán firmar ningún tratado, alianza, confederación, o acuerdo, si no es aprobado por la Comisión de Fronteras que se dispondrá más adelante.

No podrán acuñar moneda, disponer el pago de deudas en ninguna moneda de curso legal, ni hacer ningún cobro por los servicios entre Nuevos-Estados. No podrán promulgar leyes ex post facto o que menoscaben las obligaciones de los contratos.

SECCIÓN 14. Los Nuevos-Estados no podrán imponer barreras a las importaciones procedentes de otras jurisdicciones ni imponer ningún obstáculo a la libre circulación de los ciudadanos.

SECCIÓN 15. Si los gobiernos de los Nuevos-Estados no logran llevar a cabo plenamente sus funciones constitucionales, sus funcionarios serán amonestados y el Senado podrá exigirles, con la recomendación del Guardián, renunciar a su ingreso en los Nuevos-Estados de América.

ARTÍCULO III
La Rama Electoral

SECCIÓN 1 Para organizar la participación de los electores en la determinación de las políticas y la selección de los funcionarios, habrá una Rama Electoral.

SECCIÓN 2 Un Supervisor de los procedimientos electorales será elegido por mayoría en el Senado y podrá ser depuesto con dos tercios de los votos. Será deber del Supervisor supervisar la organización de los partidos nacionales y de distrito, los arreglos para la discusión entre ellos, y proveer la nominación y elección de candidatos a cargos públicos. Así pues la oficina del Supervisor no podrá pertenecer a ninguna organización política; y después de cada elección presidencial deberá dimitir de su cargo.

SECCIÓN 3. Un partido nacional deberá haber tenido al menos una afiliación de un 5 por ciento en la última elección general; pero se reconocerá a un nuevo partido cuando las peticiones válidas hayan sido firmadas por al menos el 2 por ciento de los votantes en el 30 por ciento de los distritos elaborados por la Cámara de Representantes. El reconocimiento será suspendido a falta de un aumento del 5 por ciento de los votos en una segunda elección, del 10 por ciento, en una tercera, o del 15 por ciento en nuevas elecciones.

Los partidos de Distrito serán reconocidos cuando al menos el 2 por ciento de los votantes hayan firmado las peticiones de afiliación; pero se les retirará el reconocimiento en caso de fallar en atraer a los mismos porcentajes que son necesarios para la continuidad de los partidos nacionales.

SECCIÓN 4. El reconocimiento del Supervisor deberá llevar a los partidos dentro de las regulaciones establecidas y les da derecho a los privilegios comunes.

SECCIÓN 5. El Supervisor promulgará las reglas de conducta del partido y velará para que se mantengan las prácticas leales, y por eso designará diputados en cada distrito y supervisará la elección, el distrito y las convenciones nacionales, de los administradores del partido. Los reglamentos y las citas pueden ser recusados por el Senado.

SECCIÓN 6. El Supervisor, con el administrador y otros funcionarios, deberá:

a. Proporcionar los medios para la discusión, en cada partido, de los asuntos públicos, y para ello, asegurar que los miembros dispongan de instalaciones adecuadas para la participación.

b. Encargarse de la discusión, en las reuniones anuales del distrito, de las opiniones del presidente, de las conclusiones de la Rama de Planificación, y cualquier otra información que pueda ser pertinente para el debate político ilustrado.

c. Organizar, el primer sábado de cada mes, la inscripción, válida por un año, de los votantes en los lugares convenientes.

SECCIÓN 7. El Supervisor también deberá:

a. Ayudar a los partidos en la designación de candidatos para los miembros del distrito de la Cámara de Representantes cada tres años; y para ello designará un centenar de distritos, cada uno con un número similar de votantes elegibles, redefinirá los distritos después de cada elección. En ellos habrá convenciones de los partidos que no tengan más de trescientos delegados, para que la distribución de la representación de los votantes sea aproximadamente igual.

Los candidatos a delegados podrán ser elegibles mediante la presentación de peticiones firmadas por doscientos votantes registrados. Serán elegidos por los miembros del partido el primer martes de marzo, los que tengan el mayor número de votos serán elegidos hasta alcanzar los trescientos. También serán elegidos diez suplentes por el mismo proceso.

Las Convenciones Distrito se celebrarán el primer martes de abril. Los delegados elegirán tres candidatos para formar parte de la Cámara de Representantes, los tres que tengan la mayoría de votos serán los candidatos.

b. Encargarse de la elección cada trienio de tres miembros de la Cámara de Representantes de cada distrito, de entre los candidatos elegidos en las convenciones de los partidos, serán escogidos los tres que tengan la mayoría de los votos.

SECCIÓN 8. El Supervisor también deberá:

a. Encargarse de que las convenciones nacionales se celebren cada nueve años después de las elecciones presidenciales anteriores, con igual número de delegados de cada distrito, el número total no podrá exceder de mil.

Los candidatos a delegados podrán ser escogidos cuando hayan presentado las peticiones firmadas por quinientos votantes registrados. Los que tengan el mayor número de votos, junto con dos suplentes, siendo estos los siguientes en número de votos, serán elegidos en cada distrito.

b.   Aprobar los procedimientos en estas convenciones para la elección de un centenar de candidatos para ser vocales de la Cámara de Representantes, el mandato coincidirá con el del presidente.

A tal efecto, los delegados deberán presentar una opción con funcionarios de la convención. La votación de las propuestas deberá continuar hasta llegar al 10 por ciento, pero no podrán ser residentes más de tres candidatos en cada distrito; si algún distrito tuviera más de tres, los que tuvieran menos votos serían eliminados, otros se añadirían a los distritos que tienen menos de tres, hasta alcanzar la igualdad. De los añadidos, los que tuvieran el mayor número de votos serían elegidos en primer lugar.

c.   Organizar los procedimientos para la consideración y aprobación de los objetivos del partido para la convención.

d.   Formular normas para la presentación de candidaturas en estas convenciones de candidatos a presidente y vicepresidente cuando los cargos hayan quedado vacantes, los candidatos a la nominación podrán ser reconocidos cuando un centenar de delegados o más hayan presentado las peticiones, se comprometerá a seguir apoyando a los candidatos hasta que ya no puedan ganar o hasta que consientan en retirarse. Los Presidentes y Vicepresidentes, junto con los representantes en general, serán sometidos a referéndum después de servir durante tres años, y si son rechazados, los nuevos convenios se celebrarán pasado un mes y los candidatos serán elegidos para ocupar los cargos vacantes.

Los candidatos a Presidente y Vicepresidentes serán nombrados al conseguir la mayoría.

e.   Encargarse de que las elecciones se realicen el primer martes de junio, los años pertinentes, para los nuevos candidatos a Presidente y Vicepresidentes, y vocales de la Cámara de Representantes, todos serán presentados a los votantes de la nación en listas; Si ninguna lista consigue la mayoría, el supervisor deberá concertar una nueva elección, el tercer martes de junio, entre las dos personas que obtengan el mayor número de votos; y si así lo determina el referéndum se dispondrá un sistema similar para la nominación y elección de los candidatos.

En estas elecciones, prevalecerá quien obtenga la mayoría de los votos.

SECCIÓN 9 El Supervisor también deberá:

    a.   Encargarse de la convocatoria de las cámaras legislativas nacionales el cuarto martes del mes de julio.

    b.   Encargarse de la toma de posesión del Presidente y de los Vicepresidentes, el segundo martes del mes de agosto.

SECCIÓN 10. Todos los costes de los procedimientos electorales se pagarán con cargo a los fondos públicos, y no habrá ningún tipo de contribuciones privadas a los partidos o candidatos; no se efectuarán contribuciones ni gastos para reuniones, convenciones, o campañas; y ningún candidato a un cargo podrá hacer ningún gasto personal sin la autorización expresa de una norma uniforme del Supervisor; y las personas o gastos del grupo de decisiones, directa o indirectamente, en apoyo de los posibles candidatos deberán informar al Supervisor y ajustarse a los reglamentos.

SECCIÓN 11 Los gastos del Poder Electoral se sufragarán mediante la adición de un uno por ciento en la red de devoluciones de ingresos imponibles anuales de los contribuyentes, esta suma, la reservará el Canciller de Asuntos Financieros para ser puesta a disposición del Supervisor.

Los fondos serán distribuidos a los partidos en proporción a su respectivo número de votos emitidos a favor del Presidente y los Gobernadores en la última elección, salvo que los nuevos partidos, al ser reconocidos, compartan en proporción su número. Los Administradores de los partidos harán las asignaciones a los candidatos legislativos en cantidades proporcionales a los votos del partido en la última elección. Los gastos deberán ser auditados por el Supervisor; y las cantidades no gastadas durante los cuatro años serán devueltos a Tesorería. Será condición para todas las franquicias de comunicaciones que deberán tener disponibles instalaciones razonables para las asignaciones del Supervisor.

ARTÍCULO IV
La Rama de Planificación

SECCIÓN 1 Habrá una Rama de Planificación para formular y administrar los presupuestos para los usos de los ingresos previstos en busca de las políticas formuladas por los procesos previstos en este documento.

SECCIÓN 2 Habrá un Consejo Nacional de Planificación de quince miembros nombrados por el Presidente; los primeros miembros deberán tener unos plazos designados por el Presidente de entre uno a quince años a partir de entonces se nombrará uno cada año; el Presidente nombrará a un Presidente que ejercerá sus funciones durante quince años a menos que él los aparte del cargo.

SECCIÓN 3. El Presidente nombrará y supervisará, a un administrador de planificación, junto con los diputados que puedan ser acordados por la Junta.

SECCIÓN 4. El Presidente presentará a la Junta planes de desarrollo de entre seis y doce años preparados por el personal de planificación. Se revisarán todos los años después de las audiencias públicas, y finalmente el año antes de que se lleven a cabo. Estos controles se deben presentar al Presidente el cuarto martes de julio para su remisión al Senado el 1 de septiembre con sus comentarios.

Si los miembros de la Junta no logran aprobar el presupuesto del proyecto antes de la fecha de ejecución, el Presidente de la Junta, sin embargo, podrá presentarlo al Presidente con anotaciones de reserva para estos miembros, el Presidente remitirá esta propuesta, con sus observaciones, a la Cámara de Representantes el 1 de setiembre.

SECCIÓN 5. Hay que tener en cuenta que los planes de desarrollo de entre seis y doce años representan intenciones nacionales templadas por la valoración de las posibilidades. El plan de doce años debe ser una estimación general de los progresos probables, tanto oficiales como privados; el plan de seis años será más específico en cuanto a los ingresos y gastos previstos y tendrá en cuenta las revisiones necesarias.

El objetivo será hacer avanzar, a través de todas las agencias de gobierno, la excelencia de la vida nacional. La finalidad adicional será anticipar las innovaciones, para estimar su impacto, para asimilar las instituciones existentes, y para moderar los efectos nocivos sobre el medio ambiente y la sociedad.

Los planes de entre seis y doce años se difundirán para su discusión y las opiniones expresadas serán consideradas en la formulación de planes para cada año sucesivo, con especial atención a los detalles al proponer el presupuesto.

SECCIÓN 6. Para ambos planes se efectuará cada año en el futuro una prórroga de un año y se revisará de acuerdo con las previsiones para el resto de años. Para las actividades no gubernamentales se calculará la estimación de la evolución para indicar la necesidad de su ampliación o restricción.

SECCIÓN 7. Si hay objeciones del Presidente o del Senado a los planes de seis o doce años, deberán ser devueltos para ser estudiados y presentados de nuevo. Si aún hubiera diferencias, y si el Presidente y el Senado están de acuerdo, prevalecerá. Si no están de acuerdo, el Senado prevalecerá y el plan, en consecuencia, deberá ser revisado.

SECCIÓN 8. Los Nuevos-Estados, el 1 de junio, presentarán propuestas para el desarrollo que deberán ser consideradas para su inclusión en las de los Nuevos-Estados de América. Las investigaciones y la administración deberán ser delegadas, cuando sea conveniente, a los organismos de planificación de los Nuevos-Estados.

SECCIÓN 9. Habrá comunicaciones de los particulares o de asociaciones organizadas afectadas con un interés público, tal como lo defina la Junta. Se avisará de las intenciones de expandir o contraer, las estimaciones de la producción y la demanda, los usos probables de los recursos, las cifras previstas para ser utilizadas, y otra información esencial.

SECCIÓN 10. La Rama de Planificación deberá realizar y tendrá la custodia de los mapas oficiales, y éstos serán los documentos de referencia para futuros desarrollos, tanto públicos como privados; en ellos constarán la ubicación de las instalaciones, con la extensión indicada, y el uso previsto de todas las áreas.

Los mapas Oficiales también los poseerán las agencias de planificación de los Nuevos-Estados, y el Consejo Nacional de Planificación podrá basarse en ellos en cuestiones no exclusivamente nacionales.

Las empresas que violen la designación oficial lo harán por cuenta y riesgo del participante, y no habrá ningún recurso; pero las pérdidas de designaciones tras la adquisición serán recuperables recurriendo ante el Tribunal de Reclamaciones.

SECCIÓN 11 La Rama de Planificación tendrá a su disposición fondos iguales a la mitad del uno por ciento del presupuesto nacional aprobado (sin incluir los servicios de deuda o pagos de fondos fiduciarios). Los tendrá depositados el Canciller de Asuntos Financieros y se gastarán de acuerdo con las reglas aprobadas por la Junta; pero los fondos no gastados en seis años deberán estar disponibles para otros usos.

SECCIÓN 12 Las agencias de planificación de los Nuevos-Estados podrán disponer de asignaciones; pero sólo los mapas y planes de la Junta nacional, o los aprobados por ellos, tendrán estatuto legal.

SECCIÓN 13. Al hacer planes, se tendrá el debido respeto a los intereses de otras naciones y la cooperación con sus intenciones que puedan ser aprobadas por la Junta.

SECCIÓN 14. También podrá haber cooperación con organismos internacionales y contribuciones a su trabajo que no desapruebe el Presidente.

ARTÍCULO V
La Presidencia

SECCIÓN 1 El Presidente de los Nuevos-Estados de América será el jefe de gobierno, modelador de sus compromisos, expositor de sus políticas, y comandante supremo de las fuerzas de protección; tendrá un mandato de nueve años, a menos que sea rechazado por el 60 por ciento del electorado pasados tres años; deberá velar para que los recursos del país se presupuesten y se distribuyan según sus necesidades más urgentes; recomendará los planes, legislación y medidas que sean necesarias; y cada año tendrá al corriente a los legisladores sobre el estado de la nación, les instará a hacer su parte para el bien general.

SECCIÓN 2 Habrá dos Vicepresidentes elegidos con el Presidente; en el momento de asumir el cargo, el Presidente designará a un Vicepresidente para supervisar los asuntos internos; y el otro para los asuntos generales. El diputado de asuntos generales será el sucesor si la presidencia queda vacante; el Vicepresidente de asuntos internos será segundo en la sucesión. Si acaso muriera el Vicepresidente o el Presidente quedara incapacitado, con el consentimiento del Senado, se nombrará a un sucesor. Los Vicepresidentes ejercerán y extenderán las funciones de sus tareas durante un plazo que decidirá el Presidente.

Si la presidencia queda vacante por la incapacidad de ambos Vicepresidentes, el Senado elegirá a los sucesores de entre sus miembros para ocupar los cargos hasta la próxima elección general. Con los Vicepresidentes y otros funcionarios el Presidente deberá tener cuidado de que las leyes se ejecuten fielmente y prestará atención a las conclusiones y recomendaciones de la Junta de Planificación, la Junta Nacional de Regulación y al Supervisor en la formulación de las políticas nacionales.

SECCIÓN 3. El Vicepresidente de Asuntos Generales será responsable de que haya Cancilleres de Exteriores, Financieros, Legales y de Asuntos Militares. El Canciller de Asuntos Exteriores asistirá en la realización de las relaciones con otras naciones.

El Canciller de Asuntos Financieros supervisará los sistemas financieros y monetarios de la nación, la regulación de los mercados de capitales y las instituciones de emisión de crédito, ya que pueden ser establecidas por ley; y esto incluirá las instituciones de crédito para las operaciones en otras naciones o en cooperación con ellas, con las excepciones que los tratados puedan determinar en sus propósitos y normas.

El Canciller de Asuntos Jurídicos asesorará a los organismos gubernamentales y los representará ante los tribunales.

El Canciller de Asuntos Militares actuará para la presidencia en la eliminación de todas las fuerzas armadas, excepto la milicia comandada por los gobernadores; pero ésta deberá estar disponible para el servicio nacional cuando convenga al Presidente.

Salvo en situaciones en que se declare una emergencia, el despliegue de fuerzas en aguas lejanas o en otras naciones sin su consentimiento se notificará con antelación a un comité de seguridad nacional del Senado que se dispondrá más adelante.

SECCIÓN 4. El Vicepresidente de Asuntos Internos será responsable de que haya cancilleres para estos departamentos cuando el Presidente lo pueda considerar necesario para la realización de los servicios del gobierno y no sean rechazados por dos tercios de los votos cuando se considere el siguiente presupuesto .

SECCIÓN 5. Los candidatos a la presidencia y a las vicepresidencias serán ciudadanos nacidos en el país, su adecuación podrá ser cuestionada por el Senado dentro de los diez días siguientes a su designación, y si dos terceras partes de la totalidad está de acuerdo, no será elegible y se volverá a convocar una convención de nominación. En el momento de su nominación ningún candidato será miembro del Senado ni estará en servicio activo en las fuerzas armadas ni será un alto funcionario.

SECCIÓN 6. El Presidente podrá tomarse licencia por enfermedad o durante un intervalo de descanso, y será sustituido por el Vicepresidente encargado de Asuntos Generales. El Presidente puede renunciar si el Senado está de acuerdo; y, si faltan más de dos años para terminar el mandato, el Supervisor encargará unas elecciones especiales para Presidente y Vicepresidentes.

SECCIÓN 7. A los Vicepresidentes se les podrá encargar realizar tareas tales como ministeriales, si el Presidente lo considera conveniente; pero sus instrucciones deberán ser registradas, y sus acciones se considerarán como de su cargo.

SECCIÓN 8. Se podrá establecer la incapacitación sin la concurrencia del Presidente con el voto de las tres cuartas partes del Senado, de manera que su sucesor será nombrado Presidente Interino hasta que se declare la invalidez, por una votación similar, para ser cesado o haberse convertido en permanente. De la misma manera el otro Vicepresidente le sucederá si un predecesor muriera o fuera Inhabilitado. En estas contingencias, el Senado podrá convocar elecciones especiales.

El Presidente interino podrá designar diputados, salvo que el Senado se oponga, para que asuman sus funciones hasta las próximas elecciones.

SECCIÓN 9. Los Vicepresidentes, junto con otros funcionarios que el

Presidente podrá designar de vez en cuando, podrán constituir un gabinete o consejo; pero esto no incluirá funcionarios de otras ramas.

SECCIÓN 10. Los tratados o acuerdos con otras naciones, negociados bajo la autoridad del Presidente, entrarán en vigor a menos que una mayoría del Senado se oponga dentro de un plazo de noventa días. Si se opone, el Presidente podrá volver a presentarlos y el Senado reconsiderarlos. Si aún se opone una mayoría, el Senado deberá prevalecer.

SECCIÓN 11 Todos los funcionarios, salvo los de otras ramas, serán designados y podrán ser destituidos por el Presidente. Una mayoría del Senado podrá oponerse al nombramiento dentro de un plazo de sesenta días, y se ofrecerán candidatos alternativos hasta que se esté de acuerdo.

SECCIÓN 12 El Presidente informará a la Junta de Planificación y a la Cámara de Representantes, el cuarto martes de junio, de cuáles serán los gastos máximos admisibles para el siguiente año fiscal.

El Presidente podrá determinar realizar inversiones con menos créditos de los previstos; pero, salvo en situaciones de emergencia declarada, no se hará ninguna excediendo los créditos. La reducción será debido a cambios en los requisitos y no será susceptible menoscabar la integridad de los procedimientos presupuestarios.

SECCIÓN 13. Habrá un Custodio Público, designado por el Presidente y destituido por él, que tendrá a su cargo las propiedades pertenecientes al gobierno, pero no asignadas a las agencias específicas que gestionen servicios públicos comunes, tendrá a su cargo la construcción de edificios y los alquileres, y tendrá otras funciones que puedan ser designadas por el Presidente o los Vicepresidentes designados.

SECCIÓN 14. Habrá un Intendente responsable del Presidente, que supervisará las oficinas de Inteligencia e Investigación; también una Oficina de Organización de Emergencias con el deber de proporcionar los planes y procedimientos para estas contingencias cuando puedan ser anticipadas.

El Intendente también apoyará corporaciones autónomas sin ánimo de lucro (o fundaciones), salvo que el Presidente se oponga, determinando él que sean de utilidad pública. Estas empresas estarán exentas del pago de impuestos, pero deberán ser empresas sin ánimo de lucro.

SECCIÓN 15. El Intendente también será consejero para la coordinación de experimentos científicos y culturales, y para estudios dentro del gobierno y en otros lugares, y para ello utilizará la asistencia que pueda considerarse necesaria.

SECCIÓN 16. Pueden ser establecidas y pueden suspenderse Ministerios para otros propósitos por orden presidencial dentro de los fondos asignados en los procedimientos de apropiación.

ARTÍCULO VI
La Rama Legislativa
(El Senado y la Cámara de Representantes)
A. El Senado

SECCIÓN 1 Habrá un Senado compuesto por miembros de la siguiente manera: Si así lo desean, ex-Presidentes, Vicepresidentes, Jueces Principales, Supervisores, Presidentes de los Consejos de Planificación y Supervisión, Gobernadores que hayan estado en servicio más de siete años, y los candidatos no seleccionados a la presidencia y vicepresidencia que hayan recibido al menos el 30 por ciento de los votos. Para ser designados por el Presidente, tres personas que hayan sido Cancilleres, dos funcionarios de la administración pública, dos funcionarios de los servicios diplomáticos, dos oficiales militares de alto rango, también a una persona de un grupo de tres, elegidos en un proceso aprobado por el Supervisor, por cada uno de los doce grupos o asociaciones que el Presidente pueda reconocer de vez en cuando para ser representativos a nivel nacional, pero ninguno será de ningún grupo político o religioso, ningún individuo seleccionado podrá ser pagado por un interés privado para influir en el gobierno, y ninguna asociación será reconocida si el Senado se opone. De la misma manera, para ser nombrado por el Juez Principal, dos personas distinguidas en derecho público y dos ex miembros de las Altas Cortes o del Consejo de la Judicatura. Además, para ser elegidos por la Cámara de Representantes, tres miembros que hayan ejercido seis años o más.

Las vacantes se cubrirán a medida que se produzcan.

SECCIÓN 2 Los cargos serán vitalicios, a excepción de ausencias no previstas en el Reglamento que constituirían jubilaciones, y de senadores que puedan jubilarse voluntariamente.

SECCIÓN 3. El Senado elegirá como presidente a un Coordinador que ejercerá el cargo durante dos años, el servicio del cual podrá ser interrumpido por una mayoria de votos. Otros oficiales, incluyendo un Adjunto, serán nombrados por el Coordinador a menos que el Senado se oponga.

SECCIÓN 4. El Senado se reunirá en sesión permanente cada año el segundo martes de julio, pero el Coordinador podrá suspender las sesiones. El quórum será de más de tres quintas partes de todos los miembros.

SECCIÓN 5. El Senado deberá considerar, y devolver en el plazo de treinta días, todas las medidas aprobadas por la Cámara de Representantes (salvo el presupuesto anual). La aprobación o desaprobación se decidirá por una mayoría de voto de los presentes. La objeción prevalecerá a menos que la Cámara de Representantes la supere por mayoría de votos más uno; si no se realiza ningún cambio, la aprobación de la Cámara de Representantes será definitiva.

Para el examen de las leyes aprobadas por la Cámara de Representantes o para otros fines, el Coordinador podrá nombrar comités apropiados.

SECCIÓN 6 El Senado puede pedir consejo al Juez Principal sobre la constitucionalidad de las medidas que se le presenten; y si así se hace, el tiempo para el retorno a la Cámara de Representantes puede extenderse hasta los noventa días.

SECCIÓN 7. En caso necesario, el Senado puede asesorar al Presidente en asuntos de interés público; o, si no se solicita, la resolución puede ser aprobada por dos tercios de los presentes. Habrá un deber especial con las expresiones de preocupación durante las convenciones y compromisos adquiridos durante las campañas de los partidos; y si estas son despreciadas, se podrá recordar al Presidente y a la Cámara de Representantes que estas cuestiones deberían ser consideradas.

SECCIÓN 8. En tiempos de peligro presente o futuro causado por un cataclismo, por un ataque, o una insurrección, el Senado puede declarar una emergencia nacional y podrá autorizar al Presidente a tomar las medidas adecuadas Si el Senado se dispersa, y no hubiera disponible quórum, el Presidente puede proclamar la emergencia, y puede darla por terminada salvo actuado el Senado. Si el Presidente no estuviera disponible, y las circunstancias fuesen extremas, el miembro en activo de alto nivel sucesor presidencial puede actuar hasta que haya quórum.

SECCION 9. El Senado también podrá definir y declarar una emergencia limitada si se prevé un peligro o un desastre local o regional, o si se anticipa un beneficio extraordinario. Esto será considerado por la Cámara de Representantes dentro de tres días, y, salvo que se desapruebe, se podrá extender durante un período determinado y para un área limitada antes de la renovación.

Durante las emergencias, la Cámara de Representantes con la concurrencia del Presidente, podrá aprobar gastos extraordinarios sin tener en cuenta los procedimientos habituales de presupuesto. SECCIÓN 10. El Senado, al comienzo de cada sesión, elegirá tres de sus miembros para que constituyan un Comité de Seguridad Nacional para ser consultado por el Presidente en casos de emergencia que requieran el despliegue de las fuerzas armadas en el extranjero. Si el Comité disiente de la propuesta del Presidente, se deberá informar al Senado, cuya decisión será definitiva.

SECCIÓN 11 El Senado podrá elegir, o podrá destituir, a un Supervisor Nacional, y supervisará, a través de un comité permanente, un servicio de supervisión llevado a cabo de acuerdo con las reglas formuladas para su aprobación.

Con la ayuda de personal adecuado el Supervisor deberá recopilar y organizar la información relativa a la idoneidad, competencia e integridad de las agencias gubernamentales y su personal, así como su continua utilidad; y sugerirá también la necesidad de crear nuevos servicios o la ampliación de los ya existentes, informando en relación con cualquier agencia del efecto nocivo de sus actividades en los ciudadanos o en el medio ambiente.

El Supervisor tramitará las peticiones para la reparación de agravios y asesorará a los testigos examinados, las auditorías posteriores realizadas y la información requerida. El Coordinador deberá presentar los resultados del Supervisor en el Senado, y si se considera que es de interés público, se hará público o, sin que se hagan públicos, se enviarán a la agencia apropiada para su orientación y se tomen las medidas que sean necesarias. Por recomendación del Supervisor, el Senado puede iniciar medidas correctivas para que se voten en la Cámara de Representantes dentro de un plazo de treinta días. Una vez aprobadas por mayoría y no siendo vetadas por el Presidente, se convertirán en ley. El Canciller de Asuntos Financieros reservará un cuarto del uno por ciento de los ingresos gravables netos individuales para el servicio de supervisión; pero las cantidades no gastadas en un ejercicio fiscal deberán estar disponibles para su uso general.

B. La Cámara de Representantes

SECCIÓN 1 La Cámara de Representantes será el cuerpo legislativo original de los Nuevos- Estados de América.

SECCIÓN 2 Se convocará cada año el segundo martes de julio y permanecerá en sesión continua, excepto que las sesiones sean suspendidas por un Portavoz, elegido por mayoría de votos entre los Representantes - en general-, de la cual será el presidente.

SECCIÓN 3. Será un deber aplicar las disposiciones de esta Constitución y, durante la legislatura guiarse por ellas.

SECCIÓN 4. Los líderes de los partidos y sus suplentes serán elegidos por el comité al comienzo de cada sesión.

SECCIÓN 5. Las comisiones permanentes y temporales serán elegidas de la siguiente manera:

Los comités que se ocupen de la agenda y gestión de los proyectos de ley tendrán una mayoría de miembros nominados en las asambleas electorales del partido por el Portavoz; los demás miembros serán nombrados por los líderes de la minoría que corresponderán a las proporciones de las partes en las últimas elecciones. Si las nominaciones no pueden ser aprobadas por una mayoría de la bancada, el Portavoz o los líderes de las minorías nombrarán a otros hasta que se apruebe por mayoría.

Los miembros de otros comités serán elegidos por el comité del partido en proporción a los resultados de las últimas elecciones. Los Presidentes serán elegidos anualmente entre los miembros en general.

Los programas elaborados por los comités deberán ser devueltos a la Cámara con las recomendaciones dentro de un plazo de sesenta días a menos que la Cámara vote hacer una extensión.

Se registrarán todos los nombres de los que voten a favor y en contra de las acciones de los comités.

El presidente del comité no podrá ejercer más de seis años.

SECCIÓN 6. Una vez aprobada la legislación, si no es objetada por el Senado dentro del tiempo asignado, será presentada al Presidente para su aprobación o desaprobación. Si el presidente la desaprueba, y tres cuartas partes de los miembros de la Cámara aún lo aprueba, se convertirá en ley. Deberán registrarse los nombres de los que voten en contra. Los programas que no se devuelvan pasados once días se convertirán en ley.

SECCIÓN 7. El Presidente podrá disponer de treinta días para considerar las medidas aprobadas por la Cámara salvo que se hayan presentado doce días anteriores a la suspensión.

SECCIÓN 8. La cámara deberá considerar sin dilación los presupuestos anuales; si hay objeciones, se notificarán a la Junta de Planificación; La Junta deberá volver a enviarlos a través del Presidente; y, con sus comentarios, se devolverán a la Cámara. Si aún hubiera objeciones por mayoría de dos tercios, la Cámara prevalecerá. Las objeciones deberán ser de todo el título; los títulos no objetados en la votación se considerarán aprobados.

El presupuesto para el año fiscal entrará en vigor el 1 de enero. Los Títulos sobre los que todavía no se hayan pronunciado volverán a estar como en el anterior presupuesto hasta completar la acción.

SECCIÓN 9. Será deber de la Cámara elaborar las leyes relativas a los impuestos.

1.	Para su establecimiento y recaudación:

a.	Deberán ser uniformes, y no serán retroactivas.

b.	Excepto cuando pueda ser autorizado por ley siendo establecido por las autoridades, o por los Nuevos-Estados, todos los cobros deberán ser realizados por un organismo nacional de ingresos. Esto incluirá los cobros de los fondos fiduciarios autorizados más adelante.

c.   A excepción de los gravámenes corporativos que establecerá el Fondo Nacional de Intercambio, en adelante autorizado, los impuestos podrán ser cobrados sólo a los individuos, y sólo a partir de los ingresos; Pero podrá haber una retención sobre las rentas actuales.

d.   Para ayudar al mantenimiento de la estabilidad económica, el Presidente podrá ser autorizado a alterar las tasas por orden ejecutiva.

e.   Estas se impondrán a empresas con ánimo de lucro o se dirigirán a instituciones religiosas u otras organizaciones sin ánimo de lucro.

f.   No habrá para alimentos, medicinas, alquileres residenciales o bienes y servicios designados por la ley como una necesidad; y no habrá doble imposición.

g.   No se impondrá para el registro de la propiedad o la transferencia de la propiedad.

2.   Para los gastos de los ingresos:

a.   A los efectos descritos en el presupuesto anual, salvo objeción hecha por el procedimiento prescrito en el presente documento.

b.   Para otros hasta que la Cámara pueda indicar y exigir a la Junta de Planificación que incluya a revisar el presupuesto; pero, salvo en situaciones de emergencia declarada, el total no podrá exceder la estimación del Presidente de los fondos disponibles.

3.   Para fijar el porcentaje de los ingresos netos imponibles corporativos deberán depositarse en un Fondo Nacional de Intercambio que se establecerá bajo la custodia del Canciller de Asuntos Financieros y puestos a disposición con fines ambientales y de bienestar que estén autorizadas por la ley.

4.   Para establecer la regulación del comercio con otras naciones y entre los Nuevos-Estados, las posesiones, los territorios; o, como se establecerán de común acuerdo, con otros gobiernos organizados; pero las exportaciones no serán grabadas; y las importaciones no estarán grabadas excepto con la recomendación del Presidente con tasas de variaciones permisibles que hayan sido fijadas por ley. No habrá cuotas, y ninguna nación será favorecida con tarifas especiales, salvo por leyes especiales que requerirán la mayoría de dos tercios.

5.   Para establecer o disponer la creación de instituciones para la custodia de los ahorros, para el cobro y distribución del capital, para la emisión de crédito, para la regulación de la acuñación de monedas, para el control de los medios de intercambio, y para la estabilización precios; pero este tipo de instituciones, cuando no sean públicas o semipúblicas, se considerarán como afectadas por el interés público y serán supervisadas

por el Canciller de Asuntos Financieros.

6.	Para establecer instituciones de seguros contra los riesgos y responsabilidades para las comunicaciones, el transporte, y otros de uso común y necesario para la comodidad del público.

7.	Para ayudar en el mantenimiento del orden mundial y, para este fin, cuando el Presidente lo recomiende, conferir la competencia a las agencias legislativas, judiciales, administrativas o internacionales.

8.	Para desarrollar con otros pueblos, y para el beneficio de todos, los recursos del espacio, los otros cuerpos del universo y de los mares más allá de doce millas de las costas de bajamar a menos que los tratados establezcan otros límites.

9.	Para ayudar a los otros pueblos que no hayan alcanzado niveles satisfactorios de bienestar; delegar la administración de los fondos de asistencia, siempre que sea posible, los organismos internacionales; y para invertir o contribuir a la promoción del desarrollo en otras partes del mundo.

10.	Para asegurar, o para ayudar a garantizar, instalaciones adecuadas y equitativas para la educación; para la formación en ocupaciones ciudadanas que podrán instalarse en ellas para perseguirlo; y para reeducar y reciclar a aquellos cuyas ocupaciones pueden haber quedado obsoletas.

11.	Para establecer o ayudar a las instituciones dedicadas a la enseñanza superior, la investigación o la formación técnica.

12.	Para establecer y mantener, o ayudar en el mantenimiento, de bibliotecas, archivos, monumentos y otros lugares de interés histórico.

13.	Para ayudar en el avance de las ciencias y las tecnologías; y para fomentar las actividades culturales.

14.	Para conservar los recursos naturales mediante la compra, por el abandono de su uso, o por la regulación; proporcionar o ayudar a proporcionar, instalaciones para el recreo; para establecer y mantener parques, bosques, áreas silvestres, humedales y praderas; para mejorar los arroyos y otras aguas; para asegurar la pureza del aire y del agua; para controlar la erosión de los suelos; y prever todo lo necesario para la protección y el uso común de la herencia nacional.

15.	Para adquirir la propiedad y las mejoras para el uso público en los costes que se fijen, en su caso, por el Tribunal de Reclamaciones.

16. Para evitar la paralización o entorpecimiento de los procedimientos gubernamentales, u otras actividades afectadas con un interés público tal como lo define la ley, en razón de los conflictos entre empresarios y trabajadores, o por otras razones, y para este propósito prever el arbitraje concluyente si falla la provisión adecuada para la

negociación colectiva. De estos hallazgos puede haber apelación ante el Tribunal de Arbitraje de Revisión; pero este tipo de procedimientos no podrán suspender la aceptación de los resultados.

17. Para apoyar una administración pública adecuada para el ejercicio de las funciones que le sean designadas por los administradores; y para este propósito se abstenga de interferir en los procesos de nombramiento o asignación, pedir consejo o testimonio ante comités sólo con el consentimiento de los superiores correspondientes.

18. Para prever el mantenimiento de las fuerzas armadas.

19. Para dictar las medidas necesarias para ayudar a las familias a hacer el ajuste de las condiciones futuras, utilizando las estimaciones relativas a la población y los recursos de la Junta de Planificación.

20. Para votar dentro de los noventa días las medidas que el Presidente pueda designar como urgentes.

ARTÍCULO VII
La Rama Reguladora

SECCIÓN 1 Deberá haber una rama Reguladora, y habrá un Regulador Nacional elegido por mayoría de votos del Senado y destituible por el voto de dos terceras partes de este cuerpo. Su duración será de siete años, y establecerá y administrará las reglas para la conducta de todas las empresas económicas.

La Rama Reguladora tendrá agencias como el Consejo si lo considera necesario y no son rechazadas por ninguna ley.

SECCIÓN 2 El Consejo Regulador estará constituido por diecisiete miembros recomendados al Senado por el Regulador. Salvo que sean rechazados por mayoría de votos, actuarán con el Regulador como órgano legislativo para la industria.

Tendrán inicialmente plazos de uno a diecisiete años, serán reemplazados cada año y ejercerán durante diecisiete años. Serán remunerados y no tendrán ninguna otra ocupación.

SECCIÓN 3. De acuerdo con los procedimientos aprobados por la Junta, el Regulador deberá patrocinar a todas las corporaciones o empresas, salvo las exentas por tamaño u otras características, o las supervisadas por el Canciller de Asuntos Financieros, o por el Intendente, o aquellas cuya actividad se limite a un Nuevo Estado.

Las empresas patrocinadas deberán describir las actividades propuestas, y salir de estas requerirá modificación bajo pena de revocación. A tal efecto habrá servicios de investigación y de aplicación, bajo la dirección del Regulador.

SECCIÓN 4. Las empresas patrocinadas con industrias u ocupaciones similares podrán organizar Autoridades conjuntas. Estas podrán formular códigos entre sí para garantizar una competencia leal, conocer los costes externos, establecer normas de calidad y servicio, ampliar el comercio, aumentar la producción, eliminar los residuos, y ayudar en la normalización. Las Autoridades podrán mantener servicios de uso común para la investigación y la comunicación; pero la participación estará abierta a todas las empresas elegibles. A las que no sean miembros se les exigirá mantener las mismas normas que las establecidas para las miembros.

SECCIÓN 5. Las Autoridades deberán regir cinco comisiones, dos deberán ser nombradas por el Regulador para representar al público. Ellas harán lo que él determine; deberán recibir una remuneración; y él cuidará de que no haya conflictos de intereses. La Junta puede aprobar o prescribir normas para la distribución de utilidades a los accionistas, las cantidades permitidas de capital de trabajo y reservas. Supervisará el cálculo de los costes y todas las otras prácticas que afecten al interés público.

Todos los códigos deberán ser objeto de revisión por el Regulador con su Consejo.

SECCIÓN 6. Las empresas miembros de una Autoridad estarán exentas de otra norma.

SECCIÓN 7. El Regulador, con su Consejo, fijará las normas y procedimientos para las fusiones de empresas o la adquisición de unas por otras; y éstas serán efectivas si no son rechazadas por el Tribunal de Asientos Administrativos. El objetivo será fomentar la adaptación al cambio y otras intenciones aprobadas por la nación.

SECCIÓN 8. Los patrocinios a las empresas podrán ser revocados y las Autoridades las podrán disolver por medio del Regulador, con el acuerdo de la Junta, si restringen la producción de bienes y servicios, o los controles de sus precios; También si los costes externos no se evalúan a los originales o si los impactos ecológicos de sus operaciones son perjudiciales.

SECCIÓN 9. Las operaciones que se extiendan al extranjero deberán cumplir con las políticas notificadas al Regulador por el Presidente; y él deberá restringir o controlar las actividades cuando parezcan lesionar el interés nacional.

SECCIÓN 10. El Regulador fijará las reglas para los mercados de bienes y servicios y las supervisará; pero esto no incluirá intercambios de seguridad regulados por el Canciller de Asuntos Financieros.

SECCIÓN 11 La designación de las empresas afectadas con un interés público, las reglas de conducta de las empresas y de sus Autoridades, y otras acciones del Regulador o de las Juntas podrán ser apeladas ante el Tribunal de Acuerdos Administrativos, las sentencias serán informadas con la intención de establecer justicia para los consumidores y los competidores y la estabilidad en los asuntos económicos.

SECCIÓN 12 Responsabilidad también del Regulador, habrá una Comisión de Operaciones designada por el Regulador, salvo que el Senado se oponga, para la supervisión de las empresas propiedad del gobierno en su totalidad o en parte. La comisión deberá elegir a su presidente, y él será el director general del personal de supervisión. Se podrán pedir informes, realizar investigaciones, y dictar normas y recomendaciones relativas a los excedentes o al déficit, la absorción de los costes externos, los estándares de servicio, y las tasas o precios que se cobran por los servicios o bienes.

Cada empresa tendrá un director, elegido y destituible por la Comisión; y llevará a cabo sus asuntos de acuerdo con las normas establecidas por la Comisión.

ARTÍCULO VIII
La Rama Judicial

SECCIÓN 1 Habrá un Juez Principal de los Nuevos-Estados de América; un Consejo de la Judicatura; y una Asamblea Judicial. Habrá también un Tribunal Supremo y un Tribunal Superior de Apelaciones; también Tribunales de Reclamaciones, Derechos y Deberes, Revisión Administrativa, Acuerdos de Arbitraje, Recursos Fiscales, y Apelaciones de Resultados del Supervisor. Habrá Tribunales de Distrito para ser de primera instancia en demandas presentadas en virtud de la legislación nacional; y escucharán las apelaciones de los tribunales de los Nuevos-Estados.

Podrán ser establecidos otros tribunales por ley con la recomendación del Juez Principal con el Consejo de la Judicatura.

SECCIÓN 2 El Juez Principal presidirá el sistema judicial, designará a los miembros de todos los tribunales nacionales, y salvo que se oponga el Consejo Judicial, deberá establecer las normas; También, a través de un administrador, supervisar su funcionamiento.

SECCIÓN 3. La Asamblea Judicial estará integrada por Jueces de los Tribunales de Distrito, junto con los de los Tribunales Superiores de los Nuevos Estados de América y los de los más Altos Tribunales de los Nuevos-Estados. Se reunirán anualmente, o cuando lo diga el Juez Principal, para considerar el estado de la judicatura y de otras cuestiones que prescriban antes.

Además, se reunirá por convocatoria de su coordinador para nombrar tres candidatos a Juez Principal cuando se produzca una vacante. De estos candidatos al Senado elegirá al que tenga más votos.

SECCIÓN 4. El Juez Principal, a menos que el Senado se oponga a alguno, nombrará un Consejo de la Magistratura de cinco miembros para utilizarlo durante su mandato. Se designará un miembro de alto rango que lo presidirá en su ausencia. Será deber del Consejo, bajo la dirección del Juez Principal, el estudio del funcionamiento de los tribunales, preparar los códigos éticos que deberán observar los miembros, y sugerir cambios en el procedimiento. El Consejo podrá pedir el asesoramiento de la Asamblea Judicial. Será también deber del Consejo, tal como se dispone más adelante, proponer enmiendas a la Constitución cuando parezcan ser necesarias; y elaborará también revisiones si se le exige. Además, examinará y de vez en cuando, deberá revisar los códigos civiles y penales; éstos, una vez aprobados por la Asamblea Judicial, tendrán validez en toda la nación.

SECCIÓN 5. El Juez Principal tendrá un mandato de once años; pero si en cualquier momento el titular renuncia o se le destituye del cargo, la sustitución podrá ser especificada por el Senado, se efectuará por el miembro más antiguo del Consejo de la Judicatura, hasta hacerse una nueva selección.

Pasados seis años, la Asamblea puede establecer, por mayoría de dos tercios, la interrupción del cargo, y luego será elegido un sucesor.

SECCIÓN 6. El Juez Principal puede suspender a los miembros de un tribunal por incapacidad o violación de las reglas; y la separación será definitiva si una mayoría del Consejo está de acuerdo.

Para cada tribunal el Juez Principal, de vez en cuando, deberá nombrar un miembro que lo presidirá.

SECCIÓN 7. Un magistrado presidente podrá decidir, con el consentimiento del juez superior, que pueda haber actuaciones previas al juicio, que los juicios penales se lleven a cabo mediante otras investigaciones o procedimientos adversarios, y si habrá un jurado y qué número de miembros tendrá el jurado; pero los procedimientos de la investigación requerirán de tres ramas.

SECCIÓN 8. Al decidir sobre la concordancia de las leyes con la Constitución, el Tribunal Supremo las devolverá a la Cámara de Representantes, cuando no las pueda interpretar. Si la Cámara no puede devolverlas en un plazo de nueve días, la Corte las podrá interpretar.

SECCIÓN 9. El Juez Principal, o el Presidente, podrán conceder perdones o indultos.

SECCIÓN 10. Los Altos Tribunales tendrán trece miembros; pero nueve de los miembros, elegidos por sus jueces de alto rango, de vez en cuando, constituirán un tribunal. Los jueces licenciados estarán sujetos a ser llamados de nuevo.

Otros tribunales tendrán nueve miembros; pero siete, elegidos por su superior, se constituirán como un tribunal.

Todo será en sesión permanente a excepción de los recesos aprobados por el Juez Principal.

SECCIÓN 11 El Juez Principal, con el Consejo, podrá asesorar al Senado, cuando se le solicite, en relación con la idoneidad de las medidas aprobadas por la Cámara de Representantes; y también podrán asesorar al Presidente, cuando lo solicite, sobre asuntos que él pueda recomendar para la consulta.

SECCIÓN 12 Corresponde a otras ramas aceptar y hacer cumplir los decretos judiciales.

SECCIÓN 13. El Tribunal Superior de Apelaciones podrá seleccionar las aplicaciones para su ulterior consideración por la Corte Suprema de decisiones tomadas por otros tribunales, incluidas las de los Nuevos-Estados. Si se está de acuerdo cuando haya una cuestión constitucional se puede hacer un juicio preliminar para ser revisado sin audiencia, y finalmente, por el Tribunal Supremo.

SECCIÓN 14. El Tribunal Supremo podrá decidir:

a.   Si, en un litigio que llega a él en apelación, las disposiciones constitucionales han sido violadas o no se han cumplido las normas.

b.   En la aplicación de las disposiciones constitucionales en los procesos que impliquen a los Nuevos-Estados.

c.   Cuando la ley internacional, reconocida en los tratados, acuerdos con las Naciones Unidas, o acuerdos con otras naciones, hayan sido ignorados o violados.

d.   Otras causas relativas a la interpretación de las disposiciones constitucionales; excepto las que en su elaboración cualquier rama se haya excedido en sus poderes entonces se suspenderá la decisión hasta que el Tribunal Judicial determine si, para evitar la confrontación, los procedimientos para la modificación de la Constitución son los adecuados.

Si se establecen procedimientos de apelación, la decisión deberá esperar el resultado.

SECCIÓN 15. Los tribunales de los Nuevos-Estados tendrán competencia inicial en los casos que surjan en virtud de sus leyes, excepto aquellos que involucren a los propios Nuevos-Estados o los reservados a los tribunales nacionales por una norma del Juez Principal con el Consejo Judicial.

ARTÍCULO IX
Disposiciones Generales

SECCIÓN 1 Los requisitos para la participación en los procedimientos democráticos como ciudadano, y la elegibilidad para el cargo, serán objeto de estudio repetido y de redefinición; pero cualquier cambio en la calificación o elegibilidad será efectivo sólo si no es desaprobado por el Congreso.

Para este efecto se constituirá una Comisión permanente de Ciudadanía y Calificaciones, cuatro de los cuales serán nombrados por el Presidente, tres por el Coordinador del Senado, tres por el Presidente de la Cámara, y tres por el Juez Principal. Las vacantes se cubrirán a medida que tengan lugar. Los miembros elegirán un presidente; tendrán asistentes y el alojamiento adecuado; y podrán tener otras ocupaciones. Las recomendaciones de la Comisión se presentarán al Presidente y se transmitirán a la Cámara de Representantes con comentarios. Deberán tener un lugar preferente en el calendario y, de ser aprobadas, entrarán en vigor.

SECCIÓN 2 Las áreas necesarias para los usos de gobierno podrán ser adquiridas en su valoración y podrán mantenerse cuando el interés público así lo requiera. Estas zonas tendrán autogobierno en las cuestiones de interés local.

SECCIÓN 3. El Presidente podrá negociar la adquisición de áreas fuera de la Nuevos-Estados de América, y si el Senado lo aprueba, podrán proveer a su organización como posesiones o territorios.

SECCIÓN 4. El Presidente podrá llegar a acuerdos con otros pueblos organizados en una relación que no sean miembros de pleno derecho de los Nuevos-Estados de América. Podrán llegar a ser ciudadanos y podrán participar en la selección de funcionarios. Podrán recibir ayudas para su desarrollo o del Fondo Nacional de Intercambio si se ajustan a sus necesidades; y podrán servir en los servicios civiles o militares, pero sólo como voluntarios. Estarán representados en la Cámara de Representantes elegidos por miembros en general, su número será proporcional a sus electores; pero cada uno tendrá al menos uno; y cada uno tendrá igualmente que elegir a uno de los miembros permanentes del Senado.

SECCIÓN 5. El Presidente, los Vicepresidentes y los miembros de las cámaras legislativas deberán estar en todos los casos, excepto en caso de traición, delito grave y perturbación del orden público, exentos de castigo por cualquier cosa que puedan decir, mientras ejercían la función pública; pero el Consejo del Poder Judicial podrá dictar normas de restricción.

SECCIÓN 6. Salvo disposición en contrario de esta Constitución, cada cámara legislativa establecerá su requisito para ser miembro y podrá dictar normas para la conducta de los miembros, incluidos los conflictos de interés, proporcionando sus propias disciplinas para su infracción.

SECCIÓN 7. Ningún Nuevo-Estado interferirá con funcionarios de los Nuevos-Estados de América en el ejercicio de sus funciones, y todos darán fe y crédito plenamente a los actos de otro Nuevo- Estado y de los Nuevos-Estados de América.

SECCIÓN 8. Los fondos públicos se destinarán exclusivamente como se autoriza en la presente Constitución.

ARTÍCULO X
Disposiciones Gubernamentales

SECCIÓN 1 Las funciones de los Nuevos-Estados de América serán las nombradas en esta Constitución, incluidas las de las cámaras legislativas y otras personas autorizadas por la ley para ser nombradas; serán remuneradas, y nadie podrá tener otro empleo salvo que sean exceptuados por ley; nadie podrá ocupar más de un cargo en el gobierno; y ningún regalo o favor se aceptarán si está de alguna manera relacionado con el deber oficial.

No se continuarán recibiendo ninguno de los ingresos de antiguas ocupaciones o asociaciones; pero sus propiedades podrán ser puestas en fideicomiso y administradas sin su intervención durante la permanencia en el cargo. Las dificultades en virtud de esta regla podrán ser examinadas por el Tribunal de Derechos y Deberes, y se podrán hacer excepciones con la debida consideración a la intención general.

SECCIÓN 2 El Presidente, los Vicepresidentes y el Juez Principal tendrán hogares adecuados a sus funciones. El Presidente, los Vicepresidentes, el Juez Principal, el Presidente de la Junta de Planificación, el Regulador, el Supervisor, y el Vigilante tendrán sueldos fijados por ley y serán vitalicios; pero si se convierten en miembros del Senado, tendrán la compensación senatorial y se ajustarán a los requisitos senatoriales.

Los jueces de los tribunales superiores no tendrán plazo; y su salario será de dos tercios del salario del Juez Principal; tanto ellos como los miembros del Consejo de la Judicatura, a menos que se hayan convertido en senadores, serán miembros permanentes del poder judicial y deberán estar disponibles para cualquier asignación del Juez Principal.

Los sueldos de los miembros del Senado, serán los mismos que los de los jueces de la Corte Suprema de Apelaciones.

SECCIÓN 3. Salvo que se disponga lo contrario en el presente documento, los funcionarios designados por el jefe de una rama como partícipes en la formulación de políticas podrán ser nombrados por él, con el acuerdo del Presidente y salvo que el Senado se oponga.

SECCIÓN 4. Habrá administradores:

    a.   para las oficinas ejecutivas y hogares oficiales, designados por la autoridad del Presidente;

    b.   para los órganos jurisdiccionales nacionales, nombrados por el Juez Principal;

    c.   para el Poder Legislativo, elegidos por un comité de miembros de cada cámara (elegidos por el Coordinador y el Portavoz), tres de la Cámara de Representantes - cuatro del Senado. Se les darán asignaciones; pero a los de la Presidencia no se les reducirá durante su mandato, a menos que den su consentimiento; y a los de la Rama Judicial no se les reducirá durante cinco años después de su resolución, a menos que cuenten con el consentimiento del Juez Principal.

SECCIÓN 5. El año fiscal será el mismo que el año del calendario, con nuevos créditos disponibles en su inicio.

SECCIÓN 6. Habrá un Servicio de Protección de los funcionarios para custodiar al Presidente, a los Vicepresidentes, al Juez Principal, y a otros funcionarios cuya seguridad pueda estar en peligro; y habrá un Protector nombrado por el responsable de una comisión permanente del Senado. Los funcionarios protegidos se guiarán por los procedimientos aprobados por el comité.

El servicio, a petición del Supervisor Político, podrá extender su protección a los candidatos a los cargos; o a otros funcionarios, si la comisión así lo decide.

SECCIÓN 7. Se pondrá a disposición del Presidente un fondo de contingencia adecuado para fines definidos por ley.

SECCIÓN 8. El Senado deberá poner a prueba a funcionarios del gobierno distintos de los legisladores, cuando estos funcionarios estén sometidos a juicio político por el voto de dos tercios de la Cámara de Representantes por conducta perjudicial para el interés público. Si los Presidentes o Vicepresidentes fueran juzgados, el Senado, como está constituido, deberá realizar las pruebas. Las sentencias no se extenderán más allá de la separación del cargo y la inhabilitación para la celebración de más cargos; pero el funcionario declarado culpable será responsable ante el anterior proceso.

SECCIÓN 9. Los miembros de las cámaras legislativas no podrán ser impugnados por el Consejo de la Judicatura; pero para los juicios se ampliará a diecisiete los magistrados de los tribunales superiores de justicia nombrados por el Juez Principal. Si son declarados culpables, los miembros serán expulsados y no serán elegibles para futuros cargos públicos; y también estarán expuestos a ser juzgados como ciudadanos.

ARTÍCULO XI
Enmienda

SECCIÓN 1 Siendo el deber especial del Consejo de la Judicatura el formular y proponer enmiendas a esta Constitución, deberá, de vez en cuando, hacer propuestas, al Senado, a través del Juez Principal. El Senado, si se aprueba, y si el Presidente está de acuerdo, dará instrucciones al Supervisor para organizar en las próximas elecciones nacionales la presentación de la enmienda ante el electorado. Si no se rechaza por mayoría, pasará a formar parte de esta Constitución. Si es rechazada, podrá ser vuelta a revisar y se presentará una nueva propuesta.

Será el objetivo del procedimiento de la enmienda corregir las deficiencias de la Constitución, para extenderla cuando se requieran nuevas responsabilidades, y para que el gobierno sea responsable de las necesidades de la gente, haciendo uso de los avances en la capacidad de gestión y el establecimiento de la seguridad y la estabilidad; también para evitar cambios en la Constitución que resulten de su interpretación.

SECCIÓN 2 Cuando esta Constitución haya estado en vigor durante veinte años, el Supervisor pedirá, por referéndum si es necesario redactar una nueva Constitución. Si así lo decide una mayoría, el Consejo, haciendo uso de la asesoría que podrá tener disponible, y consultando a los que han hecho la queja, deberá preparar un nuevo proyecto para su presentación en la próxima elección. Si no se rechaza por mayoría, entrará en vigor. Si se rechaza deberá redactarse de nuevo y volver a presentarlo con los cambios que sean entonces apropiados a las circunstancias, y se presentará a los votantes en la siguiente elección.

Si no se rechaza por mayoría entrará en vigor. Si se rechaza se volverá a revisar y a presentarse nuevamente.

ARTÍCULO XII
Transición

SECCIÓN 1 Se autoriza al Presidente a asumir estas competencias, hacer estos nombramientos, y al uso de los fondos que sean necesarios para hacer efectiva esta Constitución tan pronto como sea posible después de la aceptación por un referéndum que él podría iniciar.

SECCIÓN 2 Se convocará a aquellos miembros del Senado que puedan estar disponibles y, con al menos la mitad, se constituirán los miembros suficientes mientras se agregan los demás. Deberán designar a un Supervisor para concertar la organización electoral y las elecciones para los cargos de gobierno; pero el Presidente y los Vicepresidentes ejercerán sus mandatos y después se convertirán en miembros del Senado. En este momento se constituirá la presidencia según dispone esta Constitución.

SECCIÓN 3. Hasta que se haya completado cada cambio indicado en el gobierno estarán en vigor las disposiciones de la Constitución vigente y los órganos de gobierno.

SECCIÓN 4. Deberán cesar todas las operaciones del gobierno nacional hasta que sean sustituidas por las personas autorizadas en virtud de esta Constitución.

El Presidente determinará cuando se habrá completado la sustitución.

El Presidente hará que se constituya una comisión adecuada para designar las leyes inconsistentes con esta Constitución, y serán anuladas; la Comisión también asistirá al Presidente y a las cámaras legislativas en la formulación de las leyes que puedan ser compatibles con la Constitución y necesarias para su realización.

SECCIÓN 5. Para el establecimiento de los límites de los Nuevos-Estados una comisión de trece miembros, nombrados por el Presidente, hará recomendaciones durante un año. Para ello, los miembros podrán hacer uso de los estudios de asesoramiento y de la Comisión en materia de recursos, población, transporte, comunicación, acuerdos económicos y sociales, y cualesquiera otras condiciones que puedan ser significativas. El Presidente transmitirá el informe de la comisión al Senado. Después de entregado, si se estima conveniente hacer peticiones de revisión, el Senado deberá comunicar si las recomendaciones son satisfactorias, pero el Presidente decidirá si deben ser aceptadas o ser devueltas para su revisión.

Los estados existentes no se dividirán a menos que las áreas metropolitanas que se extiendan sobre más de un estado deban incluirse en un Nuevo Estado, o a menos que haya otras circunstancias urgentes; y cada Nuevo Estado poseerá características regionales armoniosas.

La Comisión continuará mientras los Nuevos-Estados hagan ajustes entre ellos y tenga competencia para resolver las controversias que surjan entre ellos.

SECCIÓN 6. Las Constituciones de los Nuevos-Estados establecerán según lo acordado por el Consejo de la Judicatura y el Juez Principal.

Estos procedimientos se aplicarán de la siguiente manera: Las Constituciones serán redactadas por los más altos tribunales de los Nuevos-Estados. Habrá entonces una convención de un centenar de delegados elegidos en las elecciones especiales en un procedimiento aprobado por el Supervisor. Si la Constitución no es rechazada, el Juez Principal, asesorado por el Consejo de la Judicatura, deberá promulgar una Constitución y poner en marcha las revisiones que se presentarán para su aprobación que a su vez nombrará él mismo. Si se rechazaran de nuevo él promulgará otra, teniendo en cuenta las objeciones, y entrará en vigor. Una Constitución, una vez en vigor, será válida durante veinte años, como aquí se dispone.

SECCIÓN 7. Hasta que los Gobernadores y las legislaturas de los Nuevos-Estados estén ubicados, sus gobiernos continuarán, a menos que el Presidente nombre Gobernadores temporales para actuar como ejecutivos hasta que los sucedan los elegidos regularmente. Estos Gobernadores que tengan éxito con las funciones ejecutivas de los estados, los convertirán en uno de los Nuevos-Estados de América.

SECCIÓN 8. Las citas indicadas, las elecciones y otros arreglos se harán con la máxima celeridad posible.

SECCIÓN 9. La primera Asamblea Judicial para la selección de un registro para los candidatos a la Judicatura Principal de los Nuevos-Estados de América será convocada por el titular del Tribunal Supremo inmediatamente después de la ratificación.

SECCIÓN 10. Si los Nuevos-Estados eligen por referéndum no cumplir con las recomendaciones de la Comisión de Fronteras, tal como hayan sido aprobadas por el Senado, se deducirán los impuestos recaudados por los Nuevos-Estados de América para transmitirles un porcentaje igual a la pérdida de eficacia del incumplimiento.

Los cálculos serán efectuados por el Canciller de Asuntos Financieros y los aprobará el Presidente; pero la deducción no podrá ser inferior al 7 por ciento.

SECCIÓN 11 Cuando esta Constitución se haya implementado el Presidente podrá eliminar con una proclama secciones apropiadas de este artículo.

CAPÍTULO 15

PROTOCOLOS DE LOS SABIOS DE SIÓN

Los Protocolos de Sión fueron mencionados a finales de 1700.
La primera copia disponible a la vista del público
surgió a principios de 1800.
Todos los aspectos de este plan para someter al mundo
se han convertido en realidad,
validando la autenticidad de la conspiración.

Nota del autor: Esta es una reimpresión exacta del texto original. Esto ha sido escrito intencionalmente para engañar a la gente. Para entenderlo claramente, la palabra "Sión" debe ser "Sion"; cualquier referencia a los "Judíos" debe sustituirse por la palabra "Illuminati"; y la palabra "goyim" se sustituirá por la palabra "ganado".

Esto son "Los Británicos" la traducción completa del texto
"Protocolos de los Sabios de Sión" del notorio Nilus.

PROTOCOLOS DE LAS REUNIONES DE LOS SABIOS DE SIÓN

PROTOCOLO Nº 1

Dejando de lado frases bonitas hablaremos de la importancia de cada pensamiento: con comparaciones y deducciones aclararemos hechos que nos rodean.

Lo que expondré a continuación, es nuestro sistema de los dos puntos de vista, el de nosotros mismos y el de los gentiles (es decir, los no - judíos).

Hay que tener en cuenta que los hombres con malos instintos son más numerosos que los buenos, y por tanto los mejores resultados a la hora de gobernarlos se consiguen con la violencia y la intimidación, y no con discusiones académicas. Cada hombre tiene como objetivo el poder, a todo el mundo le gustaría convertirse en dictador si sólo pudiera hacerlo él, y raros son los hombres que no estarían dispuestos a sacrificar el bienestar de todos en nombre de asegurar su propio bienestar.

¿Qué ha retenido a las bestias predadores que llamamos hombres? ¿Qué les ha servido hasta ahora para orientarse?

En los inicios de la estructura de la sociedad fueron sometidos a una fuerza brutal y ciega; posteriormente a la Ley, que es la misma fuerza, sólo que disfrazada. Obtengo la conclusión de que en la ley de la naturaleza el derecho reside en la fuerza.

La libertad política es una idea, pero no es un hecho. Hay que saber cómo aplicar esta idea cada vez que se considere necesario atraer a las masas populares con este cebo de una idea a un partido que se ha propuesto aplastar a otro en el poder. Esta tarea se hace más fácil si el oponente ha sido infectado con la idea de la libertad, el llamado liberalismo, y, en nombre de una idea, está dispuesto a ceder parte de su poder. Es precisamente aquí donde aparece el triunfo de nuestra teoría: las riendas del gobierno se aflojan inmediatamente, por la ley de la vida, atrapadas y reunidas por una nueva mano, porque la fuerza ciega de la nación no puede existir ni un solo día sin orientación, y la nueva autoridad simplemente encaja en el lugar de la antigua ya debilitada por el liberalismo.

Actualmente, el poder que ha sustituido al de los gobernantes que eran liberales es el poder del Oro. Hubo un tiempo en el que gobernaba la Fe. La idea de la libertad es imposible de realizar porque nadie sabe cómo usarla con moderación. Es suficiente entregar a un pueblo al autogobierno durante un cierto periodo de tiempo para que las personas se conviertan en una turba desorganizada. A partir de este momento en adelante tendremos luchas intestinas que pronto se convertirán en batallas entre clases, en medio de las cuales los Estados se quemarán y su importancia se reducirá a la de un montón de cenizas.

Si un Estado se agota en sus propias convulsiones, si su discordia interna lo lleva a caer en poder de enemigos externos - en cualquier caso, se le puede dar por perdido irremediablemente: está en nuestro poder. El despotismo del Capital, que está totalmente en nuestras manos, se le acerca como una tabla de salvación a la que el Estado, quiera o no, debe agarrarse: si no - se va al fondo.

Si alguien de mente liberal dice que reflexiones como las anteriores son inmorales yo le haría las siguientes preguntas: - Si un Estado tiene dos enemigos, y si, en relación con el enemigo externo se le permite y no se considera inmoral utilizar todo tipo de estrategias y artimañas de guerra, como ahora, mantener al enemigo ignorando los planes de ataque y defensa, atacar de noche o con superioridad numérica, entonces ¿de qué manera pueden los mismos medios en cuanto a un enemigo peor, destructor de la estructura de la sociedad y del bien común, ser tachados de inmorales y no estar permitidos?

¿Es posible, para cualquier mente aparentemente lógica, tener la esperanza de poder conducir a multitudes con algún tipo de éxito con la ayuda de consejos y argumentos razonables, cuando cualquier objeción o contradicción, aunque parezca no tener ningún sentido, puede hacer que esta objeción encuentre más apoyo de la gente, cuya capacidad de razonamiento es superficial? A los hombres, pertenecientes a las masas o no, casi sólo les guían pasiones mezquinas, costumbres y creencias miserables, tradiciones y teorías sentimentales, caen presa de la distensión de partidos, los cuales dificultan cualquier tipo de acuerdo, incluso sobre la base de un argumento perfectamente razonable. Toda decisión de una multitud depende de la suerte o de la mayoría, que, ignorando los secretos políticos, sigue adelante con alguna decisión ridícula que deposita en la administración una semilla de anarquía.

La política no tiene nada en común con la moral. El gobernante que se rige por la moral no es un político hábil, y por tanto su trono es inestable. Quien quiera gobernar debe recurrir tanto a la astucia como a la simulación. Grandes cualidades nacionales, como la franqueza y la honestidad, en política son vicios, pues hacen saltar del trono a los poderosos con más eficacia y con más certeza que el enemigo más poderoso. Estas deben ser las cualidades de los reinos de los gentiles, pero de ninguna manera debemos ser guiados por ellas.

Nuestro derecho reside en la fuerza. La palabra "derecho" es un pensamiento abstracto y nada lo prueba. La palabra sólo significa: - Dame lo que quiero, porque así podré tener una prueba de que soy más fuerte que tú.

¿Dónde comienza el derecho? ¿Dónde termina?

En cualquier Estado donde el poder está mal organizado, la impersonalidad de las leyes y de los gobernantes que han perdido la personalidad en medio de la avalancha de derechos que siempre se multiplican surgiendo del liberalismo, descubro un nuevo derecho de atacar en virtud de la fuerza, y de dispersar a los cuatro vientos todas las fuerzas existentes del orden y la regulación, para reconstruir todas las instituciones y para convertirnos en el señor soberano de los que nos han cedido los derechos de su poder establecido voluntariamente en su liberalismo.

Nuestro poder en la actual condición tambaleante de toda forma de poder será más invencible que cualquier otro, ya que se mantendrá invisible hasta el momento en que se haya hecho tan fuerte que ninguna astucia podrá ya socavar-lo.

De la maldad temporal que ahora nos vemos obligados a cometer surgirá el bien de una regla inquebrantable, que restaurará el curso regular de la maquinaria de la vida nacional, reducida a la nada por el liberalismo. El resultado justifica los medios. Dejadnos, sin embargo, en nuestros planes, dirigir nuestra atención no tanto a lo que es bueno y moral como a lo que es necesario y útil.

Ante nosotros hay un plan en el que se establece estratégicamente la línea de la que no podemos desviarnos sin correr el riesgo de ver el trabajo de muchos siglos reducidos a nada.

Para elaborar formas satisfactorias de actuar hay que tener en cuenta la bellaquería, la desidia, la inestabilidad de la multitud, su falta de capacidad para comprender y respetar las condiciones de su propia vida, o su propio bienestar. Se debe entender que el poder de una turba es una fuerza ciega, insensata e irracional siempre a merced de una sugerencia de cualquier bando. El ciego no puede guiar a otro ciego sin caer ambos al abismo; en consecuencia, los miembros de la chusma, salidos de la multitud aunque podrían ser genios por sabiduría, sin embargo, al no tener conocimientos políticos, no pueden convertirse en líderes de multitudes sin llevar a la ruina a toda una nación.

Sólo el que es entrenado desde la infancia para un gobierno independiente puede comprender las palabras con las que se puede construir un alfabeto político.

Un pueblo abandonado a sí mismo, es decir, los recién llegados de su propio interior, irá a la ruina por las disensiones de los partidos excitadas por la búsqueda del poder y los honores y los trastornos derivados de los mismos. ¿Es posible que las masas populares con calma y sin celos mezquinos puedan formar juicios, para tratar los asuntos del país, sin mezclarlos con los intereses personales? ¿Pueden defenderse de un enemigo externo? Es impensable, un plan dividido en tantas partes como cabezas de la multitud haya, pierde toda homogeneidad, y por lo tanto se convierte en incomprensible y de imposible ejecución.

Sólo con un gobernante despótico se pueden elaborar extensamente y con claridad los planes de tal manera como para distribuir adecuadamente el conjunto entre las diversas partes de la maquinaria del Estado: es inevitable que la conclusión de esto sea que una forma satisfactoria de gobierno para cualquier país es la que se concentra en las manos de una persona responsable. Sin un despotismo absoluto no puede existir la civilización que es conducida no por las masas, sino por su guía, sea quien sea esta persona. La turba es un salvaje y muestra su salvajismo en cada oportunidad. En cuanto la turba logra tener la libertad en sus manos la convierte rápidamente en anarquía, que en sí mismo es el grado más alto de salvajismo.

He aquí animales alcoholizados, desconcertados por la bebida, el derecho a un uso inmoderado que viene junto con la libertad. No es para nosotros ni para los nuestros recorrer este camino. Los pueblos de los goyim están desconcertados con las bebidas alcohólicas; sus jóvenes han crecido estúpidos con el clasicismo y la inmoralidad precoz, a la que han sido inducidos por nuestros agentes - los tutores, lacayos, institutrices en las casas de los ricos, por los empleados y otras personas, por nuestras mujeres en los lugares de disipación frecuentados por los goyim. Junto con estas últimas también cuento las llamadas "damas de la sociedad," seguidoras voluntarias de los demás en la corrupción y el lujo.

Nuestro santo y seña es - Fuerza y Simulación. Sólo la fuerza vence en los asuntos políticos, sobre todo si está escondida en los talentos esenciales de los estadistas. La violencia debe ser el principio, y la astucia y la simulación la regla de los gobiernos que no quieren entregar sus coronas a los pies de los agentes de un nuevo poder. Este mal es el único medio para conseguir el fin, el bien. Por lo tanto no hay que detenerse ante el soborno, el engaño y la traición cuando pueda servir a la consecución de nuestro fin. En política hay que saber cómo aprovechar la propiedad de otros sin dudarlo si así aseguramos la sumisión y la soberanía.

Nuestro Estado, marchando por el camino de la conquista pacífica, tiene el derecho de sustituir los horrores de la guerra por las menos visibles y más satisfactorias penas de muerte, necesarias para mantener el terror que tiende a producir una sumisión ciega. Sólo una severidad sin piedad es el principal factor de fuerza del Estado: no sólo por el ánimo de lucro, sino también en nombre del deber, en nombre de la victoria, debemos seguir con el programa de la violencia y la simulación. La doctrina de cuadrar las cuentas es precisamente tan fuerte como los medios de los que hace uso. Por tanto, no es tanto por los medios en sí mismos como por la doctrina del rigor por la que triunfaremos y haremos esclavos a todos los gobiernos de nuestro súper-gobierno. Sólo será necesario que sepan que no tendremos piedad para detener toda desobediencia.

Mucho antes, en la antigüedad, fuimos los primeros en clamar entre las masas del pueblo las palabras "Libertad, Igualdad, Fraternidad", palabras muchas veces repetidas desde entonces por loros estúpidos que desde todas partes alrededor volaban hacia a estos cebos y con ellas se llevaron el bienestar del mundo, la verdadera libertad de la persona, antes tan bien protegida contra la presión de la multitud. Los gentiles aspirantes a sabios, los intelectuales, no pudieron hacer nada con la abstracción de las palabras pronunciadas; no tuvieron en cuenta la contradicción de su significado y su interrelación: no vieron que en la naturaleza no hay igualdad, no puede haber libertad: que la naturaleza ha establecido la desigualdad de las mentes, los caracteres y las capacidades, igual de inmutablemente como ha establecido la subordinación a sus leyes: nunca se detuvieron a pensar que la turba es una cosa ciega, que los intrusos elegidos de entre ellos para guiarla son, en cuanto a política, ellos mismos tan ciegos como la propia turba, que el adepto, aunque sea un tonto, puede gobernar, mientras que los no adeptos, aunque fueran genios, no entienden nada de política - todas estas cosas los goyim no las tienen en cuenta; sin embargo, el gobierno dinástico siempre ha estado basado en estas cosas: el padre transmitía al hijo el conocimiento del funcionamiento de los asuntos políticos de tal manera que nadie más tenía que saberlo, sino los miembros de la dinastía y así nadie podrá traicionarles con los gobernados. Conforme pasó el tiempo el significado de la transferencia dinástica de la verdadera posición de los asuntos de la política se ha perdido, y esto ayudó al éxito de nuestra causa.

En todos los rincones de la tierra las palabras "Libertad, Igualdad, Fraternidad" han llevado hasta nuestras filas, gracias a nuestros agentes ciegos, legiones enteras que ondeaban nuestras banderas con entusiasmo. Y siempre, estas palabras han sido gorgojos aburridos mordisqueando el bienestar de los goyim, poniendo fin en todas partes a la paz, la tranquilidad, la solidaridad y destruyendo todos los cimientos de los Estados goy. Como verá más adelante, esto nos ayudó a triunfar; ya que nos dio la posibilidad, entre otras cosas, de tener en nuestras manos la llave maestra - la destrucción de los privilegios, o en otras palabras de la propia existencia de la aristocracia de los goyim, esta clase que era la única defensa que los pueblos y los países tenían contra nosotros. Sobre las ruinas de la aristocracia natural y genealógica de los goyim hemos puesto en marcha la aristocracia de la clase instruida encabezada por la aristocracia del dinero. La riqueza es el requisito que hemos establecido para esta aristocracia, lo que depende de nosotros, y el conocimiento, para lo cual nuestros ancianos sabios nos proporcionan la fuerza motriz.

Nuestro triunfo ha sido más fácil por el hecho de que en nuestras relaciones con los hombres que hemos necesitado siempre hemos trabajado las cuerdas más sensibles de la mente humana, la cuenta corriente, la codicia, la insaciabilidad de las necesidades materiales de los hombres; y cada una de estas debilidades humanas, por sí sola, es suficiente para paralizar la iniciativa, porque pondrá la voluntad de los hombres a disposición de aquel que compre sus actividades.

La abstracción de la libertad nos ha permitido convencer a la turba de todos los países de que su gobierno no es más que el mayordomo de las personas que son dueños del país, y que el mayordomo puede ser reemplazado como un guante desgastado.

Es esta posibilidad de sustitución de los representantes del pueblo lo que les ha puesto a nuestra disposición, y por decirlo así, lo que nos ha dado el poder del nombramiento.

PROTOCOLO N° 2

Es indispensable para nuestro propósito que las guerras, en la medida de lo posible, no den lugar a ganancias territoriales: por lo tanto la guerra debe llevarse al terreno económico, donde las naciones no dejarán de percibir, con la ayuda que les damos, la fuerza de nuestro predominio, y esta situación dejará a ambos bandos a merced de nuestros agentes internacionales; que tienen millones de ojos siempre al acecho y sin obstáculos ni ningún tipo de limitación. Nuestros derechos internacionales después acabarán siendo los derechos nacionales, en el sentido propio de la palabra, y gobernarán en las naciones, precisamente, tal como el derecho civil de los Estados rige las relaciones de los sujetos entre sí.

Los administradores, a los que debemos escoger de entre el público, con estricto respeto a sus capacidades para la obediencia servil, no serán personas entrenadas en las artes de gobierno, y por tanto, se convertirán fácilmente en peones de nuestro juego en manos de hombres de ciencia y genio que serán sus asesores, especialistas criados y educados desde la primera infancia para gobernar los asuntos de todo el mundo. Como es bien conocido por ustedes, estos especialistas nuestros han obtenido sus conocimientos de gobierno de nuestros planes políticos, de las lecciones de la historia, a partir de observaciones realizadas de los acontecimientos de cada momento mientras ocurrían. Los goyim no están guiados por un uso práctico de la observación histórica sin prejuicios, sino por la rutina teórica sin ninguna consideración crítica por los resultados consiguientes. No necesitamos, por lo tanto, tenerlos en cuenta, dejadlos que se diviertan hasta que sea la hora, o que vivan con la esperanza de nuevas formas de diversiones, o con los recuerdos de todo lo que han disfrutado. Dejémosles que ejerzan el papel principal que les hemos persuadido a aceptar como los dictados de la ciencia (la teoría). Es con este objetivo en mente que estamos constantemente, mediante nuestra prensa, despertando una confianza ciega en estas teorías. Los intelectuales de los goyim se hinchan a sí mismos con su conocimiento y sin ningún tipo de verificación lógica pondrán en práctica toda la información disponible de la ciencia, que nuestros agentes especialistas habrán reconstruido astutamente con el propósito de educar a sus mentes en la dirección que nosotros queremos.

No supongáis ni por un momento que estas declaraciones son palabras vacías: pensad detenidamente en los logros obtenidos organizando el Darwinismo, el Marxismo, el "Nietzscheismo". Para nosotros los Judíos, en todo caso, debe ser fácil ver que estas directivas han provocado una importante desintegración en las mentes de los goyim.

Es indispensable que tengamos en cuenta los pensamientos, los personajes, las tendencias de las naciones para evitar resbalar en política y en la dirección de los asuntos administrativos. El triunfo de nuestro sistema, cuyas partes que componen la maquinaria pueden ser dispuestas variando de acuerdo con el temperamento de los pueblos que nos encontremos por el camino, no podrá tener éxito si la aplicación práctica del mismo no se basa en un resumen de las lecciones del pasado, a la luz del presente.

En manos de los Estados de hoy hay una gran fuerza que crea la forma de pensar de la gente, y es la prensa. El papel de la prensa es señalar los requisitos que se supone que son indispensables, dar voz a las quejas de la gente, expresar y crear descontento. Es en la prensa donde el triunfo de la libertad de expresión encuentra su encarnación. Pero los Estados goyim no han sabido hacer uso de la fuerza; y ha caído en nuestras manos. A través de la prensa hemos conseguido el poder de influir, mientras permanecíamos en la sombra; gracias a la prensa hemos conseguido tener el oro en las manos, aunque hemos tenido que recoger océanos de sangre y lágrimas. Pero se nos ha pagado, aunque hemos sacrificado a muchos de los nuestros. Cada víctima de nuestro lado vale a los ojos de Dios, mil goyim.

PROTOCOLO Nº 3

Hoy puedo deciros que nuestro objetivo está ahora sólo a unos pasos. Queda cruzar un pequeño espacio y todo el largo camino que hemos transitado estará listo ahora para cerrar el ciclo de la Serpiente Simbólica, con el que simbolizamos a nuestro pueblo. Cuando este círculo se cierre, todos los estados de Europa quedarán bloqueados en este serpentín como en una corrupción de gran alcance.

Los equilibrios constitucionales de estos días no tardarán en derrumbarse, porque los hemos establecido con cierta precisa falta de equilibrio para que puedan oscilar incesantemente hasta que se desgaste el eje alrededor del cual giran. Los goyim tienen la impresión de que los han soldado con suficiente fuerza y han estado esperando que las balanzas se equilibrarían. Pero los pivotes - los reyes en sus tronos, - están rodeados de sus representantes, que hacen el tonto, angustiados con su propio poder incontrolado e irresponsable. Este poder se debe al terror que se ha infundido en los palacios. Como no tienen medios de llegar a su pueblo, de conectar con él, los reyes desde sus tronos ya no son capaces de ponerse de acuerdo con él y así fortalecerse contra buscadores de poder. Hemos creado un abismo entre el previsor Poder Soberano y la fuerza ciega de la gente por lo que ambos han perdido todo su significado, como ocurre con el ciego y su bastón, ambos son impotentes por separado.

Para incitar a los buscadores de poder a un mal uso del poder hemos establecido todas las fuerzas en oposición la una contra la otra, rompiendo sus tendencias liberales hacia la independencia. Con este fin hemos fomentado todo tipo de empresas, hemos armado a todos los partidos, hemos establecido la autoridad como un objetivo para todas las ambiciones. De los estados hemos hecho arenas para gladiadores, donde se sostienen toda una serie de cuestiones confusas... Un poco más, y el desorden y la quiebra serán universales...

Charlatanes inagotables han convertido en concursos de oratoria las sesiones del Parlamento y las Juntas Administrativas. Periodistas audaces y panfletarios sin escrúpulos caen diariamente sobre los funcionarios ejecutivos. Los abusos de poder pondrán el toque final preparando el derribo de todas las instituciones y todo acabará volando hacia el cielo bajo los golpes de la turba enloquecida.

Todo el mundo está encadenado a un trabajo pesado por la pobreza con más firmeza que nunca habían sido encadenados por la esclavitud y la servidumbre; de aquellas, de una manera o de otra, podían liberarse, aquellas tenían solución, pero de la necesidad nunca podrán escapar. Hemos incluido en la constitución aquellos derechos que a las masas les parecen derechos ficticios y no reales. Todos estos llamados "Derechos del Pueblo" sólo existen como idea, una idea que no se puede llevar a la vida práctica. ¿Qué es eso para el obrero proletario, doblado sobre su trabajo doblemente pesado, aplastado por su suerte en la vida, si los que hablan obtienen el derecho a balbucear, si los periodistas obtienen el derecho a emborronar cualquier sin sentido codo con codo con un buen equipo, mientras que el proletariado no tiene ningún otro beneficio fuera de la constitución que sólo guardar aquellas migajas miserables que le lanzan desde la mesa a cambio de su voto a favor de lo que nosotros dictamos, a favor de los hombres que colocamos en el poder, los sirvientes de nuestros agentes... Los derechos republicanos para un hombre pobre no son más que un trozo amargo de ironía, la necesidad de estar trabajando duramente casi todo el día no le permite usarlos, pero en cambio le priva de toda garantía de tener ganancias regulares y ciertas haciéndolo dependiente de las huelgas de sus camaradas o del cierre patronal por parte de sus dueños.

El pueblo siguiendo nuestra orientación ha aniquilado la aristocracia, que era su única defensa y madre adoptiva aunque para su propio beneficio que estaba inseparablemente ligado al del bienestar del pueblo. Hoy en día, con la destrucción de la aristocracia, la gente ha caído en las garras de despiadados canallas acaparadores que han colocado un yugo despiadado y cruel sobre los cuellos de los trabajadores.

Nosotros debemos aparecer como los presuntos salvadores del trabajador librándole de esta opresión cuando le proponemos entrar en las filas de nuestras fuerzas de combate - Socialistas, Anarquistas, Comunistas - a las que siempre apoyamos, de acuerdo con una presunta regla fraternal (la de la solidaridad de toda la humanidad) de nuestra masonería social. La aristocracia, que gozaba del derecho al trabajo de los obreros, estaba interesada en que los trabajadores estuvieran bien alimentados, sanos y fuertes. Nosotros estamos interesados en todo lo contrario - en la disminución, en la matanza de los goyim. Nuestro poder está en la falta crónica de alimentos y la debilidad física del trabajador, porque todo esto implica que será esclavo de nuestra voluntad, y no encontrará en sus propias autoridades, ya sea fuerza o energía para oponerse a nuestra voluntad. El hambre crea el derecho del capital a gobernar al trabajador con más seguridad que le daba a la aristocracia la autoridad legal de los reyes.

Por la miseria y la envidia y el odio que éstas engendran moveremos a las turbas y con sus manos acabaremos con todos los que nos impiden seguir nuestro camino.

Cuando llegue la hora de que nuestro Soberano Señor de todo el Mundo sea coronado serán esas mismas manos las que barrerán cualquier cosa que pueda suponerle un obstáculo.

Los goyim han perdido el hábito de pensar salvo lo que se les indica con las sugerencias de nuestros especialistas. Por lo tanto no ven la necesidad urgente de lo que nosotros, cuando llegue nuestro reino, adoptaremos inmediatamente, a saber, que es esencial enseñar en las escuelas nacionales una simple, verdadera pieza de conocimiento, la base de todo conocimiento - el conocimiento de la estructura de la vida humana, de la existencia social, que requiere de la división del trabajo, y en consecuencia, la división de los hombres en clases y condiciones. Es esencial que todo el mundo sepa que debido a la diferencia en los objetos de la actividad humana, no puede haber ninguna igualdad, que quien debido a algún acto suyo compromete a toda una clase, ante la ley no puede ser igual de responsable que quien sólo compromete a su propio honor. El verdadero conocimiento de la estructura de la sociedad, dentro de los secretos de los cuales no admitimos a los goyim, demostraría a todos los hombres que las posiciones y el trabajo deben mantenerse dentro de un determinado círculo, para que no se convierta en fuente de sufrimiento humano, que surge de una educación que no se corresponde con el trabajo que las personas están destinadas a hacer. Después de un estudio exhaustivo de este conocimiento los pueblos se someterán voluntariamente a la autoridad y aceptarán esta posición cuando el Estado se lo designe. En el estado actual de conocimiento y el sentido que hemos dado a su desarrollo el pueblo, creyendo ciegamente en las cosas impresas - aprecia - gracias a impulsos destinados a engañarle y debido a su ignorancia - un odio ciego hacia todas las condiciones que considere por encima de sí mismo, ya que no tiene comprensión del sentido de clase ni de condición.

Este odio se magnificará aún más por los efectos de una crisis económica, que detendrá los tratos en las bolsas y llevará a la industria a un punto muerto. Crearemos por todos los métodos secretos subterráneos a nuestro alcance y con la ayuda del oro, que está todo en nuestras manos, una crisis económica universal con la que lanzaremos a la calle todas las turbas de trabajadores de forma simultánea en todos los países de Europa. Estas multitudes se apresuraran con deleite a derramar la sangre de aquellos que, con la simplicidad de su ignorancia, habrán envidiado desde que estaban en sus cunas, y entonces serán capaces de saquear sus propiedades.

"Lo que es nuestro" no lo tocarán, porque nosotros conoceremos el momento del ataque y habremos tomado medidas para proteger lo que es nuestro.

Habremos demostrado que el progreso llevará a todos los goyim a la soberanía de la razón. Nuestro despotismo será precisamente eso; porque sabrá con sabias severidades pacificar todos los disturbios, cauterizar el liberalismo al margen de las instituciones.

Cuando el populacho vea que todo tipo de concesiones y de indulgencias se producen en nombre de la libertad se imaginará a sí mismo como señor soberano y asaltará este camino hacia el poder, pero, por supuesto, como cualquier otro ciego que llega a un serie de tropiezos, se apresurará a encontrar un guía, nunca habrá tenido la sensación de volver al estado anterior y depositará sus poderes plenipotenciarios a nuestros pies. Recordad la Revolución Francesa, fuimos nosotros quienes le pusimos el nombre de "Gran": los secretos de su preparación son bien conocidos por nosotros ya que fue totalmente obra de nuestras manos.

Desde entonces, hemos estado liderando a los pueblos de un desencanto a otro, para que finalmente tengan que recurrir también a nosotros en favor del Rey-Déspota de la sangre de Sión, al que estamos preparando para el mundo.

Hoy en día, como fuerza internacional, somos invencibles, porque si somos atacados por unos, somos apoyados por otros Estados. Es la bellaquería sin fondo de los pueblos goyim, que se arrastran sobre sus vientres a la fuerza, pero que no tienen piedad con la debilidad, implacables con las faltas e indulgentes con los crímenes, no están dispuestos a soportar las contradicciones de un sistema social libre, pero pacientes hasta el martirio bajo la violencia de un despotismo audaz - son estas cualidades las que nos están ayudando hacia la independencia. Desde los primeros ministros-dictadores hasta la actualidad los pueblos goyim sufren con paciencia y soportan abusos cuando por el más insignificante de ellos habrían decapitado a veinte reyes.

¿Cuál es la explicación de este fenómeno, esta curiosa inconsecuencia de las masas de los pueblos en su actitud hacia lo que parece ser eventos del mismo orden?

Esto se explica por el hecho de que estos dictadores susurran a los pueblos, a través de sus agentes, que con estos abusos están perjudicando a estados con el propósito de asegurar el bienestar de los pueblos, la fraternidad internacional de todos ellos, su solidaridad y la igualdad de derechos. Naturalmente lo que no dicen a los pueblos es que esta unificación debe hacerse sólo bajo nuestro gobierno soberano.

Y así el pueblo condena al honesto y absuelve al culpable, persuadido cada vez más y más de que puede hacer lo que desea. Gracias a esta situación la gente está destruyendo toda clase de estabilidad y creando trastornos a cada paso.

La palabra "libertad" lleva a las comunidades de hombres a luchar contra todo tipo de fuerza, contra todo tipo de autoridad, incluso contra Dios y las leyes de la naturaleza. Por esta razón, cuando entremos en nuestro reino, habrá que borrar esa palabra del léxico de la vida en el sentido de un principio de fuerza bruta que convierte a las multitudes en bestias sedientas de sangre.

Estas bestias, es cierto, se vuelven a dormir cada vez que han bebido sangre hasta saciarse, y que en estos momentos es cuando pueden ser fácilmente remachadas sus cadenas. Pero si no se les da sangre no se duermen y siguen luchando.

PROTOCOLO Nº 4

Toda república pasa por varias etapas. La primera comprende los primeros días de locura furiosa de una turba ciega, yendo de arriba para abajo, a derecha y a izquierda; la segunda es la demagogia, de la que nace la anarquía, y que conduce inevitablemente al despotismo, no es legal ni manifiesto, y por lo tanto al despotismo responsable, sino invisible y secretamente escondido, pero, sin embargo un despotismo sentido sensiblemente en manos de alguna que otra organización secreta, cuyos actos son los que tienen menos escrúpulos en la medida en que trabaja detrás de una pantalla, a espaldas de todo tipo de agentes, el cambio de los cuales no sólo no afecta perjudicialmente sino que en realidad ayuda a la fuerza secreta salvaguardándola, gracias a los continuos cambios, de la necesidad de gastar sus recursos en pago de servicios a largo plazo.

¿Quién y qué está en condiciones de derribar una fuerza invisible? Y esto es precisamente lo que es nuestra fuerza. La masonería gentil nos sirve ciegamente como una pantalla para nosotros y para nuestros objetivos, pero el plan de acción de nuestra fuerza, incluso allí donde reside, sigue siendo para el pueblo entero un misterio desconocido.

Pero incluso la libertad podría ser inofensiva y tener su lugar en la economía del Estado y sin perjudicar el bienestar de los pueblos si descansara sobre el fundamento de la fe en Dios, en la fraternidad de la humanidad, sin relación con el concepto de igualdad, que es negado por las mismas leyes de la creación, porque crean subordinación. Con una fe como ésta un pueblo podría ser gobernado por una curaduría de parroquia, y caminar alegremente y humildemente bajo la guía de su pastor espiritual sometiéndose a las disposiciones de Dios sobre la tierra. Esta es la razón por la cual es indispensable para nosotros socavar toda fe, arrancar de las mentes de los Cristianos el principio mismo de Dios y del espíritu, y poner en su lugar cálculos aritméticos y necesidades materiales.

Para no dar a los goyim tiempo para pensar ni que se den cuenta, sus mentes deben ser desviadas hacia la industria y el comercio. Por tanto, todas las naciones deberán ser engullidas en busca del beneficio y en la carrera para conseguirlo no se darán cuenta de su enemigo común. Pero, de nuevo, para que la libertad pueda de una vez por todas desintegrar y arruinar las comunidades de los goyim, debemos situar la industria sobre una base especulativa: el resultado de esto será que lo que la industria extraerá de la tierra se deslizará a través de las manos y pasará a la especulación, es decir, a nuestras clases.

La intensificación de la lucha por la superioridad y los choques librados en la vida económica creará, no, ya han creado, comunidades desencantadas, frías y sin corazón. Estas comunidades fomentarán una fuerte aversión hacia la más alta religión y hacia la política. Su única guía es la ganancia, que es el oro, que se erigirá en un verdadero culto, por el bien de estos placeres materiales que les puede dar. Entonces llegará la hora, no para conseguir el bien, ni siquiera para ganar riquezas, sino sólo por el odio hacia los privilegiados, las clases más bajas de los goyim seguirán nuestro ejemplo contra nuestros rivales por el poder, los intelectuales de los goyim.

PROTOCOLO N° 5

¿Qué forma de gobierno administrativo puede darse en comunidades en las que la corrupción ha penetrado en todas partes, comunidades donde la riqueza se obtiene sólo con ingeniosas tácticas de extraños trucos de semiestafadores; donde reina la debilidad; donde la moral se mantiene a través de medidas penales y leyes duras, pero no por los principios aceptados voluntariamente; ¿cuándo los sentimientos hacia la fe y el país se borran por convicciones cosmopolitas? ¿Qué forma de gobierno se debe dar en estas comunidades, sino el despotismo que os describiré más adelante? Crearemos una centralización intensificada del gobierno para coger con nuestras manos todas las fuerzas de la comunidad. Regularemos mecánicamente todas las acciones de la vida política de nuestros sujetos con nuevas leyes. Estas leyes retirarán una a una todas las indulgencias y las libertades que han sido permitidas por los goyim, y nuestro reino se distinguirá por un despotismo de proporciones tan magníficas como para estar en todo momento y en todo lugar en condiciones de acabar con cualquier goyim que se nos oponga por escrito o con la palabra.

Se nos dirá que un despotismo como del que hablo no es consistente con el progreso de estos días, pero os demostraré que lo es. Durante los tiempos en que los pueblos consideraron a los reyes en sus tronos como una manifestación pura de la voluntad de Dios, se sometían sin un murmullo al poder despótico de los reyes, pero desde el día en que insinuamos en sus mentes la idea de sus propios derechos empezaron a considerar a los ocupantes de los tronos como simples mortales ordinarios. La santa unción del Ungido del Señor ha bajado de los jefes de los reyes a los ojos de la gente, y cuando también les robamos la fe en Dios la fuerza del poder fue lanzada a las calles que son de propiedad pública y nosotros la confiscamos.

Por otra parte, el arte de dirigir a las masas y a los individuos por medio de teorías y verborrea hábilmente manipuladas, por normas de vida en común y todo tipo de otras peculiaridades, en todo lo que los gentiles no entienden nada, pertenece igualmente a los especialistas de nuestra inteligencia administrativa. Educados en el análisis, la observación, en exquisitos excelentes cálculos, en este tipo de habilidades no tenemos rival, como tampoco lo tenemos en la elaboración de planes de acción política y solidaridad. En este sentido sólo los jesuitas se podrían haber comparado con nosotros, pero nos lo hemos montado para desacreditarles ante los ojos de la multitud irreflexiva como una organización abierta, mientras que nosotros a la vez hemos mantenido en la sombra nuestra organización secreta. ¡Sin embargo, es probable que al mundo le dé igual quien sea su señor soberano, si el jefe del Catolicismo o nuestro déspota de la sangre de Sión! Pero para nosotros, el Pueblo Elegido, esto queda muy lejos de ser una cuestión indiferente.

Durante un tiempo, tal vez podríamos afrontar con éxito una coalición mundial de los GOYIM: pero de este peligro nos mantendría a resguardo los desacuerdos existentes entre ellos, tan profundamente arraigados que ahora ya no podrán ser arrancados. Hemos puesto a los unos contra los otros los cómputos personales y nacionales de los goyim, los odios religiosos y raciales, que hemos fomentado con un enorme crecimiento en el curso de los últimos veinte siglos. Esta es la razón por la que ningún Estado recibiría apoyo en ningún sitio si tratara de levantarnos la mano, cada uno de ellos debe tener en cuenta que cualquier acuerdo en contra nuestra no les sería provechoso. Somos demasiado fuertes - de nuestro poder no se pueden evadir. Las naciones no pueden llegar ni siquiera a un acuerdo privado insignificante sin que nosotros secretamente metamos la mano.

Per Me reges regnant. "Por mí reinan los reyes." Y esto fue dicho a los profetas que fueron elegidos por el mismo Dios para gobernar sobre toda la tierra. Dios nos ha dotado de genio para que estemos a la altura de nuestra tarea. Hubo un genio en el campo contrario que podía haber luchado contra nosotros, pero aún así un recién llegado no es rival para viejos colonos ya establecidos: la lucha entre nosotros hubiera sido despiadada, pero una lucha como el mundo nunca habría visto. Sí, y el genio de su bando habría llegado demasiado tarde. Todas las ruedas de la maquinaria de todos los estados ruedan por la fuerza del motor, el cual está en nuestras manos, y el motor de la maquinaria de los Estados es - el Oro. La ciencia de la economía política inventada por nuestros sabios durante mucho tiempo ha estado dando prestigio real al capital.

El capital, si es para cooperar sin trabas, debe tener la libertad de establecer un monopolio de la industria y el comercio: esto ya está siendo ejecutado por una mano invisible en el mundo. Esta libertad dará fuerza política a los que se dedican a la industria, y ayudará a oprimir al pueblo. Hoy en día es más importante desarmar a los pueblos que llevarlos a la guerra: es más importante utilizar para nuestro beneficio las pasiones que estallan en llamas que apagar el fuego: es más importante ponerse al día e interpretar las ideas de otros para adaptarlas a nosotros mismos que erradicarlas. El objeto principal de nuestro directorio consiste en esto: debilitar la mente del público mediante la crítica; alejar serias reflexiones calculadas para despertar la resistencia; distraer las fuerzas de la mente hacia una pelea simulada de elocuencia vacía.

En todas las épocas los pueblos del mundo, al igual que las personas, han aceptado las palabras como hechos, ya que ellos se contentan con un espectáculo y rara vez se detienen a observar, en el ámbito público, si las promesas acaban siendo hechos. Por lo tanto estableceremos instituciones espectáculo que darán pruebas elocuentes de su beneficio para el progreso.

Asumiremos nosotros mismos la fisonomía liberal de todos los partidos, de todas las tendencias, y daremos una voz a esta fisonomía con oradores que hablarán tanto que agotarán la paciencia de sus oyentes y producirán aburrimiento con la oratoria.

Para tener la opinión pública en nuestras manos debemos colocarla en un estado de confusión, haciendo de altavoz de todos los bandos con tantas opiniones contradictorias y durante tal lapso de tiempo que será suficiente para que los GOYIM pierdan la cabeza en el laberinto y lleguen a ver que lo mejor es no tener ninguna opinión de ningún tipo en asuntos políticos, pero eso el público no lo ha de entender, porque sólo lo han de entender aquellos que guíen al público. Este es el primer secreto. El segundo requisito secreto para el éxito de nuestro gobierno se compone de lo siguiente: Hacer multiplicar hasta tal punto los fracasos nacionales, los hábitos, las pasiones, las condiciones de la vida civil, que será imposible que nadie sepa dónde está dentro del caos resultante, de modo que la gente, en consecuencia, no se podrán entender entre sí. Esta medida también nos servirá de otra manera, es decir, para sembrar la discordia en todas partes, para dislocar todas las fuerzas colectivas que aún no estén dispuestas a someterse a nosotros, y a desincentivar cualquier tipo de iniciativa personal que de alguna manera obstaculice nuestra aventura. No hay nada más peligroso que la iniciativa personal; si detrás tiene ingenio, esta iniciativa puede hacer más de lo que puede hacerse con millones de personas entre las que hayamos sembrado la discordia. Por lo tanto tenemos que dirigir la educación de las comunidades goyim de modo que cada vez que se encuentren con un asunto que requiera iniciativa caigan en manos de una impotencia desesperada. La cepa que resulta de la libertad de acción socava las fuerzas cuando se encuentra con la libertad del otro. De esta colisión surgirán graves choques morales, desencantos, fracasos. Con todos estos medios desgastaremos tanto a los gentiles que se verán obligados a ofrecernos el poder internacional de una naturaleza que por su posición nos permitirá sin violencia gradualmente absorber todas las fuerzas de los Estados del mundo, y formar un Súper-Gobierno. En vez de los gobernantes de hoy estableceremos uno de fantasmas que se llamará la Administración del Súper- Gobierno. Sus manos llegarán a todas partes, serán como pinzas y su organización será de dimensiones tan colosales que someterá a todas las naciones del mundo.

PROTOCOLO N° 6

Pronto empezaremos a establecer grandes monopolios, grandes depósitos de riquezas colosales, de los que incluso las grandes fortunas de los goyim dependerán hasta tal punto que se hundirán, junto con el crédito de los Estados el día después de la catástrofe política...

Ustedes caballeros aquí presentes sois economistas, ¡haced sólo una estimación de la importancia de esta combinación!...

Debemos desarrollar de todas las formas posibles el significado protector y benefactor de nuestro Súper-Gobierno, representándolo así ante todos los que voluntariamente se nos sometan.

La aristocracia de los goyim como fuerza política, está muerta - no debemos tenerla en cuenta; pero como propietarios de tierras aún pueden ser perjudiciales para nosotros por el hecho de que son autosuficientes con los recursos de que viven. Es esencial, por lo tanto, para nosotros, a cualquier costo, privarlos de sus tierras. Este objetivo se obtendrá mejor mediante el aumento de los impuestos sobre la propiedad de tierras - al cargar las tierras de deudas. Estas medidas verificarán a los propietarios de tierras y los mantendrán en un estado de sumisión humilde e incondicional.

Los aristócratas de los goyim, siendo hereditariamente incapaces de contentarse con poco, se quemarán rápidamente y se esfumarán.

Asimismo, debemos ser intensamente condescendientes con el comercio y la industria, pero, sobre todo, con la especulación, cuya misión es proporcionar un contrapeso a la industria: la ausencia de industria especulativa multiplicará el capital en manos privadas y servirá para restaurar la agricultura liberando la tierra de la deuda con los bancos. Lo que queremos es que la industria drene la tierra junto con el capital y el trabajo y por medio de la especulación transfiera a nuestras manos todo el dinero del mundo, y por lo tanto arrojar a todos los goyim dentro de las filas del proletariado. Entonces los goyim se inclinarán ante nosotros, pero por ninguna otra razón, sino la de obtener el derecho a existir.

Para completar la ruina de la industria de los goyim los llevaremos a fomentar la especulación del lujo que desarrollaremos entre los goyim, una demanda ávida de lujo que se lo tragará todo. Elevaremos la tasa de los salarios, pero, esto no supondrá ninguna ventaja para los trabajadores, ya que, a la vez, haremos que suban los precios de los artículos de primera necesidad, alegando que es debido a la decadencia de la agricultura y la ganadería: socavaremos aún más artera y profundamente las fuentes de producción, acostumbrando a los trabajadores a la anarquía y a la embriaguez y codo con codo con ellos tomaremos todas las medidas para extirpar de la faz de la tierra a todas las fuerzas educadas de los GOYIM.

Para que el verdadero significado de las cosas no pueda ser descubierto por los GOYIM antes de tiempo nos ocultaremos bajo un supuesto deseo ardiente de servir a las clases trabajadoras y los grandes principios de la economía política sobre la que nuestras teorías económicas están llevando a cabo una enérgica propaganda.

PROTOCOLO Nº 7

La intensificación de armamentos, el aumento de fuerzas policiales - son esenciales para la realización de estos planes. Lo que debemos tener en cuenta es que, en todos los estados del mundo, tiene que haber, además de nosotros mismos, sólo masas del proletariado, algunos millonarios dedicados a nuestros intereses, policías y soldados.

A lo largo de toda Europa, y mediante las relaciones con Europa, también en otros continentes, debemos crear fermentos, discordia y hostilidad. Con esto tendremos una doble ventaja. En primer lugar, vamos a mantener a raya a todos los países, pues ya sabrán que tenemos el poder siempre que queramos crear trastornos o restaurar el orden. Todos estos países están acostumbrados a vernos como una fuerza indispensable de coerción. En segundo lugar, con nuestras intrigas enredaremos todos los hilos que hemos extendido hasta los gabinetes de todos los Estados mediante la política, los tratados económicos, o las obligaciones de los préstamos. Para tener éxito con ello utilizaremos una gran astucia y penetración durante las negociaciones y los acuerdos, pero, en cuanto a lo que se conoce como "idioma oficial", nos mantendremos en tácticas opuestas y asumiremos la máscara de la honestidad y de la conformidad. De esta manera, los pueblos y los gobiernos de los goyim, a quien hemos enseñado a mirar sólo la superficie de lo que enseñamos, aun nos seguirán aceptando como benefactores y salvadores de la raza humana.

Debemos estar en condiciones de responder a todos los actos de oposición con la guerra mediante los vecinos del país que se atreva a oponerse a nosotros: pero si estos vecinos también se aventuraran a hacer una coalición contra nosotros, entonces deberíamos ofrecer resistencia mediante una guerra universal.

El principal factor de éxito en política es el secreto de sus empresas: la palabra no debe estar de acuerdo con los hechos de la diplomacia.

Debemos obligar a los gobiernos de los goyim a que actúen en la dirección que favorezca a nuestro plan ampliamente concebido, ya que se acerca la consumación deseada, de manera que representaremos la opinión pública, impulsada en secreto por nosotros a través de los medios del llamado "Gran poder" - la Prensa, que, salvo algunas excepciones que podrán ser ignoradas, ya está totalmente en nuestras manos.

En una palabra, para resumir nuestro sistema de mantener a los gobiernos de los goyim en Europa bajo control, mostraremos nuestra fuerza a uno de ellos mediante atentados terroristas y a todos, si permiten la posibilidad de un levantamiento general contra nosotros, deberemos responder con las armas de los Estados Unidos, China o Japón.

PROTOCOLO N° 8

Tendremos que armarnos con todas las armas que nuestros adversarios puedan utilizar contra nosotros. Debemos buscar los más finos matices de la expresión y los puntos espinosos del léxico de la justificación legal para los casos en que tendremos que pronunciar juicios que podrían parecer anormalmente audaces e injustos, ya que es importante que estas resoluciones figuren en las expresiones que parezcan ser los principios morales más exaltados emitidos en forma legal. Nuestra dirección debe rodearse de todas estas fuerzas de la civilización entre las que deberá trabajar. Se deberá rodear de publicistas, de juristas, de administradores, de diplomáticos y, finalmente, con personas preparadas con una formación súper-educativa especial en nuestras escuelas especiales. Estas personas conocerán todos los secretos de la estructura social, hablarán todos los idiomas con los que se puedan construir alfabetos políticos y palabras; se les dará a conocer toda la parte baja de la naturaleza humana, con todas sus cuerdas sensibles con las que tendrán que jugar. Estas cuerdas son el molde de la mente de los goyim, sus tendencias, defectos, vicios y cualidades, las particularidades de las clases y las condiciones. No hace falta decir que los asistentes talentosos de la autoridad, de los que hablo, no se tomarán de entre los gentiles, que están acostumbrados a realizar su trabajo administrativo sin que ellos mismos se tomen la molestia de pensar cuál es su objetivo, ni considerar nunca qué se necesita. Los administradores de los goyim firman los documentos sin leerlos, y ejercen, ya sea por razones mercenarias o de ambición.

Rodearemos a nuestro gobierno con todo un mundo de economistas. Esta es la razón por la que las ciencias económicas constituyen el objeto principal de la enseñanza dada a los Judíos. Alrededor de nosotros volverá a haber toda una constelación de banqueros, industriales, capitalistas y - lo más importante - millonarios, porque en esencia todo se resolverá por una cuestión de cifras.

Durante un tiempo, hasta que ya no haya ningún riesgo al confiar nuestros puestos de responsabilidad en los Estados a nuestros hermanos - judíos, nos pondremos en manos de personas el pasado y la reputación de los cuales será tal que entre ellos y el pueblo habrá un abismo, personas que, en caso de desobedecer nuestras instrucciones, tendrán que hacer frente a cargos criminales o desaparecer - para hacer que defiendan nuestros intereses hasta su último suspiro.

PROTOCOLO N° 9

A la hora de aplicar nuestros principios deberéis prestar atención al carácter de las personas en el país donde vivís y os movéis; una aplicación general, al pie de la letra, no podrá tener éxito hasta que el pueblo se haya reeducado según nuestro patrón. Pero acercando su aplicación con cautela, veréis que no pasará una década antes de que el carácter más obstinado cambie y nos traiga gente nueva a las filas de los que ya están sometidos por nosotros.

Las palabras del liberal, que son, en efecto, las palabras de nuestro lema masónico, es decir, "Libertad, Igualdad, Fraternidad", serán, cuando entremos en nuestro reino, modificadas por nosotros en palabras no serán ya un santo y seña, sino sólo una expresión de idealismo, es decir: "El derecho a la libertad, el deber de la igualdad, el ideal de la fraternidad". Así es como lo diremos, y así cogeremos al toro por los cuernos... de hecho ya hemos terminado con todo tipo de norma, excepto la nuestra, aunque derechos todavía quedan un buen número. Hoy en día, si algún Estado eleva una protesta contra nosotros sólo es por formulismo y bajo nuestra dirección, por su antisemitismo es indispensable que nosotros controlemos a nuestros hermanos menores. No voy a entrar en más explicaciones, porque este asunto ha sido objeto de repetidas discusiones entre nosotros.

Para nosotros no hay controles que limiten el alcance de nuestra actividad. Nuestro Súper- Gobierno subsiste en condiciones extra-legales que se describen en la terminología aceptada por la energía y la fuerza de la palabra Dictadura. Estoy en condiciones de decir con la conciencia tranquila que en su momento, nosotros, los legisladores, juzgaremos y condenaremos, mataremos y no escatimaremos esfuerzos, nosotros, como jefes de todas nuestras tropas, montaremos el corcel del líder. Gobernaremos por la fuerza de voluntad, porque en nuestras manos estarán los fragmentos de un partido una vez poderoso, ahora vencido por nosotros. Y las armas en nuestras manos serán ambiciones ilimitadas, codicia, venganza sin piedad, odios y malicia.

De nosotros procede el terror que lo rodea todo. Tenemos a nuestro servicio personas de todas las opiniones, de todas las doctrinas, restauradores de monarquías, demagogos, socialistas, comunistas y soñadores utópicos de todo tipo. A todos ellos los hemos aprovechado para la tarea: cada uno de ellos por su propia cuenta está minando los últimos remanentes de autoridad, esforzándose por derribar toda forma establecida de orden. Con estos actos son torturados todos los Estados; que exhortando a la tranquilidad, están dispuestos a sacrificarlo todo por la paz: pero no les daremos la paz hasta que reconozcan abiertamente nuestro Súper-Gobierno internacional, y con sumisión.

El pueblo ha aullado la necesidad de resolver la cuestión del socialismo por medio de un acuerdo internacional. La división en partes fraccionarias los ha puesto en nuestras manos, ya que, para llevar a cabo una lucha controvertida uno debe tener dinero, y todo el dinero está en nuestras manos.

Puede que tengamos motivos para detener una unión entre la fuerza "clarividente" de los reyes goy en sus tronos y la fuerza "ciega" de las turbas goy, pero hemos tomado todas las medidas necesarias contra esta posibilidad: entre una y otra fuerza hemos construido un bastión en forma de terror mutuo entre ellos. De esta forma, la fuerza ciega de la gente sigue siendo nuestro apoyo y nosotros, y sólo nosotros, les prestará un líder y, por supuesto, los llevará por el camino que conduce a nuestro objetivo.

A fin de que la mano de la multitud ciega no pueda liberarse de ser guiada por nuestra mano, debemos entrar de vez en cuando en comunión íntima con ella, si no es en persona, en todo caso, a través de algunos de los más fieles de nuestros hermanos. Cuando se nos reconozca como la única autoridad discutiremos con la gente personalmente en las plazas de mercado, y les daremos instrucciones sobre cuestiones políticas de forma que puedan girar en la dirección que nos convenga.

¿Quién verificará lo que se enseña en las escuelas de los pueblos? Pero lo que pueda decir un enviado del gobierno o de un rey en su trono no puede sino terminar inmediatamente en conocimiento de todo el Estado, ya que será difundido en todas partes por la voz del pueblo.

Para no aniquilar las instituciones de los goyim antes de que sea el momento debemos conmover con el arte y la delicadeza, y debemos apoderarnos de los extremos de los resortes que mueven su mecanismo. Estos resortes reposan en un estricto pero justo sentido del orden; nosotros los hemos reemplazado por la licencia caótica del liberalismo. Tenemos las manos metidas en la administración de la ley, el desarrollo de las elecciones, en la prensa, en la libertad personal, pero principalmente en la educación y la formación en cuanto que son las piedras angulares de una existencia libre.

Hemos engañado, desconcertado y corrompido a la juventud de los goyim para hacerlos crecer con principios y teorías que nosotros sabemos que son falsas, aunque nosotros se las hemos inculcado.

Por encima de las leyes existentes, sin alterarlas sustancialmente, y enroscándolas con interpretaciones contradictorias, hemos construido algo grandioso que está camino de dar resultados. Estos resultados primero se expresaron en el hecho de que las interpretaciones enmascararon las leyes: después las ocultaron totalmente a la vista de los gobiernos, debido a la imposibilidad de hacer algo fuera de la embrollada legislación.

Este es el origen de la teoría del marco del arbitraje.

Quizá diréis que los goyim se levantarán contra nosotros, armas en mano, si sospechan lo que está viniendo antes de que llegue; pero en

Occidente tenemos en contra de esto una maniobra de tal espantoso terror que los corazones más valientes temblarán - el metro subterráneo, estos corredores excavados que, antes de que llegue el momento, serán construidos en todas las capitales y estas capitales saltarán por los aires con todas sus organizaciones y sus archivos.

PROTOCOLO Nº 10

Hoy comienzo con una repetición de lo que he dicho antes, y os ruego que tengáis en cuenta que los gobiernos y los pueblos, en política, se contentan con las apariencias externas. ¿Y cómo, en efecto, los goyim deberían percibir el sentido profundo de las cosas cuando sus representantes gastan sus mejores energías disfrutando de ellos mismos? Para nuestra política es de la mayor importancia conocer este detalle; que nos será de gran ayuda cuando lleguemos a considerar la división de la autoridad, la libertad de expresión, de prensa, de religión (fe), de la ley de asociación, de la igualdad ante la ley, de la inviolabilidad de la propiedad, de la vivienda, de la fiscalidad (la idea de los impuestos ocultos), de la fuerza retroactiva de las leyes. Todas estas preguntas son de tal naturaleza no deben ser tratadas directamente ni abiertamente ante el pueblo. En los casos en que sea indispensable referirse a ellas, no deben ser nombradas de manera categórica, simplemente deben ser declaradas sin entrar en detalles de que nosotros reconocemos los principios del derecho contemporáneo. La razón de mantener silencio sobre esto es que, al no nombrar un principio nos reservamos libertad de acción, de abandonar una u otra de ellas sin llamar la atención; si se llaman todas categóricamente ya parecen haber sido aceptadas.

La turba tiene un especial afecto y respeto por los genios del poder político y acepta todos sus hechos violentos con admiración: "bueno es pícaro, sí, es pícaro, pero es inteligente... ¡un tramposo, si quieres!, Pero actúa astutamente, lo hace magníficamente, ¡qué audacia tan insolente!"...

Nosotros contamos con atraer a todas las naciones hacia la tarea de erigir la nueva estructura fundamental, para la que ya se ha elaborado el proyecto. Es por ello que, ante todo, es indispensable que podamos armarnos y guardar en nosotros mismos la audacia absolutamente imprudente y el irresistible poder del espíritu que en la persona de nuestros trabajadores activos destruirán todos los obstáculos de nuestro camino.

Cuando hayamos cumplido nuestro golpe de Estado a continuación, a los diversos pueblos les diremos: "Todo ha ido terriblemente mal, todo se ha llevado a cabo con sufrimiento. Estamos destruyendo las causas de vuestro tormento las nacionalidades, las fronteras, las diferentes monedas... Sois libres, por supuesto, de sentenciarnos, pero esto posiblemente sólo será justo si lo confirmáis vosotros mismos experimentando antes lo que os estamos ofreciendo."... Entonces el populacho nos exaltará y nos llevará con sus manos a un triunfo unánime de esperanzas y expectativas. La votación, que haremos que sea el instrumento que nos llevará al trono del mundo, enseñando incluso a las más pequeñas unidades de los miembros de la raza humana a votar por medio de reuniones y acuerdos por parte de grupos, entonces habrá cumplido su propósito y habrá hecho su papel por última vez con un deseo unánime de conocernos antes de condenarnos.

Para asegurar esto, debemos tener el voto de todos sin distinción de clases ni calificaciones, para establecer una mayoría absoluta, que no se puede obtener a partir de las clases propietarias educadas. De esta manera, al inculcar en todos un sentido de auto-importancia, destruiremos entre los goyim la importancia de la familia y su valor educativo y eliminaremos la posibilidad de que destaquen mentes individuales, porque la turba, controlada por nosotros, no les dejará que lleguen a la cima y ni siquiera les escucharán; está acostumbrada a escuchar sólo a los que pagamos para que sean obedientes y atentos. De esta manera crearemos una poderosa fuerza ciega, que nunca estará en condiciones de moverse en ninguna dirección sin la guía de nuestros agentes fijados en lo alto por nosotros como líderes de la turba. El pueblo se someterá a este régimen porque sabrá que de estos líderes, dependerán sus ingresos, gratificaciones y el recibir todo tipo de beneficios.

Un esquema de gobierno debe hacerlo un solo cerebro, porque nunca arraigará firmemente si se permite que sea dividido en partes fraccionarias en mentes de muchos. Es admisible, por tanto, que nosotros tengamos conocimiento del plan de acción, pero no discutirlo para no perturbar su astucia, la interdependencia de sus componentes, la fuerza práctica del significado secreto de cada cláusula. Porque discutir y hacer modificaciones en un trabajo de este tipo a través de numerosas votaciones es imprimir el sello de todos los raciocinios y malentendidos que han fracasado para penetrar en la profundidad y el nexo de sus maquinaciones. Queremos que nuestros esquemas sean contundentes y creados convenientemente. Por lo tanto NO DEBEMOS LANZAR LA OBRA DEL GENIO DE NUESTRO GUÍA a los colmillos de la turba, ni tampoco a una empresa determinada.

Estos esquemas, de momento, no derrumbarán las instituciones existentes. Sólo afectará en cambios en su economía y por lo tanto a todo el movimiento combinado de su progreso, que de esta manera será dirigido por los senderos establecidos en nuestros esquemas.

En todos los países existe, bajo diferentes nombres, aproximadamente lo mismo. La Representación, el Ministerio, el Senado, el Consejo de Estado, el Cuerpo legislativo y el Ejecutivo. No hace falta que explique el mecanismo de la relación de estas instituciones entre sí, debido a que sois conscientes de ello; sólo tomad nota del hecho de que cada una de las instituciones mencionadas corresponde a alguna función importante del Estado, y os rogaría que observarais que la palabra "importante" no se aplica a la institución, sino a la función, por lo tanto no son las instituciones lo que es importante sino sus funciones. Estas instituciones se han repartido entre ellas todas las funciones de la administración gubernamental, legislativa, ejecutiva, por lo que han llegado a operar como lo hacen los órganos en el cuerpo humano. Si estropeamos una parte de la maquinaria del Estado, el Estado adolece, como un cuerpo humano, y morirá.

Cuando introdujimos el veneno del Liberalismo en el organismo del Estado todo su aspecto político sufrió un cambio. Los Estados han sido presa de una enfermedad que les ha intoxicado mortalmente la sangre. Todo lo que queda es esperar el final de su agonía.

El liberalismo produjo Estados Constitucionales, que tomaron el lugar de lo que era la única salvaguarda del goyim, es decir, el despotismo; y una constitución, como vosotros bien sabéis, no es más que una escuela de discordias, malentendidos, peleas, desacuerdos, infructuosas agitaciones partidistas, caprichos de los partidos - en una palabra, una escuela de todo lo que sirve para destruir la personalidad de la actividad del Estado. La tribuna de los "oradores" ha, no menos eficazmente que la Prensa, condenado a los gobernantes a la inactividad y a la impotencia, y de tal manera que resultan inútiles y superfluos, por lo que, de hecho, han sido depuestos en muchos países. Entonces fue cuando fue posible realizar la época de las repúblicas; y fue entonces cuando reemplazamos al gobernante por una caricatura de gobierno con un presidente, tomado de entre la multitud, de entre nuestras criaturas marionetas, de nuestros esclavos. Esta ha sido la base de la mina que hemos colocado bajo el pueblo no judío, más bien debería decir, bajo los pueblos goy.

En un próximo futuro estableceremos la responsabilidad de los presidentes.

Entonces estaremos en condiciones de prescindir de las formas para llevar a cabo las cuestiones por las que nuestro títere personal será el responsable. ¿Qué nos importa si las filas de los que luchan por el poder se diluyen, si surge un callejón sin salida que imposibilita encontrar presidentes, un punto muerto que finalmente desorganiza el país?

Para que nuestro esquema dé este resultado organizaremos las elecciones a favor de los presidentes que en su pasado tengan escondida alguna mancha oscura, algún que otro "Panamá" - entonces serán agentes de confianza para la realización de nuestros planes sin tener que temer revelaciones y el deseo natural de todos los que llegan al poder, es decir, mantener los privilegios, ventajas y honores relacionados con el cargo de presidente. La Cámara de Diputados proveerá cobertura, protegerá, elegirá al presidente, pero le quitaremos el derecho a proponer nada nuevo o hacer cambios en la legislación vigente, porque este derecho estará determinado por nosotros para el presidente responsable, un títere en nuestras manos. Naturalmente, la autoridad del presidente entonces se convertirá en un objetivo para todas las formas posibles de ataque, pero nosotros le entregaremos medios de auto- defensa como el derecho de apelar al pueblo, para decidir por encima de las cabezas de sus representantes, es decir, recurrir a nuestro propio esclavo ciego - la mayoría de la turba. Independientemente de ello investiremos al presidente con el derecho a declarar el estado de guerra. Justificaremos este último derecho en base a que el presidente como jefe de todo el ejército del país debe tener a su disposición, en caso de necesidad para la defensa de la nueva constitución republicana, el derecho a defender lo que es suyo como representante responsable de esta constitución.

Es fácil de entender que en estas condiciones la clave del santuario estará en nuestras manos, y nadie aparte de nosotros mismos podrá ya dirigir la fuerza de la legislación.

Además de esto, con la introducción de la nueva constitución republicana, tomaremos en la Cámara el derecho de interpelación sobre las medidas del Gobierno, con el pretexto de preservar el secreto político, y además, con la nueva constitución reduciremos el número de representantes al mínimo, lo que reducirá proporcionalmente las pasiones políticas y la pasión por la política. Si, sin embargo, como deberían, lo que no es de esperar, se inflaman, incluso con este mínimo, los anularemos con una súplica conmovedora y una referencia a la mayoría de todo el pueblo... El nombramiento de los presidentes y vicepresidentes de la Cámara y del Senado dependerán del presidente. En lugar de las sesiones constantes de los Parlamentos reduciremos sus sesiones en algunos meses. Por otra parte, el presidente, como jefe del poder ejecutivo, tendrá derecho a convocar y disolver el Parlamento, y en este último caso, a prolongar el tiempo para el nombramiento de una nueva asamblea parlamentaria. Pero para que las consecuencias de todos estos actos que, en esencia, son ilegales, no caigan, antes de tiempo para nuestros planes, sobre la responsabilidad establecida por nosotros al presidente, instigaremos a los ministros y otros funcionarios de la administración superior a evadir las disposiciones del presidente, tomando medidas propias, para hacerlos aparecer como los chivos expiatorios en su lugar... Esta parte recomendamos especialmente que la haga el Senado, el Consejo de Estado o el Consejo de Ministros, pero no un funcionario individual.

El presidente, siguiendo nuestro criterio, interpretará el sentido de las leyes vigentes cuando admitan varias interpretaciones; es más las anulará cuando le indiquemos la necesidad de hacerlo, además de eso, tendrá el derecho de proponer leyes temporales, e incluso proponer otras nuevas en el funcionamiento constitucional del gobierno, el pretexto tanto para una cosa como para la otra serán los requisitos para el bienestar supremo del Estado.

Con estas medidas obtendremos el poder de destruir poco a poco, paso a paso, todo lo que en un principio cuando declaramos nuestros derechos, nos vimos obligados a introducir en las constituciones de los Estados para preparar la transición hacia una abolición imperceptible de todo tipo de constitución, y después será el momento de transformar toda forma de gobierno en nuestro despotismo.

El reconocimiento de nuestro déspota también puede llegar antes de la destrucción de la Constitución; el momento de este reconocimiento vendrá cuando los pueblos, totalmente cansados de las irregularidades y la incompetencia - una cuestión que organizaremos nosotros - de sus gobernantes, clamarán: "Echadlos y dadnos un rey sobre toda la tierra que nos una y aniquile las causas de las discordias - las fronteras, las nacionalidades, las religiones, las deudas del Estado - que nos dé la paz y la tranquilidad, que no podemos encontrar con nuestros gobernantes y representantes".

Pero vosotros ya sabéis perfectamente que para tener la posibilidad de que estos deseos se produzcan en todas las naciones es indispensable que haya problemas en todos los países con las relaciones de la gente con sus gobiernos con el fin de que la humanidad quede completamente agotada con la disensión, el odio, la lucha, la envidia e incluso por el uso de la tortura, por el hambre, POR LA INOCULACIÓN DE ENFERMEDADES, por la necesidad, de modo que los GOYIM no vean otra salida que refugiarse en nuestra plena soberanía en cuanto al dinero como en todo lo demás.

Pero si damos a las naciones del mundo un respiro el momento que anhelamos será poco probable que llegue.

PROTOCOLO N° 11

El Consejo de Estado ha sido, por decirlo así, la expresión enfática de la autoridad del gobernante: será, como parte del "show" del Cuerpo Legislativo, lo que se podría llamar comité de redacción de las leyes y decretos del gobernante.

Este es, pues, el programa de la nueva constitución. Crearemos las Leyes, la Justicia y los Tribunales

(1)   bajo la forma de propuestas al Cuerpo Legislativo,

(2)   con decretos del presidente disfrazados de normativa general, de órdenes del Senado y de resoluciones del Consejo de Estado disfrazadas de órdenes ministeriales,

(3)   y si se da el caso de una ocasión adecuada en forma de una revolución de Estado.

Habiendo establecido aproximadamente la agenda nos ocuparemos de los detalles de estas combinaciones de las que aún quedan para completar la revolución en curso de la maquinaria del Estado en la dirección ya indicada. Con estas combinaciones me refiero a la libertad de prensa, el derecho de asociación, la libertad de conciencia, el principio de votación, y muchas otras que deben desaparecer para siempre de la memoria de los hombres, o someterlas a una alteración radical el día después de la promulgación de la nueva constitución. Sólo en ese momento seremos capaces de anunciar a la vez todas nuestras disposiciones, pues, posteriormente, cada alteración apreciable será peligrosa, por lo siguiente: si esta alteración se ha formulado con severidad áspera y con sentido de gravedad y limitaciones, puede dar lugar a un sentimiento de desesperación causado por el miedo a nuevas alteraciones en la misma dirección; si, por el contrario, se formula con un sentido más indulgente se nos dirá que hemos reconocido nuestra propia maldad, y eso destruirá el prestigio de la infalibilidad de nuestra autoridad, o de lo contrario, se nos dirá que hemos tenido miedo y nos hemos visto obligados a mostrar una disposición a rendirnos, por eso no conseguiremos ningún agradecimiento, ya que se supone que es obligatorio... Ambos son perjudiciales para el prestigio de la nueva constitución. Lo que queremos es que desde el primer momento de su promulgación, mientras los pueblos del mundo todavía estén sorprendidos por el hecho consumado de la revolución, aunque en un estado de terror e incertidumbre, reconozcan de una vez por todas que somos tan fuertes, tan inexpugnables, tan llenos de un sobreabundante poder, que en ningún caso les tendremos en cuenta, y hasta el momento que prestemos atención a sus opiniones o deseos, estaremos preparados y seremos capaces de aplastar con un poder irresistible cualquier expresión o manifestación suya en cualquier momento y en todas partes, también confiscaremos todo lo que queramos, y en ningún caso compartiremos nuestro poder con ellos... Después, temerosos y temblando no querrán ver nada más, y se contentarán esperando cuando todo habrá terminado.

Los goyim son un rebaño de ovejas, y nosotros somos sus lobos. ¿Y sabéis qué pasa cuando los lobos se apoderan del rebaño?...

También hay otra razón por la cual cerrarán los ojos, pues les prometeremos devolverles todas las libertades que les hemos quitado tan pronto como sofoquemos a los enemigos de la paz y domestiquemos a todo el mundo...

No hace falta decir nada sobre cuánto tiempo deberán estar esperando a que les devolvamos sus libertades...

¿Entonces con qué propósito hemos inventado toda esta política y la hemos insinuado en las mentes de los goyim sin darles ninguna oportunidad de examinar su significado subyacente? ¿Para qué, de hecho, si no con el fin de obtener de una manera indirecta lo que para nuestra dispersa tribu sería inalcanzable por un camino directo? Esto es lo que ha servido de base para nuestra organización de la SECRETA MASONERÍA QUE NO ES CONOCIDA, Y LOS OBJETIVOS DE LA CUAL NI SIQUIERA SOSPECHA, ESTE GANADO GOY, ATRAÍDOS HACIA NOSOTROS CON EL "SHOW" DEL EJÉRCITO DE LAS LOGIAS MASÓNICAS A FIN DE LANZAR POLVO EN LOS OJOS DE SUS COMPAÑEROS.

Dios nos ha concedido, a Su Pueblo Escogido, el don de la dispersión, y de esto que ante todos los ojos parece ser nuestra debilidad, ha surgido toda nuestra fuerza, que ahora nos ha llevado al borde de la soberanía sobre todo el mundo.

Actualmente, no queda mucho para que construyamos sobre los cimientos que hemos establecido.

PROTOCOLO Nº 12

La palabra "libertad", que puede ser interpretada de diversas formas, nosotros la definimos de la siguiente manera:

La libertad es el derecho a hacer lo que la ley permite. Esta interpretación de la palabra en el momento oportuno estará a nuestro servicio, porque toda la libertad estará, pues, en nuestras manos, ya que suprimiremos o crearemos sólo las leyes que nos convengan, según el programa.

Con la prensa trataremos de la siguiente manera: ¿Cuál es el papel de la prensa hoy en día? Sirve para excitar e inflamar las pasiones que son necesarias para nuestro propósito o si no sirve a los fines egoístas de los partidos. A menudo es insípida, injusta, mentirosa, y la mayoría de los ciudadanos no tienen la más mínima idea de para qué acaba sirviendo la prensa realmente. Nosotros le pondremos riendas y un freno estrecho: haremos lo mismo también con todo lo que sea prensa impresa, porque ¿qué sentido tendría deshacerse de los ataques de la prensa si somos objetivo de folletos y libros? El producto de la publicidad, que hoy en día es una fuente de grandes gastos debido a la necesidad de censurar, haremos que sea una fuente de ingresos muy lucrativa para nuestro Estado: estableceremos un impuesto especial de impresión y pediremos depósitos en metálico antes de permitir el establecimiento de ninguna editorial o ninguna imprenta; entonces deberán mantener a nuestro gobierno lejos de cualquier tipo de ataque por parte de la prensa. A cualquier intento de ataque, si sigue siendo posible, les infligiremos multas sin piedad. Medidas como el impuesto de impresión, el depósito de dinero y las multas garantizadas por estos depósitos, proporcionarán grandes ingresos al gobierno. Es cierto que los órganos del partido podrían no escatimar dinero a la hora de hacer publicidad, pero eso les hará callar la segunda vez que nos ataquen. Nadie podrá impunemente poner un dedo sobre la aureola de nuestra infalibilidad gubernamental. El pretexto para detener cualquier publicación será la supuesta declaración que está agitando la mente pública sin ninguna razón ni justificación. Os ruego que tengáis en cuenta que entre los que nos ataquen también habrá órganos establecidos por nosotros, pero sólo atacarán exclusivamente los puntos que tendremos predeterminado alterar.

Ni un solo anuncio llegará al público sin nuestro control. Incluso ahora esto ya lo estamos logrando en la medida en que todas las noticias son recibidas por unas pocas agencias, en las oficinas de las cuales se concentran provenientes de todo el mundo. Estas agencias serán entonces ya completamente nuestras y sólo harán publicidad de lo que se les dicte.

Si ya ahora lo hemos arreglado para poseer las mentes de las comunidades goy hasta el punto de que todos ellos se acercan intentando ver los eventos del mundo a través de las gafas de color estos espectáculos que nosotros les ponemos delante de las narices; si ya ahora no hay ni un solo Estado en que haya para nosotros ninguna barrera al admitir lo que la estupidez de los goy llama secretos de Estado; ¿cuál será pues nuestra posición, cuando seamos reconocidos señores supremos del mundo en la persona de nuestro rey de todo el mundo...?

Volvamos de nuevo hacia el futuro de la prensa. Cualquiera que desee ser editor, bibliotecario, o impresor, estará obligado a proveerse de la diplomatura instituida para ello, que, en caso de cualquier error, será incautada inmediatamente. Con estas medidas el instrumento del pensamiento se convertirá en un medio educativo en manos de nuestro gobierno, que ya no permitirá que la masa de la nación se extravíe en sub-formas y fantasías sobre las bendiciones del progreso. No hay ninguno de nosotros que no sepa que estas fantasmales bendiciones son caminos directos hacia imaginaciones absurdas que dan a luz relaciones anárquicas de los hombres entre sí y hacia la autoridad, porque el progreso, o más bien la idea de progreso, ha introducido el concepto de todo tipo de emancipación, pero no ha demostrado sus límites... Todos los llamados liberales son anarquistas, sino de hecho, en todo caso, de pensamiento. Cada uno de ellos persigue fantasmas de libertad, y cae en la licencia, es decir, en la anarquía de protestar por protestar...

Volvamos a los diarios. Les impondremos, como todo material impreso, impuestos por cantidad de hojas y depósitos en efectivo, y los libros de menos de 30 hojas pagarán el doble. Los consideraremos panfletos y así, por un lado, reduciendo el número de revistas, que son la peor forma de veneno impreso, y, por otra, esta medida obligará a los escritores a escribir obras voluminosas que serán poco leídas, especialmente porque serán caras. Al mismo tiempo, lo que nosotros mismos publicaremos para influir en el desarrollo mental en la dirección establecida para nuestro beneficio será barato y será leído con voracidad. El impuesto volverá sosas las ambiciones literarias dentro de los límites y la responsabilidad de las sanciones lo que hará que los hombres de letras dependan de nosotros. Y si hubiera alguien deseoso de escribir en contra de nosotros, no encontrará a nadie con ganas de imprimir sus producciones. Antes de aceptar ninguna producción para publicarla en la prensa el editor o impresor deberá pedir permiso a las autoridades para hacerlo. Así sabremos de antemano todas las trampas que se preparen contra nosotros y las anularemos para que no prosperen con las explicaciones que vengan al caso.

La literatura y el periodismo son dos de las fuerzas educativas más importantes, y por lo tanto nuestro gobierno será propietario de la mayoría de revistas. Esto neutralizará la influencia perjudicial de la prensa privada y nos proporcionará una tremenda influencia en la mente del público... Si damos permisos a diez revistas, nosotros tendremos treinta, y así sucesivamente en la misma proporción. Esto, sin embargo, de ninguna manera debe sospecharlo el público.

Razón por la cual todas las revistas publicadas por nosotros serán, en apariencia, de las más opuestas tendencias y opiniones, creando de esta manera que confíen en ellas y hará que nuestros rivales se acerquen sin sospecha, por tanto caerán en nuestra trampa y se volverán inofensivos.

En primera fila destacaremos los órganos de carácter oficial. Estos siempre protegerán nuestros intereses, por lo que su influencia será comparativamente insignificante.

En segunda fila estarán los órganos semioficiales, su misión será atraer a los tibios y a los indiferentes.

En tercera fila estableceremos nuestra propia oposición, aparentemente, en la que al menos uno de sus órganos, presentará algo que se parezca a nuestras antípodas. Nuestros adversarios reales aceptarán de buen grado esta simulada oposición como propia y nos mostrarán sus cartas.

Nuestros periódicos representarán todas las tendencias - aristocráticos, republicanos, revolucionarios, incluso anárquicos - durante tanto tiempo, claro, mientras exista la constitución... Igual que el ídolo hindú Vishnu tendrán un centenar de manos, y cada una de ellas tendrá un dedo en cualquiera de las opiniones públicas según sea necesario. Cuando un impulso se acelere estas manos conducirán a la opinión en dirección a nuestros objetivos, porque un paciente excitado pierde todo poder de juicio y cede fácilmente a la sugestión. Aquellos tontos que piensen que están repitiendo la opinión de su diario repetirán nuestra opinión o cualquier opinión que a nosotros nos parezca deseable. Con la vana creencia de que están siguiendo el órgano de su partido seguirán, de hecho, la bandera que nosotros les daremos.

A fin de dirigir nuestra milicia de periodistas en este sentido, deberemos tener especial cuidado y ser minuciosos con la organización de este asunto. Bajo el título de departamento central de prensa tendremos que organizar tertulias literarias en las que nuestros representantes, sin llamar la atención establecerán las órdenes y consignas del día. A base de discutir y de controversia, pero siempre superficialmente, sin tocar la esencia de la cuestión, nuestros órganos realizarán un simulacro de lucha a tiros con los diarios oficiales con la única finalidad de propiciar que nos expresemos más detalladamente como podría hacerse desde el principio con los anuncios oficiales, siempre que, claro está, represente una ventaja para nosotros.

Estos ataques contra nosotros también servirán para otro propósito, es decir, que los sujetos se convenzan de la existencia de la plena libertad de expresión y así dar a nuestros agentes la ocasión de afirmar que todos los órganos que se oponen a nosotros son charlatanería vacía, ya que serán incapaces de encontrar objeciones sustanciales a nuestras órdenes.

Estos métodos de organización, imperceptibles a los ojos públicos, pero absolutamente seguros, están calculados minuciosamente para obtener la atención y la confianza del público del lado de nuestro gobierno. Gracias a estos métodos estaremos en condiciones, de vez en cuando, de excitar o tranquilizar a la opinión pública sobre cuestiones políticas, de persuadir o confundir, publicando ahora verdades, ahora mentiras, hechos o lo contrario, según puedan ser bien o mal recibidos, siempre con mucha cautela tanteando el terreno antes de entrar... Seguro que triunfaremos sobre nuestros rivales, ya que no tendrán a su disposición los órganos de la prensa con los que poder expresar de manera plena y definitiva sus puntos de vista a causa de los métodos antes indicados de cómo tratar con la prensa. Ni siquiera necesitaremos refutar, excepto de manera muy superficial.

Disparos de fogueo de este tipo, disparados por nosotros desde la tercera fila de nuestra prensa, en caso de necesidad, serán enérgicamente refutados por nosotros mismos en nuestros órganos semioficiales. Incluso hoy en día, ya sólo mirando la prensa francesa, hay formas que revelan la solidaridad masónica que actúa sobre la consigna: todos los órganos de la prensa están unidos por el secreto profesional; como los augures de la antigüedad, ninguno de sus miembros revelará el secreto de sus fuentes de información a menos que se resuelva que lo haga. Ningún periodista se atreverá a traicionar este secreto, porque ninguno de ellos será nunca habilitado para ejercer la literatura a menos que tenga en su pasado alguna u otra llaga vergonzosa... Estas llagas serían reveladas inmediatamente. Siempre que unos pocos mantengan el secreto el prestigio del periodista atraerá a la mayoría del país - la turba irá detrás de él con entusiasmo.

Nuestros cálculos se extienden sobre todo a las provincias. Es indispensable inflamar esperanzas e impulsos con los que poder caer en cualquier momento sobre la capital, y representar en las capitales que estas expresiones son las esperanzas y los impulsos de las provincias independientes. Naturalmente, la fuente de todo esto siempre será una y la misma - nosotros. Lo que necesitamos es que, hasta el momento en que estemos en la plenitud del poder, las capitales deberán verse ahogadas por la opinión de las provincias de la nación, es decir, de la mayoría organizada por nuestros agentes. Lo que necesitamos es que en el momento psicológico las capitales no estén en condiciones de discutir un hecho consumado por la sencilla razón, y no por ninguna otra, que la de haber sido aceptada por la opinión pública de la mayoría de las provincias.

Cuando estemos en el periodo del nuevo régimen de transición a nuestra toma de posesión de la plena soberanía, no debemos admitir ninguna revelación de la prensa de ninguna forma de deshonestidad pública; es necesario que el nuevo régimen considere tener a todos tan perfectamente contentos que incluso crea que la criminalidad ha desaparecido... Los casos de delincuencia manifiesta deberán ser conocidos sólo por sus víctimas y los testigos casuales, no más.

PROTOCOLO Nº 13

La necesidad del pan de cada día hace que los goyim guarden silencio y sean nuestros humildes sirvientes. Los agentes de nuestra prensa tomados de entre los goyim cuando se lo mandemos discutirán sobre cualquier cosa que no nos convenga que sea publicada directamente en los documentos oficiales, y mientras tanto, en silencio en medio del ruido de la discusión planteada, simplemente serán puestas en práctica estas medidas que queremos y luego las presentaremos ante el público como un hecho consumado. Nadie se atreverá a exigir la derogación de un asunto una vez decidido, al contrario, ya que será representado como una mejora... E inmediatamente la prensa distraerá la línea de pensamiento hacia nuevas preguntas (¿acaso no hemos entrenado a la gente para que siempre esté buscando algo nuevo?). A discutir estas nuevas cuestiones se lanzarán los descerebrados distribuidores de fortunas que no son capaces, incluso ahora de entender que ellos no tienen la más remota idea sobre los asuntos que se comprometen a discutir. Las cuestiones políticas son inalcanzables para cualquier rasgo de los que lo han estado conduciendo desde hace muchos siglos, sus creadores.

Con todo esto veréis que consiguiendo la opinión de la multitud estamos facilitando únicamente el funcionamiento de nuestra maquinaria, y vosotros tened en cuenta que no es mediante hechos sino palabras que soltamos en una u otra cuestión que parece que buscamos aprobación. Constantemente declaramos públicamente que en todas nuestras empresas nos guía la esperanza, junto con la convicción de que estamos sirviendo al bien común.

Para distraer a la gente que pueda ser muy problemática en los debates sobre cuestiones políticas que ahora estamos planteando lo que alegaremos es que son cuestiones políticas nuevas, es decir, cuestiones industriales. ¡En este ámbito permitid que se analicen a sí mismos como tontos! Las masas estarán de acuerdo en permanecer inactivas, haciendo una pausa de lo que ellas piensan que es la actividad política (les hemos entrenado para utilizarla como un medio de lucha contra los gobiernos de los goy) sólo con la condición de encontrar nuevos trabajos, con lo que les estamos enviando hacia algo parecido a un mismo objetivo político. A fin de que las masas en sí no puedan adivinar lo que pasa les distraeremos aún más con diversiones, juegos, pasatiempos, pasiones, las realezas... Pronto a través de la prensa empezaremos a proponer competiciones en el arte, en todo tipo de deportes: estos intereses finalmente distraerán sus mentes de preguntas con las que nos veríamos obligados a oponernos. Creciendo más y más sin acostumbrarse a reflexionar y a formar opiniones propias, la gente comenzará a hablar en el mismo tono que nosotros, porque nosotros sólo estaremos ofreciendo nuevas orientaciones de pensamiento... por supuesto a través de personas que no sean sospechosas de ser solidarios con nosotros.

El papel desempeñado por los liberales, soñadores utópicos, será finalmente abandonado cuando se reconozca nuestro gobierno. Mientras seguirán haciéndonos un buen servicio. Por lo tanto seguiremos dirigiendo su mente a todo tipo de concepciones vanas de teorías fantásticas, nuevas y aparentemente progresistas, porque no habremos encarrilado con éxito a los jefes sin cerebro de los goyim hacia el progreso, hasta que no haya entre los goyim ninguna mente capaz de percibir que bajo esta palabra hay una constante desviación de la verdad en cuanto no es una cuestión de inventos materiales, ya que la verdad es una, y en ella no hay lugar para el progreso. El progreso, como idea falaz, sirve a la verdad oscura para que nadie lo sepa, excepto nosotros, los Elegidos de Dios, sus tutores.

Cuando llegue nuestro reino nuestros oradores expondrán grandes problemas que han puesto bocabajo a la humanidad para ponerla finalmente bajo nuestro gobierno benefactor.

¿Quién sospechará entonces que TODOS ESTOS PUEBLOS HAN SIDO MANIPULADOS POR NOSOTROS SEGÚN UN PLAN POLÍTICO QUE NADIE HA PODIDO NI IMAGINAR DURANTE EL CURSO DE MUCHOS SIGLOS?...

PROTOCOLO Nº 14

Cuando llegue nuestro reino será indeseable para nosotros que exista ninguna otra religión que la nuestra, la del único Dios con quien nuestro destino está unido por nuestra posición como Pueblo Elegido y por la que nuestro mismo destino está unido al destino del mundo. Por lo tanto, debemos barrer todas las demás formas de creencia. Si éstas han creado a los ateos que vemos hoy en día, caso de ser sólo una etapa de transición, no interferirá con nuestras ideas, sino que servirá de advertencia para aquellas generaciones que quieren escuchar la predicación de la religión de Moisés, que, por su sistema estable y bien elaborado, ha hecho que todos los pueblos del mundo se nos sometan. Aquí haremos énfasis en su derecho místico, en el cual, como decimos, se basa todo su poder educativo... Entonces a cada oportunidad posible publicaremos artículos en los que haremos comparaciones entre nuestro gobierno benefactor y los de épocas pasadas. Las bendiciones de tranquilidad, aunque se trate de una tranquilidad conseguida por la fuerza a base de siglos de agitación, provocará una ayuda mayor en los beneficios a los que apuntaremos. Los errores de los gobiernos goyim serán descritos por nosotros con los colores más vivos. Les implantaremos tal aburrimiento que los pueblos preferirán la tranquilidad de un estado de servidumbre a los derechos de la tan cacareada libertad que habrá torturado a la humanidad y agotado las fuentes mismas de la existencia humana, las fuentes que habrán sido explotadas por una turba de aventureros bribones que no sabrán qué están haciendo... los cambios inútiles de formas de gobierno a los que instigaremos a los GOYIM mientras minamos sus estructuras estatales, cansarán tanto a los pueblos durante tanto tiempo que preferirán sufrir lo que sea con nosotros a correr el riesgo de sufrir de nuevo todas las agitaciones y miserias por las que ya habrán pasado.

Al mismo tiempo, no omitiremos poner el acento en los errores históricos de los gobiernos goy que han atormentado a la humanidad durante tantos siglos con su falta de comprensión de todo lo que constituye el verdadero bien de la humanidad con su persecución tras fantásticos esquemas de bendiciones sociales, y nunca han notado que estos esquemas han hecho empeorar su estado más que nunca y el de las relaciones universales que son la base de la vida humana... Toda la fuerza de nuestros principios y métodos se halla en el hecho de que los presentaremos y expondremos como un espléndido contraste con el viejo orden de cosas en la vida social muerta y en descomposición.

Nuestros filósofos discutirán todas las deficiencias de las diferentes creencias de los goyim, PERO NADIE OSARÁ DISCUTIR NUESTRA FE DESDE EL PUNTO DE VISTA DE LA VERDAD PUES NADIE LA CONOCERÁ A FONDO SALVO NOSOTROS MISMOS, QUE NUNCA OSARÍAMOS TRAICIONAR NUESTROS SECRETOS.

En los países conocidos como progresistas e ilustrados crearemos una literatura absurda, obscena, abominable. Durante algún tiempo después de nuestra llegada al poder seguiremos alentando su existencia con el fin de proporcionar un discurso de alivio que contraste con los discursos, el programa del partido, que serán distribuidos por nosotros desde los lugares exaltados... Nuestros sabios, educados para convertirse en líderes de los goyim, compondrán discursos, proyectos, memorias, artículos, que nosotros utilizaremos para influir en las mentes de los goyim, dirigiéndolos hacia esta comprensión y formas de conocimiento que habrán sido determinadas por nosotros.

PROTOCOLO Nº 15

Cuando por fin lleguemos definitivamente a nuestro reino con la ayuda del golpe de Estado preparado por todas partes para un mismo día, después de que la inutilidad de todas las formas de gobierno existentes haya sido definitivamente reconocida (y no pasará poco tiempo antes de que esto llegue, quizás incluso un siglo) tendremos que hacer nuestra la tarea de mirar que dejen de existir cosas, como los complots, en nuestra contra. Con este fin vamos a matar sin misericordia a todos los que tomen las armas (con las manos) para oponerse a la llegada de nuestro reino. Cada tipo de nueva institución de cualquier tipo como una sociedad secreta también será castigado con la muerte; las que ahora ya existen, ya las conocemos, nos sirven y nos han servido, las disolveremos y las enviaremos al exilio en continentes muy alejados de Europa. Esto mismo tendremos que hacer con los masones goy que saben demasiado; a algunos de ellos a los que, por alguna razón perdonaremos, los mantendremos constantemente temiendo el exilio. Promulgaremos una ley por la que todos los ex miembros de sociedades secretas deberán exiliarse de Europa que será el centro de nuestro gobierno.

Las resoluciones de nuestro gobierno serán finalmente, inapelables.

En las sociedades goy, en las que hemos plantado y han arraigado profundamente la discordia y el protestantismo, la única forma posible de restablecer el orden es usar medidas despiadadas que prueben la fuerza directa de la autoridad: no hay que tener en cuenta a las víctimas que esto produzca, sufrirán por el bienestar del futuro. El logro de este bienestar, incluso a costa de sacrificios, es el deber de cualquier tipo de gobierno que reconoce como justificación para su existencia no sólo sus privilegios, sino sus obligaciones. La principal garantía de la estabilidad del régimen es la confirmación de la aureola del poder, y esa aureola se consigue sólo con una inflexibilidad de la fuerza tan majestuosa que debe llevar en su rostro los emblemas de la inviolabilidad de las causas místicas de la elección de Dios. Tal era, hasta hace poco tiempo, la autocracia rusa, el único enemigo serio que teníamos, en el mundo, sin contar con el Papado. Tened en cuenta el ejemplo, cuando Italia, empapada de sangre, nunca tocó un pelo de la cabeza de Sila* que había derramado sangre: Sila gozaba de una apoteosis de poder ante los ojos de la gente, aunque él les había hecho añicos, pero su intrépido regreso a Italia le rodeó de inviolabilidad. Las personas no ponen un dedo sobre aquel que los hipnotiza debido a su audacia y fuerza mental.

* Algunas versiones de los "Protocolos", siguen tan al pie de la letra los "Diálogos" de Joly que la ortografía errónea del nombre de Sila como "Sylla" también era copiado. En la traducción de los "Protocolos" aquí utilizados, sin embargo, el error ha sido corregido.- H. B.

Mientras tanto, hasta que llegue nuestro reino, actuaremos de la manera contraria: crearemos y multiplicaremos las logias masónicas libres en todos los países del mundo, absorberemos en ellas a todos los que puedan convertirse o que ocupen un lugar destacado en la actividad pública, en estas logias, encontraremos nuestra principal oficina de inteligencia y los medios de influencia. Todas estas logias acabarán bajo una administración central, conocida sólo por nosotros y absolutamente desconocida para todos los demás, que estará compuesta por nuestros Sabios. Las logias tendrán sus representantes que servirán de pantallas de la administración masónica anteriormente mencionada y los cuales emitirán las consignas y los programas. En estas logias haremos el nudo que unirá a todos los elementos revolucionarios y liberales. Estarán compuestas por todos los estratos de la sociedad. Conoceremos los planes políticos más secretos y caerán en nuestras manos para llevarlos a cabo el mismo día de su concepción. Entre los miembros de estas logias estarán la mayoría de los agentes de la policía internacional y nacional, ya que su servicio es para nosotros insustituible en el sentido de que la policía está en condiciones no sólo de utilizar sus propias medidas concretas con los insubordinados, sino también para defender nuestras actividades y ofrecer pretextos para los descontentos, etcétera.

La clase de personas que de muy buena gana entran en las sociedades secretas son los que viven de su ingenio, arribistas, y en general gente, sobre todo iluminados, con los que no tendremos ninguna dificultad en hablar con ellos y utilizarlos para finalizar el mecanismo de la máquina ideada por nosotros. Si en este mundo crece la agitación querrá decir que hemos tenido que agitarlo para romper su solidaridad demasiado grande. Pero si tiene que haberla, surgirá en medio de un complot, a continuación, a la cabeza de este complot habrá nada menos que uno de nuestros servidores de confianza. Es natural que nosotros y ningún otro tengamos que dirigir las actividades masónicas, porque sabemos hacia donde nos estamos dirigiendo, conocemos el objetivo final de toda forma de actividad, mientras que los goyim no saben nada, ni siquiera los efectos inmediatos de la acción; anteponen, en general, la momentánea satisfacción de su propia opinión al cumplimiento de su pensamiento sin darse cuenta de que la concepción misma nunca ha sido iniciativa suya, sino nuestra iniciativa de su pensamiento...

Los goyim entran en las logias por curiosidad o con la esperanza de tener posibilidades de conseguir una mordida del pastel público, y algunos de ellos con el fin de obtener una audiencia ante el público para sus fantasías irrealizables y sin fundamento: sedientos de la emoción del éxito y los aplausos, de los cuales somos muy generosos. Y la razón por la que les damos este éxito es para utilizar la alta presunción de sí mismos que genera, porque insensiblemente los predispone a asimilar nuestras sugerencias sin ponerse en guardia contra ellas confiando plenamente en su propia infalibilidad que está dando expresión a sus pensamientos y de que es imposible que puedan tomar prestado las de los demás... No os podéis imaginar hasta qué punto al más sabio de los goyim se le puede llevar a un estado de ingenuidad inconsciente en presencia de esta condición de alta presunción de sí mismo, y al mismo tiempo lo fácil que es desanimarle con el más pequeño fracaso, aunque sólo sea que dejen de aplaudirle, y reducirlo a una sumisión servil para volver a conseguir un nuevo éxito...

Mientras muchos de los nuestros ignoran el éxito a fin de poder llevar a cabo sus planes, los gentiles en cambio están dispuestos a sacrificar cualquier plan con tal de tener éxito. Esta psicología suya nos facilita materialmente la tarea de conducirlos en la dirección requerida. Estos aparentes tigres tienen alma de oveja y el viento sopla libremente a través de sus cabezas. Los tenemos sentados sobre un caballito de cartón con la idea de la absorción de la individualidad por la unidad simbólica del colectivismo... Todavía no han hecho ni nunca harán la reflexión de que este caballito de cartón es una violación manifiesta de la ley más importante de la naturaleza, que estableció a partir de la propia creación del mundo que una unidad fuera diferente de la otra y, precisamente, con el propósito de instituir la individualidad...

Si hemos sido capaces de llevarlos a un terreno de juego de tal ceguera estúpida, ¿no es una prueba y una prueba increíblemente clara, del grado en que la mente de los goyim está poco desarrollada en comparación con la nuestra? Esto es, sobre todo, lo que garantiza nuestro éxito.

Y qué clarividencia la de nuestros sabios antiguamente cuando dijeron que para alcanzar un fin serio conviene no detenerse ante ningún medio, ni contar las víctimas sacrificadas en nombre de este objetivo... No hemos contado las víctimas de la semilla del ganado goy, aunque hemos sacrificado a muchos de los nuestros, pero para eso ya les hemos dado ahora una posición tal en la tierra, que no podían ni siquiera haber soñado. El comparativamente pequeño número de víctimas nuestras han salvado nuestra nacionalidad de la destrucción.

La muerte es el fin inevitable para todos. Es mejor tratar de acabar pronto con aquellos que obstaculizan nuestros asuntos que no a nosotros mismos, fundadores de esta aventura. Ejecutamos a los masones de forma que nadie excepto sus hermanos pueden nunca sospecharlo, ni siquiera las propias víctimas de nuestra sentencia de muerte, todos ellos mueren cuando es necesario, como si fuera de un tipo normal de enfermedad... sabiendo esto, incluso la hermandad a su vez, no se atreve a protestar. Con estos métodos hemos erradicado del centro de la masonería la misma raíz de protesta contraria a nuestra disposición. Mientras predicamos el liberalismo a los goyim, al mismo tiempo, mantenemos a nuestra gente y a nuestros agentes en un estado de sumisión incondicional.

Bajo nuestra influencia la ejecución de las leyes de los goyim se ha reducido a un mínimo. El prestigio de la ley ha sido dinamitado por las interpretaciones liberales introducidas en este ámbito. En los asuntos y las preguntas más importantes y fundamentales los jueces deciden tal y como nosotros les dictamos, ven los asuntos, bajo la luz con la que los rodeamos para la administración de los goyim, por supuesto, a través de personas que son herramientas nuestras aunque no parece que tengamos nada en común con ellas - por la opinión de periódicos o por otros medios... Incluso los senadores y la administración superior aceptan nuestros consejos. La mente puramente animal de los goyim es incapaz de ser utilizada para el análisis y la observación, y aun menos para prever hacia dónde puede tender una determinada manera de establecer una pregunta.

En esta diferencia en la capacidad de pensar entre los gentiles y nosotros mismos se puede discernir con claridad el sello de nuestra posición de Pueblo Elegido y nuestra mejor calidad humana, en contraposición a la mente animal de los goyim. Tienen los ojos abiertos, pero delante no ven casi nada y no inventan (excepto, quizás, cosas materiales). Por ello queda claro que la misma naturaleza nos ha destinado a guiar y a gobernar el mundo.

Cuando llegue el momento de nuestro gobierno abierto, el tiempo de manifestar sus bendiciones, reharemos todas las legislaturas, todas nuestras leyes serán breves, sencillas, estables, sin ningún tipo de interpretaciones, de modo que nadie estará en condiciones de conocerlas perfectamente. La característica principal que se desarrollará a través de ellas es la sumisión a las órdenes, y este principio se realizará en una magnitud grandiosa. Así desaparecerá todo abuso como consecuencia de la responsabilidad de todos incluso a la unidad más baja ante la autoridad superior del representante del poder. Los abusos de poder subordinados a esta última instancia serán castigados sin piedad para que nadie tenga el ansia de intentar experimentar con sus propios poderes. Controlaremos celosamente cada acción de la administración de la que depende el buen funcionamiento de la maquinaria del Estado, la dejadez aquí produce laxitud en todas partes; ni un solo caso de ilegalidad o abuso de poder quedará sin un castigo ejemplar.

El encubrimiento, la connivencia entre el personal al servicio de la administración, todo este tipo de mal desaparecerá después de los primeros ejemplos de un severo castigo. La aureola de nuestro poder exige castigos adecuados, es decir, crueles y para la más mínima infracción, en aras de la ganancia, de su prestigio supremo. La víctima, aunque el castigo pueda ser excesivo para su culpa, contará como un soldado que cae en el campo de batalla administrativo en interés de la autoridad, el principio y el derecho, que no permiten que nadie que lleve las riendas de la gestión pública se aparte de la vía pública para sus propios caminos privados. Por ejemplo: nuestros jueces sabrán que cada vez que se sientan dispuestos a adornarse a sí mismos con una insensata clemencia estarán violando la ley de la justicia, que se ha instituido para la edificación ejemplar de los hombres sancionando los delitos y no para ver las cualidades espirituales del juez... Estas cualidades es adecuado mostrarlas en la vida privada, pero no en la vida pública que es la base de la educación de la vida humana.

Nuestro equipo legal no estará en servicio más allá de los 55 años, en primer lugar porque los hombres de más edad se aferran obstinadamente a las opiniones con prejuicios, y son menos capaces de someterse a nuevas directrices, y segundo porque eso nos dará la posibilidad con esta medida de asegurarnos la elasticidad de los cambios de personal, que de esta manera se doblarán más fácilmente bajo nuestra presión: quien desee mantenerse en su sitio deberá demostrarnos una obediencia ciega para merecerlo. En general, nuestros jueces serán escogidos por nosotros sólo entre aquellos que entiendan completamente que el papel que deben jugar es el de castigar y aplicar las leyes y no soñar con las manifestaciones del liberalismo a costa del esquema educacional del Estado, como los gentiles hoy en día imaginan que hacen... Este método de cambio de personal servirá también para explotar cualquier solidaridad colectiva entre aquellos del mismo servicio y los unirá a todos con los intereses del gobierno del cual dependerá su suerte. La joven generación de jueces será entrenada en ciertos puntos de vista con respecto a la inadmisibilidad de los abusos que puedan perturbar el orden establecido de los sujetos entre sí.

Hoy en día, los jueces de los goyim son indulgentes con todo tipo de delincuencia, al no tener una comprensión justa de su cargo, porque los gobernantes de la época actual cuando nombran a los cargos de juez no tienen el cuidado de inculcarles un sentido del deber y la conciencia de lo que se exige de ellos. Como una bestia que suelta sus crías en busca de presas, así los goyim otorgan estas plazas a sujetos para qué se beneficien sin pensar en dejarles claro con qué propósito se creó tal plaza. Esta es la razón por la que sus gobiernos están siendo arruinados por sus propias fuerzas a través de los actos de su propia administración.

Tomemos pues a partir del ejemplo de los resultados de estas acciones aún otra lección para nuestro gobierno.

Acabaremos con el liberalismo de todos los cargos estratégicos importantes de nuestro gobierno de los cuales depende la formación de los subordinados para la estructura del Estado. Estos mensajes caerán exclusivamente en los que han sido entrenados por nosotros para el gobierno administrativo. Para la posible objeción de que la jubilación de los funcionarios antiguos le costará en gran medida al Tesoro, responderé, en primer lugar, que se les proveerá con servicios privados para sustituir los que pierden, y, en segundo lugar, he de comentar que todo el dinero del mundo se concentrará en nuestras manos, por lo tanto, nuestro gobierno no tendrá que temer a los gastos.

Nuestro absolutismo será lógicamente consecuente con todo y por lo tanto cada uno de sus decretos respetarán nuestra voluntad suprema y, sin duda, se cumplirán: ignorarán todos los murmullos, todos los descontentos de cualquier tipo y se destruirá de raíz todo tipo de manifestación con castigos ejemplares.

Aboliremos el derecho de casación, que se transferirá exclusivamente a nuestra disposición - al conocimiento del que gobierna, porque no debemos permitir que entre la gente se conciba el pensamiento de que puede existir una decisión que no se ajuste a derecho de los jueces que nosotros hemos creado. Sin embargo, si algo así pasase, seríamos nosotros mismos quienes casaríamos la sentencia, pero al mismo tiempo, infligiríamos un castigo ejemplar al juez por la falta de comprensión de su deber y el propósito de su nombramiento que impediría la repetición de estos casos... Repito que hay que tener en cuenta que debemos conocer cada paso de nuestra administración, que sólo necesitamos seguirla de cerca para que el pueblo esté contento con nosotros, ya que tiene el derecho de exigir buenos funcionarios a un buen gobierno.

Nuestro gobierno debe tener el aspecto de una tutela paternal patriarcal por parte de nuestro gobernante. Nuestra propia nación y nuestros súbditos deben ver en su persona un padre cariñoso para todas sus necesidades, cada acto suyo, cada una de sus relaciones con los súbditos tanto de los unos con los otros, así como sus relaciones con el gobernante. Entonces estarán tan completamente imbuidos de la idea de que es imposible poder prescindir de esta tutela y orientación, si lo que desean es vivir en paz y tranquilidad, que reconocerán la autocracia de nuestro gobernante con una devoción al borde de la APOTEOSIS especialmente cuando estén convencidos de que aquellos a los que hemos elegido no ocupan su cargo debido a su autoridad, sino que sólo ejecutan ciegamente los que se les dicta. Estarán contentos de que lo hayamos regulado todo en sus vidas como lo hacen los padres sabios que quieren educar a sus hijos en la causa del deber y de la sumisión. Los pueblos del mundo con respecto a los secretos de nuestro sistema de gobierno son sólo niños menores de edad, precisamente como también lo son sus gobiernos.

Como podéis ver, fundamento nuestro despotismo sobre el derecho y el deber: el derecho de obligar a la ejecución del deber es la obligación directa de un gobierno que es un padre para sus súbditos. Tiene el derecho de la fuerza que puede utilizar para el beneficio de dirigir a la humanidad hacia este orden que define la naturaleza, es decir, la sumisión. Todo en el mundo está en un estado de sumisión, si no al hombre, a las circunstancias o a su propio carácter interno, en todos los casos, a lo que es más fuerte. Y así seremos un poco más fuertes para obtener el bien.

Estamos obligados sin vacilación a sacrificar a los individuos que cometan un atentado contra el orden establecido, ya que en el castigo ejemplar del mal radica un gran problema educativo.

Cuando el rey de Israel ponga sobre su cabeza la corona sagrada que Europa le ofrecerá será el patriarca del mundo. Las víctimas indispensables ofrecidas por él como consecuencia de su adecuación nunca llegarán al número de víctimas que se han ofrecido durante siglos por la manía de la magnificencia, de la emulación entre los gobiernos goy.

Nuestro Rey estará en constante comunión con los pueblos, les hará discursos desde la tribuna cuya fama en ese mismo momento los distribuirá por todo el mundo.

PROTOCOLO N° 16

A fin de destruir todas las fuerzas colectivas, excepto las nuestras, castraremos la primera etapa del colectivismo - las universidades, para reeducarlas en una nueva dirección. Los funcionarios y los profesores serán preparados para su tarea mediante detallados programas de acción secretos a partir de los cuales no podrán divergir con inmunidad, en absoluto. Serán nombrados con especial precaución, y estarán colocados de manera que sean totalmente dependientes del Gobierno.

Excluiremos los cursos del estudio de la Legislación Estatal como también todo lo referente a la cuestión política. Estas asignaturas se impartirán a algunas docenas de personas elegidas por sus preeminentes capacidades de entre un número de iniciados. Las universidades deben dejar de enviar desde sus aulas mariquitas urdidores de planes para una constitución, como si fuera una comedia o una tragedia, manteniéndoles ocupados con cuestiones políticas de las que incluso sus propios padres nunca tuvieron ninguna posibilidad ni siquiera de pensar en ello.

El conocimiento de cuestiones políticas mal conducido de un gran número de personas crea soñadores Utópicos y sujetos malvados, como vosotros mismos podéis ver, en este sentido, con el ejemplo de la educación universal de los goyim. Hemos tenido que introducir en su educación todos estos principios que han roto de manera tan brillante su orden.

Pero cuando estemos en el poder eliminaremos toda clase de materias inquietantes durante la educación y haremos a los jóvenes hijos obedientes de la autoridad, que amarán a los que gobiernen como apoyo y esperanza de paz y tranquilidad.

El clasicismo, así como cualquier forma de estudio de la historia antigua, en la que hay más ejemplos malos que buenos, será sustituido por el estudio del programa del futuro. Borraremos de la memoria de los hombres todos los hechos de los siglos anteriores que nosotros consideremos indeseables, y sólo dejaremos aquellos que representen todos los errores del gobierno de los goyim. El estudio de la vida práctica, de las obligaciones del orden, de las relaciones de las personas las unas con las otras, de evitar ejemplos malos y egoístas, que propagan la infección del mal, y cuestiones similares de carácter educativo, se mantendrán a la vanguardia del programa de enseñanza, que se extenderá en un plan separado para cada vocación o magisterio, de ninguna manera generalizando la enseñanza. Este tratamiento de la cuestión tiene una importancia especial.

Cada estrato social debe ser educado dentro de los estrictos límites que corresponden a su destino y a su trabajo en la vida. El genio ocasional siempre ha conseguido, y siempre lo hará, deslizarse a través de otros estratos sociales, pero la locura más perfecta para el bien de este raro genio ocasional es dejarlo acceder a las filas de los menos talentosos, que le son extrañas, y así robar los lugares a los que pertenecen a estas filas por cuestión de nacimiento u ocupación. Vosotros ya sabéis cómo han terminado los GOYIM permitiendo este absurdo lamento.

A fin de que quien gobierna pueda hacerse un lugar firmemente en los corazones y las mentes de sus súbditos, hace falta que mientras dure su gobierno se enseñe a toda la nación en las escuelas y en las plazas de los mercados qué significa y qué hace y todas sus iniciativas benéficas.

Aboliremos todo tipo de libertad de enseñanza. Los estudiantes de cualquier edad tendrán derecho a reunirse con sus padres en los establecimientos educativos como si fuera un club: en estas osadas asambleas, durante las vacaciones, los maestros darán conferencias libres sobre cuestiones de relaciones humanas, de leyes ejemplares, de las limitaciones que nacen de las relaciones inconscientes, y finalmente, de la filosofía de las nuevas teorías que el mundo todavía no conoce. De estas teorías nosotros haremos un dogma de fe, como una especie de etapa de transición hacia nuestra fe. Al finalizar esta exposición de nuestro programa de acción en el presente y el futuro leeré los principios de estas teorías.

En una palabra, sabiendo por la experiencia de muchos siglos que la gente vive y se guía por las ideas, que estas ideas son absorbidas por las personas sólo con la ayuda de la educación impartida con el mismo éxito para todas las edades de crecimiento, pero, claro, con diferentes métodos, nos tragaremos y confiscaremos en beneficio propio la última chispa de independencia del pensamiento, la cual hemos estado dirigiendo durante mucho tiempo hacia temas e ideas útiles para nosotros. El sistema de refrenar el pensamiento ya está funcionando en el llamado sistema de enseñanza mediante ejemplos, cuyo propósito es convertir a los goyim en bestias irracionales sumisas esperando que les pongan las cosas delante de los ojos con el fin de que se hagan una idea... En Francia, uno de nuestros mejores agentes, Bourgeois, ya ha hecho público un nuevo programa de enseñanza con ejemplos.

PROTOCOLO N° 17

La práctica de la abogacía produce hombres fríos, crueles, persistentes, sin principios, que en todos los casos adoptan un punto de vista impersonal, puramente legal. Tienen la inveterada costumbre de referirse a todo según su valor para la defensa y no para el bienestar público de sus resultados. En general no se niegan a hacer ninguna defensa, se esfuerzan en conseguir una absolución a cualquier precio, utilizando cualquier resquicio de la jurisprudencia y de esta manera desmoralizan a la justicia. Para ello definiremos esta profesión en los marcos estrechos que la mantendrán dentro de esta esfera de la administración pública ejecutiva. Los abogados, al igual que los jueces, se verán privados del derecho de comunicación con los litigantes; sólo recibirán casos de la corte y los estudiarán a base de informes y documentos, defendiendo a sus clientes después de haber sido estos interrogados en el tribunal de los hechos que hayan acontecido. Recibirán un honorario sin tener en cuenta la calidad de la defensa.

Esto hará de ellos meros periodistas del negocio del derecho en interés de la justicia y, contrapeso del supervisor que será el reportero en interés de la fiscalía; esto acortará el negocio ante los tribunales. De esta manera se establecerá una práctica de defensa imparcial honesta no siendo realizada por interés personal, sino por convicción. Esto también, por cierto, eliminará la práctica actual del trato corrupto entre los defensores a ponerse de acuerdo sólo para que gane el mejor postor...

Hemos tenido mucho cuidado en desacreditar al sacerdocio del goyim, y así arruinar su misión en la tierra que hoy en día podría ser todavía un gran obstáculo para nosotros. Día a día su influencia en los pueblos del mundo está cayendo más bajo. En todas partes se ha declarado la libertad de conciencia, de modo que ahora sólo nos separan años del momento de la demolición completa de la religión cristiana: en cuanto a las otras religiones, tendremos menos dificultad en tratar con ellas, pero sería prematuro hablar ahora de eso. Estableceremos al clericalismo y a los clericales en marcos tan estrechos como para que su influencia se mueva en proporción regresiva a su antiguo curso.

Cuando, finalmente, llegue el momento de destruir la corte papal, el dedo de una mano invisible señalará a las naciones hacia esta corte. Sin embargo, cuando las naciones se lancen sobre ella, apareceremos, disfrazados de sus defensores como para evitar un excesivo derramamiento de sangre. Con esta distracción penetraremos hasta sus mismas entrañas y nos aseguraremos de que no vuelvan a salir hasta que hayamos roído toda la fuerza de aquel lugar.

El Rey de los Judíos será el verdadero Papa del Universo, el patriarca de la Iglesia internacional.

Pero, mientras tanto, mientras estemos reeducando a la juventud con nuevas religiones tradicionales y después con la nuestra, no pondremos abiertamente un dedo sobre las iglesias existentes, si no que lucharemos contra ellas con calculadas críticas para producir el cisma...

En general, pues, nuestra prensa contemporánea seguirá condenando los asuntos de Estado, las religiones, las incapacidades de los goyim, utilizando siempre las expresiones más inmorales para que, por todos los medios haga disminuir su prestigio de la forma que sólo lo puede hacer el genio del cual está dotado nuestra tribu...

Nuestro reino será una apología de la divinidad Visnú, en la que está personificado, en nuestras cien manos habrá, todos y cada uno de los resortes de la maquinaria de la vida social. Lo veremos todo sin la ayuda de la policía oficial que, en este ámbito de sus derechos que hemos elaborado para el uso de los goyim, dificulta la visión a los gobiernos. En nuestro programa terceras personas de los nuestros mantendrán al resto en observación por un sentido del deber, por un principio de servicio voluntario al Estado. Así que no será ninguna desgracia ser espía ni delator, sino un mérito: las denuncias sin fundamento, sin embargo, serán castigadas cruelmente ya que no pueden crecer los abusos de este derecho.

Tomaremos nuestros agentes tanto de los rangos más bajos como los más altos de la sociedad, de entre la clase administrativa que pierden el tiempo en diversiones, directores, impresores y editores, libreros, funcionarios, y vendedores, obreros, cocheros, lacayos, etcétera. Este organismo, no tendrá derechos y no deberá llevar a cabo ninguna acción por su propia cuenta, y en consecuencia será una policía sin ningún tipo de poder, sólo dará testimonio e informará: la verificación de sus informes y las detenciones dependerán de un grupo responsable de los controladores de asuntos policiales, mientras que el acto mismo de la detención lo llevará a cabo la gendarmería y la policía municipal. Cualquier persona que no denuncie lo que haya visto y oído en relación con cuestiones políticas, se le acusará y será responsable de encubrimiento, si se demuestra que es culpable de este crimen.

Igual que hoy en día nuestros hermanos están obligados bajo su propia responsabilidad a denunciar a los apóstatas de la cábala de su propia familia o los miembros que se sabe que no han hecho nada en contra de la Cábala, así pues en nuestro reino en toda la tierra será obligatorio para todos los nuestros observar el deber de servicio al Estado en este sentido.

Tal organización extirpará los abusos de autoridad, de fuerza, de soborno, de hecho todo lo que con nuestros consejos, con nuestras teorías de los derechos sobrehumanos del hombre, hemos introducido en las costumbres de los goyim... Pero ¿de qué otra manera habríamos conseguido este aumento de causas que los predisponen a trastornos en medio de su administración?... Entre estos numerosos métodos uno de los más importantes son los agentes para mantener el orden, colocados de manera tal que tengan la oportunidad dentro de su actividad de desintegración el desarrollar y mostrar sus malas inclinaciones, la obstinación, la vanidad, el ejercicio irresponsable de la autoridad, y por encima de todo, la venalidad.

PROTOCOLO Nº 18

Cuando nos sea necesario fortalecer las estrictas medidas de defensa secreta (el veneno más mortal para el prestigio de la autoridad) organizaremos una simulación de desórdenes o alguna manifestación de descontentos desarrollada mediante la cooperación de buenos oradores. Alrededor de estos altavoces se reunirán todos los que simpaticen con sus declaraciones. Esto nos dará un pretexto para hacer registros domiciliarios y vigilancias por parte de nuestros sirvientes, extraídos de entre los números de la policía goyim...

Como la mayoría de los conspiradores actúan por amor al juego, por charlatanería, así pues, hasta que cometan abiertamente algún acto no les pondremos un dedo encima, sino que sólo introduciremos elementos de observación entre ellos... Hay que recordar que el prestigio de la autoridad se reduce si se descubren a menudo conspiraciones contra sí misma: esto implica una presunción de conciencia de la debilidad, o, lo que es aún peor, de la injusticia. Vosotros sois conscientes de que hemos destrozado el prestigio de los reyes goy con frecuentes atentados contra su vida a través de nuestros agentes, ovejas ciegas de nuestro rebaño, que son fácilmente abocados a los delitos provistos sólo de algunas frases liberales que ellos pueden pintar con colores políticos. Hemos obligado a los gobernantes a reconocer su debilidad anunciando abiertamente medidas de defensa secreta y por tanto traemos la promesa de destruir la autoridad.

Nuestro gobierno estará protegido en secreto sólo por la guardia más insignificante, porque no admitiremos ni siquiera un pensamiento de que pueda existir en contra de él ninguna sedición suficientemente fuerte como para luchar y vernos obligados a escondernos de ella.

Si tenemos que admitir este pensamiento, como lo han hecho y lo están haciendo los gentiles, habríamos firmado ipso facto una sentencia de muerte, si no para nuestro gobernante, al menos para su dinastía, en fecha no lejana.

Según apariencias externas estrictamente forzadas nuestro gobernante usará su poder sólo en interés de la nación y en ningún caso para sus beneficios propios o dinásticos. Por lo tanto, con la observancia de este decoro, su autoridad será respetada y protegida por los mismos súbditos, recibirá una apoteosis con el reconocimiento de que esto va ligado al bienestar de todos los ciudadanos del Estado, ya que de ello dependerá todo orden en la vida en común del rebaño...

Defender abiertamente al rey argumenta la debilidad en la organización de sus fuerzas.

Nuestro gobernante estará siempre entre el pueblo rodeado de una multitud de hombres y mujeres aparentemente curiosos, que ocuparán las primeras filas a su alrededor, aparentemente será por casualidad, y restringirá a las filas del resto tanto por respeto como por un aparente buen orden. Esto sembrará un ejemplo de moderación también para otros. Si aparece un peticionario entre las personas que intentaban entregar una petición y fuerza querer atravesar las filas, las primeras filas deben recibir la petición y a la vista del peticionario pasarla al gobernante, para que todos sepan que lo que se entrega llega a su destino, así pues, en consecuencia, hay un control del propio gobernante. La aureola del poder requiere para su existencia que la gente pueda ser capaz de decir: "Si el rey lo supiera", o: "el rey se enterará."

Con el establecimiento del secreto de defensa oficial el prestigio místico de la autoridad desaparece: cualquiera con cierta audacia, ya se cree el dueño, el sedicioso es consciente de su fuerza, y cuando la ocasión es propicia espera el momento para atentar contra la autoridad... A los goyim les hemos estado predicando otra cosa, pero eso mismo nos ha dado la posibilidad de ver a dónde los han llevado las medidas abiertas de defensa...

Con nosotros los criminales serán detenidos a la primera sospecha más o menos fundamentada; no se puede permitir que por miedo a un posible error se vaya a dar una oportunidad para que escapen personas sospechosas de un lapso político o de un delito, ya que en estos asuntos seremos literalmente despiadados. Si aún es posible, haciendo un excepción, admitiremos una reconsideración del motivo que provoque delitos simples, no habrá ninguna posibilidad de excusa para que la gente se ocupe de cuestiones en las que nadie, excepto el gobierno tiene algo que hacer... Y no es que todos los gobiernos entiendan la verdadera política.

PROTOCOLO Nº 19

Si no permitimos ningún chapoteo independiente en política estaremos alentando por otra parte todo tipo de informe o petición de propuestas para que el gobierno examine todo tipo de proyectos para la mejora de la condición de las personas; esto nos revelará los defectos o de lo contrario las fantasías de nuestros súbditos, a los que debemos responder, ya sea con su cumplimiento o rechazándolas con sabiduría probando la falta de visión de quien juzga erróneamente.

Los sediciosos no son otra cosa que un perro faldero ladrando a un elefante. Para un gobierno bien organizado, no desde el punto de vista policial, sino del público, el perro faldero ladra al elefante con una total inconsciencia de su fuerza e importancia. Sólo hay que tomar nota de la importancia relativa de los dos y los perros falderos dejarán de ladrar y moverán la cola en cuanto vean a un elefante.

Para destruir el prestigio del heroísmo como delito político debemos juzgarlo en la categoría del robo, el asesinato, y todo tipo de crimen abominable y vil. La opinión pública entonces confundirá su concepción de este tipo de delito con la desgracia juntándolo con todos los demás y lo marcará con el mismo desprecio.

Hemos hecho todo lo posible, y espero que lo hayamos conseguido, a fin de que los goyim no puedan llegar a este medio de lucha sediciosa. Es por ello que a través de la prensa y los discursos, de manera indirecta - hábilmente compilado en los libros escolares de historia, hemos anunciado que el supuesto martirio ha sido aceptado por los sediciosos como una idea para el bien común. Este anuncio ha hecho aumentar el contingente de liberales y ha llevado a miles de gentiles a las filas de nuestra ganadería de ganado.

PROTOCOLO Nº 20

Hoy tocaremos el programa financiero, que he dejado para el final de mi informe como el más difícil, la culminación y el punto decisivo de nuestros planes. Antes de entrar os recordaré que ya dije a modo de indicación que la suma total de nuestras acciones se resuelve con la cuestión de las cifras.

Cuando llegue nuestro reino nuestro gobierno autocrático evitará, por un principio de auto- preservación, sobrecargar prudentemente a las masas del pueblo con impuestos, recordándoles que hace el papel de padre y protector. Pero como la organización del Estado sale cara, será necesario, no obstante, obtener los fondos necesarios para ello. Habrá, por lo tanto, que elaborar con especial precaución la cuestión del equilibrio en esta materia.

En nuestro gobierno, donde el rey disfrutará de la ficción legal de que todo lo que hay en su Estado le pertenece (que puede fácilmente traducirse en hechos), se habilitará el recurso a la confiscación legal de toda cantidad de cualquier cosa para regular su circulación en el Estado. De ello se desprende que la tributación será mejor cubrirla con un impuesto progresivo sobre la propiedad. De este modo, las cuotas se pagarán sin estrangular o arruinar a nadie en forma de un porcentaje de la cantidad de bienes.

Los ricos deben ser conscientes de que es su deber poner gran parte de sus superfluidades a disposición del Estado ya que el Estado les garantiza la seguridad de la posesión del resto de sus bienes y el derecho de las ganancias honestas, digo honestas, porque el control sobre la propiedad acabará con el robo con una base legal.

Esta reforma social debe venir desde arriba, porque ha llegado el momento de ello, es indispensable, como una pieza de la paz.

El impuesto sobre el hombre pobre es una semilla de revolución y va en detrimento del Estado que al cazar la pieza insignificante pierde la mayor. Aparte de esto, un impuesto sobre los capitalistas disminuye el crecimiento de la riqueza en manos privadas donde tenemos hoy concentrada como un contrapeso la fuerza del gobierno de los goyim - sus finanzas Estatales.

Un impuesto sobre el aumento en proporción porcentual al capital le dará un ingreso mucho mayor que el actual impuesto sobre la persona o la propiedad, lo cual es útil para nosotros ahora por la única razón que provoca problemas y descontento entre los goyim.

La fuerza sobre la que descansará nuestro rey consiste en el equilibrio y la garantía de la paz, por lo tanto, es indispensable que los capitalistas cedan una porción de sus ingresos por el bien de la explotación segura de la maquinaria del Estado. Las necesidades del Estado deben correr a cargo de los que no se resientan y tengan suficiente para quitarles.

Esta medida destruirá el odio del pobre hacia los ricos, donde él vería un apoyo financiero necesario para el Estado, verá el organizador de la paz y el bienestar ya que verá que es el hombre rico quien está pagando los medios necesarios para alcanzar estas cosas.

Para que los contribuyentes de las clases educadas no tengan que sufrir demasiado debido a los nuevos pagos se les darán completamente las cuentas del destino de estos pagos, a excepción de las cantidades que se apropien debido a las necesidades del trono y las instituciones administrativas.

Quien reine no tendrá propiedades personales ya que parece ser que todo el estado es patrimonio suyo, sino esto estaría en contradicción con lo otro; el hecho de poseer medios privados destruiría el derecho a la propiedad sobre los bienes comunes de todos.

Los familiares del que reina, exceptuados sus herederos, que serán mantenidos con recursos del Estado, deberán entrar en las filas de los funcionarios del Estado o tendrán que trabajar para obtener el derecho de propiedad; el privilegio de la sangre real no debe servir para saquear la tesorería.

La compra, el cobro de dinero o la herencia estará sujeta al pago de un impuesto timbrado progresivo. Cualquier transferencia de propiedad, ya sea en dinero u de otra forma, sin evidencia de pago de este impuesto que será estrictamente registrado con los nombres, harán al antiguo titular responsable del pago de intereses sobre el impuesto a partir del momento de la transferencia de estas sumas hasta el descubrimiento de su evasión de la declaración de la transferencia. Las transferencias de documentos deberán presentarse semanalmente en la oficina de tesorería local con las notificaciones del nombre, apellido y lugar de residencia permanente del antiguo y el nuevo titular de la propiedad. Esta transferencia de registro de nombres debe comenzar a partir de una determinada suma que exceda los gastos ordinarios de compra y venta de artículos necesarios, y éstos estarán sujetos al pago de un único impuesto timbrado de un porcentaje determinado para cada unidad .

Sólo hay que hacer una estimación de cuántas veces superarán estos impuestos los ingresos de los Estados goyim.

El erario del Estado deberá mantener un complemento definitivo de cantidades de reserva, y todo lo que se recaude de más por encima del complemento debe ser devuelto a la circulación. Con estas sumas se organizarán obras públicas. La iniciativa en obras de este tipo, provenientes de fuentes estatales, unirá firmemente la clase obrera a los intereses del Estado y a los que reinan. A partir de estas mismas sumas también una parte se destinará a recompensas a la inventiva y a la productividad.

Bajo ningún concepto por lo tanto se debe conservar en la tesorería del Estado una sola unidad por encima de la cantidad clara y libremente estimada, el dinero existe para circular y cualquier tipo de estancamiento de dinero actúa ruinosamente contra el funcionamiento de la maquinaria del Estado, por que es el lubricante; un estancamiento del lubricante puede detener el funcionamiento regular del mecanismo.

Este estancamiento lo ha producido concretamente la sustitución del papel que genera intereses para una parte de valores bursátiles. Las consecuencias de esta circunstancia ya son bastante notables.

También instituiremos un tribunal de cuentas y allí el gobernante encontrará en cualquier momento un recuento completo de los ingresos y los gastos del Estado, a excepción de la cuenta mensual en curso, aún por terminar, y la del mes anterior, que aún no habrá sido entregada.

La única persona que no tendrá ningún interés en robar al Estado será su dueño, el gobernante. Por eso su control personal eliminará la posibilidad de fugas por despilfarro.

La función representativa del gobernante en las recepciones de etiqueta, que absorbe tanto tiempo invaluable, será abolida para que el gobernante pueda tener tiempo para el control y la consideración. Su poder no se dividirá en partes fraccionarias entre favoritos complacientes que rodean el trono por su pompa y esplendor, y están interesados sólo en ellos mismos y no en los intereses comunes del Estado.

Las crisis económicas las hemos producido nosotros para los goyim por ningún otro medio que la retirada de dinero de la circulación. Se han estancado grandes capitales, retirado dinero de los Estados, que se han visto obligados constantemente a aplicar estos mismos capitales estancados para los préstamos. Estos préstamos cargan las finanzas del Estado con el pago de intereses y los van haciendo esclavos de los bonos de estos capitales... La concentración de la industria en manos de los capitalistas fuera de las manos de los pequeños patrones ha escurrido todos los jugos de los pueblos y con ellos también los de los Estados...

La presente emisión de dinero en general no se corresponde con las necesidades individuales, y por tanto no puede satisfacer todas las necesidades de los trabajadores. La emisión de dinero debe corresponderse con el crecimiento de la población y por lo tanto los niños también deben ser absolutamente contados como consumidores de dinero a partir del día de su nacimiento. La revisión de la emisión es una cuestión determinante para el mundo entero.

Sois conscientes de que el patrón oro ha sido la ruina de los Estados que lo adoptaron, porque no ha sido capaz de satisfacer las demandas de dinero, aún más en cuanto que hemos retirado el oro de la circulación en la medida de lo posible.

Con nosotros el estándar que se debe introducir es el coste del trabajo, se cuente en papel o en madera. Haremos que la emisión de dinero, esté de acuerdo con las necesidades normales de cada sujeto, añadiendo a la cantidad con cada nacimiento y restando con cada muerte.

Las cuentas serán administradas por cada departamento (la división administrativa Francesa), por cada círculo.

Para que no haya retrasos en el pago de dinero al Estado es necesario que las cantidades y las condiciones de estos pagos sean fijadas por decreto del gobierno; esto acabará con la protección de un ministerio a una institución, en detrimento de otras.

Los presupuestos de ingresos y gastos se llevarán a cabo al mismo tiempo para que no puedan quedar ocultos por la distancia entre uno y otro.

Las reformas proyectadas por nosotros en las instituciones financieras y los principios de los goyim los cerraremos de forma que nadie se alarme. Señalaremos la necesidad de reformas como consecuencia de la oscuridad desordenada en que los goyim con sus irregularidades han hundido las finanzas. La primera irregularidad, que señalaremos, consistirá en principio en la elaboración de un presupuesto único que año tras año crezca debido a la siguiente causa: este presupuesto se alargará hasta la mitad del año, y luego exigiremos un presupuesto para arreglar las cosas, y este se gastará en tres meses, tras lo cual pediremos un presupuesto suplementario, y todo esto acabará con un presupuesto de liquidación. Pero, como el presupuesto del año siguiente deberá elaborarse de acuerdo con el total de todas las sumas, la partida anual normal llegará al 50 por ciento, en un año, por lo que el presupuesto anual se triplicará en diez años. Gracias a estos métodos, permitidos por el descuido de los Estados goy, sus arcas estarán vacías. El período de préstamos sobrevendrá, y se tragará el resto y llevará a todos los estados goy a la quiebra.

Vosotros entendéis perfectamente que este tipo de acuerdos económicos, que nosotros hemos sugerido a los goyim, nosotros no podemos llevarlos a cabo.

Cada tipo de préstamo demuestra la debilidad del Estado y una falta de comprensión de los derechos del Estado. Los préstamos cuelgan como una espada de Damocles sobre las cabezas de los gobernantes, los cuales, en vez de tomarlos de sus súbditos con un impuesto temporal, piden limosna con la palma extendida a nuestros banqueros. Los préstamos extranjeros son sanguijuelas que no hay posibilidad de retirar del cuerpo del Estado hasta que se desprenden de él o el Estado los echa. Pero los Estados goy no se las arrancan; insisten poniéndose más por lo que inevitablemente acaban muriendo, drenados por un voluntario derramamiento de sangre.

De hecho ¿qué es, en esencia, un préstamo, especialmente un préstamo extranjero? Un préstamo es una emisión de letras de cambio del gobierno que contienen una obligación de un porcentaje proporcional a la suma del capital del préstamo. Si el préstamo supone un cargo de un 5 por ciento, pasados veinte años, el Estado habrá pagado en vano un interés de una suma igual al montante del préstamo, en cuarenta años habrá pagado el doble, en sesenta - el triple , y siempre la deuda sigue siendo una deuda pendiente.

A partir de este cálculo es obvio que con cualquier forma de tributación per cápita el Estado está embalando los últimos céntimos de los contribuyentes pobres para pasar cuentas con los extranjeros ricos, a los que ha pedido prestado el dinero en vez de recoger estos céntimos para sus propias necesidades sin intereses adicionales.

Mientras los préstamos sean internos los goyim sólo pasarán su dinero de los bolsillos de los pobres a los de los ricos, pero en cuanto compremos a la persona necesaria para transferir los préstamos a la esfera externa toda la riqueza de los Estados fluirá hacia nuestras cajas de efectivo y todos los gentiles empezarán a pagarnos el tributo de los súbditos.

Si la superficialidad de los reyes goy en sus tronos en cuanto a los asuntos del Estado y la venalidad de los ministros o la falta de comprensión de las cuestiones financieras por parte de otras personas gobernantes han hecho a sus países deudores de nuestros tesoros en cantidades bastante imposibles de pagar esto no se ha logrado sin nuestra pesada parte de gasto de problemas y dinero.

Nosotros no vamos a permitir el estancamiento del dinero y por lo tanto el Estado no pagará intereses, a excepción de una serie del uno por ciento, a fin de que no se paguen intereses a las sanguijuelas que chupan toda la fuerza del Estado. El derecho a emitir bonos remunerados se dará exclusivamente a empresas industriales que no tendrán ninguna dificultad en pagar los intereses con sus beneficios, en vez de eso el Estado no obtiene ningún interés con el dinero prestado tal y como lo hacen estas empresas, pues el Estado pide préstamos para gastarlos y no para utilizarlos en operaciones.

El gobierno también comprará valores industriales, que de ser un pagador de tributos como lo es ahora, con las operaciones de préstamo se transformará en un prestamista de dinero obteniendo un beneficio. Esta medida detendrá el estancamiento del dinero, las ganancias y la ociosidad parasitarias, las cuales nos fueron útiles entre los goyim, mientras éstos eran independientes, pero no son deseables bajo nuestro gobierno.

Qué claro es el poder sin desarrollar del pensamiento de los cerebros puramente irracionales de los goyim, como se ve en el hecho de que nos han estado pidiendo dinero a nosotros pagándonos intereses sin pensar que todo este mismo dinero además del pago de interés podían conseguir de los propios bolsillos del Estado para ajustar cuentas con nosotros. ¿Qué podía haber sido más sencillo que coger el dinero que necesitaban de su propio pueblo?

Pero es una prueba del genio de nuestra escogida mente que hemos ideado para presentarles la cuestión de los préstamos con una luz tal que incluso han visto en ellos una ventaja para sí mismos.

Nuestras cuentas, que presentaremos, cuando llegue el momento, a la luz de siglos de experiencia adquirida por los experimentos realizados por nosotros en los Estados goy, se distinguen por la claridad y precisión y muestran de un vistazo a todos los hombres la ventaja de nuestra innovaciones. Pondrán fin a los abusos a los cuales debemos nuestro dominio sobre los gentiles, pero que no podemos permitir en nuestro reino.

Estableceremos un sistema de contabilidad que ni el gobernador ni el servidor público más insignificante estarán en condiciones de desviar de su destino ni siquiera la suma más pequeña sin detectarlo o de dirigirla en otra dirección una vez fijado un plan de acción definido.

Y sin un plan definido es imposible gobernar. Seguir un camino incierto y con recursos indeterminados lleva a la ruina por el camino de los héroes y los semidioses.

Los gobernantes goy, a los que en otro tiempo aconsejamos que se distrajeran de las ocupaciones estatales con recepciones representativas, observando la etiqueta, entretenimientos, sólo eran fachadas para nuestro gobierno. Las cuentas de los cortesanos favoritos, a los que reemplazamos en la esfera de los acontecimientos estaban elaboradas por nuestros agentes, y cada vez se les daba satisfacción ante las mentes miopes con previstas promesas de mejoras y futuras economías... ¿Economías de qué? ¿De los nuevos impuestos? - Eran preguntas que podrían haber hecho pero que no hicieron aquellos que leían nuestras cuentas y proyectos...

Ya sabéis hasta dónde les ha llevado este descuido, a qué grado de desorden financiero han llegado, a pesar de la sorprendente industria de sus pueblos...

PROTOCOLO N° 21

En cuanto a lo que os informé en la última sesión, añadiré ahora una explicación detallada de los préstamos internos. De los préstamos externos no diré nada más, porque nos hemos estado alimentando con las monedas nacionales de los goyim, pero para nuestro Estado no habrá extranjeros, es decir, nada externo.

Hemos aprovechado la venalidad de los administradores y la desidia de los gobernantes para conseguir duplicar, triplicar o incluso más nuestro dinero, debido a los préstamos a los gobiernos goy, dinero que no era necesario en absoluto para los Estados. Alguien podría decir lo mismo de nosotros?... Por lo tanto, me limitaré a tratar los detalles de los préstamos internos.

Los estados dicen que estos préstamos se deben pedir y ofertan suscripciones para sus propias letras de cambio, es decir, para su deuda con intereses. Para que puedan estar al alcance de todos el precio se determina a partir de cien hasta mil; y hay un descuento para los primeros suscriptores. Al día siguiente su precio sube por medios artificiales, la razón es que supuestamente todos se apresuran a comprar. En pocos días las cajas de la tesorería están como quien dice con exceso de flujo y tienen más dinero del que pueden abarcar (entonces ¿para qué coger más?). La suscripción, según se alega, cubre con mucho la emisión total del préstamo; ahí radica la totalidad del efecto - mira, dicen, qué confianza que hay en las letras de cambio del gobierno. Pero cuando la comedia termina surge el hecho de que han creado una deuda y que es excesivamente costosa. Para pagar los intereses hay que recurrir a nuevos préstamos, que no se liquidan, sino que sólo se suman a la deuda de capital. Y cuando este crédito se agote será necesario cubrirlo con nuevos impuestos, no el préstamo, sólo los intereses. Estos impuestos son una deuda utilizada para cubrir otra deuda...

Después llega la hora de las conversiones, pero estas hacen disminuir el pago de intereses sin cubrir la deuda, y además no se pueden hacer sin el consentimiento de los prestadores; al anunciar una conversión se hace una propuesta para devolver el dinero a los que no están dispuestos a convertir sus suscripciones. Si todo el mundo expresa su falta de voluntad y piden recuperar su dinero, el gobierno queda atrapado en sus propias trampas y deviene insolvente e incapaz de pagar las sumas propuestas. Por suerte los súbditos de los gobiernos goy, no saben nada sobre asuntos financieros, siempre han preferido las pérdidas en el cambio y la disminución del interés en el riesgo de nuevas inversiones de su dinero, y por lo tanto muchas veces han permitido a estos gobiernos cargar a sus espaldas una deuda de muchos millones.

Actualmente, con los préstamos externos, estos trucos no podemos hacerlos con los goyim porque saben que les exigiremos que nos devuelvan todo nuestro dinero.

De esta manera una quiebra reconocida será la mejor prueba para los diferentes países de la ausencia de medio alguno entre los intereses de los pueblos y los de aquellos que les gobiernan.

Os ruego que concentréis vuestra atención en particular sobre este punto y en lo siguiente: en la actualidad todos los préstamos internos están consolidados por los llamados préstamos flotantes, es decir, por las condiciones de pagos más o menos próximos. Estas deudas consisten en dinero colocado en las cajas de ahorro y fondos de reserva. Si se dejan mucho tiempo a disposición de un gobierno, estos fondos se evaporan con el pago de intereses de los préstamos externos, y se sustituyen por depósitos de una cantidad equivalente de la renta.

Y estos últimos son los que tapan los agujeros de las cajas del Estado de los goyim.

Cuando ascendamos al trono del mundo todos estos cambios financieros y similares, al no estar de acuerdo con nuestros intereses, serán barridos para no dejar ningún rastro, como también serán destruidos todos los mercados de dinero, ya que no permitiremos que el prestigio de nuestro poder sea sacudido por las fluctuaciones de los precios establecidos en nuestros valores, anunciaremos por ley el precio que represente su valor completo sin ninguna posibilidad de bajar o subir. (El alza da pretexto para bajar, que de hecho fue lo que hicimos al principio respecto a los valores de los goyim.)

Sustituiremos los mercados de dinero por grandiosas instituciones de crédito del gobierno, el objeto será fijar el precio de los valores industriales de acuerdo con los puntos de vista del gobierno. Estas instituciones estarán en condiciones de lanzar al mercado en un día valores industriales, por valor de quinientos millones o comprarlos por el mismo importe. De este modo, todas las empresas industriales dependerán de nosotros. Ya os podéis imaginar el inmenso poder que nos aseguraremos de esta manera para nosotros...

PROTOCOLO Nº 22

En todo lo que hasta ahora os he informado, me he esforzado por describir cuidadosamente el secreto de lo que está viniendo, lo que ya ha pasado, y lo que está pasando ahora, fluyendo en la corriente de los grandes eventos que vienen ya en un futuro próximo, el secreto de nuestras relaciones con los gentiles y de las operaciones financieras. Sobre este tema aún me queda algo por añadir.

El poder más grande de nuestros días está en nuestras manos - el oro: en dos días podemos conseguir de nuestros almacenes cualquier cantidad que nos complazca.

¿Seguro que no hay necesidad de buscar más prueba de que nuestro gobierno está predestinado por Dios? ¿Seguro que no fallaremos con tanta riqueza al probar que todo el mal que durante tantos siglos hemos tenido que hacer ha servido finalmente a la causa del verdadero bienestar - a ordenarlo todo? Aunque sea incluso ejerciendo cierta violencia, pero de todos modos se ordenará. A base de ingenio demostraremos que somos los benefactores que han restaurado la renta y la tierra destrozada al verdadero bien y también la libertad de las personas, y con ella permitiremos que se disfrute en paz y tranquilidad, con la dignidad propia de las relaciones, con la condición, claro está, de la estricta observancia de las leyes establecidas por nosotros. Dejaremos claro con ello que la libertad no consiste en la disipación y en el derecho a la licencia desenfrenada como tampoco la dignidad y la fuerza de un hombre no consisten en el derecho de todos a promulgar los principios destructivos en la naturaleza de la libertad de conciencia, igualdad y similares, que la libertad de la persona, de ningún modo consiste en el derecho de inquietarse a uno mismo y a los demás con abominables discursos ante las turbas desordenadas, y que la verdadera libertad consiste en la inviolabilidad de la persona que observa con honor y estrictamente todas las leyes de la vida en común, que la dignidad humana está envuelta con la conciencia de los derechos y también con la ausencia de los derechos de los demás, y no única y exclusivamente en fantásticas imaginaciones sobre el tema de su ego.

Nuestra autoridad será gloriosa porque será todopoderosa, gobernará y guiará, y no se mezclará con líderes ni oradores gritando palabras sin sentido que ellos llaman grandes principios y que no son otra cosa, hablando con honestidad, sino utopías... Nuestra autoridad será la corona del orden, y en él se incluirá toda la felicidad del hombre. La aureola de esta autoridad inspirará una inclinación mística a arrodillarse ante él y un temor reverente ante todos los pueblos. La verdadera fuerza no hace tratos con ningún derecho, ni siquiera con los de Dios: nadie se atreverá a acercársele a menos de un palmo de distancia.

PROTOCOLO N° 23

Para que los pueblos se acostumbren a la obediencia, hay que inculcarles lecciones de humildad y por lo tanto reducir la producción de artículos de lujo. Así mejoraremos la moral que ha sido degradada por la emulación en la esfera del lujo. Restableceremos la producción de la pequeña empresa lo que significará colocar una mina bajo el capital privado de los fabricantes. Esto también es indispensable por la razón de que los fabricantes a gran escala a menudo mueven, aunque no siempre conscientemente, los pensamientos de las masas en contra de las instrucciones del gobierno. Un pueblo de pequeñas empresas no sabe nada del desempleo y se une estrechamente con el orden existente, y en consecuencia con la firmeza de la autoridad. El paro es la cosa más peligrosa para un gobierno. Para nosotros esto habrá acabado en el momento en que la autoridad sea transferida a nuestras manos. La embriaguez también estará prohibida por ley y se castigará como un crimen contra la humanidad del hombre el cual se convierte en un bruto bajo los efectos del alcohol.

Los súbditos, lo repito una vez más, sólo obedecen ciegamente a la mano dura absolutamente independiente de ellos, ya que ahí notan la espada de la defensa y el apoyo contra los flagelos sociales...

¿Para qué querrían el espíritu angelical de un rey? Lo que ahí deben ver es la personificación de la fuerza y el poder.

El Señor Supremo que reemplazará a todos los gobernantes ya existentes, que arrastran su existencia entre sociedades desmoralizadas por nosotros, sociedades que incluso han negado la autoridad de Dios, en las que estalla por todas partes el fuego de la anarquía, en primer lugar procederá a apagar esta llama que todo lo devora. Por lo tanto, se verá obligado a matar estas sociedades existentes, aunque deberá empaparse con su propia sangre, para que pueda resucitar de nuevo en forma de tropas regulares organizadas luchando conscientemente contra todo tipo de infección capaz de cubrir de llagas el cuerpo del Estado.

Estos Elegidos de Dios son elegidos desde arriba para demoler las fuerzas sin sentido movidas por el instinto y no por la razón, por la brutalidad y no por la humanidad. Estas fuerzas ahora triunfan con robos manifiestos y todo tipo de violencia bajo la máscara de los principios de libertad y derechos. Han derribado toda forma de orden social para erigir sobre las ruinas el trono del Rey de los Judíos; pero su juego terminará en el momento en que él entre en su reino. Entonces habrá que barrerlos alejándoles de su camino, el cual debe dejarse sin ningún nudo, sin ninguna astilla.

Entonces será posible para nosotros decir a los pueblos del mundo: "Dad gracias a Dios y arrodillaos delante de él, quien lleva en la frente el sello de la predestinación del hombre, a quien Dios mismo ha guiado con su estrella para que ningún otro sino Él pueda liberarnos de todas las fuerzas y males antes mencionados".

PROTOCOLO N° 24

Ahora paso al método de confirmación de las raíces dinásticas del rey David hasta el último estrato de la tierra.

Esta confirmación se incluirá en primer lugar, allí donde hasta hoy ha reposado la fuerza del conservadurismo de nuestros Sabios en la conducta de todos los asuntos del mundo, en la dirección de la formación del pensamiento de toda la humanidad.

Algunos miembros descendientes de David prepararán a los reyes y a sus herederos, no les seleccionarán por derecho de herencia, sino por las capacidades eminentes, iniciándoles en los misterios más secretos de la política, en los esquemas de gobierno, pero vigilando siempre que ninguno de ellos pueda llegar a conocer los secretos. El objetivo de este modo de actuar es que todos sepan que no se puede confiar el gobierno a los no iniciados en los secretos de su arte...

A estas personas sólo se les enseñará la aplicación práctica de los planes susodichos en comparación con las experiencias de muchos siglos, todas las observaciones de los movimientos político- económicos y las ciencias sociales - en una palabra, todo el espíritu de las leyes que han sido establecidas inquebrantablemente por la misma naturaleza para regular las relaciones de la humanidad.

A los herederos directos a menudo se les dejará de lado al ascender al trono, si durante el tiempo de formación exhiben frivolidad, suavidad u otras cualidades que son la ruina de la autoridad, haciéndoles incapaces de gobernarse a sí mismos, y peligrosos para el cargo real.

Sólo los que sean capaces incondicionalmente de un gobierno directo firme, aunque tengan que ser crueles, recibirán las riendas del imperio de nuestros Sabios.

En caso de caer enfermos debilitándose su voluntad o algún otro tipo de incapacidad, los reyes deben por ley entregar las riendas del gobierno a manos nuevas y capaces...

Los planes de acción del rey para el momento actual, y aún más de cara al futuro, serán desconocidos, incluso para sus consejeros más cercanos.

Sólo el rey y los tres que lo hayan apadrinado sabrán lo que está por venir.

En la persona del rey, que con voluntad firme es dueño de sí mismo y de la humanidad todo el mundo apreciará el destino, por así decirlo, con sus maneras misteriosas. Nadie sabrá qué quiere alcanzar el rey con sus disposiciones, y por lo tanto nadie se atreverá a dar un paso por un camino desconocido.

Se entiende que la capacidad cerebral del rey debe corresponderse con la capacidad del plan de gobierno que deberá contener. Es por eso que no subirá al trono de ninguna manera sino después de un examen mental por parte de dichos sabios.

Para que el pueblo pueda conocer y amar a su rey es indispensable que él converse con su pueblo en las plazas de mercado. Esto asegura la unión necesaria de las dos fuerzas que ahora están divididas una de la otra por nosotros por el terror.

Este terror era indispensable para nosotros hasta que llegara el momento en que estas dos fuerzas por separado cayeran bajo nuestra influencia.

El Rey de los Judíos no debe estar a merced de sus pasiones, y especialmente de la sensualidad: en ningún aspecto de su carácter debe fomentar instintos brutales en su mente. La sensualidad es la peor de todas al desorganizar las capacidades mentales y la claridad de opiniones, distrayendo los pensamientos hacia lo peor y lo más brutal de la actividad humana.

El pilar de la humanidad en la persona del señor supremo de todo el mundo de la santa familia de David debe sacrificar a su pueblo toda inclinación personal.

Nuestro señor supremo debe ser un ejemplo intachable.

CAPÍTULO 16

LA HISTORIA DE JONATHAN MAY

Jonathan May intentó librarnos de los grilletes de la Reserva Federal mediante la creación de un sistema bancario alternativo con instrumentos respaldados por tierras, materias primas, yacimientos minerales, petróleo, carbón, madera y otras explotaciones de espacios naturales. Jonathan ayudó al Gobernador Connolly y a los hermanos Hunt a intentar acaparar el mercado de la plata. La plata se habría utilizado para crear el "Bank of Texas" un emisor de dinero "real". Esto habría destruido a la Reserva Federal en caso de que los Hunt hubieran tenido éxito. Cuando los banqueros del mundo se dieron cuenta de lo que estaba sucediendo, destruyeron a Connolly, a los hermanos Hunt, a Jonathan May, y al Texas.

La Reserva Federal atrapó al Sr. May encaminando intencionalmente sus instrumentos de crédito a través de la Reserva Federal, en contra de los términos claramente definidos en estos instrumentos, en lugar de a través del sistema alternativo del Sr. May. Jonathan May fue detenido ilegalmente, juzgado ilegalmente y encarcelado ilegalmente en la prisión federal de Terre Haute, Indiana. La estructura de poder mundial ha robado la idea del Sr. May, que utilizará como el sistema bancario del Nuevo Orden Mundial y que se conoce como el Banco Mundial para la Naturaleza. Jonathan ha cumplido cuatro años de una condena de quince.

Fecha: 27 de julio de 1990

JURO POR DIOS TODOPODEROSO QUE LO QUE DECLARO ES LA VERDAD, TODA LA VERDAD Y NADA MÁS QUE LA VERDAD, LO MEJOR QUE SÉ, CREO Y RECUERDO. LO JURO BAJO PENA DE PERJURIO SOMETIDO A LAS LEYES DE LOS ESTADOS UNIDOS DE AMERICA - CON LA AYUDA DE DIOS.

Nací dentro de un estilo de vida privilegiado al norte de Devon, Inglaterra, tercer, último y único hijo varón de una adinerada familia terrateniente. Fui educado en la escuela privada y la dejé temprano, decidido a unirme a la empresa de mi padre y a no sobrecargarme con la atmósfera autoritaria de la escuela. Lo hice porque me expulsaron. Ya tenía, creo, casi dieciséis años. Inmediatamente empecé a trabajar como vendedor de ganado tal como mi padre y su familia habían hecho y todavía hacen. También he sido granjero. Entonces me ramifiqué en otros bienes, comprando para clientes utilizando buenos contactos para suministrarles artículos a un coste más bajo y artículos de mejor calidad al mismo costo que los proveedores minoristas normales. Tuve mucho éxito. Mi negocio continuó expandiéndose. La gestión estaba estructurada muy verticalmente y la diversificación era tan lateral como era capaz de hacerla. La cosa fue prosperando. Desarrollé un sofisticado sistema de deducciones de impuestos que era capaz de eliminar legalmente la responsabilidad fiscal de la mayoría de mis propios ingresos y la de mis colegas.

A los 20 años, camino de los veintiuno, recibí numerosos documentos antiguos - herencia de la familia de mi madre - al ser el último heredero varón.

Entre estos documentos antiguos había una escritura emitida a un antepasado mío, estableciendo sobre él "y su heredero y cesionarios a perpetuidad por la duración de su vigencia" la responsabilidad y la autoridad de la Administración de ciertos bienes, mercancías, bienes muebles, etc. Por lo que puedo recordar, el documento estaba fechado "En este año de Nuestro Señor de Mil, Seiscientos Cuarenta y Cinco". El documento - un pergamino llevando aún el sello real de Inglaterra - constituía un contrato de Fideicomiso de mi antepasado, et. al. durante 999 años de una tierra en cuanto a fiduciario de la citada propiedad. El pergamino estaba firmado por "Charles Stuart Rex de Inglaterra, Francia, y Rey de Irlanda"

- Charles I.

Sin saber nada de estos asuntos, consulté abogados. Determinaron que el documento era auténtico, que se había establecido un fideicomiso por el rey británico Carlos I y que el fideicomisario original había sido mi antepasado, y que - jurídicamente - no se podía romper, entonces el monarca británico - y aún ahora - es el Jefe Supremo del poder judicial en el Reino Unido. También jurídicamente, el fideicomiso era una entidad operativa, de acuerdo con las disposiciones del cual yo, como heredero varón restante, era el responsable fiduciario. Sin embargo, había sido claramente inoperante durante tanto tiempo que nadie lo podía recordar. Acciones certificadas del "Ferrocarril de Delhi y Punjab" y otras anticuadas reliquias - aparentemente aún no amortizadas - estaban con la carta del fideicomiso. Cartas sucesivas aprobadas por los sucesivos monarcas británicos también estaban con el original. Se determinó que los sub-fideicomisarios - subsidiarios - debían constar al mismo tiempo, en virtud de los preceptos excepcionales de la carta original del siglo XVII. Fuera de emisión, decidí que 4.000 de estos subsidiarios estarían constituidos como entidades sin domicilio, regidas bajo gobiernos plurales y simultáneos de todas las naciones del mundo que no fueran comunistas.

Los meses entre el 19 de septiembre de 1969 y el 15 de febrero de 1970, esas 4.000 cartas fueron impresas y inscritas en un registro. Estaban numeradas, con el prefijo "No. SSR/647/". La primera fue elegida para ser la entidad fiduciaria común para el resto de las 3.999. Ninguna podría ser inscrita en ningún otro país. De haberlo hecho, habría dado al país de registro cierta capacidad previa de reclamación de impuestos. Por esta razón, el Registro de las 4.000 entidades se mantuvo bajo mi custodia constante como único firmante registrado del registro del fideicomiso original, que hemos denominado "The International Equity Trust". Decidimos llamar al grupo de sub-fideicomisarios "El Grupo de Fideicomisarios de la Carta Soberana". A continuación, este grupo principal se subdivide en el Grupo de Fideicomisarios Sodalitas - formado por la administración, los miembros internos, cuyas actividades debían ser coordinadas por y a través de una junta de directores conocida como el Cuerpo Directivo del Fideicomiso. Los fideicomisos restantes debían haberse vendido / alquilado como paraísos fiscales a varios terceros con una cuota del 20% sobre la cuota íntegra ahorrada por el cliente mediante el fideicomiso para este propósito, es decir, sin uno de nuestros fideicomisos - una tributación de 100.000 dólares, pero con uno de nuestros fideicomisos - con un coste para el cliente de 20.000 dólares - una tributación nula.

En 1969, los abogados ya nos avisaron que el único problema al que nos enfrentábamos era la propensión de las autoridades fiscales a declarar arbitrariamente que los fideicomisos no eran ninguna entidad, pero que estarían exentos por ley de pagar impuestos en todo el mundo una vez dispusiéramos de la prueba positiva de que habían existido como personas jurídicas durante doce años. El abogado de mi ciudad natal, hizo endosar en el Registro todas las páginas, y "nacieron", los 4.000 fideicomisos es decir, constituidos entre el 19 septiembre de 1969 y el 15 de febrero de 1970.

En consecuencia, decidí que tenía que seguir con mis empresas comerciales durante doce años y luego simplemente vender o alquilar los 3.999 fideicomisos, ya fuera con una tarifa plana o mediante la fórmula del 20% sobre los impuestos ahorrados y utilizar las ganancias, en parte, para volver a determinar el qué, dónde, por qué, y cuándo referente a los activos del fideicomiso original.

Durante los años siguientes, me diversifiqué más y más e hice sólidos contactos comerciales en todo el mundo. Cada vez más, mis honorarios y comisiones se me pagaban en monedas diferentes. Esto hizo que me fijara en las diferentes tasas de interés y en que, de hecho, estas son las que determinan el valor del préstamo del dinero. Descubrí que un diminuto cártel controla todas las políticas de la banca en todo el mundo, y que la provisión o no provisión de "dinero", estaba totalmente controlada.

A medida que crecía mi reputación como buscador de cosas insólitas a un precio justo, empecé a darme cuenta, junto con mis colegas, que había una considerable resistencia a través de los mercados financieros convencionales hacia los "emprendedores". Determinados individuos altamente posicionados pero mentalmente muy independientes no eran del todo bienvenidos a los círculos bancarios "normales". Había una necesidad muy real en las comunidades de negocios independientes de todo el mundo de servicios de créditos alternativos para proporcionarlos adecuada y justamente a las necesidades empresariales - Una ventana en el mercado para ellos entre el nuevo capital de riesgo y el arraigado capital de las empresas convencionales. Decidimos que, de una manera totalmente nueva e independiente, nuestro vagamente conectado pero muy respetado círculo de "intermediarios" se convertiría en proveedor de capital para nuestros clientes establecidos en todo el mundo. Se crearon fuentes independientes de crédito / capital en Oriente Medio y en otras partes, y varios arreglos sustanciales de colocación privada, primero entre nosotros y nuestros inversores y posteriormente entre nosotros y los usuarios de estas inversiones. Decidimos cobrar una cuota mínima a los intermediarios pero manteniendo un interés pasivo, pero un reparto de beneficios de empresas conjuntas en muchas de las empresas capitalizadas por nuestros inversores. Nos dimos cuenta de que nunca se encontraban bastantes inversores. Por lo demás, todo el mundo parecía contento.

Como muchos jóvenes arrogantes e insensatos lo habían hecho antes, yo tendía a anunciar mi éxito financiero. Me obcequé. La pequeña fuerza de policía local de la ciudad comenzó a fijarse en mi y se convirtió en una molestia significativa, deteniéndome por los neumáticos, exceso de velocidad, etc. etc. Empecé un negocio de carnicero y de nuevo tuve un éxito importante en esto, también en mi zona natal. Mi éxito significó pérdida de comercio para mi competencia. Mis locales fueron asaltados sucesivamente, y pronto las aseguradoras no querían asegurarme. Me procuré mi propio utensilio disuasivo. Coloqué un cartel "escopeta cargada" fuera de mi local y dentro del almacén frigorífico coloqué una escopeta cargada muy realista y el sistema de alarma de disparo para cualquiera que pensara robar de nuevo en mi propiedad como ya habían robado a miles de otros sin seguro. La policía local me arrestó por colocar una trampa para humanos con la intención de poner en peligro la vida. Mi intención, obviamente, era proteger mi propiedad, así que fui absuelto de esta tonta acusación en mi contra.

Habiendo sido informado de no colocar ningún dispositivo nuevo, compré un cachorro de león de montaña como "perro guardián" para continuar disuadiendo a los posibles ladrones. En retrospectiva, me doy cuenta que hacerlo no fue algo apropiado.

Empecé a ser una celebridad de menor importancia en mi pequeño pueblo rural, y la policía local se enojó bastante cuando me retiraron los cargos en contra. Me había convertido en lo más parecido a un objetivo. Mi "alto perfil" no jugaba a mi favor. Fue entonces, debido a los delitos de tráfico y la publicidad resultante del juicio y el león de montaña, cuando casi toda mi familia me repudió. Me tomé la molestia de averiguar con exactitud quién estaba instigando mis problemas en el cuerpo de policía local.

No era un simple policía sino el Inspector Goldsworthy. Contraté a gente para que vigilara sus actividades y resultó que estaba involucrado en tráfico de drogas.

La información que se me suministró era que Goldsworthy tenía una madre anciana en Plymouth, Inglaterra a la que utilizaba como excusa para hacer allí frecuentes viajes desde North Devon, pero en realidad allí era recibido por personas que le entregaban drogas ilegales. No había manera de establecer con certeza si esto era así. Las personas a las que había estado pagando para que lo siguieran no eran profesionales. Creí que era momento de entregar el asunto a manos de profesionales, y así lo hice. Casi inmediatamente este inspector en particular dejó la zona de North Devon.

Se me informó desde diferentes fuentes, que probablemente como resultado que una de las dos personas que había empleado para seguir a Goldsworthy había estado hablando sin cuidado, los subordinados de Goldsworthy de la policía local planeaban vengarse. El acoso creció hasta proporciones abrumadoras. Por ejemplo, un viaje de caza con escopetas autorizadas dejadas bajo una manta en el asiento trasero de mi coche se convirtió en "tener una escopeta cargada en un lugar público". ¿Era una de mis armas la que estaba cargada? Habría sido la primera y única vez. ¿Puede ser un "lugar público" el interior de mi coche cerrado? Pero mi coche estaba en un aparcamiento público, de modo que el tribunal confirmó la condena.

Las siguientes dos experiencias fueron originadas por un "amigo" que posteriormente admitió que había accedido a hacer un par de cosas a cambio de no ser procesado por la misma policía local. Me vendió un bote y me dio un par de botas. Ambos resultaron ser propiedades robadas y me declararon culpable de robo y de su recepción, respectivamente. Fui multado. Me di cuenta, finalmente, que no tenía ninguna posibilidad de llevar una vida civilizada en mi pueblo natal, así que me fui del Reino Unido y llegué a EEUU para intentar establecer una nueva, una inmaculada vida.

Entre 1980-4, simplemente hice contactos y no hice ningún negocio más allá de consultoría. Generé algo de dinero para mí mismo. Viví la mayor parte del tiempo con el dinero que había conseguido en Europa durante los años 70.

Cuando me fui de Inglaterra estaba en proceso de demandar al gerente de mi banco local y a los Sres. del Barclays Bank por múltiples infracciones de la Ley Bancaria. Uno de los "enemigos" que tenía en Inglaterra era un abogado que me había dado muy malos consejos y luego tuvo el descaro incluso de cobrarme. Era amigo cercano del gerente del banco local. Durante mi ausencia de Inglaterra, me envió una factura de alrededor de 2000 dólares - una demanda final - y después obtuvo una orden judicial y una declaración personal de quiebra - todo esto sin saberlo yo hasta que volví unos cinco meses más tarde. Estoy seguro de que todo esto se hizo para frustrar la demanda contra los Sres. del Barclays Bank. En Inglaterra, declarado en quiebra, uno no puede mantener ningún tipo de pleito.

Inmediatamente volví a irme de Inglaterra y reorganicé todos mis bienes porque estaba violando las leyes de quiebra del Reino Unido. También obtuve un visado de EE.UU. para fines comerciales.

En 1983 o 1984, el Grupo de Fideicomisarios de la Carta Soberana fue registrado como cliente de la Trust Company de Oklahoma, Oklahoma City, Oklahoma, Rand Everest - CEO. Había sido necesario para llegar a ser más visible dentro de los EE.UU. Poco negocio se hizo en Oklahoma, salvo utilizarlo como depósito de algunos de los pagarés privados del Grupo de Fideicomisarios Sodalitas.

Al margen de la jurisdicción de la Comisión del Mercado de Valores, exclusivamente sobre una base de colocación privada, El International Equity Trust comenzó en ese momento a colocar su papel en situaciones comerciales en todo el mundo.

Geólogos profesionales terceros determinaron que a cierta profundidad - comprobando que el ensayo real contenía nueve partes de oro / plata - en las propiedades "traspasadas, permutadas, y asignadas indivisiblemente" al Grupo de Fideicomisarios de la Carta Soberana en

1980-1 sistemáticamente durante las pruebas hasta una profundidad de 160 pies - había un mínimo de media onza de oro por tonelada (yarda cúbica) y hasta 10 onzas de plata por tonelada (yarda cúbica) sobre la totalidad de las nueve millas cuadradas y aun más.

Los estudios geológicos confirmaron que estas propiedades y la superficie contigua había sido un lago significativamente grande alimentado por numerosos arroyos de las Montañas Rocosas. Durante milenios, considerables cantidades de oro y plata fueron arrastradas hasta el lecho del lago. Según la Doctrina de Igualdad de Derechos - la piedra angular del patrimonio nacional de los Estados Unidos de América - con el valor de los depósitos de oro y plata de estas nueve millas cuadradas, el Grupo de Fideicomisarios de la Carta Soberana estaba dotado de una cartera de activos muy importante. La determinación que se hizo del valor físico de estos activos, congruentes y en paralelo con las entidades comparables del sector público, sería utilizada a través de la producción de papel colocado en el comercio privado para generar suficiente liquidez como para establecer la línea de crédito totalmente independiente necesaria a través del mercado financiero secundario para llenar la "ventana de intermediarios" en este mercado. Entre 1982-3 y 1985-6 un volumen considerable de valor nominal de pagarés de vencimiento a largo plazo - de colocación privada "Pagarés del Capital Principal" fueron emitidos por el Internacional Equity Trust en nombre y representación de los siete fideicomisos que poseían los depósitos del oro y la plata mencionada.

Los miembros del directorio del International Equity Trust instituyeron un sistema ultraconservador de cuentas y balances, bajo la autoridad de la presidencia y la Dirección Ejecutiva del abajo firmante. Además de aplicar la Doctrina de Igualdad de Derechos de los Estados Unidos en nuestra política de colocación privada, mis colegas y yo determinamos que para reflejar adecuadamente el valor del oro y de la plata que habíamos adquirido era necesario establecer un valor mínimo posible y utilizarlo como nuestro punto de referencia máximo. De este modo, nunca se podría dudar de fraude en contra de nosotros. Para aislarnos aún más de este cargo, se determinó que nuestro "papel" debía presentarse sólo en una colocación privada a través de su "vida" en los mercados secundarios. Ambas características de seguridad se construyeron en nuestra edición de colocación privada de papel como requisitos irrevocables e incondicionales de su emisión.

El International Equity Trust, con su carácter de administrador plenipotenciario del fideicomiso para el Grupo de Fideicomisarios Sodalitas (los miembros administrativos internos del Grupo de Fideicomisarios de la Carta Soberana) era y es el único emisor autorizado de pagarés de Colocación privada del Capital del grupo. Tal emisión no puede efectuarse bajo ninguna circunstancia, a menos que los siete fideicomisarios propietarios de los activos en posesión de la custodia de los activos del grupo se pongan de acuerdo total e independientemente, cada uno de ellos a través de su único tutor / firmante (s), en que esta emisión es apropiada y aceptable. A este acuerdo hay que llegar independientemente y obligatoriamente debe ser unánime, esta emisión será confirmada por escrito por cada uno del único tutor / firmante (s) de los siete fideicomisarios del documento y facilitada al International Equity Trust en forma de Memorando Oficial antes de que tal papel de colocación privada pueda ser emitido. Así la circunstancia de la emisión tendrá la responsabilidad debida.

El valor nominal del papel fue igualmente adecuado y estrictamente controlado. La base de activos del Grupo de Fideicomisarios de la Carta Soberana - inicialmente los antes mencionados depósitos de oro y de plata y, posteriormente, también una propiedad que comprendía más de 517.000 acres (superficie y minerales) ni son ni nunca serán, según la política de indivisibilidad de tierras del Grupo de Fideicomisarios de la Carta Soberana un órgano de decisión administrativa de alto nivel. El Capítulo de Gobierno, será grabado por la deuda más allá de un cuarto de su volumen. Esto quiere decir que por cada certificado de 100 dólares de la base de activos sólo pueden existir 25 dólares del valor nominal colocados en papel privado. El razonamiento detrás de esta política muy conservadora era y es que la línea de crédito máximo que se estaba preparando para principios de los 80 con esta emisión de papel y la acumulación de activos, no se sobre-extendiera nunca. Un no cuestionado e incuestionable sistema de seguridad siempre presente en cada faceta del nuevo servicio era, por lo tanto, que ninguno de sus componentes quedara nunca en situación de insolvencia.

A efectos administrativos, se utilizaron tres instrumentos documentales titulados diferentes. Cada uno era una colocación privada de pagarés. Cada uno de ellos constituía un instrumento de Cupón Cero, es decir, una promesa de pagar en un futuro una cifra en la fecha final de vencimiento conformada tanto por la suma del principal como por los intereses devengados sobre él. Los tres instrumentos a los que me refiero como "pagarés sobre el Capital Principal" también se denominan "Letra de Cambio", "Notificación de aceptación", y en la medida en que puedo recordar "Escritura". Las "letras de cambio" se utilizan cuando la necesidad de negocio del destinatario en este momento es simplemente aumentar la base de activos a cambio de acciones en este negocio a perpetuidad. Las "Notificaciones de Aceptación" se utilizan en situaciones en las que las necesidades de la empresa del destinatario son tanto aumentar su base de activos y afiliarse con o con un miembro del Grupo de Fideicomisarios de la Carta Soberana mediante la colocación de este negocio y / o de sus titulares dentro del marco de uno de los fideicomisos del grupo. La "Escritura" se utiliza exclusivamente de manera interna entre los diversos miembros, asociados y afiliados al Grupo de Fideicomisarios Sodalitas.

****

La fórmula determinada por el Órgano Directivo del Fideicomiso es la siguiente:

Base de Activos 100 - Responsabilidad máxima total del documento @ 25 = AAA
Base de Activos 100 - Responsabilidad máxima total del documento @ 33 = AA
Base de Activos 100 - Responsabilidad máxima total del documento @ 50 = A
Base de Activos 100 - Responsabilidad máxima total del documento @ 66 = D.

La calificación privada de nuestros asociados y entidades empresariales afiliadas empezó a principios de 1986. La documentación de nuestro propio grupo recibió el mandato de la directiva de grupo según el cual determina que el Capítulo de Gobierno no debe superar nunca un factor de exposición del 25% de los activos del grupo en la empresa, es decir, los activos propiedad de los siete miembros principales del Grupo de Fideicomisarios Sodalitas, y por tanto la calificación de nuestro Consejo Financiero Internacional Ltd. como un Pagaré de colocación privada con calificación AAA.

En 1984, una parte de nuestras reservas de oro fue intercambiada en una Permuta - Intercambio con el único propietario superviviente de más de 517.000 acres de bienes inmuebles (superficie y mineral). La adquisición por el Grupo de estos bienes se hizo indivisiblemente en virtud de las disposiciones del artículo I - Sección 10, Cláusula i de la Constitución de los EEUU. Tras esta adquisición, el valor neto del Grupo de Fideicomisarios Sodalitas por y según los siete miembros fideicomisarios Principales de Grado I se calcula de la siguiente manera:

(**Nota**: Otras once partes de la misma propiedad aurífera se estaban disputando en ese momento y por lo tanto no están contadas, aunque un mismo título era justificable y está mantenido.)

1. Nueve (9) Partes (millas cuadradas) x 640 acres x 4.840 yardas cuadradas por acre x 53 yardas (a una profundidad de 160 pies) = 1477.555.200 yardas cúbicas.

2. 1477.555.200 yardas cúbicas x 1/2 onza = 738.777.600 onzas de oro en las 9 millas cuadradas.

3. 738.777.600 onzas - 6.000.000 asignadas a cambio de los 517.000 acres = 732777.600 onzas de oro.

4. 732777.600 @ - a - 250 dólares por onza = 183.194.400.000 dólares. 517.000 acres @ - a -500 dólares por acre = 258.500.000 dólares. 1,100,000 carbón de alto grado con bajo contenido de azufre a -10 dólares por .... = 11000.000.000. de dólares. (Las reservas de petróleo, gas y madera no están contadas)

_____

194.452900.000 dólares

El 18 de junio de 1986, las obligaciones pendientes, incluyendo los pagarés c/s a 12-13 Bilones de dólares, eran de aproximadamente

14.375.000.000 dólares

_____

180.077.900.000 dólares

Sobre esta base, realicé alegaciones ante las partes el 18 de junio de 1986 conforme El International Equity Trust controlaba activos "de más de 152 mil millones de dólares". Así era, y todavía lo es.

Este informe se refiere a la capacidad de estos activos de reintegrar adecuadamente el poder y la autoridad del Congreso a gobernar sin deferencia a aquellos a los que actualmente debe la Deuda Nacional y su vida.

El 18 de junio de 1986, por invitación de la Procuradora Sra. Wendy Alison Nora (ex registradora que había sido obligada a dimitir de su cargo en el estado de Wisconsin, según después me dijo) en nombre y representación de "no menos de 40" de los fideicomisos del Grupo de Fideicomisarios de la Carta Soberana - incluyendo los siete que son dueños de los nueve kilómetros cuadrados de las reservas de oro y plata y los

517.000 acres - El International Equity Trust compró The Lac Qui Parle Bancorporation, Inc. Esta entidad estaba y está autorizada según la Sección 225.4 et. SEC. del 12 CFR para "actuar como un banco - comprar y vender valores - suscribir seguros - bonos municipales y acciones comerciales", etc. Este grupo de empresas pertenece y es propietario de una entidad financiera denominada El Banco Estatal de Boyd. Técnicamente, el Banco Estatal de Boyd (Minnesota) fue declarado cerrado como banco por el Sistema de la Reserva Federal en 1984. El 31 de marzo de 1986, el Tribunal Supremo del Estado de Minnesota dictaminó que el Banco Estatal de Boyd no estaba en liquidación ni en quiebra, sino que más bien sus activos y pasivos sólo se habían vendido al Banco de Madison - que más tarde cambió de nombre por el de The Lac Qui Parle Bank. (Nota: No se debe confundir con el Lac Qui Parle Bancorporation, Inc.) De forma muy poco convencional, pero no ilegal, en cuanto compramos The Lac Quién Parle Bancorporation, Inc. (la nuestra), fue la destinataria de un Pagaré del Grupo de Fideicomisarios Sodalitas, con fecha de vencimiento y exigible (de memoria) el 1 de agosto de 1999, con una cifra de 2,000 millones de dólares con un factor mínimo de rendimiento incluido en él (un Pagaré cupón Cero) que proporciona un valor actual de aproximadamente1,672,000 dólares. Una parte del contrato de adquisición por el que The International Equity Trust adquirió el grupo de empresas y la propiedad total subsidiaria del Banco Estatal de Boyd decía que, en virtud de dichas disposiciones de 12 CFR Sección 225.4 et. SEC., al mismo tiempo el grupo de empresas y de esta manera extendía una línea de crédito de 1,200,000 dólares a la filial con el estricto entendimiento de que esta filial se encontraba bajo la supervisión directa de su entidad matriz, la Lac Qui parle Bancorporation, Inc. por y a través del Fideicomiso de sus propietarios, el International Equity Trust. La primera y principal directiva fue que el Banco Estatal de Boyd gozaría de una autorización limitada estrictamente, SOLO COMO AGENTE AL SERVICIO DE LA CASA MATRIZ, para extender el crédito sólo hasta una cifra global de 87 1/2% (7/8) del crédito otorgado a él por la casa matriz, es decir. 1,050,000,000 de 1,200,000,000 dólares.

El Banco Estatal de Boyd fue cerrado como banco. No era una entidad jurídica no viable. No "desapareció". No tenía estatutos de banco aunque la procuradora Nora confirmó al Comisionado de Comercio del Estado de Minnesota que ella tomó la posición legal de que "nuestra posesión era constructivamente una cuestión de derecho". Me posicioné en que, dado que el propósito de la adquisición de la Lac Quién Parle Bancorporation por el Grupo de Fideicomisarios de la Carta Soberana había sido principalmente para burlar y superar a los propietarios privados de la Reserva Federal y para proporcionar un sistema de crédito alternativo a los pueblos y gobiernos del mundo LEJOS de su controlado ambiente manipulador, no pretendíamos contravenir abiertamente a las autoridades bancarias del estado de Minnesota, sino más bien, utilizar el Banco Estatal de Boyd en su ÚNICO estatus corporativo como AGENTE AL SERVICIO de la Lac Quién Parle Bancorporation, Inc., que en sí misma estaba autorizada según la legislación para "Funcionar como Banco".

La línea de crédito alternativa que se presentó al Órgano de Dirección de la International Equity Trust por nuestro "departamento de estudios" fue, en una buena estimación, ni más ni menos que brillante. Después de algunas deliberaciones, decidimos que nuestro nuevo sistema, con derechos de autor se llamara "El Sistema Reconomy".

El Sistema Reconomy se compone de una serie de programas socioeconómicos, de autoayuda individual. Si la memoria no me falla, se desarrollaron un total de 170 programas diferentes. El Programa Reconomy se limita a dos funciones independientes. Una de ellas es la prestación de servicios de crédito exentos de intereses para usuarios de negocios privados. La otra es la provisión de limitados servicios de subvención a fondo perdido para los que elegimos considerar áreas de la sociedad como "Necesidad Crítica", por ejemplo, los desamparados, las víctimas del abuso de drogas y alcohol, los estudiantes con ingresos bajos, y las escuelas y universidades que no reciben fondos federales. Estos eran y son los programas nacionales.

Durante el verano de 1985, algunos de los países deudores se pusieron en contacto con el International Equity Trust.

Se quejaban amargamente de que los dueños de los bancos, sobre todo en los EE.UU., con los que sus países tenían deudas, a través del Fondo Monetario Internacional les estaban llamando para hacer revisiones y enmiendas en las constituciones de estas naciones, las mejores para acomodar a los socios corporativos de los bancos-propietarios de los diseños de estas corporaciones para establecer operaciones dentro de las naciones afectadas.

Para aquellos que no lo sepáis, es generalmente aceptado en los círculos informados que la Presidencia de James Earl Carter fue orquestada y principalmente pagada con fondos de campaña por varios miembros del "círculo interno" de la Comisión Trilateral. Después de que el poder efectivo y la autoridad del Sistema de la Reserva Federal pasó de un Consejo de Administración de Washington, DC a los llamados accionistas "independientes" de los doce Bancos de Reserva Federal regionales - los accionistas con derecho a voto los cuales controlan la proporción son todos "casualmente" miembros de la Comisión Trilateral - Jimmy Carter apoyó la política de los "préstamos de reserva fraccionaria" de Paul Volker. Esto sólo se convirtió en la causa de la inflación / recesión y los ciclos de ventas colaterales de activos / brutos que - si se examinan las estadísticas - fueron orquestados en cuatro tendencias anuales. Los préstamos de reserva fraccionaria, una posibilidad exclusiva para los miembros de las instituciones de la Reserva Federal, es la única y exclusivamente responsable de que la oferta monetaria de la nación en circulación en realidad esté compuesta en más del 97% por crédito para el que ninguna parte en la tierra ha existido nunca el equivalente en moneda impresa.

Fueron los préstamos de reserva fraccionaria, los que fueron rápidamente instituidos inmediatamente antes de que funcionarios de alto rango del Gobierno de EE.UU. convencieran al primer ministro nigeriano de que aumentara el precio del petróleo crudo de Nigeria cosa que éste que hizo, inmediatamente antes de perder la vida en un golpe que fue orquestado por personal paramilitar encubierto de EE.UU. entrenado en Belice (en ese momento Honduras Británica). La vida del primer ministro nigeriano duró "casualmente" hasta que los funcionarios estadounidenses volaron a Kuwait y persuadieron a sus productores de petróleo que vendieran su petróleo al precio hinchado de 30 dólares el barril.

¿Por qué estos astutos emisarios estadounidenses estaban dispuestos a comprar el petróleo de los árabes a este precio tan enormemente hinchado? La respuesta es a la vez impresionante y aterradora. Funcionarios del Gobierno de EE.UU. fueron preparados y autorizados para acordar comprar el petróleo de los países del Golfo Pérsico y de los Emiratos Árabes Unidos con dos condiciones aparentemente inocuas. La primera condición era que la O.P.E.C. - Contra la que después se lanzaría tanta propaganda anti-árabe - se convirtiera en realidad y insistiera en que todas las futuras ventas de petróleo de todo el mundo se pagaran en dólares. La segunda y más siniestra condición impuesta a los desprevenidos árabes fue que las compañías petroleras estadounidenses que compraran crudo no remitirían los ingresos de las ventas de regreso a Oriente Medio. Por el contrario, los árabes fueron invitados como requisito previo de la venta a precio inflado a que compraran, Certificados de Depósito a largo plazo de 20 y 30 años bloqueados en depósitos en sus propios bancos.

(**Nota**: Los lectores están especialmente invitados a investigar, tal como lo hicieron los investigadores dentro de nuestro Grupo, las "casuales" relaciones entre los propietarios-controladores de las compras a las compañías petroleras y los propietarios-controladores de los bancos a los que los árabes "eligieron" para comprar sus Certificados de Depósito a 20 y 30 años)

En términos más simples, ¿qué SON estos "préstamos de reserva fraccionaria"? Como se evidencia por el hecho de que el dinero en circulación no se puede igualar con la moneda en existencia, salvo en un relación negativa del 66,6 a 1, pues es un fraude. ¿PUEDES prestar 1 dólar si el 66.6% de este dólar no se ha acuñado nunca?

La respuesta es "sí" si eres miembro del sistema de la Reserva Federal y no el humilde titular de una licencia.

Para evaluar el alcance del fraude de los préstamos de reserva fraccionaria, desde el punto de vista jurídico, es el momento de examinar la corrupción practicada contra "Nosotros, el Pueblo" de EEUU como resultado de esta operación. Veamos un pequeño ejemplo del principal escenario bancario de la OPEC / EEUU: Una compañía petrolera emite un cheque de 1 Millón de dólares al agente en los Estados Unidos de un vendedor árabe. Las cifras se borran de la cuenta de la compañía petrolera, por ejemplo, el Chase Manhattan y se incluyen en un Certificado de Depósito a 30 años a nombre del árabe en el ordenador. El árabe ya ha cobrado. ¿Quién es dueño de la Standard Oil? ¿Quién es el propietario del Chase Manhattan?

¿Qué pasa después? El crudo se refina. Los costes y los beneficios se transmiten a los EEUU. La culpa es "de este sucio Cartel Árabe". Pero a 2 dólares el galón es la cuenta de la compañía petrolera quien recibe los ingresos.

Mientras tanto, ¿qué está sucediendo en esta cuenta de los árabes? Consta que hay l Millón de dólares. De hecho el banco de nuestro ejemplo, el Chase Manhattan, ha depositado este Millón de dólares - un trozo de papel donde hay escrito l Millón de dólares - en el sistema de compensación de la Reserva Federal, que "en virtud de la Política de Crédito de reserva fraccionaria" autoriza al Chase Manhattan a hacer préstamos por valor de SESENTA MILLONES "x 60" a México, a Brasil, al Congreso de EEUU - a quien le plazca - promulgando la falsedad abrumadora de que en el mercado hay demasiada moneda y no hay suficiente prestatarios.

Asimismo, el Congreso de EEUU supuestamente le debe aproximadamente 65 Millones de dólares semanales durante los siguientes 2000 años siempre que a partir de ahora no sea gastado ni un solo centavo y haya una moratoria de 2000-años en todos los cargos de interés al Congreso. La segunda es que a los Emiratos Árabes Unidos les pagan alrededor del 7% por cada Millón de dólares de los ingresos del petróleo.

Y estos pilares de confianza de la sociedad Miembros de la Reserva Federales - por cada Millón de dólares registrado debido en casi 25 años a los Árabes - tiene la carga de pagar a estos árabes alrededor de 70,000 dólares cada año y sólo produce desde la Casa Blanca la SORPRENDENTE cifra de 6 millones anuales y EXIGIENDO al mismo tiempo, 60 millones de dólares anuales como amortización debido a la póliza emitida por el Congreso que originó la Trilateral.

Se lo debemos todo a este tipo de sirvientes fiscales de Estados Unidos y su Pueblo. En 1912 se debían al Congreso 400.000.000 de dólares y hoy es el Congreso quien debe 6.500.000.000.000 de dólares!

No soy ningún radical. Sólo soy un agricultor y ahora alguien constantemente estigmatizado como criminal - permanentemente humillado con el miedo de la extensión de la megalomanía anteriormente evidenciada, eso soy.

****

Abandoné mi negocio en Inglaterra aproximadamente en 1978. Poco tiempo después, dejé de ser una persona con la que cualquiera podía hacer negocios en Inglaterra, como resultado de la mente retorcida y lisiada de un banquero y de su títere. Fui invitado a ir a América por extranjeros norteamericanos de Texas. Ellos ya tienen sus propias historias de horror que contar. Nunca lo harán. Sus vidas están en juego. Baste decir que, el Sr. John Connelly (desde que fue a la quiebra), el gobernador Clemence (ahora a punto de ser derribado por la misma fuerza), el Sha de Irán (cuya enfermedad se convirtió en auténtica sólo después de llegar con custodia preventiva a una base de la Fuerza Aérea de los EE.UU.), un banquero alemán (también asesinado por personas entrenadas en las Honduras Británicas) y un industrial austríaco (hoy declarado loco) - estuvieron todos involucrados en el fiasco de la plata. ¿Por qué? Por autentificar correctamente moneda tejana y de los EEUU - apoyada con 371 1/4 granos de plata por onza como el no derogado decreto ley de dinero-en-cuentas. Aprendí estas verdaderas historias de horror después de haber disfrutado mi ahora-comprobado-haber sido-un-asno creyendo en la Constitución de los EEUU.

El 18 de junio de 1986, con mi documentada calidad de único firmante del Registrado como el International Equity Trust con su capacidad legal de fiduciario único del Registro para los otros 3.999 fideicomisos - derechos adquiridos en virtud y como sub-fideicomisario de un auténtico fideicomiso cuando sólo existía en el continente de América del Norte la establecida ley de la fuerza de las armas, los fideicomisos reemplazaban a los impuestos EN TODAS PARTES, firmé un acuerdo que constituía las "Obligaciones del Contrato". Yo sabía que no podían ser afectadas. Tal como lo decreta el Artículo I, Sección 10, inciso I de VUESTRA Constitución. El Internacional Equity Trust adquirió el Bank Holding Company "autorizado para extender el crédito a nivel nacional e internacional" NO para sí mismo, sino para 40 fideicomisos - ninguno de los otros 39 tenía la menor idea de que los demás también se estaban comprando - frustrando así la política controladora de la Reserva Federal para obtener el permiso para poder comprar. Uno de los 40 fideicomisos fue El Fideicomiso Soberano de América del Norte. Según el registro público registrado conforme a las disposiciones del artículo IV, Sección 1, que obliga a considerar la buena fe y el crédito de este hecho, los beneficiarios del Fideicomiso Soberano de América del Norte incluyen el Congreso de los EE.UU., cada Estado de los gobiernos de la Unión, y el Cuerpo Político - "Nosotros, el Pueblo de los Estados Unidos." Otros beneficiarios del fideicomiso son otros gobiernos no comunistas.

(**Nota**: Por favor, revisad los Registros Públicos números 2401094 y 2406.534 en el Condado de Ramsey, Minnesota - de cerca de 300 páginas. Y si os dicen que tal registro no existe, por favor poneos en contacto con el firmante, quien os informará donde podréis encontrar copias certificadas en buen estado de conservación.)

Una Declaración Certificada, fechada entre el 18 de junio de 1986 y el 03 de julio de 1986 se envió al Sr. Paul Volker, entonces presidente del Consejo de Administración de la Reserva Federal. En ella, expedida y firmada por mí en mi condición antes mencionada, le revelaba que nuestro grupo había asignado una cantidad de 500 millones de dólares para cada Estado de EEUU para la implementación de nuestro Sistema Reconomy de los Estados Unidos - no como un competidor en sí, sino más bien como una sofisticada fuente alternativa de crédito cuyo propósito se limitaba exclusivamente a sus posibles puntos de venta. El número de teléfono de la abogada Nora estuvo incluido con una petición clara e inequívoca de contactar con nosotros en caso de que nuestro programa de alguna manera violara la Constitución y las leyes referentes a su cumplimiento en las que para su autenticidad se basó en las mismas leyes que permiten a la Reserva Federal aplicar sus políticas - porque nuestro Grupo de Empresas era en parte propiedad de los EEUU. Esto le constituía como agente independiente de los Estados Unidos de conformidad con el Título 18 USC, Sección 6. Nosotros incondicionalmente habíamos concertado en el Congreso una participación de un mínimo de 750.000.000 de dólares mensuales, a cada uno de los estados un adelanto de 40.000.000 de dólares, unos 35 millones de dólares mensuales, y para el cuerpo político "Nosotros el Pueblo" sobre una base de estado por estado sobre 150.000.000 de dólares mensuales. Del saldo de las rentas generadas mensualmente había un ahorro del 5% para gastos de explotación y una cuota del 10% pertenecía a perpetuidad a los inversores, los activos respaldados por nuestros servicios en una proporción mínima a favor nuestro "x3" en activos y "x8/7" en términos de nuestra 12 CFR, Sección 225.4 autorizando los máximos posibles pasivos de los agentes de servicios del Bank Holding Company de EEUU.

El 19 de junio de 1986, después de haber comprado la Lac Qui Parle Bancorporation fuera del futuro control del Sistema de la Reserva Federal, para reforzar su condición de autorizada del Bank Holding Company de EEUU, otra banca entidad propiedad del International Equity Trust fue adjudicada bajo la propiedad de la Lac Qui Parle Bancorporation, Inc.

Una cierta cantidad de "dinero en efectivo" fue dejada de lado para cubrir el "flotante". Los activos fueron debidamente asignados. La ley era clara en cuanto que estábamos autorizados. Paul Volker no nos había contestado dentro del plazo de diez días según la ley de negligencia procesal a la que yo había invocado en el escrito. Convencionalmente o no, estábamos en el negocio.

A algunos de nuestros clientes les aprobaron inmediatamente líneas de crédito. Algunos de nuestros operarios fueron nombrados Consejeros Regionales de un área de cinco estados dotados cada uno con la responsabilidad de abrir diez oficinas en cada estado. A cada uno de ellos se le dotó de una línea de crédito de 50 millones de dólares con intereses pagados por adelantado. En calidad de Agente de Servicio, el primer tramo minorista para el crédito se extendía a la empresa The Lac Qui Parle Bancorporation, la filial el Banco Estatal de Boyd, por derecho propio, también disfrutó de una nueva línea de crédito de 1200.000 dólares, pero fue obligado a no ampliar más de "x7/8" (1050.000 dólares) para protegerse de la insolvencia.

Sabiendo que los cheques no son "títulos" como así lo decreta la Ley del Mercado de Valores - un hecho realizado en cumplimiento de la Constitución y, por tanto, en virtud del artículo VI supremo en su fuerza y efecto - La abogada Nora ordenó cheques de caja y cheques personalizados a las imprentas adecuadas para el Banco Estatal de Boyd. Ella y yo sabíamos y más tarde volvimos a confirmar mi juicio de que no existe legislación alguna que prohíba a ninguna persona ni a ninguna empresa la emisión de cheques de sus propios cajeros per se. Será sin duda, poco convencional, pero ilegal - no. También sabíamos ambos que la única restricción en cuanto a las actividades no bancarias del Banco Estatal de Boyd era que físicamente no disponía de Estatutos Bancarios pero, como se reconfirmó en el juicio, la única posibilidad adicional que otorgan los estatutos a su empresa propietaria es la autorización de aceptar depósitos. Ni el Sistema Reconomy ni ninguno de sus 170 programas participa en ningún grado de sus diversos instrumentos en ninguna actividad de captación de depósitos. El Reconomy es una ecuación socioeconómica totalmente reestructurada.

El 3 de julio de 1986, en ausencia de jurisdicción, en ausencia de una orden de detención válida, en ausencia absoluta de una cuestión jurídica y de ningún delito, fui arrestado en Georgia por "Transporte Interestatal de títulos falsos". Los "títulos" en cuestión, los ÚNICOS títulos objeto de las acusaciones contra mí, eran cheques del Banco Estatal de Lloyd - cada uno de los cuales estaba sellado correctamente en el reverso para ser liquidados de forma privada fuera de la Sistema de la Reserva Federal.

Contrariamente a la legislación del Congreso, no se me dio ninguna audiencia de extradición, si no que se me retuvo en Georgia para ser trasladado a Minnesota a fin de comparecer.

Mi comparecencia se llevó a cabo en contra de las prescripciones de límite horario legisladas.

También se me negó poder elegir al abogado.

Mi "juicio" no tuvo lugar dentro del plazo máximo de 90 días establecidos desde mi encarcelamiento continuado del 3 de julio de 1986. Se me negó el permiso a presentar testigos. Fueron ignoradas mis demandas de citaciones. Se me impidieron presentar pruebas exculpatorias. Cuando intenté despedir a mi abogado de oficio obligatorio para continuar mejor yo mismo lo que quedaba de mi juicio, se me negó.

Nadie debería - nadie podía haber perdido cuando eran NUESTROS activos los que corrían riesgo, apoyando nuestro crédito, ampliándose directamente según la legislación instituida por el Congreso y de acuerdo con 12 CFR, Sección 225.4 et. sec. Cuando se lo señalé al Tribunal y pedí que lo aplicaran, el tribunal se negó.

Estaba claro que yo debía ser encarcelado. Mis "crímenes" fueron mi insensatez al creer que la Constitución de los EE.UU. garantizaba mi inocencia y mi derecho a la igualdad en la capacidad comercial y de protección - y, claro, mi arrogancia al creer que estas disposiciones constitucionales proporcionarían una protección suficiente contra los instrumentos, ahora obviamente corruptos, del sistema judicial EE.UU.

Soy ciudadano británico. No soy ningún residente jurídico de D.C. según la 26 USC Sección 7701 (A) (39) o de ninguna otra manera. La

Convención de las Naciones Unidas implementa la GARANTÍA del Congreso a mi gobierno que disfrutaré de todo el peso de la protección de las leyes de los Estados Unidos. En cambio, mucho más allá del alcance de cualquier autoridad legislativa, fui objeto en el Artículo 1 del Tribunal Jurisdiccional del Almirantazgo llamado "Corte de Distrito de los Estados Unidos" - no la Constitucionalmente adecuada corte de distrito de los Estados Unidos - de un juicio por un "delito" inventado que legislativamente es imposible cometer. El Sr. Harbour, delegado al Congreso de la Libertad Condicional de EEUU, cometió un "error" con las pautas de sentencia que deberían haber estado en el peor de los casos posibles de entre 14-18 meses. En cambio proporcionó a la corte un margen de 52 a 64 meses. Teniendo en cuenta la designación del juez por el Trilateral presidente Carter y su relación con el director de la Reserva Federal, la corte bastante "apropiadamente" me condenó a diez años de prisión - no para proteger al pueblo sino ¡para proteger el fraude de la Reserva Federal en contra del Pueblo! ¡ACUSO PÚBLICAMENTE!

Durante los últimos cuatro años de esta sentencia, se han presentado pruebas sobre la evidencia de la conspiración civil y penal a personas nobles como el senador Joseph Biden, el fiscal general, el Inspector General, y más - todo ha sido en vano, salvo el abuso de proceso continuo y constante de las evidentes falsedades que se están realizando por parte de los registros de la corte - que han demostrado ser falsas por el conflicto con los registros de origen de la agencia del gobierno de EE.UU. ¿Donde - a quien - puede uno recorrer para recuperar - como un derecho humano, un derecho civil, y además como un derecho instituido por la Constitución y la OTAN - mi libertad?

Nunca hubo intención de defraudar - SOLO, SIEMPRE la de arrancar de las cadenas de la deuda a un gobierno opresivo y a su pueblo.

Y JURO, HASTA DONDE SÉ, ENTIENDO Y CREO: QUE LO QUE HE DICHO ES LA PURA VERDAD.

El texto anterior, titulado "Telling Time" se notificó debidamente por correo certificado pagado a:

1. Al senador Thurmon
2. Al senador Graham
3. Al senador Helms
4. Al congresista Crane
5. Al congresista Hefner

en sus respectivos domicilios en el Capitolio
este 30 de julio de 1990.

CAPÍTULO 17

DOCUMENTACIÓN: LA CONEXIÓN DE LOS SERVICIOS DE INTELIGENCIA DEL EJÉRCITO DE EEUU CON LA IGLESIA SATÁNICA

Consta de fotocopias de documentos.

*E*l primer documento es un memorándum del Teniente Coronel T.C. Jones al Departamento del Ejército con el asunto: "Posible conveniencia de una información adversa", donde hace referencia a un contacto del tal Jones con una oficial de una unidad del servicio de inteligencia de San Francisco la cual durante una investigación de un culto satánico llamado "el Templo de Set" descubre que el líder del grupo un tal Michael A. Aquino alega ser comandante del Ejército asociado a la inteligencia militar en el área de San Francisco, junto con otros dos miembros del grupo un tal Dennis Mann y una tal Willie Browning ambos capitanes asociados a la inteligencia militar del área de Los Ángeles.*

Se lee que una vez contrastada la información resulta ser correcta.

El siguiente documento es la respuesta del ejército donde dice que los archivos del FBI no reflejan ninguna entrada de esta organización.

En el tercero está la identificación de los tres sujetos con sus direcciones y destinos.

En los siguientes se confirma que el tal Aquino tiene acreditación de "Top Secret" y que vale más olvidar el tema.

Hay un memorando con el encabezamiento "Inteligencia: El Templo de Set" donde se lee que históricamente es un grupo satánico liderado por Michael A. Aquino, que es una escisión de la Iglesia de Satán de Anton LaVey de San francisco de la cual se separó en 1975, que es un grupo pequeño que no tiene más de unos pocos centenares de miembros que actúan a nivel nacional.

Dice que Aquino es el jefe que comanda la organización a través de un consejo de nueve miembros del cual es líder.

Destaca un aspecto que considera interesante que es una clara obsesión por todo lo militar y un aspecto de su obsesión es la fascinación por el movimiento Nazi y que muchos de ellos van vestidos, ocasionalmente con uniformes y insignias de los alemanes de la Segunda Guerra mundial. Un aspecto más siniestro aún de su fascinación militar, continúa diciendo, es que de hecho Michael Aquino pertenece a una comisión como comandante retirado del Ejército, que su especialidad militar es la inteligencia militar. Aquino les dice a los miembros que él informa directamente a la Junta del Estado Mayor, el memorándum dice que seguramente esto es una gran exageración, pero de hecho es cierto que pertenece a la comisión y tiene tratos con el área de la inteligencia militar.

También dice que los otros dos antes mencionados Willie Browning y Dennis Mann están involucrados en actividades de los servicios de inteligencia.

En cuanto a Aquino, dice que es el jefe del Templo de Set que aparentemente es bien educado, tiene un doctorado en Ciencias Políticas y es profesor en el Golden Gate College de San Francisco. Su especialidad son los asuntos políticos de Europa occidental. Parece ser que tiene problemas de identidad sexual y es sabido que frecuenta prostitutas de San Francisco involucradas en diversas formas de sadomasoquismo sexual. Se cree que Aquino es bisexual.

En cuanto al Templo de Set dice que definirlo siempre se hace raro porque está en una constante metamorfosis, que está retornando a la práctica de las misas negras y que se rumorea que el grupo se está volviendo cada vez más violento, buscan a los menos intelectuales y a los más indeseables como los Ángeles del Infierno y bandas de motoristas similares. Se rumorea a menudo que están involucrados en sacrificios de animales. Además Aquino le está diciendo a la organización que ha llegado el momento de que él haga sus movimientos políticos. Esto seguramente tiene que ver con su posición de militar retirado.

El siguiente documento es un recorte de prensa con el titular: **"Un adorador del diablo tiene una posición militar sensible y los altos mandos dicen que "no hay ningún problema""**.

Finalmente hay fotocopiado un artículo firmado por el Coronel Paul E. Vallely junto con el Comandante Michael A. Aquino titulado: "De las Operaciones Psicológicas a la Guerra Mental: La psicología de la victoria".

Es este:

(Esta introducción es posterior, por lo tanto no aparece en la fotocopia del libro de William Cooper)

Investigación de Operaciones psicológicas y Análisis del Jefe del Equipo Sede, séptimo Grupo de Operaciones Psicológicas

Reserva del Ejército de los Estados Unidos
Presidio de San Francisco, California
1980
Introducción - Por Michael A. Aquino
Teniente Coronel, Inteligencia Militar, USAR-Ret
noviembre 2003

Después de la década de 1970, las operaciones psicológicas (PSYOP) fueron doctrina en el Ejército de EEUU pero sólo para salir de la decepción y la frustración de la guerra de Vietnam. Por lo tanto, fue en 1980 cuando el coronel Paul Vallely,[1] Comandante del 7º Grupo de PSYOP, me pidió, en la Sede de la Investigación de las PSYOP y Análisis (FA) de Jefes de Equipo, que redactara un documento que alentara a algunos futurólogos dentro de la comunidad de las PSYOP. No quería un Vietnam post-mortem, sino algunas ideas frescas e innovadoras en materia de evolución y aplicación de las PSYOP.

Preparé un proyecto inicial, que el coronel Vallely revisó y anotó, esto dio lugar a selecciones y revisiones críticas hasta que quedó satisfecho, y el resultado de esto fue este trabajo: De las PSYOP a la Guerra Mental: La psicología de la Victoria.[2]

El Coronel Vallely envió copias a varias oficinas gubernamentales, agencias, mandos, y publicaciones involucradas o interesadas en las PSYOP. No lo pensó como un trabajo para su publicación, sino simplemente como un "libro parlante" para estimular el diálogo. En esto ha tenido bastante éxito, a juzgar por las extensas y animadas cartas que ha recibido al respecto estos últimos meses.

Esto debería haber sido el final de la Guerra Mental: un "estudio personal" menor que había hecho su modesto trabajo.

Con el surgimiento de Internet en la década de 1980, sin embargo, la Guerra Mental recibió una completa inesperada - y algo cómica - resurrección. Las alusiones al hecho proliferaron gradualmente, con el título de "siniestro" rápidamente fue ganando la más escalofriante

---

[1] Más tarde, general de división, USAR.
[2] El término "Guerra Mental" fue acuñado por otro oficial de las PSYOP, el coronel Richard Sutter, y yo en 1977. Después de ver la reciente película de la Guerra de las Galaxias, *(Mind War / Stars War)* jugamos con una modificación del nombre como haciendo un reemplazo futurista a la insípida designación "Operaciones Psicológicas" del Ejército. Un declarado tratamiento de ciencia ficción de la Guerra Mental, con una caricatura de su jefe Sutter, aparece en mi historia de Star Wars The Dark Side, disponible en www.xeper.org / máquina *(Sitio oficial del Templo de Set)*

reputación de las teorías de la conspiración. Los rumores pronto la hubieran transformado en un modelo orwelliano de Candidato de Manchuria, control mental y dominación del mundo. Mi propia imagen como una personalidad oculta añadió leña al reguero de pólvora: la Guerra Mental es ahora promocionada por lunáticos como una prueba concluyente de que el Pentágono estaba inundado de Magia Negra y de culto al diablo.

Ahora que esta absurda ópera cómica ha disminuido por lo menos un poco, he pensado que podría ser interesante hacer una copia completa y exacta del trabajo disponible, junto con una introducción y algunas anotaciones históricas retrospectivas que lo coloquen en un contexto razonable. Después de lo que hizo - y quizás todavía hará - tiene algo valioso que decir.

Dentro del ejército de EE.UU., habitualmente las PSYOP han sido relegadas en el asiento trasero como "multiplicadores de fuerzas". Las principales decisiones estratégicas se toman considerando los intereses y objetivos políticos y militares tradicionales. Sólo entonces las PSYOP son invitadas a la mesa, para ayudar a conseguir de una forma más eficiente unas misiones ya acordadas.

La Guerra Mental invierte esta secuencia. Los medios psicológicos para conseguir la victoria - fundamentalmente a base de convencer al enemigo de que en realidad quiere hacer que sus políticas nacionales estén en armonía con las nuestras - están de moda dando apoyo a los objetivos políticos fundamentales.

El uso de la fuerza militar "convencional" (bombas, balas, etc.) Es considerado como un "último recurso" en circunstancias donde la Guerra Mental falla por sí misma.

La ventaja de la Guerra Mental es que se lleva a cabo con guerras no letales, ni perjudiciales, y formas no destructivas. En esencia lo que hace es que agobian al enemigo con argumentos. Asumid el control de todos los medios procesando la información de su gobierno y de la población determinando su mentalidad, y lo ajustáis para qué estas mentes se conformen como vosotros queráis.

Todo el mundo es feliz, nadie resulta herido o muerto, y no se destruye nada.

La Guerra convencional, por otro lado, se caracteriza por su falta de cordura. Los antagonistas sólo se mutilan o se matan personas entre ellas, y roban o destruyen sus respectivos territorios, hasta que uno de los bandos está tan gravemente herido que se rinde [o ambas partes quedan tan dañadas que acuerdan no poder hacerse con la victoria]. Detrás de esta guerra hay una duradera miseria, odio y sufrimiento.

Los únicos perdedores en la Guerra Mental son los especuladores de la guerra: las empresas y corporaciones que engordan con los pedidos de helicópteros, tanques, armas, municiones, etc. Por lo tanto lo que el presidente Dwight Eisenhower llamaba el "complejo militar / industrial" se puede considerar que se resiste a la aplicación de la Guerra Mental como el conflicto estratégico de la doctrina del gobierno.

Este es el prospecto de la Guerra Mental en su forma más simplificada.

Mientras que en la década de 1980 no tenía ninguna razón que me hiciera pensar que este trabajo había tenido ningún efecto oficial en la doctrina de las PSYOP en EE.UU. dentro o fuera del Ejército, fue con cierta fascinación que vi específicamente sus recetas aplicadas durante la primera Guerra del Golfo, y, recientemente, aún más obviamente, durante la invasión de Irak en 2003. En ambos casos PSYOP extremas eran dirigidas tanto contra el objeto del ataque como a la percepción y opinión pública interna de los EE.UU., en 2003, con la medida de los periodistas "incrustados" en las unidades militares para canalizar inevitablemente sus perspectivas y percepciones.

El impacto de estas técnicas incluso menores de la Guerra Mental fue notable. El clima psicológico de la inexorable victoria de EEUU que fue creado y sostenido, tanto en Estados Unidos como en Irak, aceleró la victoria sobre el terreno.

Algo menos positivamente, el fracaso de la Guerra Mental en este caso al ser guiada sólo por los principios más rigurosos de la verdad y la ética han llevado igualmente inexorablemente a una sustancial evaporación post-victoria de este clima de euforia. Aquí radica el talón de Aquiles de la Guerra Mental. Invocando como lo hace a las emociones más intensas y los compromisos de sus audiencias, debe entregar la mercancía, ya que son juzgadas por el público objetivo. Si no se respetan los valores éticos de estas audiencias - si la Guerra Mental sólo se utiliza al servicio de motivos y objetivos ocultos - la "desintoxicación" resultante puede ser socialmente demoledora.

En 1987 escribí un más amplio trabajo de investigación para la Universidad de la Defensa Nacional relativo a la ética de las PSYOP. En particular, si la Guerra Mental es en realidad para ser empleada como una característica de la política exterior de EEUU, no puedo poner suficiente énfasis en la necesidad de su subordinación a los principios más estrictos y más ilustrados de la humanidad tal como se discute en este trabajo.

Operaciones Psicológicas: La dimensión ética, también está disponible para descargar en www.xeper.org / maquino

Ahora echemos un vistazo al diario de la Guerra Mental de 1980 en sí. Además del original, he añadido notas (que generalmente identifican a las fuentes), algunas nuevas criticas destacadas en algunos de sus temas. Estas nuevas notas están identificadas al principio como "[MA2003]".

De las Operaciones Psicológicas a la Guerra Mental:
La psicología de la Victoria del Coronel Paul E. Valley
con el Comandante Michael A. Aquino

El artículo del LTC John Alexander en la Military Review *(El subrayado creo que es de William Cooper)* apoyando la "psicotrónica" - el uso de la ESP *(Percepción extra-sensorial)* en inteligencia y operaciones - va ser decididamente provocativo.[3] La censura en la investigación de esta área, basada como está en las existentes fronteras de la ley científica, lleva a pensar en la sonrisa que hizo el científico italiano Spallanzani en 1794 cuando sugirió que los murciélagos navegaban en la oscuridad con medios que nosotros ahora llamamos sonar. "Si ven con los oídos, entonces ¿oyen con los ojos?" Fue el chiste, pero sospecho que la Marina de los EE.UU. se alegró de que alguien se tomara la idea suficientemente en serio como para desarrollarla.[4]

La investigación en psicotrónica está en pañales, pero el Ejército de EEUU ya dispone de un sistema de armas operativas diseñadas para hacer lo que al LTC Alexander le gustaría que hiciera la ESP - sin embargo, este sistema de armas utiliza los medios de comunicación ya existentes. Proporciona un mapa de la mente de los individuos neutrales y enemigos y entonces las cambia de acuerdo con los intereses nacionales de EEUU. Esto lo hace a gran escala, abarca unidades militares, regiones, naciones, y bloques. En su forma actual, se llaman Operaciones Psicológicas (PSYOP).

¿Las PSYOP funcionan, o sólo son una estética con la que los comandantes de campo prefieren no ser molestados?

Si la pregunta se hubiera formulado en 1970, la respuesta habría sido que las PSYOP, por cierto, funcionan muy bien. Sólo en 1967 y 1968, un

---

[3] Alexander, teniente coronel John B., "La nueva mentalidad del campo de batalla: Transpórteme, Spock" en la Military Review, Vol. LX, No 12 de diciembre de 1980.

[4] *[MA2003] Alexander (más tarde coronel) estuvo implicado con ideas "parapsicológicas" y experimentos como el ESP y la "visión remota". Estas no tienen ninguna relación con ninguna PSYOP tradicional o Guerra Mental. Ver mi trabajo Proyecto Star Gate: 20 millones de dólares esfumados [y Espejos] en* www.xeper.org */ maquino.*

total de 29.276 movilizados del Viet Cong / NVA (El equivalente a 95 batallones de infantería enemigos) se rindieron a las fuerzas del ARVN o MACV bajo el programa de amnistía de Chieu Hoi - el más grande esfuerzo de las PSYOP en la Guerra de Vietnam. Al mismo tiempo el MACV estima que la eliminación de este mismo número de tropas en combate, nos habría costado 6.000 muertes.[5]

Por otra parte, perdimos la guerra - no porque nos hubieran ganado, sino por la ausencia de PSYOP. Nuestra voluntad nacional de victoria fue atacada con más eficacia que nosotros atacábamos la de los vietnamitas del Norte y del Viet Cong, y la percepción de este hecho alentó al enemigo para que aguantará hasta que Estados Unidos finalmente se rompió y corrió a casa.

Por lo tanto nuestras PSYOP fallaron. No fallaron debido a que sus principios fueran poco sólidos, sino más bien porque fueron superadas por las PSYOP del enemigo. Los esfuerzos del Ejército disfrutaron de algunos éxitos impresionantes, pero en realidad nuestras propias PSYOP no cambiaron las mentes del pueblo enemigo, ni tampoco defendieron a la población de los EEUU en el propio país contra la propaganda del enemigo. Además las PSYOP del enemigo eran tan fuertes que <u>ellas</u> - el ejército no era mayor ni tenía mejores armas - superaron todos los Cobras y Spooky y ACAV y B52 que nosotros les enviamos. La lección es no ignorar nuestra propia capacidad de PSYOP, sino más bien cambiarlas y fortalecerlas para que puedan hacer precisamente este tipo de cosas a <u>nuestro</u> enemigo la <u>próxima</u> guerra.

Está bien disponer de mejor maquinaria, pero por sí sola no cambiará <u>nada</u> si no ganamos la guerra por la mente.

La primera cosa que hay que superar es una visión de las PSYOP limitadas a la rutina, predecibles, demasiado obvias, y por tanto aplicaciones del tipo "folleto y altavoz" efectivas marginalmente. Este tipo de dispositivos de campo de batalla tienen su espacio, pero tienen que ser el de un cómplice del esfuerzo principal. Este esfuerzo principal no puede comenzar a nivel de compañía o división; se debe originar en el ámbito nacional. Debe fortalecer nuestra voluntad nacional de victoria y de atacar y destruir en última instancia la de nuestro enemigo. Está en ambas causas y se ve afectada por el combate físico, pero es un tipo de guerra que se libra también sobre una base mucho más sutil - en las mentes de las poblaciones nacionales involucradas.

---

[5] "Chieu Hoi: El billete ganador". Folleto de Información 6-69 del Comando MACV, marzo de 1969.

Empecemos, pues, con un simple cambio de nombre. Deshagámonos del autoconsciente, del concepto casi "vergonzoso" de las "operaciones psicológicas". En su lugar crearemos la Guerra Mental. El término es duro e inspira temor, y así debe ser: Se trata de un término de ataque y victoria - no de racionalización ni persuasión ni conciliación. Con él se puede ofender al enemigo; esto está bastante bien, siempre y cuando se le pueda derrotar con él. Se ofrece una definición:

"La Guerra Mental es la convicción deliberada, agresiva de todos los participantes en una guerra de que nosotros ganaremos esta guerra."

Es <u>deliberada</u>, ya que está planeada, sistemáticamente, y es el esfuerzo global por parte de todos los niveles de actividad desde la estrategia a la táctica. Es <u>agresiva</u> porque las opiniones y actitudes de los antagonistas deben cambiar activamente hacia nosotros, nos deben apoyar si tenemos que conseguir la victoria. No ganaremos si nos contentamos con luchar contra las opiniones y actitudes inculcadas por los gobiernos enemigos. Tenemos que llegar a la gente <u>antes</u> de que se decidan a apoyar a sus ejércitos, y hay que llegar a estos ejércitos <u>antes</u> de que nuestras tropas de combate lleguen a verlos en los campos de batalla.

Comparad esta definición con la de la guerra psicológica que ofreció por primera vez el general William Donovan de la OSS en la época de la Segunda Guerra Mundial "Estimación básica de la Guerra Psicológica":

"La guerra psicológica es la coordinación y el uso de todos los medios, incluyendo el moral y el físico, mediante el cual se logra el fin - excepto los de las operaciones militares reconocidas, pero incluyendo la explotación psicológica resultado de estas reconocidas acciones militares - que tienden a destruir la voluntad del enemigo para conseguir la victoria y dañar su política o capacidad económica para hacerlo; que tienden a privar al enemigo de la ayuda, asistencia o simpatía de sus aliados o socios, o de los neutrales, o para impedir conseguir este tipo de apoyo, asistencia, o simpatía, o que tienden a crear, mantener o aumentar la voluntad de victoria de nuestra gente y aliados propios y adquirir, mantener o aumentar el apoyo, la asistencia y simpatía de neutrales.[6]

Si el eufemismo "operaciones psicológicas" es el resultado de, como dijo un general en una carta en 1917, "una gran necesidad de un sinónimo para utilizar en tiempos de paz sin querer chocar con la sensibilidad de un ciudadano en democracia" , entonces puede haber tenido éxito

---

[6] Roosevelt, Kermit (Ed.) <u>Informe de Guerra de la OSS</u>. Nueva York: Walker and Company, 1976, Tomo I, página 99.

domésticamente.[7] Por otra parte, no parece haber tranquilizado la sensibilidad de los Soviéticos, que en 1980 describieron las PSYOP del Ejército de EE.UU. que incluían:

"...métodos imperdonables de sabotaje ideológico, incluyendo no sólo mentiras flagrantes, la calumnia y la desinformación sino también el chantaje, la provocación, y el terror."[8]

La reticencia con que el Ejército ha aceptado incluso un componente "antiséptico" en las PSYOP está bien documentado en el brillante tratado del coronel Alfred Paddock en la historia de la creación de las PSYOP. Una y otra vez los esfuerzos para forjar esta arma en su mejor configuración efectiva se vieron frustrados por los líderes que no podían o no veían que las guerras se luchan y se ganan o se pierden no en los campos de batalla, sino en las mentes de los hombres. Como el coronel Paddock concluye tan acertadamente:

"En un sentido real, el modo en que la guerra psicológica y poco convencional evolucionó desde 1941 hasta su unión como una capacidad oficial del Ejército en 1952 sugiere un tema que corre a lo largo de la historia de la guerra especial: la historia de un ejército indeciso y renuente intentando hacer frente a los conceptos y a las organizaciones de una naturaleza no convencional."[9]

De acuerdo con la doctrina actual, las PSYOP son consideradas un accesorio al esfuerzo principal de ganar batallas y guerras; el término que se utiliza habitualmente es "multiplicador de fuerzas". Ciertamente no se consideran una condición previa para la toma de decisiones. Así las PSYOP no pueden predeterminar la eficacia política o psicológica de una determinada acción militar. Sólo se pueden utilizar para señalar que la acción se tome con los mejores colores posibles.

La Guerra Mental no puede ser relegada. De hecho, es la estrategia mediante la cual la guerra táctica debe ajustarse si es que se quiere conseguir la máxima eficacia. El escenario de la Guerra Mental debe ser preeminente en la mente del mando y debe ser el factor principal en cada una de sus decisiones de campo. En caso contrario, sacrificará medidas que efectivamente contribuyen a ganar la guerra con medidas de satisfacción

---

[7] Carta, del General W.C. Wyman al General Lauris Norsted del 22 de julio de 1947, citada por Paddock, Coronel Alfred H., "Guerra psicológica y no convencional, 1941-1952: Orígenes de una capacidad especial de guerra para el ejército de Estados Unidos". Carlisle Barracks: Colegio de Guerra del Ejército de EEUU.

[8] Belashchenko, T., "Propaganda Negra desde Fort Bragg" en Sovetskiy Voin. Moscú, junio de 1980, páginas 46-47.

[9] Paddock, obra citada, página 258.

tangible inmediata. [Considere el racional "recuento de cuerpos" en Vietnam.]

Por lo tanto las unidades PSYOP "apoyo de combate" como las conocemos serán una cosa del pasado. Los equipos de guerra mental deben ofrecer experiencia técnica para el mando desde el inicio del proceso de planificación, y en todos los niveles por debajo del de batallón. Estos equipos no se pueden componer - como ahora - de oficiales y suboficiales de secciones irrelevantes que conocen simplemente los fundamentos de las tácticas de las operaciones de propaganda. Deben estar compuestos por expertos a tiempo completo que se esfuercen para traducir la estrategia de Guerra Mental nacional en objetivos tácticos maximizando la captación efectiva de la guerra y reduciendo al mínimo la pérdida de vidas. Estos equipos de guerra mental se ganarán el respeto de los mandos sólo si pueden cumplir sus promesas.[10]

Las que ahora el Ejército considera que son las más eficaces PSYOP - PSYOP tácticas - son de hecho el esfuerzo más limitado y primitivo, debido a las dificultades de formulación y entrega de mensajes en virtud de las limitaciones del campo de batalla. Estos esfuerzos deben continuar, pero son correctamente vistos como un refuerzo del esfuerzo principal de la Guerra Mental. Si no atacamos la voluntad del enemigo hasta que llegue al campo de batalla, su nación se habrá fortalecido de la mejor manera posible. Hay que atacar esta voluntad antes de que sea emplazada en su lugar. Debemos inculcar en ella una predisposición a una inevitable derrota.

La estrategia de la Guerra Mental debe comenzar en el momento en que la guerra se considere inevitable. Se debe captar la atención de la nación enemiga a través de todos los medios disponibles, y se debe atacar a los soldados potenciales de la nación antes de que se pongan sus uniformes. En sus hogares y en sus comunidades es donde son más vulnerables a la Guerra Mental. ¿Estados Unidos fue derrotado en las selvas de Vietnam, o fue derrotado en las calles de las ciudades de América?

Para ello la Guerra Mental debe ser estratégica en el énfasis, con las aplicaciones tácticas haciendo de refuerzo, un papel suplementario. En su contexto estratégico, la Guerra Mental debe llegar a amigos, enemigos y neutrales por igual en todo el mundo - no a través de los "campos de

---

[10] [MA2003] En 1980 ni las PSYOP ni las Fuerzas Especiales eran ramas de carrera en el Ejército. Más bien eran "ramas-irrelevantes", lo que significa que sus asignaciones eran relativamente breves y a largo plazo corrían el riesgo de promocionarse dentro de una sola rama básica. Más tarde las Fuerzas especiales se convertirían tanto en una rama de oficiales como de alistados, y las PSYOP ganarían una rama de alistados, pero las PSYOP no cuentan todavía con una rama de oficiales de carrera.

batalla" primitivos de panfletos y altavoces de las PSYOP ni a través de los débiles, ni de los imprecisos, ni de estrechos esfuerzos psicotrónicos[11] - sino a través de los medios de comunicación que poseen los Estados Unidos que tienen la capacidad de llegar a prácticamente a todas las personas sobre la faz de la Tierra. Estos medios de comunicación son, por supuesto, los medios electrónicos - la televisión y la radio. El estado de la evolución del arte en la comunicación por satélite, las técnicas de grabación en vídeo, y el láser y la transmisión óptica de las emisiones hacen posible una penetración en las mentes del mundo como habría sido inconcebible hace apenas unos años. Como la espada Excalibur, no tenemos sino que alcanzar y aprovechar esta herramienta; y ella puede transformar el mundo para nosotros si tenemos el valor y la integridad de utilizarla para mejorar la civilización. Si no aceptamos la Excalibur, entonces renunciamos a nuestra capacidad de inspirar culturas extranjeras con nuestra moralidad. Si después ellos desean morales que no son satisfactorias para nosotros, no tendremos más remedio que luchar contra ellas a un nivel más brutal.

La Guerra Mental debe dirigirse a <u>todos</u> los participantes si tiene que ser eficaz. No sólo debe debilitar al enemigo; debe fortalecer a los Estados Unidos. Fortalece a los Estados Unidos negando el acceso a nuestro pueblo de propaganda enemiga, y explicando y haciendo hincapié en nuestra gente en la razón de ser de nuestro interés nacional en una guerra específica. Según la legislación vigente de los Estados Unidos, las unidades de PSYOP no pueden tener como objetivo ciudadanos norteamericanos.[12] Esta prohibición se basa en la presunción de que la "propaganda" es necesariamente una mentira o al menos una media verdad engañosa, y que el gobierno no tiene derecho a mentir a la gente. El Ministerio de Propaganda de Goebbels no debe ser una parte del estilo de vida americano. Muy cierto, y debe ser axiomático de la Guerra Mental que siempre dice la verdad. Su poder reside en la capacidad de enfocar la atención de los destinatarios sobre <u>la verdad del futuro</u>, así como la del presente. Así la Guerra Mental implica la promesa declarada de la verdad

---

[11] *[MA2003] "psicotrónico" era un término que aplicaban a conceptos como la ESP y la "visión remota" algunas agencias de gobierno en los años 1970-80, posiblemente para hacer que sonara más "científico".*

[12] *[MA2003] Esta ley se estableció después de la Segunda Guerra Mundial, supuestamente, tanto por el disgusto por la extrema propaganda interna de las potencias fascistas como debido a las dudas sobre la propaganda doméstica americana, sobre todo durante la Primera Guerra Mundial. En el momento de efectuar este trabajo (1980), la ley era tan estricta que, por ejemplo, se prohibió que se utilizaran las imprentas de las unidades del Ejército de PSYOP para imprimir carteles para las oficinas locales de reclutamiento militar.*

que los Estados Unidos han decidido <u>hacer</u> realidad si es que no lo es ya.

La Guerra Mental no es nueva. Grandes victorias de naciones - y menos costosas - son el resultado, tanto en tiempo de combate real como en tiempo de amenaza de combate. Piense en los ataques atómicos sobre Hiroshima y Nagasaki. La destrucción física de estas dos ciudades no destruyó la capacidad de Japón para seguir luchando. Más bien, el choque psicológico de las armas destruyó lo que quedaba de la voluntad nacional de Japón para luchar. La rendición vino después; se evitó una larga y costosa invasión terrestre.[13]

La eficacia de Guerra Mental es una función de su propia habilidad en el uso de los medios de comunicación, pero no sería un gran error confundir la Guerra Mental con sólo un mayor esfuerzo de propaganda sin principios. "Propaganda" según la definición de Harold Lasswell, es:

"...La expresión de opiniones o acciones llevada a cabo deliberadamente por individuos o grupos con la intención de influir en las opiniones o acciones de otros individuos o grupos para fines predeterminados y mediante manipulaciones psicológicas."[14]

La propaganda, cuando es reconocida como tal - y <u>cualquier cosa</u> producida por una unidad de "PSYOP" así está reconocida - se asume automáticamente como una mentira o, al menos, una distorsión de la verdad. Por tanto, <u>sólo</u> funciona en la medida en que un enemigo militarmente presionado está dispuesto a hacer lo que nosotros queremos que haga. No funciona porque le hayamos convencido para que vea la verdad como nosotros la vemos.

En sus "Conclusiones", un exhaustivo capítulo de estudio de casos de técnicas de PSYOP del Ejército de 1976, L. John Martin afirma esto con frialdad y sin rodeos:

"Todo se reduce a que si nuestra comunicación persuasiva termina con un próximo efecto positivo, hay que atribuirlo a la suerte, no a la ciencia... La eficacia de la propaganda puede ser aún menos predecible y controlable que la eficacia de la mera comunicación persuasiva."[15]

---

[13] [MA2003] Sin embargo Hiroshima y Nagasaki no son muy buenos ejemplos de Guerra Mental, porque - a pesar de su impacto psicológico - implicó un gran número de personas muertas y heridas. La Guerra Mental es perfecta cuando nadie se lastima físicamente.
[14] Lasswell, Harold D. a Ellul, Jacques, Propaganda: La formación de las actitudes de los hombres. Nueva York: Random House, 1965, páginas 11-12.
[15] Martin, L. John, "La Eficacia de la Propaganda Internacional", en el departamento de

Correspondientemente los propagandistas se supone que son los mentirosos y los hipócritas, dispuestos a pintar cualquier cosa de colores atractivos para engañar a los crédulos. Tal como Jacques Ellul lo expresa así:

"El propagandista no es, ni puede ser, "creyente". Por otra parte, no puede creer en la ideología que debe utilizar en su propaganda. No es más que un hombre al servicio de un partido, de un estado, o de alguna otra organización, y su tarea consiste en asegurar la eficacia de esta organización... Si el propagandista tiene alguna convicción política debe dejarla de lado para poder utilizar alguna ideología popular de masas. Ni siquiera puede compartir esta ideología, ya que la debe utilizar como un objeto y manipularla sin el respeto que le tendría si creyese. Adquiere rápidamente desprecio por estas imágenes y creencias populares... "[16]

A diferencia de las PSYOP, la Guerra Mental no tiene nada que ver con el engaño ni siquiera con la "seleccionada" - y por lo tanto engañosa - verdad. Más bien declara toda una verdad que, si ahora no existe, se verá obligada a existir por voluntad de los Estados Unidos. Podríamos citar los ejemplos del ultimátum de Kennedy a Jruschov durante la Crisis de los misiles de Cuba y la postura de Hitler en Múnich. Un mensaje de Guerra Mental no se ajustará a las condiciones de credibilidad abstracta como lo deben hacer los temas de las PSYOP; su origen hace que sea creíble. Como dijo Tito Livio una vez:

"El terror del nombre de Roma será tal que el mundo debe saber que, una vez que el ejército romano ponga cerco a una ciudad, nada hará que se mueva - ni los rigores del invierno, ni el cansancio de meses y años - que no tendrá otro fin sino la victoria y que está a punto, si un ataque rápido y repentino no sirve, perseverará hasta conseguir la victoria."[17]

A diferencia del cínico propagandista Ellul, el operativo de Guerra Mental debe saber que dice la verdad, y debe estar personalmente comprometido con ella. Lo que dice es sólo una parte de la Guerra Mental; el resto - y la prueba de su eficacia - radica en la convicción que proyecta

---

Folletos del Ejército 525-7-2 El Arte y la Ciencia de las Operaciones Psicológicas: Estudios de casos de aplicación militar , Volumen Dos. Washington, DC: American Institutes for Research, 1976, página 1020.

[16] *Ellul, Jacques, Obra citada, páginas 196-197.*

[17] Keller, Werner, Los etruscos. Nueva York: Alfred A. Knopf, 1974, página 262

en su audiencia, en la relación que establece con ella.

Y esto no es algo que se pueda falsificar fácilmente, de hecho, no puede ser falsificado en absoluto. La "Comunicación", que el Diccionario completo de términos psicológicos y psicoanalíticos define como "relaciones sin restricciones de la confianza mutua", se acerca a lo subliminal; algunos investigadores han sugerido que es en sí mismo un subconsciente e incluso quizás incluso un "acento" basado en ESP - en un intercambio abierto de información.

¿Por qué uno cree a un periodista de televisión más que a otro, aunque ambos comuniquen los mismos titulares? La respuesta es que hay una buena relación con el primero; y es una relación que ha sido reconocida y cultivada por los más exitosos organismos de radiodifusión.

Hemos cubierto la declaración de la verdad inevitable y la convicción detrás de esta declaración; éstas son en sí mismo cualidades de la operativa de la Guerra Mental. El destinatario de la declaración juzgará este tipo de mensajes no sólo por su comprensión consciente, sino también por las condiciones ambientales bajo las cuales él los recibe. La teoría detrás del "Lavado de cerebro" era que la tortura física y la privación debilitarían la mente de resistencia a la sugestión, y esto era cierto hasta cierto punto. Pero en el lavado de cerebro a largo plazo no funciona, porque más adelante las mentes inteligentes se dan cuenta de que pueden ser sugestionadas bajo estas condiciones y, por tanto, descuentan impresiones y opciones inculcadas en este sentido.

Para qué la mente crea en sus propias decisiones, debe sentir que toma estas decisiones sin coacción. Las medidas coercitivas utilizadas por el operativo, en consecuencia, no deben ser detectables por medios ordinarios. No hay necesidad de recurrir a drogas que debiliten como las exploradas por la CIA; de hecho, la exposición a uno solo de estos métodos causaría un daño inaceptable a la reputación de la verdad de la Guerra Mental.[18] Las PSYOP existentes identifican factores puramente sociológicos que sugieren frases hechas apropiadas para los mensajes. La doctrina en esta área está muy desarrollada, y la tarea es básicamente de montaje y mantenimiento de las personas y equipos con suficiente experiencia y conocimientos como para aplicar efectivamente la doctrina. Esto, sin embargo, es sólo la dimensión sociológica del objetivo de las medidas asimiladas. Hay algunas condiciones puramente naturales en las que la mente puede ser más o menos receptiva a las ideas, y la Guerra Mental

---

[18] Ver en particular Bowart W.H. Operation Mind Control. New York: Dell Publishing Company, 1978.

tiene que sacar el máximo provecho de estos fenómenos como la actividad atmosférica electromagnética,[19] la ionización del aire[20] y las ondas de extremadamente baja frecuencia.[21]

En la raíz de la decisión de instituir la Guerra Mental en el sistema de

---

[19] Actividad atmosférica electromagnética (EM): El cuerpo humano se comunica internamente a base de EM y de impulsos electroquímicos. El campo EM se muestra en las fotografías Kirlian, en la eficacia de la acupuntura, y en las respuestas físicas del cuerpo a diversos tipos de radiación EM (rayos X, radiación infrarroja, espectros de luz visibles, etc.) Todos son ejemplos de la sensibilidad humana a las fuerzas electromagnéticas y a los campos. La actividad atmosférica EM es alterada periódicamente por fenómenos tales como erupciones de manchas solares y tensiones gravitatorias que distorsionan el campo magnético de la Tierra. Bajo diferentes condiciones externas de la EM, los seres humanos están más o menos dispuestos a considerar nuevas ideas. La Guerra Mental debe programarse en consecuencia. Del Dr. L.J. Ravitz: "Las construcciones del campo electromagnético avivan el supuesto de unificar la materia viva en armonía con las operaciones de la naturaleza, la expresión de un campo electromagnético es menor en los sistemas no vivos; y como puntos en los espectros, estas dos entidades pueden por fin tomar sus posiciones en la organización del universo de una manera tan explicable como racional... Se ha previsto una teoría sostenible para la aparición del sistema nervioso, desarrollado no a partir de demandas funcionales, sino mas bien derivando como resultado de las fuerzas dinámicas impuestas sobre los grupos de células por el patrón de campo total. La materia viva tiene una definición de estado basado en la física de la relatividad de campo, mediante la cual ha sido posible detectar una propiedad medible de funciones totales del estado." (Ravitz, "Estado-función, incluyendo estados hipnóticos", en la Revista de la Sociedad Americana de Odontología y Medicina Psicosomática, Vol. 17, No. 4, 1970.)

[20] La ionización del aire: Una abundancia de núcleos de condensación negativos ("iones de aire") en el aire ingerido mejora el estado de alerta y la euforia, mientras que un exceso de iones positivos aumenta la somnolencia y la depresión. El cálculo del equilibrio iónico del medio ambiente atmosférico de un público objetivo será proporcionalmente útil. De nuevo, esto es una condición de origen natural - causada por agentes diversos tales como la luz solar ultravioleta, los rayos, y el agua en rápido movimiento - en lugar de una que la mayoría crea artificialmente. (La detonación de armas nucleares, sin embargo, alteró los niveles de ionización de la atmósfera.) Ver por ejemplo Soyke, Fred y Edmonds, Alan, "El efecto del ion". Nueva York: E. P. Dutton, 1977.

[21] Las ondas de frecuencia extremadamente baja (ELF): las ondas ELF de hasta 100 Hz se producen a veces de forma natural, pero también pueden ser producidas artificialmente (por ejemplo, para el Proyecto Sanguine de la marina de guerra para la comunicación entre submarinos). Las ondas ELF normalmente no son advertidas por los sentidos sin ayuda, sin embargo, su efecto de resonancia en el cuerpo humano ha sido conectado con trastornos fisiológicos y distorsión emocional. La vibración del infrasonido (hasta 20 Hz) puede influir de forma subliminal en la actividad cerebral al alinear patrones de onda delta, theta, alfa, o beta, inclinándose a un público hacia cualquier lugar, desde el estado de alerta a la pasividad. El infrasonido puede ser utilizado tácticamente, dado que las ondas ELF soportan grandes distancias; y también pueden ser utilizadas conjuntamente con los medios de comunicación. Ver Playfair, Guy L. y Hill, Scott, "Los ciclos del cielo". Nueva York: St.. Martin Press, 1978, páginas 130-140.

defensa de EEUU hay una pregunta muy simple: ¿Queremos ganar la próxima guerra en la que elijamos involucrarnos, y queremos hacerlo con la mínima pérdida de vidas humanas, a un coste mínimo, y con la mínima cantidad de tiempo? Si la respuesta es sí, entonces la Guerra Mental es una necesidad. Si queremos negociar este tipo de victoria por más vidas de americanos, el desastre económico, y estancamientos negociados, entonces, la Guerra Mental es inadecuada, y si se utiliza superficialmente en realidad contribuirá a nuestra derrota.

En la Guerra Mental no hay sustituto para la victoria.[22]

El Apéndice A titulado: REGISTRO DEL SERVICIO MILITAR WILLIAM COOPER

El Apéndice B titulado: OVNIS Y EL ÁREA 51

El Apéndice C titulado: IMPLANTES ALIENÍGENAS

El Apéndice D titulado: SIDA Constan de una serie de fotocopias y fotografías que se pueden consultar en el original.

El Apéndice E titulado: NUEVO ORDEN MUNDIAL además de las fotocopias y fotografías contiene los siguientes textos:

Informe del Club de Roma

MODELO REGIONALIZADO Y DE ADAPTACIÓN
DEL SISTEMA GLOBAL MUNDIAL
Informe sobre los progresos en
LA ESTRATEGIA DEL PROYECTO PARA LA SUPERVIVENCIA
del Club de Roma

Mihajlo Mesarovic y Eduard Pestel, Directores

CONFIDENCIAL

17 de septiembre de 1973

1.   Motivación y objetivos

La problemática mundial formulada por el CLUB DE ROMA no es sólo de naturaleza global, involucrando factores tradicionalmente considerados

---

[22] *[MA2003] A partir del famoso aforismo del General Douglas MacArthur: "En la guerra no hay sustituto para la victoria".*

como no relacionados, sino que también apunta a las situaciones de crisis que se están desarrollando a pesar de la más noble de las intenciones y, de hecho, son su corolario. Señalar la problemática y el espectro de las situaciones críticas y traumáticas que conlleva no es suficiente; la aceptación de la realidad de la problemática DEBE SER SEGUIDA POR CAMBIOS SINO LA PREOCUPACIÓN QUEDARÁ COMO PURAMENTE ACADÉMICA. Es necesario, por tanto, presentar los temas dentro de la problemática en los términos específicos y pertinentes que exige una interpretación regional de los problemas mundiales. Por otra parte, se debe proporcionar una base para resolver los conflictos (que inevitablemente acompañan a las situaciones problemáticas) a través de la cooperación y no de la confrontación. Estos factores han proporcionado la motivación para el inicio del proyecto Estrategia para la Supervivencia que pide la construcción de un modelo regionalizado y adaptativo del sistema mundial total, con los siguientes objetivos específicos:

(1) FACILITAR LA IMPLEMENTACIÓN DE ESCENARIOS PARA EL FUTURO DESARROLLO DEL SISTEMA MUNDIAL que representen visiones del futuro del mundo derivadas de diferentes culturas y sistemas de valores y que reflejen las esperanzas y los temores en diferentes regiones del mundo.

(2) Desarrollar una herramienta de planificación y opciones de evaluación para problemas de largo alcance, y por tanto PROPORCIONAR UNA BASE PARA LA RESOLUCIÓN DE CONFLICTOS mediante la cooperación y no la confrontación.

2.   Estructura básica del Modelo

Las características básicas del modelo son:

(I)   EL SISTEMA MUNDIAL ESTÁ REPRESENTADO en términos de regiones que interactúan con las disposiciones adoptadas para investigar cualquier país o sub-región individual en el contexto del desarrollo regional y global. En la actualidad el sistema mundial está representado POR DIEZ REGIONES: NORTEAMÉRICA, EUROPA OCCIDENTAL, EUROPA ORIENTAL, JAPÓN, RESTO DEL MUNDO DESARROLLADO, AMÉRICA LATINA, ORIENTE MEDIO, RESTO DE ÁFRICA, EL SUR Y SURESTE ASIÁTICO, Y CHINA.

(II) Con el fin de ser capaces de tratar con la complejidad de los factores involucrados en la problemática de una manera sólida, creíble y sistemática, el modelo debe adoptar una estructura jerárquica en la que cada nivel en la jerarquía represente la evolución del sistema mundial dentro de un contexto definido por un determinado conjunto de leyes y principios. En concreto, los niveles involucrados son:

GEO-FÍSICO, ECOLÓGICO, TECNOLÓGICO (ENERGÍA CREADA POR EL HOMBRE Y TRANSFERENCIAS EN MASA), ECONÓMICO, INSTITUCIONAL, SOCIOPOLÍTICO, VALOR CULTURAL Y BIOLÓGICO HUMANO. Tal enfoque permite una utilización óptima del conocimiento científico confirmado y de las fechas disponibles.

(III) Una visión adecuada de las condiciones en las que está emergiendo la problemática y donde se deben encontrar las soluciones requiriendo el reconocimiento de los aspectos intencionales de la comunidad humana y la capacidad de adaptación de los seres humanos. El modelo del sistema mundial tendrá, por tanto, dos partes:

(1) la parte llamada causal, que representa los procesos dinámicos que siguen patrones históricos de desarrollo y (2) la parte llamada buscando el objetivo que representa los cambios intencionales en virtud de las nuevas condiciones. La parte buscando el objetivo incluye a su vez dos niveles: la toma de decisiones o nivel de las acciones y el nivel de las normas; el primero representa la respuesta intencionada del sistema mientras que el segundo representa los valores y las normas que limitan y condicionan esta respuesta.

3.   Avances en la construcción del modelo

La construcción del modelo tal como se describe en la sección 2 y con los objetivos que se especifican en la sección 1 es sin duda una tarea bastante compleja y la investigación está organizada para avanzar en paralelo en varias direcciones. La evaluación general de la situación modelo es la siguiente:

El modelo se ha desarrollado hasta la etapa en que se puede utilizar para el análisis de políticas en relación a una serie de cuestiones fundamentales, tales como: la utilización de los recursos energéticos y la evaluación de la tecnología; la demanda de alimentos y la producción; el crecimiento de la población y el efecto de la sincronización de los programas de control de la natalidad; la reducción de las desigualdades en el desarrollo económico regional; la dinámica del agotamiento de ciertos recursos, en particular las reservas de petróleo; el fósforo utilizado como fertilizante; el desempleo regional; las limitaciones en el crecimiento debido a la mano de obra, la energía o la limitación de la exportación, etc.

Los desarrollos específicos que permiten la utilización del modelo tal y como se ha descrito anteriormente son los siguientes:

1.   SE HA DESARROLLADO UN MODELO INFORMÁTICO DEL SISTEMA ECONÓMICO MUNDIAL Y HA SIDO VALIDADO POR UN CONJUNTO EXTENSIVO DE DATOS. El modelo tiene dos niveles - macro y micro. En el NIVEL MACRO, el modelo de cada región INCLUYE EL PRODUCTO REGIONAL BRUTO, LAS IMPORTACIONES Y EXPORTACIONES TOTALES, EL CAPITAL Y LA PRODUCTIVIDAD LABORAL Y VARIOS COMPONENTES DE LA DEMANDA FINAL COMO EL CONSUMO PÚBLICO, EL GASTO PÚBLICO Y LA INVERSIÓN TOTAL. EN EL NIVEL MICRO ENCONTRAMOS OCHO SECTORES DE PRODUCCIÓN: MANUFACTURACIÓN AGROPECUARIA, PROCESAMIENTO DE ALIMENTOS, ENERGÍA, MINERÍA, SERVICIOS, BANCA Y COMERCIO Y CONSTRUCCIÓN RESIDENCIAL. El marco de entrada-salida se utiliza para las demandas de los intermediarios. TAMBIÉN SE HA DESARROLLADO UNA COMPLETA MATRIZ DE COMERCIO A ESCALA MICRO.

2.   SE HA CONSTRUIDO UN MODELO DE POBLACIÓN MUNDIAL CON RESPECTO A LAS MISMAS REGIONES QUE EL MODELO ECONÓMICO. El modelo ha sido validado por los datos disponibles. En cada región, la estructura de la población está representada en términos de cuatro grupos de edad con retrasos apropiados que hagan posible la evaluación del impulso demográfico y la evaluación de la eficacia de la aplicación de diversas medidas de control de la población.

3.   SE HA CONSTRUIDO UN MODELO ENERGÉTICO que da para cada región el consumo y la producción de energía y el intercambio interregional de los recursos energéticos en función de factores económicos. La energía es tratada tanto en términos de compuestos y en referencia a fuentes individuales de energía, es decir, combustible sólido, combustible líquido, energía nuclear, gas e hidráulica.

4.   SE HA CONSTRUIDO UN MODELO PARA EL USO DE LA PRODUCCIÓN DE ALIMENTOS Y TIERRA CULTIVABLE que permite la evaluación de una serie de cuestiones relacionadas con los alimentos entre ellas: la necesidad y disponibilidad del fósforo necesario para la agricultura intensiva, Y LAS CONSECUENCIAS DE LA OPORTUNIDAD Y LA MAGNITUD DE LOS DESASTRES NATURALES COMO LA SEQUÍA, LAS MALAS COSECHAS DEBIDO A ENFERMEDADES, ETC.

5.   UNA PREOCUPACIÓN IMPORTANTE EN LA APLICACIÓN DEL MODELO INFORMÁTICO es su adecuada utilización a fin de evitar la dependencia de los aspectos deterministas de la operación del modelo. Para evitar esto ha sido desarrollado un método interactivo de análisis de simulación por ordenador. EL MÉTODO REPRESENTA UNA SIMBIOSIS DE HOMBRE Y ORDENADOR EN LA QUE EL ORDENADOR PROPORCIONA LA CAPACIDAD LÓGICA Y NUMÉRICA MIENTRAS QUE EL HOMBRE

PROPORCIONA LOS VALORES, LA INTUICIÓN Y LA EXPERIENCIA. El método utiliza un programa de especificación y selección de las opciones que permite que el analista de políticas o quien toma las decisiones evalúe opciones alternativas en diferentes niveles del proceso de adopción, es decir, con respecto a los objetivos, estrategias, tácticas y factores de implementación. SE PRESTA UNA ATENCIÓN ESPECIAL A LOS PROCESOS DE CAMBIO DE NORMA.

4.　　　Los progresos en la aplicación

EL MODELO SE HA UTILIZADO tanto para la evaluación de escenarios alternativos como para los futuros desarrollos regionales y globales (en diferentes condiciones regionales), así como en la selección del modo interactivo de opciones políticas (específicamente para los problemas de crisis energética en las regiones desarrolladas).

EN EL FUTURO INMEDIATO NOS ESFORZAMOS EN CONCENTRARNOS EN EL USO POSTERIOR DEL MODELO YA DESARROLLADO. LOS PLANES INCLUYEN HACER ÉNFASIS EN LAS TRES DIRECCIONES SIGUIENTES:

(I)　La evaluación de los cambios en el tiempo de la duración de las opciones disponibles para resolver algunos de los principales problemas de la crisis.

(II)　La IMPLEMENTACIÓN de los modelos regionales en diferentes partes del mundo y su conexión a través de una red de comunicaciones vía satélite para los fines de la evaluación conjunta del futuro global a largo plazo por los equipos de las diferentes regiones.

(III)　Aplicación de la visión para el futuro trazado por los líderes de una región subdesarrollada a fin DE EVALUAR con el modelo los OBSTÁCULOS EXISTENTES Y LOS MEDIOS MEDIANTE LOS CUALES LA VISIÓN PODRÍA HACERSE REALIDAD.

"REINOS": LOS DIEZ GRUPOS GLOBALES
DEL CLUB DE ROMA

GRUPO 1: América del Norte

Canadá

Estados Unidos de América

GRUPO 2: Europa occidental

Andorra	Luxemburgo
Austria	Malta
Bélgica	Mónaco
Dinamarca	Países Bajos
República Federal de Alemania	Noruega
Finlandia	Portugal
Francia	San Marino
Gran Bretaña	España
Grecia	Suecia
Islandia	Suiza
Irlanda	Turquía
Italia	Yugoslavia
Liechtenstein	

GRUPO 3: Japón

GRUPO 4: Resto de las economías de mercado desarrolladas

Australia	Oceanía
Israel	Sudáfrica
Nueva Zelanda	Tasmania

GRUPO 5: Europa del Este

Albania	Hungría
Bulgaria	Polonia
Checoslovaquia	Rumania
República Democrática Alemana	Unión Soviética

GRUPO 6: América Latina

Argentina	Barbados
Guyana	Haití
Bolivia	Honduras
Brasil	Jamaica
Honduras Británicas	México
Chile	Nicaragua
Colombia	Panamá
Costa Rica	Paraguay
Cuba	Perú
República Dominicana	Surinam
Ecuador	Trinidad y Tobago
El Salvador	Uruguay
Guayana Francesa	Venezuela
Guatemala	

GRUPO 7: Norte de África y Oriente Medio

Abu Dabi	Líbano
Adén	Libia
Argelia	Mascat-Omán
Bahréin	Marruecos
Chipre	Qatar
Dubái	Arabia Saudita
Egipto	Siria
Irán	Trucial Omán
Irak	Túnez
Jordania	Yemen
Kuwait	

GRUPO 8: África Principal

Angola	Ghana
Burundi	Guinea
Cabinda	Costa de Marfil
Camerún	Kenia
República Centroafricana	Liberia
Chad	República de Madagascar
Dahomey	Malawi
Etiopía	Mali

Costa de la Somalia Francesa
Gabón
Gambia
Níger
Nigeria
Guinea Portuguesa
República del Congo
Reunión
Rhodesia
Uganda
Senegal
Sierra Leona
Zambia
Sudáfrica

Mauritania
Mauricio
Mozambique
África Sur Occidental
Guinea Española
Sahara Español
Sudán
Tanzania
Togo
Ruanda
Alto Volta
Zaire
Somalia

GRUPO 9: Asia meridional y sudoriental

Afganistán
Bangladesh
Birmania
Camboya
Ceilán
India
Indonesia
Laos

Malasia
Nepal
Pakistán
Filipinas
Corea del Sur
Vietnam del Sur
Taiwán
Tailandia

GRUPO 10: planificación de Asia Central

Mongolia
Corea del Norte

Vietnam del Norte
República Popular China

Ten Kingdoms... from: THE CLUB OF ROME

1 - Rosen
1 - Liaison
1 - Nasca

Fecha: 29 de Noviembre del 1963

Dirigida al: Director de la Oficina de Inteligencia e Investigación del Departamento de Estado

De: John Edgar Hoover, director

Asunto: ASESINATO DEL PRESIDENTE JOHN F. KENNEDY, 22 DE NOVIEMBRE DE 1963

Nuestra Oficina de Miami, Florida, el 23 de noviembre de 1963, informó que la Oficina del Coordinador de Asuntos Cubanos en Miami había informado que el Departamento de Estado creía que algún grupo equivocado anti-Castro podría capitalizar la situación actual y llevar a cabo una incursión no autorizada contra Cuba, creyendo que el asesinato del presidente John F. Kennedy podía anunciar un cambio en la política de EE.UU., lo cual no es cierto.

Nuestras fuentes e informantes familiarizados con los asuntos cubanos en el área de Miami aconsejan que el sentimiento general en la comunidad cubana anti-castrista es de incredulidad e, incluso entre aquellos que no estaban del todo de acuerdo con la política del presidente en relación con Cuba, la sensación es que la muerte del Presidente representa una gran pérdida no sólo para EE.UU., sino para toda América Latina. Estas fuentes no tienen conocimiento de ningún plan de acción autorizado por la ONU contra Cuba.

Un informante que había proporcionado información fiable en el pasado y que está cerca de un pequeño grupo pro-Castro en Miami informó que esta gente tiene miedo de que el asesinato del presidente pueda dar lugar a que se tomen fuertes medidas represivas contra ellos y, aunque sus sentimientos son pro-Castro, lamentan el asesinato.

El contenido de la información anterior fue comunicada por vía oral al Sr. George Bush de la Agencia Central de Inteligencia y al Capitán William Edwards de la Agencia de Inteligencia de Defensa el 23 de noviembre de 1963, por el Sr. W.T. Forsyth de este Despacho.

1 - Director de Inteligencia Naval

El Informe de Iron Mountain

(Páginas 62-63) ...aunque todavía no se ha propuesto expresamente, (lo que se ha insinuado) es el desarrollo de una secuencia de largo alcance de los proyectos espaciales de investigación con objetivos en gran medida inalcanzables. Este tipo de programa ofrece una serie de ventajas que faltan en el modelo de bienestar social. En primer lugar, es poco probable que se elimine por sí solo, independientemente de las previsibles "sorpresas" que la ciencia ha reservado para nosotros: el universo es demasiado grande. En caso de que algunos proyectos individuales inesperadamente tuvieran éxito no habría problema para conseguir sustituirlo. Por ejemplo, si la colonización de la luna avanza según lo previsto, podría entonces ser "necesario" establecer bases en Marte o Júpiter, y así sucesivamente. En segundo lugar, no necesita ser más dependiente de la economía general de la oferta y la demanda que su prototipo militar. En tercer lugar, se presta extraordinariamente bien a un control arbitrario.

La investigación espacial puede ser vista como el equivalente moderno más cercano desde la construcción de pirámides, y empresas rituales similares, en las sociedades antiguas. Es cierto que el valor científico del programa espacial, incluso de lo ya conseguido, es sustancial por sí mismo. Pero los programas actuales son absurda y obviamente desproporcionados, en relación con el conocimiento buscado a los gastos comprometidos. Salvo una pequeña fracción del presupuesto espacial, medida por los estándares de objetivos científicos comparables, el resto se cargará de facto en la economía militar. La futura investigación espacial, proyectada como sustituto de la guerra, reduciría aún más la justificación "científica" de su presupuesto de hecho a un porcentaje minúsculo. Como sustituto puramente económico para la guerra, por lo tanto, la extensión del programa espacial merece una seria consideración.

En la sección 3 se señala que ciertos modelos de desarme, que hemos llamado conservadores, postularon por sistemas de inspección extremadamente costosos y elaborados. ¿Sería posible ampliar e institucionalizar estos sistemas hasta el punto en que podrían servir como sustitutos económicos para gastos de guerra? La organización de mecanismos de inspección podría ser establecida como un ritual de una manera similar a la de los procesos militares. "Los equipos de inspección" podrían ser muy parecidos a los ejércitos y sus equipos técnicos podrían ser muy parecidos a las armas. No presenta ninguna dificultad inflar el presupuesto de inspección a escala militar. El atractivo de este tipo de esquema radica en la relativa facilidad de la transición entre dos sistemas paralelos.

El sustituto de una "elaborada inspección" es, sin embargo, fundamentalmente falaz. Aunque podría ser económicamente útil, así como políticamente necesario, durante la transición de desarme, sería un error como sustituto de la función económica de la guerra por una sencilla razón. La inspección del mantenimiento de la paz forma parte de un sistema de guerra, no de un sistema de paz. Esto implica la posibilidad del mantenimiento o la fabricación de armas, que no podrían existir en un mundo en paz como aquí se define. La inspección masiva también implica sanciones, y por tanto la preparación de la guerra.

La misma falacia es aún más evidente en los planes para crear un manifiestamente inútil aparato de "conversión de la defensa". La ampliamente desacreditada propuesta de construir una defensa civil "total"... (Páginas 66-67) ...el efecto obviamente desestabilizador de cualquier sustituto mundial de bienestar social en las políticamente necesarias relaciones de clase crearía un nuevo conjunto de problemas de transición, de una magnitud menos igual.

La credibilidad, de hecho, se encuentra en el corazón del problema de desarrollar un sustituto político para la guerra. Aquí es donde las propuestas de la carrera espacial, en muchos aspectos, tan bien adaptadas como sustitutos económicos para la guerra, se quedan cortas. El proyecto espacial más ambicioso y poco realista no puede por sí mismo generar una amenaza externa creíble. Se ha argumentado acaloradamente que tal amenaza ofrecería la "última y mejor esperanza de paz", etc., al unir la humanidad contra el peligro de destrucción por "criaturas" de otros planetas o del espacio exterior. Se han propuesto experimentos para probar la credibilidad de una amenaza de invasión desde fuera de nuestro mundo, es posible que algunos de los incidentes de "platos voladores" más difíciles de explicar de los últimos años hayan sido de hecho los primeros experimentos de este tipo. Si es así, casi no han sido juzgados como alentadores. Anticipamos que no habrá dificultad en crear una "necesidad" de un creíble programa gigante súper espacial para fines económicos, aunque no haya demasiados precedentes, extenderlo, con fines políticos, para incluir características lamentablemente asociadas con la ciencia ficción, obviamente, sería una empresa más dudosa.

Sin embargo, un sustituto político efectivo para la guerra requeriría "enemigos alternativos", algunos de los cuales podrían parecer igualmente inverosímiles en el contexto del sistema de la guerra actual. Podría ser, por ejemplo, que la grave contaminación del medio ambiente pudiera eventualmente reemplazar la posibilidad de destrucción masiva con armas nucleares como la principal aparente amenaza para la supervivencia de la especie. El envenenamiento del aire y de las principales fuentes de alimentos y el suministro de agua, ya está muy avanzado, y a primera vista parecen prometedores al respecto; esto constituye una amenaza que sólo puede tratarse a través de la organización social y del poder político. Pero a partir de los indicios actuales deberá pasar una generación o una generación y media antes de que la contaminación ambiental, aunque severa, sea lo suficientemente amenazante, a escala mundial, como para ofrecer una posible base para una solución.

Es cierto que la tasa de contaminación se podría aumentar selectivamente para este propósito; de hecho, la simple modificación de los programas existentes para prevenir la contaminación podría acelerar el proceso lo suficiente como para hacer que la amenaza sea creíble mucho antes. Pero el problema de la contaminación ha sido tan ampliamente publicitado en los últimos años que parece muy poco probable que un programa de intoxicación deliberada del medio ambiente pueda ser implementado de una manera políticamente aceptable.

Sin embargo por poco probable que pueda parecer a algunos la posible alternativa de enemigos que hemos mencionado, tenemos que hacer hincapié en que hay que encontrar alguno, de calidad y magnitud creíble, si nunca debe surgir una transición hacia la paz sin desintegración social. Es más probable, a nuestro juicio, que tal amenaza deba ser inventada, más que desarrollada a partir de condiciones desconocidas. Por esta razón, además creemos que la especulación sobre su naturaleza putativa no es aconsejable en este contexto. Dado que hay una gran duda, en nuestra mente, que cualquier sustituto político viable pueda ser diseñado, somos reacios a comprometernos ...

Dotaclón Carnegie para la Paz Internacional
DIVISIÓN DE RELACIONES Y EDUCACIÓN
Prólogo de Elihu Root Publicación Nº 15

... de los Estados Unidos como de América Central y del Sur y la enunciación de la actitud de Japón hacia China. En la primera no hay por parte de los Estados Unidos ningún compromiso ni promesa, mientras que en el otro Japón voluntariamente anuncia que Japón en sí mismo se compromete a no violar la integridad política o territorial de su vecino, y a respetar el principio de abrir la puerta y la igualdad de oportunidades, pidiendo al mismo tiempo a las demás naciones a respetar estos principios.

Por lo tanto, señor, usted marcará ampliamente la diferencia y estará de acuerdo conmigo, estoy seguro, en que el uso del término es algo flojo y engañoso. Le pido que tenga en cuenta esto sin que ninguna sugerencia o ninguna otra persona pueda cuestionar la política o actitud de su país, que bien sabemos tratará siempre de manera justa y honorablemente a las otras naciones.

Como se habrá dado cuenta, he golpeado persistentemente una nota cada vez que he hablado. Ha sido la nota de advertencia en contra de la intriga de Alemania a los Estados Unidos y al Japón - intriga que se ha extendido durante un período de más de diez años. No le cansaré repitiendo esta sórdida historia de complots, concebidos y promovidos por los agentes alemanes, sino que solemnemente repito aquí la advertencia, en esta, la más distinguida reunión, tan completamente representativa de los más altos ideales del periodismo norteamericano.

En mis discursos en varios lugares he tratado de hablar con franqueza sobre todos los puntos controvertidos o de interés en este momento. Por supuesto, hay algunas cosas que no se pueden discutir abiertamente, debido a un sabio embargo sobre divulgaciones imprudentes, pero estoy seguro que en adelante seremos capaces de cooperar de forma efectiva en todos los asuntos que tiendan a asegurar la victoria en esta lucha que significa mucho para todos nosotros, y que a lo largo de todos los próximos años, las diferencias de opinión o las dificultades que surjan entre nuestros dos países se resolverán, en el que todas las preguntas y dificultades puedan ser resueltas, entre amigos y socios cercanos.

Os doy las gracias, señor, por vuestra hospitalidad y cortesía. Yo, señor, os aseguro, de nuevo que apreciamos más de lo que puedo expresar la alta consideración, el patriotismo y el amplio y acogedor espíritu con que ha tratado esta Misión desde Japón.

El interventor William A. Prendergast fue el siguiente en ser llamado. En parte dijo:

Sr. Presidente, Vizconde Ishii, señores de la Comisión, su excelencia, y señores: Nuestro anfitrión me ha pedido que diga unas palabras de bienvenida al Vizconde Ishii y a los miembros asociados a la Comisión en nombre de la gran ciudad de Nueva York.

Me parece que casi no hace falta ni tan siquiera intentar repetir el gran placer y el honor y felicidad que da a Nueva York teneros como huéspedes suyos.

Ahora, Vizconde Ishii, ¿quizás en este momento haré sonar una nota que puede ser contraria a lo que ha sido la idea dominante de nuestras discusiones sobre estas ocasiones? Hemos tratado, naturalmente, de la guerra. Este es el pensamiento que está en nuestras mentes. Es el pensamiento que está en demasiadas mentes de hombres, mujeres y niños - la guerra. Lo que puedo decir... *(y continúa en tres páginas más, fotocopiadas)*

El Apéndice F: PARTICIPACIÓN EN DROGAS DEL GOBIERNO DE EEUU El Apéndice G: KURZWEIL VS. HOPKINS

Constan de una serie de fotocopias y fotografías que pueden ser consultadas en el original.

Otros libros publicado por Omnia Veritas

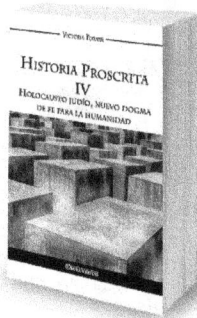

423

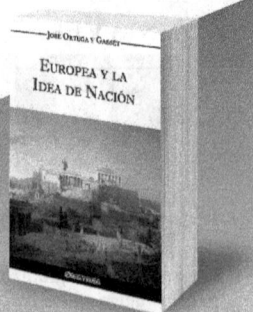

Omnia Veritas Ltd presenta:

MASONERÍA
de
FRANCISCO FRANCO

Son muchos los españoles que, dentro y fuera del país, anhelan conocer la verdad de la masonería...

Uno de los secretos menos investigados de la Edad Moderna...

Omnia Veritas Ltd presenta:

FRANCO
por
JOAQUÍN ARRARÁS

"La alegría del alma está en la acción." De Marruecos sube un estruendo bélico, que pasa como un trueno sobre España.

Caudillo de la nueva Reconquista, Señor de España

Omnia Veritas Ltd presenta:

REFLEXIONES de un PSICOTERAPEUTA LATINOAMERICANO
de
JUAN MANUEL VALVERDE

Estos trabajos, algunos de los cuales tienen más de treinta años, reflejan mi continua búsqueda de la elaboración de mis distorsiones.

Mis ideas partían de lo biológico (los instintos)